司马迁与《史记》论集

第十五辑

陕西省司马迁研究会2021年年会论文集

陕西省司马迁研究会 / 编

张新科 兰拉成 姚军 / 主编

陕西新华出版传媒集团
陕西人民出版社

图书在版编目（CIP）数据

司马迁与《史记》论集. 第十五辑，陕西省司马迁研究会2021年年会论文集 / 张新科，兰拉成，姚军主编. — 西安：陕西人民出版社，2022.9
　ISBN 978-7-224-14661-5

Ⅰ. ①司… Ⅱ. ①张… ②兰… ③姚… Ⅲ. ①司马迁（约前145或前135—？）—人物研究—文集 ②《史记》—研究—文集 Ⅳ. ①K825.81-53②K204.2-53

中国版本图书馆CIP数据核字（2022）第157527号

责任编辑：王　凌　凌伊君
封面设计：杨亚强

司马迁与《史记》论集（第十五辑）
SIMA QIAN YU SHIJI LUNJI
——陕西省司马迁研究会2021年年会论文集

编　　者	陕西省司马迁研究会
主　　编	张新科　兰拉成　姚　军
出版发行	陕西新华出版传媒集团　陕西人民出版社
	（西安市北大街147号　邮编：710003）
印　　刷	中煤地西安地图制印有限公司
开　　本	787毫米×1092毫米　1/16
印　　张	22
字　　数	350千字
版　　次	2022年9月第1版
印　　次	2022年9月第1次印刷
书　　号	ISBN 978-7-224-14661-5
定　　价	78.00元

如有印装质量问题，请与本社联系调换。电话 029-87205094

司马迁与《史记》论集（第十五辑）编委会

顾问 袁仲一

主编 张新科　兰拉成　姚　军

编委 张新科　徐卫民　程世和　凌朝栋
　　　　田　静　梁建邦　梁中效　马　来
　　　　高益荣　刘炜评　杜　敏　曹　强
　　　　王长顺　王晓鹃　刘银昌　程永庄
　　　　程建虎　王晓红

目 录

◎《史记》文学研究

《史记文学经典的建构之路》绪论　　　　　　　张新科　　003
论《史记·李将军列传》的侧重文笔与淡化史笔　宋呈祥　　010
《史记·滑稽列传》讽谏研究　　　　　　　　　马小玉　　026

◎《史记》《汉书》文献研究

论司马迁对孔子生平之考证　　　　　　　　　　潘铭基　　037
《史记》所录秦刻石初探　　　　　　　　　　　魏宏利　　071
《史记》与《汉书》中的《英布传》比较　　　　刘亚旭　　076

◎《史记》思想文化研究

《史记》编纂模式与司马迁天人观　　　　　　　田大宪　　095
《史记》中西汉的边疆防务　　　　　　　　　　李小成　　108

论司马迁朴素的"多元一体"民族观建构　　　　　　赵子璇　　　128

◎《史记》人物研究

司马迁眼中的秦始皇　　　　　　　　　　　　　　　徐卫民　　　143
《史记·吕太后本纪》与《汉书·高后纪》较析　　　　王安然　　　152
论人格偏执障碍下的吕后命运悲剧　　　　　　　　　常智慧　　　163
贾生：遇乎？不遇乎？
　　——司马迁和班固眼中的贾谊　　　　　　　　　姚　江　　　178
论刺客、游侠在《史记》中的差异及其在后世小说中的合流
　　　　　　　　　　　　　　　　　　　　　　　　李梦露　　　188
2000年以来《史记》女性人物研究综述　　　　　　　王思敏　　　202
新中国成立以来《史记》游侠研究综述　　　　　　　万胜伟　　　213
归因理论视野下《项羽之死》的项羽文化形象解读　　闫永强　　　223

◎《史记》接受研究

秦腔史记戏取材对《史记》的接受　　　　　　高益荣　师浩龙　　231

清代女作家笔下的司马相如与卓文君　　　　　　　张海燕　陈政彤　245
"田横五百士"精神形象在中国文化史上的书写与接受研究

　　　　　　　　　　　　　　　　　　　　　　　任若嘉　　　　251

◎《史记》综合研究及其他

至今思项羽
　　——霸王祠诗词的当代思考　　　　　　　徐　斌　徐　漫　265
中西古典时代传记史学观念之比较
　　——以司马迁和普鲁塔克为例　　　　　　王成军　惠　肖　277
《史记》文本释读　　　　　　　　　　　　　　　　王宏波　292
论两汉文人的北疆书写　　　　　　　　　　　　　　张建伟　303
再论古公亶父的创新精神　　　　　　　　　　　　　刘宏伟　315
《今文尚书·周书》所见周公的治国思想　　　　　　姚　军　325
秦晋韩原大战浅析　　　　　　　　　　　　　　　　秦忠明　333

后　记　　　　　　　　　　　　　　　　　　　　　　　　　340

《史记》文学研究

一部作品能够成为经典,固然离不开不同时代各类读者对其的阐发与解读,然而作品本身的经典性往往是其能够成为经典的本质因素。

《史记文学经典的建构之路》绪论

张新科

司马迁的《史记》是中国文化史上的经典,也是世界文化宝库中的一颗璀璨的明珠。所谓经典,人们有许多说法。《说文解字》:"经,织也。"《释名·释典义》:"经,径也,常典也,如径路无所不通,可常用也。"《尔雅·释诂》说:"典,常也。"不难看出,在"经"与"典"合用之前,两者就已具有"常道、法则"的意思,均具有可引申为"典范、典籍"的潜在意义。又据《汉书·孙宝传》:"周公上圣,召公大贤。尚犹有不相说,著于经典,两不相损。"①《后汉书·皇后纪上·和熹邓皇后》:"后重违母言,昼修妇业,暮诵经典,家人号曰'诸生'。"②此时"经""典"合用,"经典"主要指那些地位至高的儒家著作。刘勰《文心雕龙·宗经》篇说:"经也者,恒久之至道,不刊之鸿教也。"③唐刘知几《史通·叙事》:"自圣贤述作,是曰经典。句皆韶、夏,言尽琳琅。"④ "这个概念后来逐渐被引申到文化艺术领域中,又和典范的概念相结合,成为一种创作范式和标准。艺术经典有崇高的地位与广泛影响,而且为社会所共有,其地位和价值都得到世人的普遍认同。"⑤普罗霍罗夫总编的《苏联百科词典》把"经典"定义为:"公认的、堪称楷模的优秀文学和艺术作品,对本国和世界文化具有永恒的价值。"⑥真正的文学经典必然是能够代表民族文学精华而进入世

---

① 班固:《汉书》卷七七,中华书局1962年版,第3263页。
② 范晔:《后汉书》卷十上,中华书局1965年版,第418页。
③ 刘勰著,范文澜注:《文心雕龙注》卷一,人民文学出版社1958年版,第21页。
④ 刘知几撰,浦起龙释:《史通通释》卷六,上海古籍出版社2009年版,第161页。
⑤ 吴承学:《〈过秦论〉:一个文学经典的形成》,《文学评论》2005年第3期。
⑥ 普罗霍罗夫总编:《苏联百科词典》,中国大百科全书出版社1986年版,第625页。

界文学宝库的典范之作。还有专家强调经典"它具有原创性、典范性和历史穿透性,并且包含着巨大的阐释空间"①。《史记》就是这样一部伟大的经典之作。

文学经典的建构,从理论上说受许多因素的影响,既有文学内部的,也有外部的。童庆炳先生认为起码要有如下几个要素:"(1)文学作品的艺术价值;(2)文学作品的可阐释的空间;(3)意识形态和文化权力变动;(4)文学理论和批评的价值取向;(5)特定时期读者的期待视野;(6)'发现人'(又可称为'赞助人')。就这六个要素看,前两项属于文学作品内部,蕴涵'自律'问题;第(3)(4)项属于影响文学作品的外部因素,蕴涵'他律'问题;最后两项'读者'和'发现人',处于'自律'和'他律'之间,它是内部和外部的连接者,没有这两项,任何文学经典的建构也是不可能的。"②童先生着眼于文学经典建构的内部和外部因素,是很有道理的。

《史记》是中国史学名著,同时也是文学经典。《史记》的文学经典化历程反映着后人对其性质的不断认识,是经学、史学与文学多维互动中的产物。在两汉经学思潮的影响下,《史记》的史学性质完全依附在经学之下。受孔子著《春秋》的深刻影响,司马迁在《史记》的体例与文本书写上皆寄托着"一家之言"的深意。《史记》的史学定位伴随了中国史学观念的转变。东汉以前"史"的意义还保持在"载笔",也即手执书写工具会写字的人的意义。这在目录学著作中表现为,刘歆的《七略》并没有史部门类,其后,班固以《七略》为蓝图编纂的《汉书·艺文志》将史部的一部分书籍置于"六艺略"的"《春秋》家"之后(《史记》即是如此),另一部分杂入子部儒家之中。到东汉末年,所谓的"史"已经超越了过去单纯地记录之史,逐渐形成了具有后世历史意识与观念的史学概念,史学发展至此突破经学的束缚,逐渐走向了独立。《史记》之名也就逐渐从最初的《太史公书》变为原本泛指史书的"《史记》"了。自史学脱离于经学之后,《史记》便被尊为史学经典。梁代阮孝绪的《七录》将史学著作归纳在"纪传录"中,其"纪传录"的分类明显受到了《史记》所创纪传体体例影响,以"纪传"标目,也可看出《史记》的强大影响力。直到《隋书·经籍志》

---

① 黄曼君:《中国现代文学经典的诞生与延传》,《中国社会科学》2004年第3期。
② 童庆炳:《文学经典建构诸因素及其关系》,《北京大学学报》2005年第5期。

明确实行四部分类，史部遂成为一个完全独立的科目。《隋书·经籍志》史部分类中首列"正史"，其定位即是以《史记》为标准纪传体。至此，《史记》成为区别于《春秋》"古史"的"正史"而成为史学经典之一。

与史学脱离经学的历程相伴随，当东汉儒家思想失去其权威地位以后，文学也逐渐迈向独立。至魏晋，伴随着文学创作与批判的繁盛，文学正式从经学中独立出来。在文学与史学脱离经学的历程中，二者的属性被不断探讨。在此期间，文学与史学经历了"文史"结合到"文史"分立的过程。这一学术思想变化过程也直接影响了《史记》文学经典与史学经典的生成。魏晋是一个尚"文"的时代，在所谓"良史工文"的观念下，"文"是优秀的史学家所具备的基本条件，刘劭《人物志》即言"儒学之材，安民之任也；文章之材，国史之任也"[1]。至于何为"文章"刘劭解释："能属文著述，是谓文章。司马迁、班固是也。"[2]在这一思想下，《史记》的文章学价值被正视，并纳入研究范畴。至宋文帝分设儒、玄、文、史四馆，肯定了史学、文学各自独立的价值，直至梁代，与阮孝绪《七录》将史学著作独立归纳在"纪传录"之举几乎同时，萧统编定《文选》认为"记事之史系年之书，所以褒贬是非、记别异同"[3]，与文学距离较远，因而将史书摈弃于文学之外，显示了史学与文学的分立。然而《文选》不选史书，却以"事出于沉思，义归乎翰藻"的理由收录了部分史书的序论和赞述。这其实表明了在文学地位独立之初，文学家对史书性质即能够辩证地认识，这不仅为后世学者对《史记》文学与史学价值的辩证认识提供了借鉴，也深刻地影响了后世学者对《史记》的文学接受。从汉魏六朝开始，就有学者注意到它的文学特点，唐宋时期《史记》的文学魅力得到更多读者层的接受，明清以来出现大量的《史记》文学评点著作和《史记》选本，文学家也把《史记》作为典范学习。自20世纪以来，《史记》文学传播、阐释、接受更加丰富、更加系统化、理论化，中外学者对《史记》的文学意义进行了多方面的阐释，这是《史记》文学经典化的一个重要方面。另外如众多的《史记》选本、古文选本、学校的文

---

[1] 刘邵：《人物志》，上海古籍出版社1990年版，第10页。
[2] 刘邵：《人物志》，上海古籍出版社1990年版，第10页。
[3] 萧统编，李善注：《文选》，上海古籍出版社1986年版，第3页。

学教育，新媒体对《史记》的传播，传记作家对《史记》写人艺术的学习，普通读者从《史记》得到的历史教益和艺术享受，等等，都对《史记》文学经典的建构起了积极作用。总的看，从古到今，从国内到国外，《史记》文学研究成就主要表现在：第一，较系统的文献资料整理和研究；第二，对于《史记》在中国文学史地位的认识；第三，对《史记》文学成就的挖掘分析；第四，对《史记》文学成就的来源、影响的研究；第五，重点作品的注释翻译赏析；第六，《史记》与其他文学、文体的比较研究。目前《史记》研究也已走出国门，具有世界化特点。

但是，《史记》如何从历史的领域进入文学领域，它的文学经典化与纯文学的经典化有何不同，两千多年来的《史记》经典化之路是怎样走过来的，这个建构过程有什么意义，学界对此还少有人进行研究。"所谓经典化，是指文学作品产生之后，在不同时代、不同文化背景之下，经过不同读者层的阅读与消费，那些被人们公认的有创新价值的作品得以广泛流传，并且被人们接受，成为经典，具有永久的生命力。经典化的过程是读者对作品扬弃的过程、接受的过程，这个过程是长期的、持久的，不同的时代有不同的特征，不同的时代有不同的经典认同。"①从历时性看，从汉代开始，经唐宋元明清直至今天，《史记》文学经典地位不断加强，在这个建构过程中，读者始终是主体。从共时性来看，它包括普通读者阅读欣赏《史记》的"审美效果史"、评论家对《史记》的"意义阐释史"、文学家对《史记》学习而进行创作的"经典影响史"等。文学研究是一个系统工程，它应是作家（创作主体）、作品（语言文字载体）、读者（接受主体）三个环节的统一，缺一不可。正如接受美学理论的创立者姚斯所说："在作家、作品和读者的三角关系中，后者并不是被动的因素，不是单纯的作出反应的环节，它本身就是一种创造历史的力量。文学作品的历史生命没有接受者能动的参与是不可想像的。"②说到底，一部作品能不能成为经典，最终是由广大读者决定的，读者在文学经典建构中决不是被动因素，它无疑是连接文学经

---

① 张新科：《汉赋的经典化过程——以汉魏六朝时期为例》，《人文杂志》2004年第3期。
② 姚斯·霍拉勃：《文学史作为向文学理论的挑战》，见《接受美学与接受理论》，周宁、金元浦译，辽宁人民出版社1987年版，第24页。

典外部要素和内部要素的纽带。《史记》本身具有独特的文学价值，它在历史真实的基础上叙事写人，具有典型性、戏剧性、多样性，也具有强烈的感情色彩，这是它成为文学经典的根本和基础。由此出发，本书从历时性与共时性入手，结合每一时代的政治、经济、文化背景，以读者为核心，对上述问题进行系统深入研究。通过对两千多年来的《史记》文学阐释史、审美效果史、经典影响史的综合研究，进一步认识《史记》的文学特征以及在中国文化史上的不朽地位，深化《史记》及汉代文学研究；揭示《史记》文学经典形成的内在和外在因素，探究文学与史学的内在联系。同时，通过《史记》文学经典化过程和途径的探讨，为今天的文学创作和史书编纂提供有益借鉴，当代作家如何创作出被读者接受的具有生命力的传记作品，也可从中得到多方面的启发。

一部作品能够成为经典，固然离不开不同时代各类读者对其的阐发与解读，然作品本身的经典性往往是其能够成为经典的本质因素。《史记》能够成为文学经典，首要原因是其本身所具有的文学特质。在继承前代文学经典的基础上，《史记》的文学特质主要表现在以下四个方面：鲜明的思想性，即深刻的思想内涵；人物形象典型化、个性化；深入人物内心，把握人物整个灵魂，适当进行合理想象做到"酌奇而不失其真"；具有强烈的感情色彩，具有美感效应。《史记》的美感效应是巨大的，但它又是"润物细无声"的，读者从中得到的启迪是潜移默化的，而且是一种自觉的接受，不是任何力量强加给读者的。当然，这四个方面的文学特质彼此并不分离，它们是互相联系、互相统一的。[①]这是《史记》文学经典化的前提。

笔者在研究中也特别注意到，《史记》的文学特性是建立在历史特性之上的。《史记》首先是历史著作，但又不同于纯粹的历史资料；作为文学，它又不同于纯文学的虚构，不是为文学而文学。所以，研究《史记》的文学特征时，必须将历史家的眼光与文学家的眼光结合起来。固然，历史学家通过考证人物、事实来研究历史；文学家则主要研究人物形象本身，研究用什么样的手法叙述历史、刻画人物，两者目的不同。但如果抛开《史记》的历史特征，孤立进行文

---

① 有关《史记》文学特质的分析，笔者在《〈史记〉与中国文学》一书"导论"中有系统论述，请参考张新科著《〈史记〉与中国文学》，商务印书馆 2010 年版，第 5—11 页。

学研究,也会失之偏颇。对此,郭双成先生曾指出:

> 从文学的角度来研究《史记》的人物传记,虽然可以采取不同于前代学者主要是在改错订误方面所用的方法,也不同于历史研究工作者利用《史记》来研究历史,但是如果抛开了《史记》作为一部史书的本质,不联系《史记》一书的其它部分以及另外一些与《史记》有关联的历史著作(这里主要是指《汉书》),而只是孤立地对《史记》的人物传记进行研究,抛开历史研究工作者对《史记》所记载的历史时期的研究成果进行研究,就反而不可能对《史记》人物传记的成就从思想和艺术上作出正确而深刻的评价,而只会陷于皮毛的欣赏和论断了。①

这个意见是十分中肯的。因为司马迁的史学思想决定了他的选人标准、选材标准、评价标准乃至于感情标准。以选材而言,一个人一生的事迹非常多,选取哪些材料表现人物个性,表面看来是属于文学手段问题,而实质上与作者的历史观有密切联系。作者写项羽,选择了"巨鹿之战""鸿门宴""垓下之围"三个大的场面,展现了项羽由兴到亡的全过程,作为文学来说是典型化的手法,但骨子里却渗透着作者的历史思想。因此,研究《史记》时不能脱离历史特性而架空文学特性。

当然,对于《史记》文学特质的认识与抉发,也有一个历史过程。张大可先生将这个过程概括为四个层次:

> 最广义的文学性,只着眼于《史记》文章简洁,辞采华美,这是第一层次,魏晋以前最普遍的认识。着眼于《史记》散文的成就和艺术风格美,这是第二层次,唐人深化的认识。《史记》文章结构,转折波澜,人物刻画具有小说因素,这是第三层次,明清评点家多所发抉。全面地系统地抉发司马迁塑造历史传记人物典型形象的艺术手法,这

---

① 郭双成:《史记人物传记论稿》,中州古籍出版社1985年版,第5页。

是第四层次，可以说是近年来才深入的。①

  张大可先生还强调，认识《史记》的文学特性，应注意不同的层次，这个看法是很好的。可永雪先生也曾对古代学者探讨《史记》文学性的过程作过概述②。总之，本书在前贤今哲研究的基础上，以《史记》何以成为文学经典为问题，探讨两千年来《史记》文学经典化的过程，以期为深化《史记》研究贡献自己的绵薄之力。

  （张新科，陕西省司马迁研究会会长，陕西师范大学教授、博士生导师。）

---

① 张大可：《司马迁评传》，南京大学出版社1994年版，第211页。
② 可永雪：《史记文学成就论稿》第二章第三节，内蒙古教育出版社1991年版。

论《史记·李将军列传》的侧重文笔与淡化史笔[①]

宋呈祥

《史记》文学经典的建构从汉魏起步至今经历了两千多年的历史，在这一历史进程中，《史记》的历史价值与文学价值在经过历代学者的训诂、文献补充与点评中形成了"以史运笔"的框架与共识。以《李将军列传》为代表，研究司马迁对李广人物典型的塑造，可以更准确把握司马迁在撰写人物时在历史与个人情感两者中的取舍与分寸。

"李广难封"自古以来是文人墨客表达怀才不遇、时运不济的典故，也是历代学者对《史记》的史学价值与文学价值孰高孰低的争论焦点。李广事迹最早被记录在《史记·李将军列传》中，司马迁对李广这一人物形象的正面塑造独具匠心。主要表现在以下两方面：一、专记一人为一传。司马迁在《太史公自序》中讲道："且余尝掌其官，废明圣盛德不载，灭功臣世家贤大夫之业不述，堕先人所言，罪莫大焉。"[②]由此可见，司马迁所选定的立传之人以功臣、世家、贤大夫为准。司马迁为汉武帝时期的三位将军列传，分别是李广、卫青、霍去病。其中卫青与霍去病两人被共同列在《卫将军骠骑列传》一篇中，李广则被单独列在了《李将军列传》中，可见对李广地位的重视。相比之下，班固所著的《汉书》就没有像司马迁那样重视李广，将李广与苏建并入《李广苏建传》一篇之中。司马迁将李广单独选入列传，认为李广是"立功名于天下之人"也是"非常之人"，可见司马迁对李广的重视以及尊崇。二、不吝赞美。司马迁在《李将军列传》中赞美李广"其身正，不令而行"，"桃李不言，下自成蹊"[③]，突出

[①] 该论文已发表于《渭南师范学院学报》2022 年第 4 期。
[②] 司马迁：《史记（修订版）》卷一三〇《太史公自序》，中华书局 2014 年版，第 4005 页。
[③] 司马迁：《史记（修订版）》卷一三〇《太史公自序》，中华书局 2014 年版，第 3478 页。

了李广在德行操守方面的高尚。在《太史公自序》中，司马迁为《李将军列传》写序时也写道李广"勇于当敌，仁爱士卒，号令不烦，师徒乡之"①。这样高度的评价要比司马迁对武帝时期任何将领的评价都要高，甚至超越了对卫青、霍去病的评价。

傅斯年认为"《史记》记事，入春秋而差丰，及战国而较详，至汉而成其灿然者矣"②，记述汉代事的《李将军列传》可以称得上是"灿然"之作。《李将军列传》在司马迁的史学家与文学家两个身份中表现出以下特点：一是从司马迁是史学家的角色讲，对李广的描写感性超越了理性，淡化了"文直事核、不虚美隐恶"的实录精神；二是从司马迁是史学家的角度讲，司马迁写李广命运"不拘于史法，不囿于字句，发于情，肆于心而为文"，展现了一个曲折坎坷又极具传奇色彩的人物命运，增强了文学色彩。

一

《史记》是体大思精的历史著作，又是璀璨夺目的文学名著。③史记具有美感效应，司马迁写《史记》有着强烈的情感流露与渗透，他秉笔直书，褒善贬恶，爱憎分明。④《李将军列传》是最具代表性的篇目之一。司马迁对李广"怀才不遇"命运的渲染最早出现在汉文帝对李广的评价上："惜乎，子不遇时！如令子当高帝时，万户侯岂足道哉！"⑤"子不遇时"是司马迁对"李广难封"命运的解释，也是司马迁运用文笔反复渲染李广悲剧命运的核心。清代吴见思在《史记论文》中眉批道："借文帝一叹，为数奇不侯之案。通篇神理，于此挽合。"⑥文帝一叹，使《李将军列传》全篇奠定了悲剧的基调。尔后，在李广与王朔之

---

① 司马迁：《史记（修订版）》卷一九〇，中华书局 2014 年版，第 4024 页。
② 傅斯年：《傅斯年讲先秦诸子与史记》，河海大学出版社 2019 年版，第 240 页。
③ 张新科：《〈史记〉与中国文学》，商务印书馆 2021 年版，第 1 页。
④ 张新科：《〈史记〉与中国文学》，商务印书馆 2021 年版，第 10 页。
⑤ 司马迁：《史记（修订版）》卷一九〇，中华书局 2014 年版，第 3467 页。
⑥ 司马迁著，芳本铁三郎纂评，丁德科编校：《〈史记〉十传纂评》，商务印书馆 2016 年版，第 129 页。

辨中，使得悲剧色彩更为浓厚。

> 广尝与望气王朔燕语，曰："自汉击匈奴而广未尝不在其中，而诸部校尉以下，才能不及中人，然以击胡军功取侯者数十人，而广不为后人，然无尺寸之功以得封邑者，何也？岂吾相不当侯耶？且固命耶？"①

这段自我陈述是"李广难封"历史典故的由来。司马迁用李广的自我表述表达内心不甘与失落的方法，来增添对李广的惋惜垂怜之感，使得李广人物形象在文学性方面更为突出。

司马迁对李广命运不公总结为"数奇"。《李将军列传》中记载："大将军青亦阴受上诫，以为李广老，数奇，毋令当单于，恐不得所欲。"如淳注："数为匈奴所败，奇为不偶也。"②颜师古在《汉书·李广苏建传》中注："言广命不耦合也。"③"数奇"指运气不好。值得注意的是，李广的"数奇"命运不是司马迁评论的，而是引用汉武帝之语，这就给予"数奇"正统地位。金圣叹曾评论道：

> 更不说到才略意气，及数奇不封等事，一意只反覆其死之日，士大夫与百姓知与不知皆哭，妙妙！盖更说其才略意气与数奇不封，便只是一人说亦有限也。④

司马迁的"数奇"思想，如果仅是他一人之说，那权威性就大打折扣，但引用汉武帝的评价，也就有了"皇家冠名"，为李广命运不公的说法创造了更合理的空间。

司马迁如此不遗余力地突出李广的悲剧命运与他所认为的李广有"将帅之才"息息相关。但仔细研究《李将军列传》中所记录的李广对匈战争场次，可以窥探其取得的战功甚少。

---

① 司马迁：《史记（修订版）》卷一九〇，中华书局 2014 年版，第 3474 页。
② 司马迁：《史记（修订版）》卷一九〇，中华书局 2014 年版，第 3474 页。
③ 班固：《汉书》卷五四，中华书局 1962 年版，第 2448 页。
④ 金圣叹著，刘衍青整理：《金圣叹评〈史记〉》，陕西师范大学出版社 2018 年版，第 40 页。

李广经历了文、景、武三朝,在李广青年时期,汉文帝就评价李广"子不遇时",因为李广"常从行,有所冲陷折关及格猛兽"。李广自称"结发与匈奴大小七十余战",司马迁引用时任典属国公孙昆邪的评价称"李广才气,天下无双"。上述评价都是对李广在功绩方面的评价,评价甚高。但《李将军列传》中,司马迁对李广的军事成就描写"一笔带过"。文帝时期对匈的"萧关之战"是为数不多的李广"杀首虏多"的例子,李广借此被封为"汉中郎"。据《汉书·百官公卿表》记载:"郎中令,秦官,掌宫殿掖门户,有丞……郎掌守门户,出充车骑,有议郎、中郎、侍郎、郎中,皆无员,多至千人……议郎、中郎秩比六百石……"①可见,"中郎"是"郎中令"的下属,掌管宫门,也是皇帝近身侍卫,此次李广对匈作战能够受赏"中郎"职,说明其作战勇猛,深得文帝信赖。但在此之后,李广的军事生涯或无明显建树,可谓"屡战屡败"。

　　在七国之乱中,李广跟随周亚夫是"显功名昌邑下"的,但由于他私受梁王印,表现出了他在政治上的不成熟,因此"赏不行"。尔后,在他担任上谷太守时,公孙昆邪上书担心其"自负其能",从而景帝把他调为上郡太守,任职期间李广也没有取得较大功劳。武帝时期,李广更是成为了"屡败将军"。一是马邑之围的无功而返,二是兵败雁门的生擒之辱,三是陇西之战徒劳无功,四是右北平之战的全军覆没,最后是漠北之战的含恨自刎。李广在武帝时期对匈战争中,几乎是"败多胜少"。司马迁在描写李广的军事成就时,刻意疏忽并且一带而过,运用了"以文运事,削补高低"的手法。

　　汉政府以军功封赏将士,功劳、阀阅是汉代人取得"尊官厚禄"的主要条件。②汉政府对赏赐军功有着慎重的态度,军人立了战功后,要逐级上报、逐级评议,对于高级将领的军功,还要经过中央政府的评议,最后经皇帝裁决,才决定赏赐。③现存1981年在敦煌酥油土汉代烽燧遗址出土的汉简《击匈奴者令》中,明确记载了西汉社会封列侯的条件:者众八千以上封列侯,邑,二千石赐

---

① 班固:《汉书》卷一九,中华书局1962年版,第727页。
② 朱绍侯:《军功爵制度研究(增订版)》,商务印书馆2017年版,第357页。
③ 朱绍侯:《军功爵制度研究(增订版)》,商务印书馆2017年版,第360页。

黄金五百。①从以上材料可以证明，汉代武将能否封侯，主要看军功大小，并且封侯的程序、条件极为严谨慎重。李广一直难以封侯，很大程度上是军功不够，达不到封侯的条件。司马迁在《李将军列传》中更多地将李广难以封侯原因归咎到主观原因"子不遇时"，是刻意淡化史实的一种表现。

司马迁在《李将军列传》里极力地夸饰了李广的英雄气质和宽廉品德。这里所讲的"侧面夸饰"主要是指借助他人评价来褒扬李广，尤其是善于引用匈奴对李广的评价而突出李广的形象。在《李将军列传》中，典属国公孙昆邪评价"李广才气，天下无双"是第一次出现有关匈奴的评价。在这里要解释一下典属国这一官职，《汉书·百官公卿表》中记载："典属国，秦官，掌蛮夷降者。武帝元狩三年昆邪王降，复增属国，置都尉、丞、侯千人。"②因此，典属国这一官职掌管的是外族俘虏。司马迁在这里着重强调了公孙昆邪典属国的身份，是与匈奴有一定关系的，公孙昆邪的评价也就暗含着匈奴人的看法，说明李广在匈奴人中有着相当的影响力。另外，"飞将军"之名也是借助匈奴人的评价而闻名遐迩，《李将军列传》描述道："广居右北平，匈奴闻之，号曰：'汉之飞将军'，避之，数岁不敢入右北平。"③以上材料都证明，司马迁在"极尽其能"地从侧面夸饰李广人物形象的英雄成分，这样就使得李广"子不遇时"的悲剧命运更加合理。张新科先生在其《〈史记〉与中国文学》一书中对《史记》的文学特质作出过以下解读：

> 《史记》被人称为"实录"作品，但这个实录是相对的，是从总体上说的，我们并不排除它在某些方面的夸饰和虚构。说到底，《史记》在"实录"的基础上，根据人物、环境的需要，适当进行合理想象，以此来补充实事链条的不足，并使人物更生动、更形象，但这又不同于文学的纯粹虚构，因此，是"戴着镣铐跳舞"。④

---

① 甘肃省文物工作队、甘肃省博物馆：《汉简研究文集》，甘肃人民出版社1984年版，第9页。

② 班固：《汉书》卷一九，中华书局1962年版，第735页。

③ 司马迁：《史记（修订版）》卷一九〇，中华书局2014年版，第3471页。

④ 张新科：《〈史记〉与中国文学》，商务印书馆2021年版，第8页。

《李将军列传》就是"戴着镣铐跳舞"的典型。司马迁将个人主观感情掺杂在其中，是他文学家身份的一种体现，也必须适当地加以想象与补充。如果这样解读，我们就可以正确地看待司马迁为何如此工力于侧面突出褒扬李广的正面形象了。

在侧面夸饰的同时，司马迁在《李将军列传》里也将李广与同时代的武将程不识作出对比，以此突出李广能与士兵同甘共苦，对待士兵宽德仁厚的品质。"是时汉边郡李广、程不识皆为名将，然匈奴畏李广之略，士卒亦多乐从李广而苦程不识。"①司马迁对当时李广与程不识两位将领的对比，"畏李广之略"的"略"这里指的是领兵将略，可见，司马迁对李广宽带士兵的品质尤为欣赏。吴见思评价此事：

> 李将军战功如此，平序直序，固亦可观。乃忽分为千绪万缕。或入议论、或入感叹，或入一二闲事，妙矣！又忽于传外插入一李蔡、一程不识，四面照耀，通体皆灵，可称文章神技。②

这是吴见思从《史记》的文笔特点方面对《李将军列传》所作的评价。司马迁插入程不识的比照如"点睛之笔"，灵性凸显。这也是史传文学的一大特点：从历史实事中刻画人物命运，以同时代背景展现典型形象。程不识与李广作为同时代的将领，有着迥然的带军风格，以突出李广受士兵尊敬爱戴的形象，无形中增添了"子不遇时"的悲剧色彩，在文学手法上可谓"运筹帷幄，决胜千里"。

李广难以封侯与西汉前期严格的军功奖赏制度有关，李广达不到封侯的军功要求。客观地分析，司马迁生平主要担任的是"太史令"一职。据《后汉书·百官志》记载："太史令职，实以天文为重，然其所藏图籍极多。"由于司马迁在当时担任的是"文官"，所以对战事以及武将赏罚制度应该不甚了解，或许在他的理念中，像李广这类勇将战功卓著，应当封侯。实际却恰恰相反，从李广的官职变迁中可以窥探一二。

---

① 司马迁：《史记（修订版）》卷一七〇，中华书局2014年版，第3470页。
② 金圣叹著，刘衍青整理：《金圣叹评〈史记〉》，陕西师范大学出版社2018年版，第137页。

下表是笔者整理出来的李广的军事生涯任职经历：

文帝时期	中郎（武骑常侍）
景帝时期	陇西都尉（骑郎将）→骁骑都尉→太守
武帝时期	未央卫尉→骁骑将军→护军将军→贬为庶人→右北平太守→郎中令→后将军→前将军

从上表中可以看出，李广是从底层士兵逐步升迁至将军一职。汉代前期，对人才的选拔与使用有很大的灵活性。吕思勉先生在《秦汉史》一书中指出：

> 至秦而父兄有天下，子弟为匹夫；及汉，更开布衣卿相之局；实为旷古一大变……天子屡诏公卿、郡国，使举贤才；又或遣使咨访；或下诏征召；则古者聘名士、礼贤者之制也。①

由此可见，汉前期使用人才为"旷古大变"。有些学者认为，李广的怀才不遇与汉武帝对李广的不信任有关，吕思勉在《读史札记》中讲曾批评武帝的用兵政策，夸赞李广的行兵思想："然武帝用兵匈奴，至于海内疲弊，而匈奴卒不可灭者，其故何也？是则其用人行政，必有不能不负其责者矣……李广之将兵也；'乏觉之处，见水，士卒不尽饮，广不近水；士卒不尽食，广尝食。'使如广者将，士卒有丧亡至此者乎？"②吕思勉先生批评了汉武帝穷兵黩武，视士兵生命如草芥的做法，夸赞了李广用兵可以减少伤亡的优点。不过，任何时代的阶级统治者都有时代的局限性，如果单是从将士生命角度去批判刘彻这一雄才伟略的君主仿佛也有所不妥。如果从武帝聘用人才角度讲，卫青从骑奴升为大将军，霍去病十七岁封"冠军侯"、金日磾受托辅少主等等，都是汉武帝不拘一格降人才的表现，是值得被称颂的，所以一些学者将李广难以封侯归咎于汉武帝"任人唯用"，"信任外戚"就有失偏颇。并且，从上表可见，李广生平最高职称是漠北之战中的前将军，"前将军"一般处于整个军队的前锋阵营之中，是最容易获得军功的，可见，当时汉武帝也希望李广这一三朝元老有立功封侯的机会。

---

① 吕思勉：《秦汉史》，商务印书馆 2010 年版，第 675 页。
② 吕思勉：《读史札记》，译林出版社 2016 年版，第 534 页。

可惜李广最后在漠北之战中由于自己的违抗军令导致军队迷失道路,错失了最后一次封侯的机会。因此,李广难以封侯与他时运不济有关系,也与他实际取得的成就稍显逊色有关。

亚里士多德在《诗学》中曾对历史与文学作过严格的区分,他认为:

> 诗人的职责不在于描述已发生的事情,而在于描述可能发生的事。历史家与诗人的差别不在于一用散文,一用"韵文"……两者的差别在于一叙述已经发生的事,一描述可能发生的事。因此,写诗这种活动比历史更富于哲学意味,更被严肃地对待;因为诗所描述的事带有普遍性,历史则叙述个别的事。①

显然,司马迁在《李将军列传》中所塑造的李广形象诗意色彩比历史色彩更加浓厚,他不仅描述了已经发生的事,而且还运用自己高超的文笔手法,去展现一个更富有深意、更饱含感情的"为人生而艺术"的深邃画面。

二

(一)"究天人之际"与"成一家之言"的出发点

正如司马迁在《报任安书》中所讲的,"亦欲以究天人之际,通古今之变,成一家之言"。司马迁写《史记》的出发点就是追求"天道"与"人伦"之间的关系,把个人思想渗透在作品的字里行间,实属"一家之言",承认了主观性的存在。司马迁的《史记》带有"美刺"的思想特点,他通晓六经,也就自然会被《诗经》"言悦预之志则和乐兴而颂声作,忧愁之志则哀伤起而怨"的写书情感所影响,因而在史书中增添了不少个人的观点与感情。

司马迁在《高祖本纪》中讲道:

> 太史公曰:"夏之政忠,忠之弊,小人以野,故殷人承之以敬。敬

---

① 亚里士多德:《诗学》(罗念生译),人民出版社1984年版,第315页。

之弊，小人以鬼，故周人承之以文。文之弊，小人以僿，故救僿莫若以忠。三王之道若循环，终而复始。"①

这段话中明显表现了司马迁有着"天道循环"的唯心观，所以他在记述李广时，就会把李广的命运归咎到"数奇"上，以为是天命使然。

司马迁对李广的高度评价可算与他的"一家之言"相互照合。司马迁评价李广：

太史公曰：《传》曰："其身正，不令而行；其身不正，虽令不从。"其李将军之谓也？余睹李将军悛悛如鄙人，口不能道辞。及死之日，天下知与不知，皆为尽哀。彼其忠实心诚信于士大夫也。谚曰："桃李不言，下自成蹊"。此言虽小，可以谕大也。②

司马迁对李广评价之高饱含了他对这个汉代名将的感慨、尊敬以及同情，同时期像卫青、霍去病之类军功卓著的将领甚至也没有得到太史公如此高的评价。在《卫将军骠骑列传》中，司马迁甚至没有直接为卫、霍两人作评价，而仅仅是引用苏建之语：

苏建语余曰："吾尝责大将军至尊重，而天下之贤大夫毋称焉，愿将军观古名将所招选择贤者，勉之哉。大将军谢曰：'自魏其、武安之厚宾客，天子常切齿。彼亲附士大夫，招贤绌不肖者，人主之柄也。人臣奉法遵职而已，何与招士！'"③

司马迁没有直接评价卫青，仅仅借苏建之语道出了卫青不招收宾客的轶事，评价稍显随意。这或与司马迁与卫青交往不多有关，但与李广相比，司马迁显然更"偏爱"李广。以致宋人黄震在比较完《李将军列传》与《卫将军骠骑列传》后感叹道："凡看卫霍传，须合李广看，卫霍深入二千里，声震华夷，今看

---

① 司马迁：《史记（修订版）》卷八，中华书局2014年版，第493页。
② 司马迁：《史记（修订版）》卷八，中华书局2014年版，第3748页。
③ 司马迁：《史记（修订版）》卷八，中华书局2014年版，第3564页。

其传，不值一钱。李广每占辄北，困踬终身，今看其传，英风如在。史氏抑扬予夺之妙，岂常手可望哉？"①因此，既然是"一家之言"，那他在评论人物褒贬、释放感情色彩上，就不会有太多顾虑，大胆地运用历史材料进行加工整理，使得《李将军列传》的文学价值得以提升。

（二）《春秋》精神的潜移默化

司马迁继承了孔子作《春秋》的基本精神，他认为春秋是"万物之聚散，礼仪之大宗"。司马迁曾师从董仲舒学习《公羊春秋》，非常推崇寓是非褒贬于史事载述的伦理教化功用，深信史学所蕴含的巨大社会功能，期望著史能如孔子述《春秋》一样对现实社会政治发挥积极的能动作用。②在《春秋》精神的感召下，司马迁才能够以独立的精神品格，书写自己深广的人生情怀，"以他的内在灵魂展开了对人自身的历史性体验，创造出一个极其丰富的精神宇宙"③。

在《春秋》写作精神的影响下，《李将军列传》灌注了司马迁对社会世事、个人命运的强烈感慨，积聚着对英雄的惺惺相惜，也饱含着儒家"仁义礼智信"的丰满理想。恰好，李广的人生经历与命运符合司马迁所要弘扬的儒家传统道德和美刺的政治理想。正如《李将军列传》中重点记载的李广的品质一样：

> 广廉，得赏赐辄分其麾下，饮食与士共之。终广之身，为两千石四十余年，家无余财，终不言家产事……广之将兵，乏绝之处，见水，士卒不尽饮，广不近水，士卒不尽食，广不尝食。宽缓不苛，士以此爱乐为用。④

司马迁在这段话里着重褒扬了李广仁爱士兵，廉洁宽缓的儒家品质，重点突出了李广不仅有勇有谋的武将精神，还有儒家所提倡的"修身爱施"的品质，正符合司马迁自身所具有的热爱生命、独立自由的人文精神。

---

① 凌稚隆辑：《百五十家评史记》明万历刻本。
② 梁宗华：《论司马迁的儒学观》，东岳论丛年第12期。
③ 程世和：《司马迁精神人格论》，商务印书馆2013年版，第69页。
④ 司马迁：《史记（修订版）》卷一九〇，中华书局2014年版，第3472页。

此外，诉说李广的悲剧也是司马迁为更好地暴露当时社会的残酷现实以及封建阶级的腐朽统治。

> 初，广之从弟李蔡与广俱事孝文帝。景帝时，蔡积功劳至二千石。孝武帝时，至代相……蔡为人在下中，名声出广下甚远，然广不得爵邑，官不过九卿，而蔡为列侯，位至三公。诸广之军吏及士卒或取封侯。①

司马迁借助李广之弟李蔡以及他的下属名在其下却平步青云的例子，隐喻了当时社会不完善的人才选拔制度，暗讽了当时统治者的赏罚不公、任人唯亲。司马迁是刚直不阿之人，李广在他的笔下也是刚直不阿之人，在司马迁的认识中，当时的社会风气，阿谀奉承之人易受到拔擢，而刚直不阿之人则易受打压。

正是在继承《春秋》精神的基础上，司马迁才不惧威权，无畏阻难，肆笔挥洒，抒写当代不公的社会现象和不合理的政治统治，将超前的人生理想留存于后代，才会在记述人事时融入自己的强烈感情。

（三）个人遭遇的情感寄托

司马迁因李陵之祸遭受宫刑而受到了极大地耻辱，他在《报任安书》中写道：

> 仆闻之：修身者，智之符也；爱施者，仁之端也；取予者，义之表也；耻辱者，勇之决也；立名者，行之极也。士有此五者，然后可以托于世，列于君子之林矣。故祸莫憯于欲利，悲莫痛于伤心，行莫丑于辱先，诟莫大于宫刑。②

司马迁认为"诟莫大于宫刑"，这是他人生最大的污点，是一种羞辱。而李广的含恨自刎与司马迁的宫刑受辱有着相似之处，因此，司马迁将个人的悲惨遭遇寄托在李广身上，通过歌颂李广身上的品质抒写自己的理想。《李将军列传》将李广的自刎写得非常悲壮：

---

① 司马迁：《史记（修订版）》卷一九〇，中华书局2014年版，第3473页。
② 司马迁：《史记（修订版）》卷一三〇，中华书局2014年版，第3989页。

广未对，大将军使长史急责广之幕府对簿。广曰："诸校尉无罪，乃我自失道。吾今自上簿。"

至莫府，广谓其麾下曰："广结发与匈奴大小七十余战，今幸从大将军出接单于兵，而大将军又徙广部回远，而又迷失道，岂非天哉！且广年六十余矣，终不能复对刀笔之吏。"遂引导自刭。广军士大夫一军皆哭。百姓闻之，知与不知，无老壮皆为垂涕。①

司马迁对李广自刭的悲壮镜头渲染到了极致，从李广的沉痛词陈到百姓士大夫的不舍恸哭，都意味着英雄的落幕，也象征了司马迁自身与李广相似经历的处境下，他忍辱负重，留名青史的坚强品格。

司马迁以突出文学性而削弱史实性的手法撰写李广，不仅因为李广所具有的光辉品质与司马迁自己的品质相照应，还有一部分原因是对李氏家族的同情。

司马迁是因为替李陵辩护而遭受宫刑，司马迁认为李氏上下为汉代立下了汗马功劳，李陵有"国士之风"可与古之名将相比，况且，"身虽陷败，然其所摧败亦足暴于天下"，②投降是迫不得已。但司马迁却因仗义执言而遭受奇耻大辱，在发愤著书背景下，他更须借《李将军列传》抒写自己的不平。通过对比《史记·李将军列传》与《汉书·李广苏建传》可窥探司马迁对李氏家族的不寻常情感：

单于既得陵，素闻其家声，及战又壮，乃以其女妻陵而贵之。汉闻，族陵母妻子。自是之后，李氏名败，而陇西之士居门下者皆用为耻焉。

《史记·李将军列传》

陵在匈奴岁余，上遣因杅将军公孙敖将兵深入匈奴迎陵。敖军无功还，曰："捕得生口，言李陵教单于为兵以捕汉军，故臣无所得。"上闻，于是族陵家，母弟妻子皆伏诛。

《汉书·李广苏建传》

---

① 司马迁：《史记（修订版）》卷一九〇，中华书局2014年版，第3476页。
② 班固.：《汉书》卷五四，中华书局1962年版，第2456页。

上述《史记》与《汉书》在写李陵被族灭之事中，司马迁没有道明李陵母妻被族的原因，而班固则详细地记录了事情原委。明显，司马迁在这里是作了简化处理的，如果没有《汉书》对李陵被族灭的前因后果的介绍，后人很容易就误认为李陵家族被灭与当时严苛的社会政治以及汉武帝的残暴统治有关。所以司马迁在记述李陵之事时也是巧妙地避重就轻，使得后人更加同情李氏家族。

《李将军列传》文笔手法高于史笔手法，这与司马迁"一家之言"的人格魅力、承《春秋》手法的写史特点以及个人遭遇的情感寄托有密切关系。

三

文史关系一直以来是中国古代学术领域的重要话题。从先秦一直到两汉，文学与历史学就是一对孪生兄弟，互为表里，所以清代章学诚提出"六经皆史"的理论主张。到了魏晋南北朝时期，由于"文学"成为一种自觉现象，"文"与"史"逐渐分离。到了唐代，以刘知几为代表的历史理论学家开始将中国历史发展演变规律上升到理论高度，形成了完整的历史理论体系，文学与历史形成了独立的两个学术派别。

《史记》的文学性与历史性比较一直以来是学界争议的话题。一段时间，《史记》的研究分为了两派，一派为单纯研究《史记》的历史史料价值，一派为单独研究《史记》的文学艺术价值，两个派别都走向了一种极端。近些年，随着"大文学史观"与"大历史观"兴起，《史记》研究更加注重历史与文学的结合。例如，张新科先生的《〈史记〉与中国文学》一书中就认为"《史记》的文学特性是建立在历史特性之上的"，[1]周国伟先生的《二十四史述评》就认为"除了其创作思想、写作手法有其特别优越处，足资借鉴外，其行文流畅，叙事绘声绘色，有条有理，用词简练精辟，更是治史者所必学的。"[2]因此，在研究《史记》时，要用历史的眼光与艺术的眼光相结合，融入到整个中华文化发展规律与进程中。

---

[1] 张新科：《〈史记〉与中国文学》，商务印书馆2021年版，第2页。
[2] 周国伟：《二十四史述评》（侯德仁曾文杰整理），苏州大学出版社2017年版，第40页。

《史记》中有许多篇目文笔性高于史笔性，这与司马迁写史"考信六艺，整齐世传"有关，也与个人主观意愿有关。例如司马迁将《伯夷列传》放在了列传第一，正如他提到的"伯夷、叔齐，不念旧恶，怨是用希"，①司马迁认为伯夷、叔齐属于"君子"之类，乃为"清士"，司马迁不仅欣赏这类人，他本人也是这类人，因此借伯夷、叔齐的品质寄托自己的感情，也就自然避免不了《史记》主观性的存在。在《商君列传》里，司马迁评价商鞅"商君，其天资刻薄人也"，②出于儒家与法家两家立场与观念的不同，司马迁评价商鞅以贬恶为主，也不免有失客观性。在《屈原贾生列传》中，司马迁大量引用了屈原与贾谊的文赋，既是司马迁借此以表明两人的高洁之志与悲情命运，也是司马迁秉承历史责任以传屈、贾文学功绩的表现。在《苏秦列传》与《张仪列传》中，司马迁个人情感倾向也非常明显。苏秦与张仪同以"外交家"的身份被记录，司马迁在评价苏秦时写道："吾故列其行事，次其时序，毋令独蒙恶声耳。"③明显为苏秦鸣不平。而在《张仪列传》里，司马迁评价张仪称："夫张仪之行事甚于苏秦，然世恶苏秦者，以其先死，而仪振暴其短以扶其说，成其衡道。"④对张仪的评价客观性要更强一些，没有像苏秦那样明显地偏倚张仪。

　　如果说《史记》中先秦人物传记司马迁运用"整齐"的手法，避免不了个人的主观想象与材料裁剪，那么在距离司马迁年代更近的秦汉时期的人物传记、同时代出土的简帛文物以及《汉书》相对比，《史记》人物形象的立体性更强，掺杂的个人感情与人物褒贬更加明显。譬如在北大藏汉简《赵正书》中秦始皇主动提"死"之说：

　　　　吾自视天命，年五十岁而死，吾行年十四而立，立卅七岁矣。吾当以今岁死，而不知其月日，故出游天下，欲以变气易命，不可乎？今病笃，几死矣。⑤

---

① 司马迁：《史记（修订版）》卷六一，中华书局2014年版，第2583页。
② 司马迁：《史记（修订版）》卷六一，中华书局2014年版，第2718页。
③ 司马迁：《史记（修订版）》卷六一，中华书局2014年版，第2763页。
④ 司马迁：《史记（修订版）》卷六一，中华书局2014年版，第1798页。
⑤ 姚磊：《北大藏汉简〈赵正书〉新释九则》，《古籍整理研究学刊》，2021年第5期。

而在《秦始皇本纪》中,记载的是"始皇恶言死,群臣莫敢言死事"。出土文献的记载与《史记》中的原载差异,明显表现了司马迁对历史的裁剪,并有刻意突出人物形象的文学价值取向。因此,要从整体上认知《史记》的文史关系,就要从司马迁对史实的裁剪手法入手,尤其是对列传中人物形象的"整齐"与裁剪。

就《李将军列传》中所传达出来的文笔和史笔的关系来讲,要秉承历史唯物主义观,全面客观地看待司马迁写李广的问题。《李将军列传》的文笔与史笔不是此消彼长的关系,而是唇齿相依的关系。一些史学研究者仅就李广名气不抵功劳问题批评司马迁没有秉持"客观公正"的原则写史,一些文学研究者仅研究《李将军列传》的文学内涵,而忽略了历史背景,也就丧失了研究《史记》的"内核"精神。正如吕思勉先生所认为的"史籍之原有二:一为史官所记,一则私家传述也。谈、迁有作,乃其私家之业,而非当官之职也"[①]。作为"私家之业"的《史记》,正是在客观历史背景的基础上,将已经逝去的历史事件与人物活生生地展现在世人面前,此是司马迁的伟大贡献。同时也要看到,在司马迁那个文史尚未分离的时代,司马迁能够站在历史的角度写传记,可谓"前无古人,后无来者"。

总之,研究《史记》,尤其是《史记》中的人物传记,要在追求历史客观的基础上,探求"文质",不能分裂《史记》的"文"与"史"之间的关系。

四

司马迁撰写李广人物命运时带有鲜明的感情色彩,更注重"发于情,肆于文"的文笔而削弱了"其事核,不虚美"的史笔。《李将军列传》侧重突出李广人物命运的悲剧性,从"子不遇时"的感情渲染,到"李广才气,天下无双"的侧面烘托,再到"桃李不言,下自成蹊"的高度赞赏,都是司马迁高超文笔的体现,因是"一家之言",也不免有夸张修饰的成分在其中,这是史传文学不可避免的问题。司马迁最为可贵的精神就在于,他并没有因为个人对李广的崇拜

[①] 吕思勉:《秦汉史》,商务印书馆 2010 年版,第 807 页。

就完全脱离历史与真实，而是站在历史真实的基础上，塑造历史人物，展现社会现状与风貌。因此，在研究《史记》尤其是《史记》中的人物列传之时，要站在宏观的历史条件中，探究历史的细节与人物的命运，"以史为鉴知兴替，以人为鉴知得失"，将《史记》文化融入生生不息的中华文化长流之中。

（宋呈祥，陕西师范大学文学院硕士研究生。）

《史记·滑稽列传》讽谏研究

马小玉

司马迁《史记》卷一百二十六立《滑稽列传》，记淳于髡、优孟、优旃事八件。《索隐》按："滑，乱也。稽，同也。谓辩捷之人言非若是，言是若非""以言俳优之人出口成章，词不穷竭"①。《正义》云："其智计宣吐如泉，流出无尽"②。皆谓滑稽为善辩。俳优之辈，常被视作祸国之徒——类似"近优而远士"、"倡优侏儒在前而贤大夫在后，是以国家不日益，不月长"③的记载屡见不鲜。司马迁却以六义谈起，赋之高评："谈言微中，亦可以解纷……岂不亦伟哉！"④子曰："我欲载之空言，不如见之于行事之深切著明也"⑤，太史公亦如是。所选的三位滑稽人物出身低微，"然亦能因戏语而箴讽时政，有合于古矇诵工谏之义"⑥。

一、起于微末而胸有丘壑的滑稽人物

"齐之赘婿"淳于髡，《索隐》注："女之夫也，比于子，比于疣赘，是余剩

---

① 司马迁撰，裴骃集解，司马贞索隐，张守节正义：《史记》卷七一《樗里子甘茂列传第十一》，中华书局1959年版，第7册，第2307页。
② 司马迁撰，裴骃集解，司马贞索隐，张守节正义：《史记》卷七一《樗里子甘茂列传第十一》，中华书局1959年版，第7册，第2307页。
③ 赵守正：《管子注译》上册，广西人民出版社1982年版，第197页。
④ 司马迁撰，裴骃集解，司马贞索隐，张守节正义：《史记》卷一二六《滑稽列传第六十六》，中华书局1959年版，第10册，第3203页。
⑤ 司马迁撰，裴骃集解，司马贞索隐，张守节正义：《史记》卷一三〇《太史公自序第七十》，中华书局1959年版，第10册，第3297页。
⑥ 洪迈：《夷坚志》，中华书局2006年版，第822页。

之物也"①。身长短小,不满七尺。优孟为乐人,优旃为侏儒,皆起于微末。却能在自己的本职——插科打诨、调笑戏谑之外,附加更多责任,将调笑外化,内核实为进谏。淳于髡择威王所好,以大鸟不飞不鸣隐语劝谏。楚兵伐齐,威王使髡之赵请兵,赍持却少。淳于髡大笑,似故作他言,讲农家禳田所持狭而欲者奢。威王即益赍车马黄金,髡借来精兵十万,楚兵退。而后酒宴,淳于髡又以酒量悬异巧谏威王"酒极则乱"。低微之身,供人调笑之职,实际有着士的担当和丘壑。所谓善辩,不妨谓之苦心孤诣。

楚国优孟,讽谏之外尚有忠厚。优孟曾得楚相孙叔敖善待。孙叔敖过世,其子如父亲所料,果真贫困,照父亲嘱咐,去寻优孟。仅管优孟事先不知,但待其子陈明身份缘由,优孟便"为孙叔敖衣冠,抵掌谈语"②。岁余,仿之甚像,左右不能别。酒宴祝寿,引楚王注意,故作玄虚,与妇人计。后痛陈孙叔敖生前"以廉治楚"③。一片忠心,助楚得霸,亡故却满是凄凉,"妻子穷困负薪而食"④,使其子获封寝丘四百户。尽心竭力完成孙叔敖临终所托,躬行忠信,以德报德。

共有的讽谏之外,优旃兼备以仁。不忍陛楯郎淋雨,佯装嘲谑:"汝虽长,何益,幸雨立。我虽短也,幸休居。"⑤实是讲予秦始皇,助之陛楯郎。"仁远乎哉?我欲仁,仁斯至矣。"⑥仁者,爱人。达者兼济天下是仁,小民心怀同情,施以援手,一念之善也是仁。

可以说,此三者所行,旨归司马迁心目中真正的"滑稽",符合他对滑稽人

---

① 司马迁撰,裴骃集解,司马贞索隐,张守节正义:《史记》卷一二六《滑稽列传第六十六》,中华书局1959年版,第10册,第3198页。

② 司马迁撰,裴骃集解,司马贞索隐,张守节正义:《史记》卷一二六《滑稽列传第六十六》,中华书局1959年版,第10册,第3201页。

③ 司马迁撰,裴骃集解,司马贞索隐,张守节正义:《史记》卷一二六《滑稽列传第六十六》,中华书局1959年版,第10册,第3201页。

④ 司马迁撰,裴骃集解,司马贞索隐,张守节正义:《史记》卷一二六《滑稽列传第六十六》,中华书局1959年版,第10册,第3201页。

⑤ 司马迁撰,裴骃集解,司马贞索隐,张守节正义:《史记》卷一二六《滑稽列传第六十六》,中华书局1959年版,第10册,第3202页。

⑥ 杨伯峻:《论语译注》,中华书局1958年版,第73页。

物的心理期待。"虽居弄臣之列，而所言皆足以匡君，故一则曰'常以谈笑讽谏'，一则曰'合于大道'，各于传首揭出眼目。"①"冒主威之不测，言廷臣所不敢，谲谏匡正。"②善辩、机敏、多智，皆是其次，首要当是合于大道。敢于承担不可预测的风险，为大道挺身而出，兼备忠厚，持之以仁，以德报德。起于微末，却胸有丘壑，心系天下，进朝臣所不敢谏。他们是供君调笑的弄臣，也是苦心孤诣的谏臣和履仁蹈义的仁者。③

二、犯险进谏的缘由追溯

一般看来，俳优是由王室或诸侯豢养的专供娱乐调笑的艺人，"身份是奴隶……是种奢侈奴隶，或有生命的工具"④。但在《滑稽列传》的俳优身上，我们并没有看到奴性。相反，他们似乎以最不严肃的身份与形式，承担了最为严肃之事。而这是极有风险的。他们的进谏，或是在君王沉浸其中喜不自胜时浇将凉水，或以奇言怪喻尖刻猛锐直指君王错谬。总之，合大道而逆君王之意——生命可能随时被终止。因讽谏丧生者也不乏先例，但仍会有"不知天高地厚"的俳优，冒性命之忧行以讽谏。

单看优谏，实有两方面的不合理性。其一，于滑稽人物而言，他们供上层娱乐消遣，呼之即来，挥之即去。若只求生存，泯然众人便是最好、最安全的选择。长期身处宫廷，见惯帝王的喜怒无常生杀与夺。他们没有充分、合理的理由，凭着一腔热血便罔顾性命，站在君王的对立面，指摘君王的不是。其二，以优谏劝阻君王的不公之行，实际是对政治的干预。没有政治权利却强行参与，实为僭越。而优人这样的与政方式能为统治者接受，绝不只是所谓不为人重视，说话便可不受限制的"我优也，言无邮"，否则市人奴隶皆可对朝政畅所欲言。现象的存在必有其赖以存在的思想文化支撑。优谏这一行为，应当为彼时的文化、社会心理认同，具有文化上的合理性。

---

① 姚苎田选评：《史记菁华录》，中华书局 2010 年版，第 169 页。
② 钱锺书：《管锥编》，中华书局 1979 年版，第 898 页。
③ 李冰圆：《〈史记〉滑稽人物形象研究》，硕士学位论文，渤海大学文学院，2019 年，第 24 页。
④ 冯沅君：《冯沅君古典文学论文集》，山东人民出版社 1980 年版，第 96—99 页。

优，俳优、倡优、优伶，一般被认作演员的前身。关于优的起源，大多数研究者采纳了冯沅君的看法：优起源于巫，社会不断演进，巫的职能也逐渐分化，"倡优就是承继它们的娱神的部分而变之娱人的"①。而"巫觋之兴，虽在上皇上世，然俳优则远在其后"②。巫优之间，相间甚久。且二者地位悬殊，其间当有演变过程。黎国韬对此提出新解："此说最大的问题在于，忽视巫与优之间曾有一种过渡人物，亦即乐官。乐官从巫官中出，而优又从乐官中分化，较为合理的发生序列应为：巫—乐官—优—演员。"③有了乐官作为巫与优的过渡，优之进谏便有了传统上的合理性。"上古明王举乐者，非以娱心自乐，快意恣欲，将欲为治也。"④我国古代，政治以礼治为本，乐以辅礼。是故礼乐并重，乐与政通。乐官掌乐，当也具备政治功能。

《国语·周语上》记："故天子听政，使公卿至于列士献诗，瞽献曲，史献书，师箴，瞍赋，矇诵，百工谏，庶人传语，近臣尽规，亲戚补察，瞽史教诲，耆艾修之，而后王斟酌焉，是以事行而不悖。"⑤

《大戴礼记·保傅》："有敢谏之鼓，鼓（鼓读曰瞽）夜诵诗，工诵正谏。"⑥

《淮南子·主术训》："古者天子听朝，公卿正谏，博士诵诗，瞽箴师诵，庶人传语，史书其过，宰彻其膳，犹以为未足也。"⑦

箴师："箴刺王阙，以正得失也"；诵："以声节之曰诵""谓箴谏之语也。"⑧《周礼·瞽矇》郑注："讽诵诗，主诵诗以刺君过……以戒劝人君也。"⑨箴谏之

---

① 冯沅君：《冯沅君古典文学论文集》，山东人民出版社1980年版，第14页。
② 王国维：《宋元戏曲史》，中华书局2016年版，第3页。
③ 黎国韬：《古代乐官与古代戏剧》，广东高等教育出版社2011年版，第226—227页。
④ 司马迁撰，裴骃集解，司马贞索隐，张守节正义：《史记》卷二四《乐书第二》，中华书局1959年版，第4册，第1236页。
⑤ 徐元诰：《国语集解》，中华书局2002年版，第10页。
⑥ 王聘珍：《大戴礼记解诂》卷三，中华书局1983年版，第52页。
⑦ 刘安：《淮南子》卷九，见《诸子集成》影印本第七册，上海书店1986年版，第148—149页。
⑧ 王聘珍：《大戴礼记解诂》卷三，中华书局1983年版，第11页，第53页。
⑨ 郑玄注、贾公彦疏：《周礼注疏》卷二三，赵伯雄整理，北京大学出版社2000年版，第725页。

人，多是"师""瞽"。而师、瞽矇，位列《周礼·春官》，是周官官制中乐官系统之属。由是，乐官有葴诵之职，优谏传统当源于乐官的葴诵谏诲。乐官兼具教育功能与政治功能①，当乐官转变为优，这两个功能也应有所承继。而优谏，正是继承这两个功能的最好体现。优谏与葴诵虽形式有别，但功能基本一致。有古代乐官进谏的先例，故而优人的讽谏虽有时得罪君主，却无需深受责罚，大抵便是优施的"言无邮"——优人以微末之身犯险进谏的心理认同与文化合理性。

三、以"伟"称道的史公用意

对于司马迁所选的滑稽人物、滑稽故事，过往的研究者在两方面提出质疑或批评。一方面，"仲长统云迁为滑稽列传，序优旃事，不称东方朔，非也。朔之行事，岂值旃、孟之比哉。而桓谭亦以迁为是，又非也"②。在仲长统看来，司马相如、东方朔、枚皋皆幽默风趣，都应入《滑稽列传》。褚少孙在补《滑稽列传》中又加入他人事迹，说明褚少孙也持此观点。另一方面，以"实录"质疑《滑稽列传》的真实性。一则是时间错谬。齐威王于公元前 378 年—公元前 343 年在位，优孟与楚庄王（公元前 613 年—公元前 591 年在位）当在其前。再则，《滑稽列传》中"楚大发兵加齐"实属乌有③。甚至有研究认为《滑稽列传》应是早期剧本之汇集④。

其一，就选人而言，实是仲长统褚少孙与司马迁对滑稽人物的定义、期待、寄予不同。太史公所选与褚少孙、仲长统之别，在补录的郭舍人的评点中可见一斑："虽不合大道，然令人主和悦"⑤。褚少孙所补的滑稽人物主要是郭舍人、

---

① 黎国韬：《古代乐官与古代戏剧》，广东高等教育出版社 2011 年版，第 141 页。
② 司马迁撰，裴骃集解，司马贞索隐，张守节正义：《史记》卷一二六《滑稽列传第六十六》，中华书局 1959 年版，第 10 册，第 3205 页。
③ 泷川资言水泽利忠：《史记会注考证附校补》，上海古籍出版社 1986 年版，第 2004 页，引钱大昕云："案《世家》及《表》，是年无齐楚交兵事。此传之言，多不足信。"
④ 孙尚勇：《释司马迁〈史记·滑稽列传〉》，《甘肃社会科学》2016 年第 6 期。
⑤ 司马迁撰，裴骃集解，司马贞索隐，张守节正义：《史记》卷一二六《滑稽列传第六十六》，中华书局 1959 年版，第 10 册，第 3204 页。

东郭先生、王先生和西门豹。他们辩才出众，言辞流畅，但主要目的是和悦人主、为己谋利。卖弄灵敏机变，逗口舌弄巧，长于计谋。持之以仁、为大道挺身而出之言行不复存在。反观司马迁笔下的滑稽人物，淳于髡劝威王奋进，罢长夜宴饮；优孟提醒并制止庄王厚马薄人；优旃劝止秦始皇拓扩园囿，打消了二世油漆城墙的念头，合于大道。除此之外，太史公盛赞滑稽人物，还因其"莫害于人"。漫漫历史长河不乏"足己而不学，守节不逊"①悲剧收场的忠义之士。他们坚守原则，直言敢谏，却总因心直口快、不合君王心意遭受莫须有之罪。嘴上纹理有饿死相的周亚夫便是最令人心痛的代表。"不流世俗，不争势力，上下无所滞凝，人莫之害，以道之用"②。司马迁在《太史公自序》中道出他的选择标准与心理期待：不与世俗同流合污，不蝇营权势利益，沟通上下不至滞塞，能不受迫害保全自身，最重要的，是能遵守道义。

其二，以"实录"质疑《滑稽列传》的真实性。首先，关于时间错乱，周言的考证为我们提供了较为合理的解释——错简。"若按每简28—29字排列，则只须调换各章编连次序就可得出正确的人物年代次序。"③其次，"实录"是后人对《史记》的概括总结，以后人之见要求前人，有失妥当。写历史从来不是纯为记录古人，为古人书写，而是为了写作的人，为了彼时的当下和后世。《太史公自序》曰："以拾遗补异，成一家之言"④；《报任安书》言："欲以究天人之际，通古今之变，成一家之言"⑤。太史公作《史记》的目的道之分明。前者，"厥协六经异传，整齐百家杂语"⑥，整理学术的发展、演变。后者，则"网罗天下放

---

① 司马迁撰，裴骃集解，司马贞索隐，张守节正义：《史记》卷五七《绛侯周勃世家第二十七》，中华书局1959年版，第7册，第2080页。

② 司马迁撰，裴骃集解，司马贞索隐，张守节正义：《史记》卷一二六《滑稽列传第六十六》，中华书局1959年版，第10册，第3204页。

③ 周言：《〈滑稽列传〉错简考辨》，《史林》2004年第2期，第118页。

④ 司马迁撰，裴骃集解，司马贞索隐，张守节正义：《史记》卷一三〇《太史公自序第七十》，中华书局1959年版，第10册，第3319页。

⑤ 班固：《汉书》第九册，中华书局1975年版，第2735页。

⑥ 司马迁撰，裴骃集解，司马贞索隐，张守节正义：《史记》卷一三〇《太史公自序第七十》，中华书局1959年版，第10册，第3319—3320页。

失旧闻，考之行事，稽其成败兴怀之理"①。实录固然是司马迁记史立传的基本原则，但"司马迁的实录并不是无动于衷、完全被动地直录事实，而是和他的著述理想密切联系的"②。《滑稽列传》的真实性固然留有商榷的余地，但并不能否定其文学性与思想性。对某些细节的想象，应当是回顾真实事件后的合理想象，而非子虚乌有的虚构。这些补充，或许没有"考信于六艺"，却都"折中于夫子"，是研究司马迁思想的重要部分。

司马迁为一些"名不见经传"的小人物立传，所选人物不仅能代表自己所在的阶层，也在一定程度上反映了司马迁的某些价值期待。所谓"不流世俗，不争势力，上下无所滞凝，人莫之害，以道之用"③，在对比中更能见得分明。《滑稽列传》前是《佞幸列传》，主要记述邓通、韩嫣、李延年三位。与滑稽人物相同，他们多出身低微。邓通"以濯船为黄头郎"④，李延年出身倡家，身受腐刑入宫，为皇家养狗。他们也善于洞察上意，能敏锐捕捉帝王所想所好，某些方面来看，可堪机敏多智。邓通为皇帝嗒吮病痈，"独自谨其身以媚上"⑤；李嫣善佞，知汉武帝欲攻伐匈奴而先习胡兵；李延年善承上意，造诗歌以弦天地祠。与滑稽人物之不同则在于，滑稽人物洞晓上意，以大道衡量是否可为。若不合大道，巧用其智，劝谏君主，使合乎大道。佞幸之人则无关大道，顺承上意，设法讨得君王欢心，为自己谋私利。同有智计，为机敏者，而用之殊途，旨归亦远。不同之处还有：佞幸之徒都曾获得非富即贵的殊荣。无甚技能的邓通受赐铜山，自己铸钱；李嫣官至上大夫；李延年佩二千石印，皆为滑稽人物从未企

---

① 班固：《汉书》第九册，中华书局 1975 年版，第 2735 页。
② 季镇淮：《司马迁怎样写历史人物传记的——从"实录"到典型化》，《语文学习》1956 年 8 月号。
③ 司马迁撰，裴骃集解，司马贞索隐，张守节正义：《史记》卷一二六《滑稽列传第六十六》，中华书局 1959 年版，第 10 册，第 3204 页。
④ 司马迁撰，裴骃集解，司马贞索隐，张守节正义：《史记》卷一二六《滑稽列传第六十六》，中华书局 1959 年版，第 10 册，第 3192 页。
⑤ 司马迁撰，裴骃集解，司马贞索隐，张守节正义：《史记》卷一二六《滑稽列传第六十六》，中华书局 1959 年版，第 10 册，第 3192 页。

及之高度。正应了"力田不如逢年，善仕不如遇合"①。不同的待遇显现帝王不同的态度。两传之中，滑稽与佞幸比对彰著，帝王形象也差之悬殊。淳于髡只说大鸟不飞不鸣，威王便知言指自己，"警悟如此"②。仅仰天大笑，便机警地先行道破："先生少之乎？"③闻髡"酒极则乱，乐极则悲"④，则知讽谏，罢长夜宴饮。庄王、始皇亦是如此，稍加点示，便知用意，而后改之。而孝文帝闻邓通将"贫饿死"，赐之铜山；视嘬吮病痈为最爱自己。武帝亦易为佞幸之徒迷惑，封官随兴。

此般对比，恰似太史公在《伯夷列传》中的感叹："若至近世，操行不轨，专犯忌讳，而终身逸乐，富厚累世不绝。或择地而蹈之，时然后出行，行不由径，非公正不发愤，而遇祸灾者，不可胜数也。余甚惑焉，倘所谓天道，是耶非耶……举世混浊，清士乃见。"⑤太史公高评滑稽人物"伟哉"，是因为其六艺之外而"合乎大道"。节人之《礼》，发和之《乐》，道事之《书》，达意之《诗》，道化之《易》，道义之《春秋》，都是为"补短移化，助流政教"，以达"天子躬于明堂临观，而万民咸荡涤邪秽，斟酌饱满，以饰厥性"⑥。他称伟的滑稽之人，以微末之身承担起本不属于他、不该由他所担负的责任，那么原本应该担负起这些、职责所在本应该如此的人呢？司马迁与汉武帝同时，彼时尊儒正盛，"修身齐家治国平天下"似乎应是儒人刻在骨血中的责任与担当。可惜的是，汉武帝对儒学真正感兴趣的，是加强皇权威严的礼乐制度，诸如封禅、郊祀、改正朔、易服色等。他所尊奉的"已经不是先秦孔孟的原始儒学，而是一种为专制

---

① 司马迁撰，裴骃集解，司马贞索隐，张守节正义：《史记》卷一二六《滑稽列传第六十六》，中华书局 1959 年版，第 10 册，第 3191 页。

② 姚苎田选评：《史记菁华录》，中华书局 2010 年版，第 168 页。

③ 司马迁撰，裴骃集解，司马贞索隐，张守节正义：《史记》卷一二六《滑稽列传第六十六》，中华书局 1959 年版，第 10 册，第 3198 页。

④ 司马迁撰，裴骃集解，司马贞索隐，张守节正义：《史记》卷一二六《滑稽列传第六十六》，中华书局 1959 年版，第 10 册，第 3199 页。

⑤ 司马迁撰，裴骃集解，司马贞索隐，张守节正义：《史记》卷五七《绛侯周勃世家第二十七》，中华书局 1959 年版，第 7 册，第 2125 页。

⑥ 司马迁撰，裴骃集解，司马贞索隐，张守节正义：《史记》卷二四《乐书第二》，中华书局 1959 年版，第 4 册，第 1175—1176 页。

政权装点门面的货色"[1]。

儒学在汉代的发展已经与原始儒家产生偏离。从文士欲图抬高儒学地位开始，便有意识地用实用主义循循诱之当权者："书不必起自仲尼之门，药不必出自扁鹊之方，合之者善，可以为法，因世而权行"[2]。儒家的理想主义向实用主义靠拢，儒者之思想学说也向政治意识形态倾斜。无论是叔孙通靠制定宫廷礼法收获成功，还是虚伪圆滑的公孙弘缘饰儒术晋身，都昭示了儒学的偏离，甚至是向儒术的转型。政治权力介入，附带未知又充满诱惑的实在利益，曾经的理想沦为进阶的工具。一批汉儒顺从武帝心意，思路渐渐从天上掉到地下，流于世俗，蝇营势力，依靠儒学获得官职，却并不发挥儒学干预现实的批判精神。在他们手中，儒学已经失去了儒家追求的"仁政"的内核，只剩下对堂皇气派的礼乐制度的大肆炒作。儒生对权力的谄媚迎合，权力对儒学的利用扭曲，早已丧失了原始儒家之精义。儒家看似胜利，成为官方承认的学问，"但实际上却使它逐渐丧失其独立的批评与自由"[3]。

在君王"一人有庆"绝对权威之下，道统与政统逐渐融合。知识阶层与官僚系统合二为一，从前"以自由思想为职业的文士不得不承认官僚行政系统的政治正确性"[4]，原本所有的知识与精神的独立性立场也被逐渐消解。"当理不避其难，临患忘利，遗生行义"[5]的士人、儒者或主动或被动地渐渐忘记、放弃"大道"。身居庙堂而失去了自承道统的担当，行不配位。而那些为他们所轻视、地位低微不足以史上留名的俳优赘婿，却以自己的方式，以极不严肃的滑稽调笑，行严肃之事，担"大道"之责。在与儒士本应该但没有的比对之下，对照出身相似同有计谋的佞幸之徒，滑稽人物的苦心孤诣、躬行忠信、持之以仁、谏之为国的言行更为可贵。

（马小玉，陕西师范大学硕士研究生。）

---

[1] 韩兆琦：《史记讲座》，广州师范大学出版社2008年版，第82页。
[2] 王利器：《新语校注》卷上，中华书局1986年版，第44页。
[3] 葛兆光：《中国思想史》，复旦大学出版社2004年版，第271页。
[4] 葛兆光：《中国思想史》，复旦大学出版社2004年版，第265页。
[5] 吕不韦编，刘生良评注：《吕氏春秋》，商务印书馆2015年版，第277页。

《史记》《汉书》文献研究

《史记》叙述更为生动,笔端饱含感情,史料更为丰富,历史观点更为辩证、有说服力;《汉书》则叙述笔调平实,在文字增删、史料增补方面付出了努力,弥补了《史记》的不足之处,不只是简单的转录。

论司马迁对孔子生平之考证

潘铭基

一、引言

孔子生时,礼崩乐坏,诸侯放恣。孔子以匡扶周室,重建周文为己任。考乎孔子一生,周游列国,游说时君一用己说,"知其不可而为之者"。①孔子多次至卫国,灵公终不能重用孔子;至宋,司马桓魋欲加害之;适郑,与学生相失于郭东门;在陈蔡遇厄,赖楚昭王兴师以迎方得解围。总之,是君主皆不能重用孔子,故退而著书,垂空文以断礼义,当一王之法。

孔子死后数百年而有司马迁,司马迁崇拜孔子,在《史记》书中在在可见,最明显者乃在立孔子事迹于"世家"。司马迁游历非常丰富,据《史记·太史公自序》所言:"二十而南游江、淮,上会稽,探禹穴,窥九疑,浮于沅、湘;北涉汶、泗,讲业齐、鲁之都,观孔子之遗风,乡射邹、峄;戹困鄱、薛、彭城,过梁、楚以归。于是迁仕为郎中,奉使西征巴、蜀以南,南略邛、笮、昆明,还报命。"②其中所谓"北涉汶、泗,讲业齐、鲁之都,观孔子之遗风,乡射邹、峄",对其编撰孔子事迹至为重要。在《史记·孔子世家》里,特别指出自己曾经亲临孔府与孔庙。"余读孔氏书,想见其为人。适鲁,观仲尼庙堂车服礼器,

---

① 《论语注疏》卷一四,载《十三经注疏(整理本)》,北京大学出版社 2000 年版,第 227 页。

② 司马迁:《史记》卷一三〇,中华书局 1982 年版,第 3293 页。

诸生以时习礼其家，余衹回留之不能去云。"①梁启超云："司马迁作《孔子世家》，自言'适鲁，观仲尼庙堂车服礼器，诸生以时习礼其家，低徊留之不能去焉'。作史者能多求根据于此等目睹之事物，史之最上乘也。"②指出史迁撰写《孔子世家》之数据源。张大可指出司马迁用多种途径搜求史料，其中《孔子世家》所言"车服礼器"，即属"文物与图象"一类。③由是观之，实地实物考察构成司马迁考证孔子生平重要一环。

至于《孔子世家》之写作年代，李长之云："篇中虽有'适鲁观仲尼庙堂车服礼器，诸生以时习礼其家，余衹回留之，不能去云'语，但决不是二十岁遨游之际作。这是因为篇中又有'安国为今皇帝博士，早卒，安国生卬，卬生欢'字样，查安国约卒于公元前一二六以后，倘卒时为三十左右，后二十年可以有孙，是欢之生可能在公元前一〇六左右，《孔子世家》当作于此时。"④李氏所言有理。篇中既能写及孔安国之孙，而史迁又曾向孔安国问故，⑤则不能成篇于史迁二十岁遨游之时，盖亦成篇于后。

孔子生平、游历争议不少，李零云："前人辨伪，于各书的可信度向有成说，如研究孔子生平，学者习惯上认为，只有《论语》是真孔子言，《左传》、《孟子》、大小戴《记》次之，诸子皆可疑，《史记》等汉代人的说法又等而下之。这种看法有一定道理，但不能奉为规矩准绳。《孔子家语》和《孔丛子》，在学者心目中，一向是与《古论》、《古文尚书》及孔安国传属于同一组怀疑对象，但从出土竹简看，还是很有所本。"⑥又云："我的建议是，了解孔子本人，可读《史记·孔子世家》；了解他的学生，可读《史记·仲尼弟子列传》。"⑦比合而论，

---

① 司马迁：《史记》卷四七，中华书局1982年版，第1947页。
② 梁启超：《中国历史研究法》，台湾"商务印书馆"1966年版，第59—60页。
③ 张大可：《史记文献研究》，民族出版社1999年版，第150页。
④ 李长之：《司马迁之人格与风格》，三联书店1984年版，第150—151页。
⑤ 班固：《汉书》卷八八，中华书局1962年版，第3607页。
⑥ 李零：《丧家狗：我读〈论语〉》，山西人民出版社2007年版，第1页注2。
⑦ 李零：《丧家狗：我读〈论语〉》，山西人民出版社2007年版，第1页。

《论语》与《史记》实为后人考察孔子生平之关键。然而,《论语》书成于汉,①司马迁生时所见史料必多于此,故下文先整理《论语》所载孔子生平,次及孔子生平系年具争议处,复考司马迁在《史记·孔子世家》所述孔子之游历,以及史迁载孔子于"世家"之原委。

二、《论语》所载孔子生平事迹

《论语》乃语录体典籍,编排芜杂,各篇各章之间关系并不明晰。至于《论语》所载各章节与孔子生平之关系,前人学者关心颇多,虽有争议,仍多采作编排孔子生平之根据。南宋胡仔撰有《孔子编年》五卷,其父胡舜陟作序,以为"惟《论语》为可信,足以证诸家之是非"②。胡氏谱乃今所见最早之孔子年谱。元人程复心《孔子论语年谱》开宗明义,以《论语》作为编次孔子生平之根据。书末云:"孔子生卒年月,向多聚讼,而仕止久速,先后纷糅,其孰从而辩之。所凭据者,《左传》、《公羊》、《谷梁》、《国语》、《家语》、《史记·孔子世家》及《弟子列传》、《韩诗传》诸书为最古而近真。然就诸书之中,已自龃龉

---

① 案:《论语》一词,最早见于《礼记·坊记》。《礼记·坊记》云:"子云:君子弛其亲之过而敬其美。《论语》曰:'三年无改于父之道,可谓孝矣。'"案:《礼记·坊记》之年代虽未有定论,但学者大多以为不在汉武帝之后。其实,即使是《论语》,其可靠性亦向来受到怀疑。顾立雅(H. G. Creel)在其《孔子与中国之道》里,有附录题为"《论语》的可靠性",文中指出:"我们无法肯定,这些孔子与弟子们的谈话何时被收集成为一本书籍。第一次的收集,大概不是孔子的弟子们,而是弟子们的弟子们的时候。已有学者指出,在我们今日见到的《论语》里,从第一篇到第十篇是本书的原本,从第十一篇到第十五篇是后来增添的。崔述的假设大概不错,他认为从第十六篇到第二十篇是更晚后的增添;在这几篇里,孔子说话时被称为'孔子曰',而不是'子曰'。此外还有些其他的不同。虽然这最后的五篇是日后(引者案:"日后"原作"后日")增添的,但这并不是说在此以前它们所包含的数据并不存在。"(顾立雅著,王正义译:《孔子与中国之道》,台北,韦伯文化国际出版有限公司2003年版,第281页。)据此,知《论语》分多次成书,各章加入之时代亦不尽相同。

② 胡舜陟:《原序》,载胡仔:《孔子编年》,上海古籍出版社1987年版,原序。

难合。"①以《论语》为本，诸书为辅，虽皆先秦两汉典籍，但所载已有差异。今考《论语》所载，有可据以加入孔子生平编年者，举例而言，《论语·述而》7.17 子曰："加我数年，五十以学《易》，可以无大过矣。"皇侃《义疏》云："当孔子尔时，年已四十五六，故云'加我数年，五十而学《易》'也。"②皇侃以为此话当为孔子四十五、四十六岁时所说。钱穆评皇侃说："此无确据，但亦近似。"③朱熹云："此章之言，《史记》作为'假我数年，若是我于易则彬彬矣'。加正作假，而无五十字。盖是时，孔子年已几七十矣，五十字误无疑也。"④朱熹以"五十"二字为误，以为孔子此话之时，盖已七十。程复心《孔子论语年谱》则将此条系于孔子四十七岁，谓"是岁孔子始读《易》"。⑤虽有争议，惟据此系年之心诸家皆然。

又如《论语·颜渊》12.11 齐景公问政于孔子。孔子对曰："君君，臣臣，父父，子子。"公曰："善哉！信如君不君，臣不臣，父不父，子不子，虽有粟，吾得而食诸？"韦政通《孔子》将此条系于鲁昭公二十六年（前516），即孔子三十六岁之时。当时孔子在齐国。《论语集释》引《论语后录》云："夫子以昭公之二十五年至齐，当景公三十年。是时陈僖公子乞专政，行阴德于民，景公弗能禁，是不能君君臣臣也。"⑥是《论语后录》亦以齐景公问孔子此话在鲁昭公二十五年之后。

又如《论语·季氏》16.2 孔子曰："天下有道，则礼乐征伐自天子出；天下无道，则礼乐征伐自诸侯出。自诸侯出，盖十世希不失矣；自大夫出，五世希不失矣；陪臣执国命，三世希不失矣。天下有道，则政不在大夫。天下有道，则庶人不议。"此中提及"陪臣执国命"语，《论语集解》引马融云："家臣阳虎为季氏家臣，至虎三世而出奔齐。"⑦马融认为此处"陪臣"当为阳虎，然则此语当出现于阳虎囚季桓子以后。鲁定公五年（前505），阳虎拘禁桓子嬖臣仲梁怀，

---

① 程复心：《孔子论语年谱》，北京图书馆出版社1999年影印民国九年本，第41a—b页。
② 皇侃：《论语义疏》卷四，中华书局2013年版，第167页。
③ 钱穆：《孔子传》，东大图书公司1991年版，第22页。
④ 朱熹：《四书章句集注》卷四，中华书局1983年版，第97页。
⑤ 程复心：《孔子论语年谱》，北京图书馆出版社1999年影印民国九年本，第9a—b页。
⑥ 程树德：《论语集释》卷二五，中华书局1990年版，第855页引。
⑦《论语注疏》卷一六，载《十三经注疏（整理本）》，第255页。

桓子怒，阳虎因囚季桓子。此后，阳虎大权在握，孔子"陪臣执国命"语当出此时。

以上略举三例说明将《论语》所载条目编年之根据。后人编写孔子生平，亦多据《论语》某部分章节为之。至于后世编撰孔子传记者，亦多据《论语》所载，稍加系年。钱穆《孔子传》将孔子生平分为八章，分别题目"孔子的先世""孔子之生及其父母之卒""孔子之早年期""孔子之中年期""孔子五十岁后仕鲁之期""孔子去鲁周游""孔子晚年居鲁""孔子之卒"，其中以《论语》为据者，包括以下章节：

	各章篇题	采用《论语》章节	总数
1	孔子的先世		0
2	孔子之生及其父母之卒		0
3	孔子之早年期	2.4, 8.12, 9.6, 3.15, 2.4	5
4	孔子之中年期	7.7, 3.1, 7.14, 7.6, 12.11, 1.10, 18.3, 2.21, 7.17, 11.26, 7.16, 5.7, 9.14, 5.26	14
5	孔子五十岁后仕鲁之期	17.1, 17.5, 16.3, 2.4, 1.1, 6.9, 11.25, 6.4, 14.1, 3.19, 13.15	11
6	孔子去鲁周游	14.36, 18.4, 13.9, 14.39, 9.13, 3.24, 9.5, 11.23, 17.7, 6.28, 3.13, 15.1, 15.7, 13.7, 6.24, 7.23, 15.2, 13.16, 13.18, 7.19, 18.5, 18.6, 18.7, 5.22, 7.15, 13.3, 14.38, 5.15	28
7	孔子晚年居鲁	16.1, 6.8, 11.24, 3.6, 13.14, 11.17, 6.12, 2.19, 12.17, 12.18, 12.19, 2.20, 14.21, 11.1, 11.2, 11.3, 7.11, 15.11, 6.11, 11.9, 11.8, 11.10, 11.11, 6.3, 6.7, 9.11, 12.1, 9.21, 13.2, 6.1, 12.7, 15.3, 5.9, 11.19, 19.22, 9.6, 19.23, 19.24, 19.25, 6.13, 13.17, 6.14, 17.4, 12.9, 4.15, 7.6, 9.6, 9.2, 16.13, 5.28, 7.34, 2.17, 11.12, 9.8, 7.8, 6.30, 7.30, 9.15, 8.8, 2.23, 3.9, 3.14, 7.5, 9.3, 3.4, 3.3	66
8	孔子之卒		0
	总数		124

准上所见，钱穆《孔子传》共使用《论语》一百二十四章，今考《论语》全书四百八十六章，①然则可供钱穆编年者仅占全书四分之一。韦政通《孔子》载有"孔子年表"，亦将《论语》里可堪系年者编次其中，数量较诸钱穆《孔子传》为少。今略举数例如下：

	编年	《论语》之文
1	周敬王二十一年，鲁定公十一年（前499），五三岁	《论语》载孔子与定公两次问答，约在此时：（1）"定公问：君使臣，臣事君，如之何？孔子对曰：君事臣以礼，臣事君以忠"（3.19）。（2）"定公问：一言而可以兴邦，有诸？孔子对曰：言不可若是其几也。人之言曰：为君难，为臣不易。如知为君之难也，不几乎一言而兴邦乎？曰：一言而丧邦，有诸？孔子对曰：言不可若是其几也。人之言曰：予无乐乎为君，唯其言而莫予违也。如其善而莫之违也，不亦善乎？如不善而莫之违也，不几乎一言而丧邦乎？"（13.15）②
2	周敬王二十三年，鲁定公十三年（前497），五五岁	（2）到达卫国边境，一位官名"封人"的边防官请求见孔子。见了以后，向弟子们说："二三子，何患于丧乎（指孔子在鲁丧失官位事），天下之无道也久矣！天将以夫子为木铎"（《论语》3.24）。③
3	周敬王二十八年，鲁哀公三年（前492），六十岁	（1）孔子在去陈国的途中，路过宋国，宋司马桓魋欲杀孔子，孔子曰："天生德于予，桓魋其如予何"！（《论语》7.23）、（《史记·孔子世家》）④

准此所见，韦政通"孔子年表"引录《论语》原文，系年编次。较诸钱穆《孔子传》全书作考辨而言，韦书之重点稍有不同，纯以载录为务。考之韦氏

---

① 各家分章或有不同，此据杨伯峻《论语译注》而来。又，《论语·乡党》本为一章，然文字颇长，不利阅读，是以杨伯峻将其分为二十七节。上文谓《论语》全书共四百八十六章者，以《乡党》全篇作一章计算。
② 韦政通：《孔子》，东大图书公司1996年版，第282—283页。
③ 韦政通：《孔子》，东大图书公司1996年版，第283页。
④ 韦政通：《孔子》，东大图书公司1996年版，第285页。

"孔子年表"全文,据《论语》载录的情况如下:

	编年	《论语》章节①
1	周景王八年,鲁昭公五年(前537),十五岁	2.4
2	周敬王四年,鲁昭公二十六年(前516),三六岁	12.11
3	周敬王十六年,鲁定公六年(前504),四八岁	16.2
4	周敬王十八年,鲁定公八年(前502),五十岁	17.5
5	周敬王二十一年,鲁定公十一年(前499),五三岁	3.19,13.15
6	周敬王二十三年,鲁定公十三年(前497),五五岁	3.24
7	周敬王二十四年,鲁定公十四年(前496),五六岁	9.5,17.7,6.28
8	周敬王二十八年,鲁哀公三年(前492),六十岁	7.23,5.22
9	周敬王三十一年,鲁哀公六年(前489),六三岁	15.2,18.5,18.6,18.7,13.16
10	周敬王三十二年,鲁哀公七年(前488),六四岁	13.3
11	周敬王三十七年,鲁哀公十二年(前483),六九岁	9.15,2.19,12.17
12	周敬王四十年,鲁哀公十五年(前480),七二岁	12.18

　　准此,韦政通《孔子》之"孔子年表"只采用《论语》二十二章加以系年,占《论语》全书四百八十六章而言,只属少数。

　　大抵前人学者考证孔子生平,多以《论语》为本。唯《论语》本身并非编年体,孔子之所言行不可系年者占绝大多数。因此,司马迁《史记·孔子世家》虽非年谱,却是第一部将孔子行事系年之传记。后人编撰孔子年谱,亦多参考《孔子世家》,并讨论史迁考证孔子生平之当否。

---

① 案:只录与孔子生平相关章节,韦政通"孔子年表"载录部分《论语》章节与孔子生平无关。例如"周景王二年,鲁襄公三十年(前543),九岁"条下,韦政通援引两节《论语》论子产在郑国执政之文(5.16,14.9)。此虽皆出《论语》,但纯为孔子评论他人,且韦氏录之亦非因其为孔子九岁之言,纯粹因子产于此时在郑国执政。因此,本文上表不统计此类与孔子生平无关之《论语》章节。(韦政通:《孔子》,东大图书公司1996年版,第274页。)

三、《史记·孔子世家》与孔子游历考

司马迁《史记》采录文献颇多，至于孔子及孔门弟子生平事迹，则多采《论语》为文，成《孔子世家》及《仲尼弟子列传》二篇。林春溥《孔子世家补订序》云："迁所采辑，不外《论语》、三《传》、《国语》、《檀弓》、《家语》、《晏子》诸书。"①林氏所论亦冠《论语》为首，其言是矣。今考《史记·孔子世家》引《论语》共五十七次，其中引用《述而》者最多，共十三次，次则《子罕》九次。《论语》二十篇，《孔子世家》尝征用者包括《为政》《八佾》《公冶长》《雍也》《述而》《子罕》《乡党》《先进》《颜渊》《子路》《宪问》《卫灵公》《阳货》《微子》等十四篇；未尝采用者则仅《学而》《里仁》《泰伯》《季氏》《子张》《尧曰》六篇而已。准此，可知司马迁撰写《孔子世家》时，采用《论语》甚多，范围亦大。②

据前人学者共识，《论语》乃孔子生平最可靠的资料，《史记·孔子世家》采录其中五十七次，将孔子生平与《论语》紧扣为文。如果将《史记·孔子世家》改成编年体，司马迁利用《论语》及其他材料以考证孔子生平必更清晰。以下为《史记·孔子世家》所载孔子生平年谱：

	纪年	事件	《论语》及其他典籍依据
1	襄公二十二年 前551 1岁	孔子生	《公羊》谓襄公二十一年，与《史记》不同。

---

① 林春溥：《孔子世家补订》，世界书局1961年版，序，第1a页。
② 案：《史记·仲尼弟子列传》亦多引《论语》，考之全篇，亦引五十七次。其中引用《先进》者最多，共十二次，次则《公冶长》十一次。《仲尼弟子列传》尝征引《论语》篇章包括《学而》《为政》《八佾》《公冶长》《雍也》《述而》《子罕》《先进》《颜渊》《子路》《宪问》《卫灵公》《阳货》《子张》等。考之《论语》全书，《先进》《公冶长》等篇章多为孔门师生对话，学生出现频率较高，因此多采入《仲尼弟子列传》。

续表

	纪年	事件	《论语》及其他典籍依据
2	襄公二十二年 前 551 1 岁	生而叔梁纥死	《孔子家语》谓生三岁而梁纥死，与《史记》不同
3	昭公七年 前 535 17 岁	鲁大夫孟厘子病且死，命孟懿子往孔子处学礼	《左传·昭公七年》《家语·观周》
4	（史迁将此等事系于孔子 17 岁至 30 岁之间）	为季氏史、司职吏	《孟子·万章下》10.5
5		南宫敬叔与孔子适周，见老子	《庄子》谓孔子年五十一，南见老聃，与《史记》不同 《家语·观周》
6	昭公二十年 前 522 30 岁	齐景公与晏子适鲁，①见孔子，与语三日，大悦	《家语·贤君》
7	昭公二十五年 前 517 35 岁	鲁国内乱，齐处昭公干侯，孔子适齐	《左传》《吕氏春秋·察微》
8	昭公二十六年 前 516 36 岁	景公问政，晏婴劝景公不要重用孔子，离齐返鲁	《晏子》《墨子》 7.14，12.11，18.3
9	昭公三十二年 前 510 42 岁	昭公卒，定公立	《家语》
10	定公五年 前 505 47 岁	季桓子问孔子穿井得土缶	

①《史记·十二诸侯年表》亦言鲁昭公二十年，"齐景公与晏子狩，入鲁问礼。"（司马迁：《史记》卷一四，中华书局 1982 年版，第 656 页。）

续表

	纪年	事件	《论语》及其他典籍依据
11		吴使问孔子骨节专车	《国语·鲁语》《家语·辨物》
12	其秋	阳虎执仲梁怀、季桓子，陪臣执国命	《左传·定公五年》
13	定公八年 前 502 50 岁	公山不狃与阳虎为乱	
14	定公九年 前 501 51 岁①	公山不狃以费畔，孔子欲往	17.5
15		为中都宰、司空、大司寇	《家语·相鲁》
16	定公十年 前 500 52 岁	齐鲁夹谷之盟	《家语·相鲁》《左传·定公十年》《谷梁传·定公十年》
17	定公十三年 前 497 55 岁	堕三都	《左传》载在定公十二年
18	定公十四年 前 496 56 岁	摄行相事，诛少正卯	《家语·相鲁》《始诛》《吕氏春秋·乐成》《荀子·宥坐》《尹文子·大道下》
19		齐致女乐文马，孔子离鲁。	《家语·子路初见》《孟子·告子下》
20		在卫国，居十月	
21		困于匡地	11.23，9.5
22	定公十五年 前 495 57 岁	孔子见南子，为次乘	6.28，9.18，15.13 《家语·七十二弟子解》

① 韩兆琦《史记笺证》注"是时孔子年五十"句，云："应作'年五十一'。"（韩兆琦：《史记笺证》，江西人民出版社 2004 年版，第 3209 页。）今从。

续表

	纪年	事件	《论语》及其他典籍依据
23		去曹适宋，宋司马桓魋欲杀孔子	7.23
24		孔子适郑，独立郭东门	《家语·困誓》
25		至陈，主于司城贞子家	
26	鲁哀公元年 前494 58岁	有隼集于陈廷而死	
27		居陈三岁，去陈	5.22
28		与蒲人斗	《家语·困誓》
29		卫灵公郊迎孔子	《家语·困誓》
30		卫不用孔子，去卫	13.10
31		佛肸以中牟畔	17.7
32		遇见荷蒉过门者	14.39
33		孔子学鼓琴师襄子	《韩诗外传》卷五、《家语·辩乐解》
34		西见赵简子	《家语·困誓》
35	哀公二年 前493 59岁	灵公问兵阵	15.1
36	哀公三年 前492 60岁	卫灵公卒，出公立	《左传》在哀公二年
37	夏	孔子在陈	
38	秋	季桓子病，康子立，冉求归鲁	5.22
39	哀公四年 前491 61岁	孔子自陈迁于蔡	

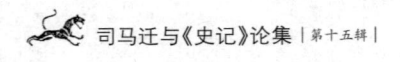

续表

	纪年	事件	《论语》及其他典籍依据
40	哀公五年 前490 62岁	孔子自蔡如叶,叶公问政,叶公问孔子于子路	13.16,7.19
41		遇见长沮、桀溺	18.6
42		遇荷蓧丈人	18.7
43	哀公六年 前489 63岁	陈蔡遇围	15.2、《家语·在厄》、《韩诗外传》卷七、《荀子·宥坐》
44		子贡色作	15.3
45		以"匪兕匪虎,率彼旷野"问子路、子贡、颜回	《家语·在厄》
46		楚昭王以书社地封孔子	
47		遇楚狂接舆	18.5
48		自楚反乎卫	
49	哀公七年 前488 64岁	吴与鲁会缯	
50		鲁卫之政兄弟也	13.7
51		卫君待子而为政	13.3
52	哀公十一年 前484 68岁	冉有与齐战于郎,以币迎孔子,孔子归鲁	《家语·正论解》 《左传·哀公十一年》
53		鲁哀公问政	2.19,12.22
54		孔子整理六经	3.9,2.23,3.14
55		孔子语鲁大师	3.23
56		整理《诗经》	9.15

续表

	纪年	事件	《论语》及其他典籍依据
57		晚而喜《易》	7.17
58		三千弟子	
59		子以四教、于乡党、饮食态度、是日哭则不歌、三人行、修德讲学、使人歌、不语怪力乱神	7.25，9.4，7.13，9.1，7.8，10.1，10.2，10.4，10.3，10.20，10.8，10.12，7.9，7.10，10.25，7.22，7.3，7.32，7.21
60		天道性命不可闻、颜渊喟然叹曰、达巷党人、不试故艺	5.13，9.11，9.2，9.7
61	哀公十四年 前481 71岁	西狩获麟、河不出图、颜渊死、不怨天，不尤人、古之逸民	9.9，11.9，14.35，18.8
62		编撰《春秋》	15.20
63		在位听讼	
64	哀公十五年 前480 72岁	子路死、负仗逍遥、奠两柱之间	3.24
65	哀公十六年① 前479 73岁	孔子卒	《左传》
66		哀公诔辞	《左传·哀公十六年》
67		弟子守丧、高祖祭孔	《家语·终记解》
68		孔子后人	
69		太史公曰	

---

① 前人学者据孔子生平以编次春秋纪年，如刘坦云："据《鲁世家》载哀公'十六年，孔子卒'。《晋世家》载定公'三十三年，孔子卒'。《鲁年表》载哀公十六年'孔子卒'。亦在晋定公三十三年。是鲁哀公十六年，与晋定公三十三年同年。"（刘坦：《史记纪年考》，商务印书馆2017年版，第138页。）

以上为据《史记·孔子世家》所载孔子生平而得之编年，其中"《论语》及其他典籍依据"一栏，胪列史迁有可能之文献根据。自史迁草创孔子生平系年以后，后世学者多有批评，如司马贞《索隐》已屡屡指出史公未是之处。更有甚者，即使《史记》一书之中，《孔子世家》所载亦与《十二诸侯年表》时有不同。刘坦云："《史记》纪年之疏略抵牾，历代学者已多所述。"① 其实，即使同为先秦文献，孔子编年亦未见一致，史迁所本与之未完全相同，固其然也。韩兆琦云："《孔子世家》是司马迁根据《论语》、《左传》、《孟子》、《礼记》等书中的旧有数据加以排比、谱列而成的。其原始材料虽然多数为旧有，但其谱列工作在很大的程度上则是出于司马迁的独创，因为迄今为止，我们还没有发现先秦的人古籍中有过孔子的传记或是年谱一类的东西，因此《孔子世家》就成了远从汉代以来研究孔子思想生平的最重要的依据之一，在我国学术史上有着极其重要的地位。"② 韩氏所言有理，史迁有首事之功，且难度极大，不可轻诬。

以《史记·孔子世家》为本，前人学者提出孔子生平系年之疑问，如崔述《洙泗考信录》、梁玉绳《史记志疑》、崔适《史记探源》、江竹虚《孔子事迹考》皆其例。下文即举《史记·孔子世家》所载孔子事迹稍有争议者，以见《史记》所本及其不足：

1. 孔子生年。江竹虚云："孔子生年月日问题，二千年来，聚讼纷纭，莫衷一是。"③ 其实所谓"聚讼纷纭"者，只有二说，一为《春秋公羊传》、《谷梁传》于襄公二十一年（前552）载"孔子生"，二为《史记》谓襄公二十二年（前551）孔子生。④ 江氏又统计后世学者依从两种说法之多寡，其曰："计从《公》《谷》之说者，自贾逵、何休、服虔以下，至狄子奇，凡三十有五家。从《史记》之说者，自杜预、王嘉、陆德明以下，至成蓉镜，凡六十家。"⑤ 江氏分析详审，以为后世所以偏向相信《史记》有五大原因，其中史迁首为孔子立传，至今最古，尤其重要。钱穆《先秦诸子系年》首篇"孔子生年考"亦以为《史记》之说稍

---

① 刘坦：《史记纪年考》，商务印书馆2017年版，第1页。
② 韩兆琦：《史记笺证》，江西人民出版社2004年版，第3285页。
③ 江竹虚：《孔子事迹考》，上海古籍出版社2008年版，第179页。
④ 案：《史记·孔子世家》《鲁周公世家》《十二诸侯年表》俱载孔子生，并云襄公二十二年。
⑤ 江竹虚：《孔子事迹考》，上海古籍出版社2008年版，第181页。

胜，①及其《孔子传》亦以襄公二十二年之说为是。②至于近年南昌海昏侯墓出土屏风，因有孔子画像以及孔子行事记载，因而再次引起孔子生年之讨论。其中"鲁昭公六年，孔子盖卅矣"一句，如果昭公六年孔子年盖三十，则孔子生年当在前565左右，与聚讼二千年之襄公二十一年（前552）与二十二年（前551）之争差异颇大。③然而，观乎孔子屏风所见其他文字，则与《史记·孔子世家》所载相吻合。因此，曹景年指出"六"字当为"十八"之误，④邵鸿则谓"六"乃"廿"字之讹。⑤此外，亦有可能缘于汉代有多于一种鲁国纪年之说法。无论如何，学者讨论之重点皆在"鲁昭公六年"句当有问题，而非孔子是否生于前565，则史迁以孔子生于襄公二十二年之说仍为今人学者之共识。

2. 鲁昭公七年（前535），孔子十七岁，鲁大夫孟僖子病且死，命孟懿子往孔子处学礼。司马贞《史记索隐》云："昭公七年《左传》云'孟僖子病不能相礼，乃讲学之，及其将死，召大夫'云云。按：谓病者，不能礼为病，非疾困之谓也。至二十四年僖子卒，贾逵云'仲尼时年三十五矣'。是此文误也。"司马贞以为史迁此文有误，孟僖子卒于昭公二十四年（前518），孔子当已三十四岁，史迁却将此事系于十七岁时。梁玉绳云："鲁昭公七年孔子年十七，至昭二十四年孟僖子卒，孔子时年三十四，《左传》载僖子将死之言于昭七年，终言之

---

① 钱穆：《先秦诸子系年》，商务印书馆2002年版，第2页。案：孔子生年二说虽然只有一年之差，然而二千年来聚讼不休，钱穆云："今谓孔子生前一年或后一年，此仅属孔子私人之年寿，与世运之升降，史迹之转换，人物之进退，学术之流变，无足重轻如毫发。而后人于此，月之日之，考论不厌其详。而他学者，如老庄，如杨墨，则人之有无，世之先后，年之夭寿，茫不加察，晦沦终古，是乌足当知人论世之实哉？"此乃钱先生有感而发，知孔子生年虽然只差一年，然必细加考察，方可为实。

② 钱穆：《孔子传》，东大图书公司1991年版，第6—7页。

③ 详参王楚宁：《海昏侯墓孔子屏风浅释》，见"复旦大学出土文献与古文字研究中心"之"学者文库"，在2015/12/23/15：40：21发布。浏览于2017/07/09。

④ 详参曹景年：《海昏侯出土屏风所载孔子年岁蠡测》，见"复旦大学出土文献与古文字研究中心"之"学者文库"，在2016/1/16/13：47：02发布。浏览于2017/07/09。

⑤ 详参邵鸿：《也谈海昏侯墓孔子屏风》，见"复旦大学出土文献与古文字研究中心"之"学者文库"，在2016/2/24/16：24：20发布。浏览于2017/07/09。

也，而此即叙于孔子年十七时，是史公疏处，《索隐》、《古史》并纠其误。"①梁氏所言即指出史迁系年有误，其说是也。然细究《史记·孔子世家》此文，可见司马贞、梁玉绳等纠之太过。《史记·孔子世家》言孔子十七岁时孟厘子诫其嗣他日要随孔子学习，并没有道出孟厘子死于何时。是以昭公七年厘子病，至二十四年卒，而其嗣孟懿子才往孔子处学礼。且史迁所据，乃《左传·昭公七年》之文，此可见《史记》行文所本，并非史迁妄意为之。钱穆云："有《史》本有据，而轻率致误者。如《左传》昭公七年，记及孟厘子卒，《史》遂误为厘子卒在是年。《孔子世家》因云孔子年十七，孟厘子卒。"②钱穆所言是也。

3. 孔子适周问老子。此事在《史记》中并无确切纪年，据前后文观之，史迁将此事置于孔子十七岁至三十岁之间。《史记·孔子世家》云："鲁南宫敬叔言鲁君曰：'请与孔子适周。'鲁君与之一乘车，两马，一竖子俱，适周问礼，盖见老子云。"③泷川资言云："曰盖曰云，未决之辞。孔子见老子，史公又载之于《老子传》，而自疑其有无，故用盖字云字。"④可见史迁使用"盖"字"云"字，以明其闻疑载疑之情况。孙德谦《太史公书义法》有"载疑"一项，孙氏云："子长作史，颇识多闻慎言之旨矣。夫读书而不善疑，则义理必不能推求。但有疑而不知，姑从其阙，将自信过深，必有妄言之弊，亦非持慎之道也。"⑤"许叔重《说文序》有所谓闻疑载疑者，史书义法。即观于老墨之各载疑辞，不又有载疑之道与。"⑥闻疑而不废，具而载之，以待来者，此史公所以云"盖见老子云"也。《庄子·天运》云："孔子行年五十有一而不闻道，乃南之沛见老聃。"⑦此处《庄子》载孔子五十一岁时见老子，而《史记》系之于三十岁以前。《庄子》所言，未必可信，钱穆云："孔子适周问礼于老聃，其事不见于《论语》、

---

① 梁玉绳：《史记志疑》卷二五，中华书局 1981 年版，第 1115 页。
② 钱穆：《先秦诸子系年》，自序，第 27 页。
③ 司马迁：《史记》卷四七，中华书局 1982 年版，第 1909 页。
④ 泷川资言：《史记会注考证》卷四七，文学古籍刊行社 1955 年版，第 14 页。
⑤ 孙德谦：《太史公书义法》卷上，台湾，中华书局 1985 年版，第 23a—b 页。
⑥ 孙德谦：《太史公书义法》卷上，台湾，中华书局 1985 年版，第 25a 页。
⑦ 郭庆藩：《庄子集释》卷五下，中华书局 1985 年版，第 516 页。

《孟子》。《史记》所载盖袭自《庄子》。而《庄子》寓言十九，固不可信。"①钱说是也。史迁本《庄子》立说，庄书未可取信，系年于三十岁以前而非五十一岁，乃因其时孔子在鲁国出仕，不可能适周向老子问题。相较而言，史迁将适周见老子事系于三十岁以前，实属权宜之举，有理可参。陈直《史记新证》云："武梁祠画像、射阳石门画像皆有'孔子见老子画像'，与此可作参证。"②汉代画像砖多有"孔子见老子"之相关故事，可见史迁载录此事，实属汉人识见，不应妄意匪之。

4. 鲁定公十年（前500），齐鲁夹谷之会，晏子在其中。《史记·孔子世家》载齐鲁夹谷之会，其中有"有司却之，不去，则左右视晏子与景公"句，③意即晏婴参与此事。清人张文虎谓《孔子世家》"又添出晏子一人，实属诬罔。按晏子代父桓子为大夫，在鲁襄公十七年，是时孔子尚未生，晏子已蔚为人望，言论丰采，远近传播，其非少年可知。乃阅五十六年，至鲁定十年而会于夹谷。时孔子已五十有二，晏子恐未必尚在，即在，亦未必能与谋此等事也。尝观《左氏》记晏子事极详，其所敷陈无不备载，乃自鲁昭二十六年以后，竟无一言一事见于内外传，意其人在昭、定之间已经物故"。④张氏所言有理。在《论语》里，《公冶长》5.17 子曰："晏平仲善与人交，久而敬之。"尊称晏婴字平仲，又

---

① 钱穆：《先秦诸子系年》卷一，第 6 页。

② 陈直：《史记新证》，中华书局 2006 年版，第 100 页。案：汉代画像石"孔子见老子"甚多，"国内已发现的汉画像石《孔子见老子》画像，主要出土于山东、陕西、河南、四川和江苏等省，其中以山东嘉祥等地区所见最多，约占已确认该画像总数的 80%。据现有资料，山东地区出土的最早的一块《孔子见老子》画像石发现于乾隆五十一年（1786），即清代书法家黄易等人发现的嘉祥武梁祠（也称武氏祠）所存'武氏前石室'、'武氏后石室'、'武氏祥瑞图'等二十余块画像石。"（郑立君、赵莎莎：《山东汉画像石〈孔子见老子〉图像分析》，《孔子研究》2013 年第 1 期，第 109 页。）巫鸿《武梁祠：中国古代画像艺术的思想性》对《孔子见老子》汉画像石析之甚详，尝论及"学者将石刻视为证经补史的材料，对美术形像的解说便不可避免地建立在文献学基础之上"，下文即以《孔子见老子》石刻为例加以解说。（巫鸿：《武梁祠：中国古代画像艺术的思想性》，三联书店 2006 年版，第 53—54 页。）

③ 司马迁：《史记》卷四七，中华书局 1982 年版，第 1915 页。

④ 张文虎：《螺江日记续编》，八杉斋刊本（清光绪八年），卷一"夹谷之会无晏婴"，第 6a 页。

邢昺以为《论语·公冶长》全篇各章"大指明贤人君子仁知刚直",①则晏婴当为孔子长辈。《史记·齐世家》云:"四十八年,与鲁定公好会夹谷。……景公惭,乃归鲁侵地以谢,而罢去。是岁,晏婴卒。"②齐景公四十八年,即鲁定公十年,《史记·齐世家》载晏婴是年夹谷之会后去世,可见《孔子世家》谓景公与晏婴在夹谷之会上,与《齐世家》所言实相为表里。钱穆云:"若谓晏子即以是年卒,何以《左传》于鲁昭二十六年以后,历十六年之久,更不载晏子一言一事乎?"③钱穆疑之有理。然而,《史记·孔子世家》与《齐世家》所言能自圆其说,晏子是否享高寿至八十多岁,实未可知。其实,齐鲁夹谷之会,《史记·孔子世家》与《孔子家语·相鲁》、《左传·定公十年》、《谷梁传·定公十年》有所相合,今排比对读如下:

《史记》　　　　定公十年春,及齐平。夏,齐大夫黎鉏言于景公曰:"鲁用孔丘,
　　　　　　　　其势危齐。"
《孔子家语》
《左传》
《谷梁传》

《史记》　　　　乃使使告鲁为好会,会　　　于　　　　夹谷。
《孔子家语》　　定公　　　　　与齐侯会于　　　　夹谷。
《左传》　　　　夏,公　　　　会齐侯　于祝其,实夹谷。
《谷梁传》　　　夏,公　　　　会齐侯　于　　　　颊谷。公至自颊谷。

《史记》　　　　鲁定公且以乘车好往。孔子摄相事,
《孔子家语》　　　　　　　　　　　孔子摄相事,
《左传》　　　　孔丘相,　弥言于齐侯曰:"孔丘知礼而无勇,若使莱人以兵劫
　　　　　　　　鲁侯,必得志焉。"齐侯从之。

---

① 《论语注疏》卷五,载《十三经注疏(整理本)》,第59页。
② 司马迁:《史记》卷三二,中华书局1982年版,第1505页。
③ 钱穆:《先秦诸子系年》卷一,第12页。

《谷梁传》	离会不致，何为致也？危之也。危之则以地致何也？为危之也。其危奈何？曰：颊谷之会，孔子相焉。两君就坛，两相相揖，齐人鼓噪而起，欲以执鲁君，
《史记》	曰："臣闻有文事者必有武备，有武事者必有文备。
《孔子家语》	曰："臣闻有文事者必有武备，有武事者必有文备。
《史记》	古者诸侯　　出疆，必具官以从。请具左右司马。"定公曰："诺。"
《孔子家语》	古者诸侯塯出疆，必具官以从，请具左右司马。"定公从之。
《史记》	具左右司马。会齐侯夹谷，为坛位，土阶三等，以会遇之礼相见，
《孔子家语》	至会所　　，为坛　，土阶三等，以　遇　礼相见，
《史记》	揖让而　　登。献酬之礼　毕，
《孔子家语》	揖让而（登）〔登〕。献酢　既毕，
《史记》	齐有司趋而进曰："请奏四方之乐。"景公曰："诺。"于是旍旄羽袯矛戟剑拨鼓噪而至。
《孔子家语》	齐使莱人以兵鼓譟，劫定公。
《史记》	孔子趋而进，历阶而登，不尽一等，举袂而言曰：
《孔子家语》	孔子　　　历阶而进，以公退。　　　　曰："士，以兵之。
《左传》	孔丘　　　　　　　　　以公退，　　　曰："士　兵之！
《谷梁传》	孔子　　　历阶而上，不尽一等，而视归乎齐侯，曰：
《史记》	"吾两君为好会，
《孔子家语》	吾两君为好　，
《左传》	两君合好，
《谷梁传》	"　两君合好　，

055

《史记》	夷狄之乐何为于此！请命有司！"有司却之，不去，则左右视晏子与景公。
《孔子家语》	裔夷之俘，敢以兵乱之，非齐君所以命诸侯也。裔不谋夏，夷不乱华，俘不干盟，兵不偪好，于神为不祥，于德为愆义，于人为失礼。君必不然。"
《左传》	而裔夷之俘以兵乱之，非齐君所以命诸侯也。裔不谋夏，夷不乱华，俘不干盟，兵不偪好，于神为不祥，于德为愆义，于人为失礼，君必不然。"齐侯闻之，遽辟之。将盟，齐人加于载书曰："齐师出竟而不以甲车三百乘从我者，有如此盟！"孔丘使兹无还揖，对曰："而不反我汶阳之田，吾以共命者，亦如之！"齐侯将享公。孔丘谓梁丘据曰："齐、鲁之故，吾子何不闻焉？事既成矣，而又享之，是勤执事也。且牺象不出门，嘉乐不野合。飨而既具，是弃礼也；若其不具，用秕稗也。用秕稗、君辱，弃礼、名恶。子盍图之！夫享、所以昭德也。不昭，不如其已也。"乃不果享。齐人来归郓、讙、龟阴之田。
《谷梁传》	夷狄之民何为来？为命司马止之。"
《史记》	景公心怍，麾而去之。有顷，齐有司趋而进曰："请奏宫中之乐。"
《孔子家语》	齐侯心怍，麾而避之。有顷，齐奏宫中之乐，
《谷梁传》	齐侯逡巡而谢曰："寡人之过也。"退而属其二三大夫，曰："夫人率其君与之行古人之道，二三子独率我而入夷狄之俗，何为？"罢会。
《史记》	景公曰："诺。"优倡侏儒为戏而前。
《孔子家语》	俳优 侏儒 戏于前。
《谷梁传》	齐人使优施舞于鲁君之幕下，孔子曰："笑君者罪当死。"
《史记》	孔子趋而进，历阶而登，不尽一等，

《孔子家语》　　孔子趋　进，历阶而上，不尽一等。
《左传》
《谷梁传》

《史记》　　　　曰："匹夫而营惑诸侯者　罪当诛！请命有司！"
《孔子家语》　　曰："匹夫　荧侮诸侯者，罪应诛，请右司马速加刑焉。"
《左传》
《谷梁传》

《史记》　　　　有司加法焉，手足异处。景公惧而动，
《孔子家语》　　于是斩侏儒，手足异处。齐侯惧，
《左传》
《谷梁传》　　　使司马行法焉，首足异门而出。

《史记》　　　　知义不若，归而大恐，告其群臣曰：
《孔子家语》　　※①齐侯　归　　，责其群臣曰：
《左传》
《谷梁传》

《史记》　　　　"鲁以君子之道辅其君，而子独以夷狄之道教寡人，
《孔子家语》　　"鲁以君子　道辅其君，而子独以夷翟　道教寡人，使得罪。"
《左传》
《谷梁传》

《史记》　　　　使得罪于鲁君，为之柰何？"有司进对曰：
《孔子家语》
《左传》

① ※代表不接续上文。

《谷梁传》

《史记》　　　"君子有过则谢以质，小人有过则谢以文。君若悼之，则谢以质。"
《孔子家语》
《左传》
《谷梁传》
《论语·子张》　子夏曰："　　　　　　小人之过也必　文。"

《史记》　　　于是齐侯乃归所侵鲁之郓、　汶阳、龟阴之田以谢过。
《孔子家语》　于是　　乃归所侵鲁之四邑及汶阳　　之田。
《左传》
《谷梁传》　　齐人来归郓、讙、龟阴之田者，盖为此也。因是以见虽有文事，必有武备，孔子于颊谷之会见之矣。

据以上对读所见，《史记·孔子世家》有关齐鲁夹谷之会之文，有与《孔子家语·相鲁》《左传·定公十年》《谷梁传·定公十年》互见。此事史迁撰文当有所本。四书之中，《史记》与《孔子家语》之文字最为相近，二者当有承袭关系，或来源相同。然而《史记》"则左右视晏子与景公"，他书皆未载，未知史迁所据，故后世学者所疑有理。

5. 鲁定公十三年（前497），孔子"堕三都"。考诸《春秋》三传，有关"堕三都"之事，载录如下：

《左传·定公十二年》【经】"叔孙州仇帅师堕郈。""季孙斯、仲孙何忌帅师堕费。"①【传】"仲由为季氏宰，将堕三都。"②

《公羊传·定公十二年》："叔孙州仇帅师堕郈。""季孙斯、仲孙何忌帅师堕费。"③

---

①《春秋左传注疏》卷五六，载《十三经注疏（整理本）》，第1835页。
②《春秋左传注疏》卷五六，载《十三经注疏（整理本）》，第1836页。
③《春秋公羊传注疏》卷五六，载《十三经注疏（整理本）》，第665页。

《谷梁传·定公十二年》："叔孙州仇帅师堕郈。""季孙斯、仲孙何忌帅师堕费。"①

由是观之，诸家皆以为"堕三都"乃在定公十二年（前498），史迁所记误矣。钱穆云："堕都之事，在定公十二年，《世家》误在十三年。"②钱说是也。余有丁云："按《春秋》记定公十二年堕郈堕费，而《史》误以为十三年。《年表》定公十二年孔子去鲁，而《世家》又以为十四年孔子去鲁。前后矛盾，盖定公十二年孔子年五十四，由大司寇摄行相事，于是堕郈堕费，三月，鲁大治，齐人惧，馈女乐以阻之，孔子遂行。正值鲁十月有事于郊之日，其围成弗克，在冬十二月。此时孔子已去鲁矣。《史记》必误。"③余氏所言是也。故堕三都、孔子去鲁等事，史迁编年当误。

6. 鲁定公十四年（前496），孔子去鲁。《史记·孔子世家》载孔子于定公十四年行摄相事，使鲁国大治，齐人因而以美女文马献乎鲁君，季桓子受之，且郊不致膰，遂使孔子去鲁。《史记·十二诸侯年表》鲁定公十二年："齐来归女乐，季桓子受之，孔子行。"④与《孔子世家》载在定公十年不同。又，《史记·十二诸侯年表》，卫灵公三十八年（鲁定公十三年），"孔子来，禄之如鲁"⑤。陈愍公六年（鲁定公十四年），"孔子来"⑥。如按《孔子世家》之编年，孔子于定公十四年才离鲁，与《十二诸侯年表》载在定公十二年不同，更不可能在定公十三年适卫、定公十四年适陈。由是观之，《孔子世家》将孔子去鲁系于定公十四年，当误。崔述云："孔子之去鲁当在定十二年秋冬之间，《孔子世家》误也。又《十二诸侯年表》，去鲁亦在定十二年，与《鲁世家》合，当从之。"⑦崔说可从。

---

① 《春秋谷梁传注疏》卷一九，载《十三经注疏（整理本）》，第373—374页。
② 钱穆：《先秦诸子系年》卷一，第26页。
③ 凌稚隆：《史记评林》卷四七，天津古籍出版社1998年版，第9b—10a页眉批。
④ 司马迁：《史记》卷一四，中华书局1982年版，第669页。
⑤ 司马迁：《史记》卷一四，中华书局1982年版，第670页。又，《史记·卫康叔世家》谓卫灵公"三十八年，孔子来，禄之如鲁。后有隙，孔子去。后复来"。（《史记》卷三七，第1598页。）与《十二诸侯年表》系年相同。
⑥ 司马迁：《史记》卷一四，中华书局1982年版，第670页。
⑦ 崔述：《洙泗考信录》，载《崔东壁遗书》，上海古籍出版社1983年版，第288页。

7. 孔子去曹适宋之事。《史记·孔子世家》系之于鲁定公卒以后。《孔子世家》"孔子去曹适宋"句，裴骃《集解》引徐广曰："《年表》定公十三年，孔子至卫；十四年，至陈；哀公三年，孔子过宋。"鲁定公卒，即前495；哀公三年，已是前492。《史记·十二诸侯年表》宋景公二十五年（鲁哀公三年），"孔子过宋，桓魋恶之"①乃徐广所本。考《孔子世家》后文有"吴败越王句践会稽"句，而此事当在吴王夫差二年，越王勾践三年，鲁哀公元年（前494），则哀公三年之去曹适宋，自不可系于哀公元年之吴败越事前，当亦史迁系年之误。

8. 鲁哀公六年（前489），孔门师弟子于陈蔡遇围，孔子与子路、子贡、颜回之对答。《史记·孔子世家》载之如下：

> 孔子知弟子有愠心，乃召子路而问曰："《诗》云'匪兕匪虎，率彼旷野'。吾道非邪？吾何为于此？"子路曰："意者吾未仁邪？人之不我信也。意者吾未知邪？人之不我行也。"孔子曰："有是乎！由，譬使仁者而必信，安有伯夷、叔齐？使知者而必行，安有王子比干？"

> 子路出，子贡入见。孔子曰："赐，《诗》云'匪兕匪虎，率彼旷野'。吾道非邪？吾何为于此？"子贡曰："夫子之道至大也，故天下莫能容夫子。夫子盖少贬焉？"孔子曰："赐，良农能稼而不能为穑，良工能巧而不能为顺。君子能修其道，纲而纪之，统而理之，而不能为容。今尔不修尔道而求为容。赐，而志不远矣！"

> 子贡出，颜回入见。孔子曰："回，《诗》云'匪兕匪虎，率彼旷野'。吾道非邪？吾何为于此？"颜回曰："夫子之道至大，故天下莫能容。虽然，夫子推而行之，不容何病，不容然后见君子！夫道之不修也，是吾丑也。夫道既已大修而不用，是有国者之丑也。不容何病，不容然后见君子！"孔子欣然而笑曰："有是哉颜氏之子！使尔多财，

---

① 司马迁：《史记》卷一四，第673页。又，《史记·宋微子世家》载宋景公"二十五年，孔子过宋，宋司马桓魋恶之，欲杀孔子，孔子微服去"。（司马迁：《史记》卷38，第1630页。）与《十二诸侯年表》系年相同。

吾为尔宰。"①

　　此文《孔子世家》系于哀公六年之后，孔子与弟子厄于陈蔡，知弟子有怨怒之心，因而召唤弟子并作提问。孔子问之以《诗·小雅·何草不黄》，意谓大家不是犀牛②不是老虎，为甚么要整天在旷野奔跑呢？是否我们所奉行之道义有误，否则怎么会沦落如斯地步呢？子路、子贡、颜回三人先后作答，其次序亦非常适合三人之性格，子路性格冲动，故先答；子贡聪明，因而仅次而答；颜回乃孔子最爱惜的学生，为人谨慎，因而最后作答。至于三人之答案，孔子尤其称赞颜回者，乃其不苟合取容的精神。此文非常精采，可是《左传》《论语》皆不载，未知史迁所本。此事发生在陈、蔡之厄时，对于此事，前人讨论颇多。崔述云："陈、蔡之围，经传未有言者，独《庄子》书数数言之。后人相传之言盖本于此，不知庄子特讥孔子之好言礼义以自困其身，因有厄于陈、蔡一事，遂附会之以自畅其毁礼灭义之宗旨耳。其言既皆寓言，则其事亦安得遂以为实事也！《世家》、《家语》之文采之《庄》、《列》者半，当其在《庄》、《列》也，犹见有一二人以为异端而不信者；及其在《世家》、《家语》也，则虽名儒亦信之矣。"③崔述指出陈、蔡之厄一事出乎《庄子》，特以讥讽孔子而已。考诸《庄子》诸篇确有陈、蔡之厄事，④实崔说所本。其实，孔子厄于陈、蔡之事，史迁所言未必无据。只是援《诗》提问，三弟子逐一回答之事，只见《孔子家语·在厄》。《孟子·尽心下》14.18孟子曰："君子之厄于陈蔡之间，无上下之交也。"⑤便可见儒家经典亦有陈、蔡之厄事，故崔说可补。至于《孔子

---

①　司马迁：《史记》卷四七，中华书局1982年版，第1931—1932页。
②　关于"兕"是否犀牛，前人争论不休。其中法籍神父雷焕章（Jean Almire Robert Lefeuvre）《兕试释》、杨龢之《中国人对"兕"观念的转变》皆以为"兕"即亚洲水牛之属，即今已灭绝的野生圣水牛，大抵可信。（雷焕章：《兕试释》，《中国文字》1983年新第8期，第84—110页；杨龢之：《中国人对"兕"观念的转变》，《中国科技史学会会刊》2004年第7期，第10—18页。）拙作《汉字里的动物世界》亦有讨论，详见《汉字里的动物世界》，中华书局2021年版，第37—46页。
③　崔述：《洙泗考信录》，载《崔东壁遗书》，第302页。
④　在《庄子》的《天运》《山木》《让王》等篇俱有提及孔子厄于陈、蔡之事。
⑤　《孟子注疏》卷一四上，载《十三经注疏（整理本）》，第458页。

世家》与《孔子家语》之文，本为同源，二而为一，史迁所采《庄子》《列子》，后世不以为然者实不在少，崔说是也。江竹虚云："孔子厄于陈、蔡一事，除《论语》、《世家》外，并见于《墨子》、《庄子》、《荀子》、《吕氏春秋》、《韩诗外传》、《说苑》、《论衡》、《风俗通》及《家语》，然皆传闻异辞。《墨子》、《庄子》所记，多为寓言；而《吕氏春秋》、《风俗通》似出于《庄子》。《韩诗外传》、《说苑》、《论衡》、《家语》诸家之说又似本诸《荀子》。"①以此观之，陈、蔡之厄，载籍甚多，史迁所本，儒、道皆有之，未可深以为非；至于以《诗》提问三弟子之事，则未知所本。

9. 冉有为季氏将师与齐战于郎事。《孔子世家》此文之上，尝有"是岁也，孔子年六十三，而鲁哀公六年也"，后有两次"其明年"之文，②准此，史迁将此事系于鲁哀公八年也，而当时孔子六十五岁。裴骃《集解》引徐广曰："此哀公十一年也，去吴会缯已四年矣。《年表》哀公十年，孔子自陈至卫也。"司马贞《索隐》曰："徐说去会四年，是也。按：《左传》及此文，孔子是时在卫归鲁，不见有在陈之文，在陈当哀公之初，盖《年表》误尔。"③据徐广说，史迁系年有误。梁玉绳云："'其明年'三字误，当作'后四年'，故徐广曰：'此哀公十一年也，去吴会缯已四年矣。'"④据徐说，冉有为季氏将师之事当在哀公十一年（前484），时孔子六十八岁。考诸《左传·哀公十一年》，齐侵鲁，冉有为季氏将师，与"齐师战于郊"。⑤此役之中，另一孔门弟子樊迟为冉有之右，结果二人率鲁师大破齐军。泷川资言比较《史记》与《左传》所载，以为"《左传》是"。⑥刘操南《史记春秋十二诸侯史事辑证》云："十一年齐伐鲁。季氏用冉有有功。思孔子。孔子自卫归鲁。"⑦刘氏亦以冉有为季氏将师一事系于哀公十一年。诸君所言是也，此史迁系年有误。

---

① 江竹虚：《孔子事迹考》，上海古籍出版社 2008 年版，第 306 页。
② 司马迁：《史记》卷四七，中华书局 1982 年版，第 1933—1934 页。
③ 司马迁：《史记》卷四七，中华书局 1982 年版，第 1934 页。
④ 梁玉绳：《史记志疑》卷二五，第 1132 页。
⑤ 《春秋左传注疏》卷五八，载《十三经注疏（整理本）》，第 1906 页。
⑥ 泷川资言：《史记会注考证》卷四七，第 66 页。
⑦ 刘操南：《史记春秋十二诸侯史事辑证》卷一，天津古籍出版社 1992 年版，第 55 页。

考诸《史记·孔子世家》有关孔子生平系年，其中引起后世学者争议者不在少数。上文所列九项，乃其大者而已。此中系年或误，亦有史事非出孔子生平，诸家辨解亦已详矣。凌约言云："太史公叙孔子，自少至老必历详其出处，而必各记之曰时孔子年若干岁；其卒也则又叙其葬地与弟子之哀痛，叙鲁人之从冢而聚居与高皇帝之过鲁而祠，若曰孔子生而关世道之盛衰，没而为万世之典刑，故其反复恻怛如此。"① 准此，是司马迁叙写孔子事迹，已就各事系年。当中虽或有可商之处，然其首事之功，在在可见，不当忽视。

四、略论司马迁为孔子立传之原委

《史记》一百三十篇，其中包括世家三十篇，司马迁云："二十八宿环北辰，三十辐共一毂，运行无穷，辅拂股肱之臣配焉，忠信行道，以奉主上，作三十世家。"② 可以立为世家者，皆是能够辅助君主之臣。史迁敬重孔子，其父司马谈尝言"自周公卒五百岁而有孔子。孔子卒后至于今五百岁，有能绍明世，正《易传》，继《春秋》，本《诗》《书》《礼》《乐》之际？意在斯乎！意在斯乎！小子何敢让焉"。③ 是司马谈之遗愿，乃欲史迁远承孔子。事实上，司马迁著述《史记》，亦多因袭孔子，④ 举例而言，孔子编著史籍文献，慎重而征信，《论语·为政》："多闻阙疑，慎言其余，则寡尤；多见阙殆，慎行其余，则寡悔。"⑤ 史迁本之，《史记·高祖功臣表序》："颇有所不尽本末，着其明，疑者阙之。"⑥ 又如其以为孔子整理六经，编撰《春秋》，因此《史记》载事之依据，便是"学者载籍极博，犹考信于六艺"，⑦ 即以六经所言作为根本。考诸《史记》全书，史

---

① 凌稚隆：《史记评林》卷四七，第 33a—b 页。
② 司马迁：《史记》卷一三〇，中华书局 1982 年版，第 3319 页。
③ 司马迁：《史记》卷一三〇，中华书局 1982 年版，第 3296 页。
④ 孔子编撰《春秋》而绝笔于获麟，《太史公自序》则记史迁"于是卒述陶唐以来，至于麟止"。(司马迁：《史记》卷一三〇，第 3300 页。) 显见史迁亦欲仿效夫子，其敬重夫子之情在在可见。
⑤ 《论语注疏》卷二，载《十三经注疏（整理本）》，第 22 页。
⑥ 司马迁：《史记》卷一八，中华书局 1982 年版，第 878 页。
⑦ 司马迁：《史记》卷六一，中华书局 1982 年版，第 2121 页。

迁想见其人者二，一为孔子，二为屈原，①此亦可见其景仰之心。

"世家"所载皆王侯将相，孔子无此位，史迁于"太史公曰"便直接道出其加载"世家"之原委。《史记·孔子世家》云："天下君王至于贤人众矣，当时则荣，没则已焉。孔子布衣，传十余世，学者宗之。自天子王侯，中国言六艺者折中于夫子，可谓至圣矣！"②可知孔子虽为一介平民布衣，然其世系井然，至汉尤存，刘咸炘谓之"传十余世，代有贤哲，故为世家"，③刘说是也；至于孔子整理六经，更对传统文化影响深远。此等重要性，实远超一般君王贤人，彼等可能在生之时荣宠之极，可是身后便无甚影响力；孔子则不然，故史迁誉之为"至圣"而入"世家"。

至于细考《史记·孔子世家》，史迁对孔子多所称颂。孔子尝于鲁国出仕，但未为周臣，然其匡正乱世之心，欲恢复周文，重建社会秩序，乃为史迁嘉赏。自平王东迁以后，周天子势力大不如前，诸侯力征，处士横议，礼崩乐坏，陪臣执国命。孔子生乎乱世，欲匡救时弊，重整秩序，司马迁《太史公自序》云："周室既衰，诸侯恣行。仲尼悼礼废乐崩，追修经术，以达王道，匡乱世反之于正。见其文辞，为天下制仪法，垂六艺之统纪于后世。"④准此，孔子亦属"辅弼股肱"之臣，能补弊起废，制天下之礼仪。在六经之中，孔子编撰《春秋》，垂空文以断礼仪，当一王之法，令乱臣贼子惧，最能体现"世家"所谓辅弼股肱之精神。《史记·孔子世家》载有以下一段讨论《春秋》之文：

> 子曰："弗乎弗乎，君子病没世而名不称焉。吾道不行矣，吾何以自见于后世哉？"乃因史记作《春秋》，上至隐公，下讫哀公十四年，十二公。据鲁，亲周，故殷，运之三代。约其文辞而指博。故吴楚之

---

① 案：《史记·屈原贾生列传》："适长沙，观屈原所自沈渊，未尝不垂涕，想见其为人。及见贾生吊之，又怪屈原以彼其材，游诸侯，何国不容，而自令若是。"（《史记》卷八四，第2503页。）史迁此言亲至长沙汨罗江边，悲伤感叹，想见其人。

② 司马迁：《史记》卷四七，中华书局1982年版，第1947页。

③ 刘咸炘：《太史公书知意》，载黄曙辉编校，《刘咸炘学术论集（史学编上）》，广西师范大学出版社2007年版，第83页。

④ 司马迁：《史记》卷一三〇，中华书局1982年版，第3310页。

君自称王,而《春秋》贬之曰"子";践土之会实召周天子,而《春秋》讳之曰"天王狩于河阳":推此类以绳当世。贬损之义,后有王者举而开之。《春秋》之义行,则天下乱臣贼子惧焉。①

史迁引孔子所言,以为君子当有遗文以见后世,于是以鲁国史书为根本,编撰《春秋》。《春秋》一书上起鲁隐公元年,下至哀公十四年,包括鲁国十二诸侯之史事。是书以鲁国为记事中心,奉周室为正统,以前朝殷事为鉴,文字简炼而旨意博大。书中重视正统,故贬称吴王、楚王为"子";晋文公召周天子在践土盟会,《春秋》讳之而称为"天王狩于河阳"。《春秋》以正统之标准去量度世间万事万物,后世读之,可使乱臣贼子知有所惧。朱东润《史记考索》云:"史迁列孔子于世家,特以其立大经大法,为汉制作,虽身系周室之岁时,而功在汉家之社稷,斯则冠于萧、曹、张、陈之首可也。"②据朱说,是孔子为汉制法,有功社稷,度越萧、曹、张、陈等汉初功臣,故可次列世家。朱说可参。张新科云:"《春秋》对《史记》影响深远",③张说是也。

史迁置孔子于世家,另一重要原因乃在其编定六经,使后世学者能有所宗。《史记·孔子世家》详列孔子整理旧籍之功,如下:

孔子之时,周室微而礼乐废,《诗》《书》缺。追迹三代之礼,序《书传》,上纪唐虞之际,下至秦缪,编次其事。……故《书传》、《礼记》自孔氏。④

孔子语鲁大师:"乐其可知也。始作翕如,纵之纯如,皦如,绎如也,以成。""吾自卫反鲁,然后乐正,《雅》《颂》各得其所。"⑤

古者《诗》三千余篇,及至孔子,去其重,取可施于礼义,上采契后稷,中述殷周之盛,至幽厉之缺,始于衽席,……三百五篇孔子

---

① 司马迁:《史记》卷四七,中华书局 1982 年版,第 1943 页。
② 朱东润:《史记考索》,太平书局 1962 年版,第 16 页。
③ 张新科:《史记学概论》,商务印书馆 2003 年版,第 256 页。
④ 司马迁:《史记》卷四七,中华书局 1982 年版,第 1935—1936 页。
⑤ 司马迁:《史记》卷四七,中华书局 1982 年版,第 1936 页。

皆弦歌之，以求合《韶》《武》《雅》《颂》之音。礼乐自此可得而述，以备王道，成六艺。①

史迁生于汉世，《史记》成于汉武在位之时，孔子所整理典籍，对汉代学术影响深远。冯友兰《中国哲学史》分成上下两篇，上篇名为"子学时代"，下篇名为"经学时代"，冯氏云："自孔子至淮南王为子学时代；自董仲舒至康有为为经学时代。"②因此，史迁于孔子编定群经，深表敬佩，《孔子世家》篇末谓"自天子王侯，中国言《六艺》者折中于夫子，可谓至圣矣！"③可见史迁以为孔子整理旧籍，影响深远，超乎"世家"一体之其他王侯将相，故位列世家，固其然也。

史迁既列孔子于"世家"，因亦详列孔子之时天下形势，与其他各篇世家写法相同。《孔子世家》记孔子生平，每与列国史事，尤其鲁国史事相提并论，例如：记孟厘子卒，孟懿子与南宫敬叔往孔子处学礼，史迁云："是岁，季武子卒，平子代立"。④又如孔子三十岁以前，史迁言当时天下形势："是时也，晋平公淫，六卿擅权，东伐诸侯；楚灵王兵强，陵轹中国；齐大而近于鲁。鲁小弱，附于楚则晋怒；附于晋则楚来伐；不备于齐，齐师侵鲁。"⑤各国形势与孔子不甚相干，史迁言之，纯属"世家"之体，详言诸侯更替而已。至若孔子四十二岁之时，"鲁昭公卒于干侯，定公立"。⑥除本篇写天下形势外，他篇世家亦有之，赵翼云：

> 孔子无公侯之位，而《史记》独列于世家，尊孔子也。凡列国世家与孔子毫无相涉者，亦皆书"是岁孔子相鲁"、"孔子卒"，以其系天下之重轻也。其传孟子，虽与荀卿、邹忌等同列，然叙忌等尊宠处，即云：岂与仲尼菜色陈蔡、孟轲困于齐梁同乎哉！又云：卫灵公问阵，孔子不答；梁惠王谋攻赵，孟子称太王去邠，岂有意阿世苟合而已哉！

---

① 司马迁：《史记》卷四七，中华书局1982年版，第1936页。
② 冯友兰：《中国哲学史》下册，香港三联书店1992年版，第8页。
③ 司马迁：《史记》卷四七，中华书局1982年版，第1947页。
④ 司马迁：《史记》卷四七，中华书局1982年版，第1908页。
⑤ 司马迁：《史记》卷四七，中华书局1982年版，第1910页。
⑥ 司马迁：《史记》卷四七，中华书局1982年版，第1912页。

皆以孔子、孟子并称，是尊孟子亦自史迁始也。①

赵氏以为他国世家与孔子行事无涉者，亦皆书孔子该年某事，将史事与孔子生平事迹相互参照，正可反映史迁以孔子系于"天下之重轻"。赵氏言是。举例如下：

《吴太伯世家》记吴王阖庐十五年时，曰："十五年，孔子相鲁。"②
《燕召公世家》记燕献公"十四年，孔子卒"。③
《陈杞世家》记陈愍公"二十四年，楚惠王复国，以兵北伐，杀陈愍公，遂灭陈而有之。是岁，孔子卒"。④
《晋世家》记晋定公"十二年，·孔子相鲁"。⑤
《郑世家》记郑声公"二十二年，楚惠王灭陈。孔子卒"。⑥
《魏世家》记"晋顷公之十二年，韩宣子老，魏献子为国政。……其后十四岁而孔子相鲁"。⑦

准上所见，史迁于各篇世家兼述孔子生平事迹，诚因孔子"系天下之重轻"也。姑勿论此等系年是否正确无误，然史迁既以孔子为"至圣"，则《孔子世家》之写作法亦"世家"之法也。

位列"世家"另一重要条件，乃能世其家也。上引刘咸炘谓孔子"传十余世，代有贤哲，故为世家"，⑧据《孔子世家》观之，益见刘说良是。《史记·孔子世家》载孔子死后，其后嗣代不乏人：

孔鲤，字伯鱼，孔子儿子。
孔伋，字子思，孔子孙。
孔白，字子上，孔子曾孙。

---

① 赵翼：《陔余丛考》卷五，商务印书馆1957年版，第86页。
② 司马迁：《史记》卷三一，中华书局1982年版，第1467页。
③ 司马迁：《史记》卷三四，中华书局1982年版，第1553页。
④ 司马迁：《史记》卷三六，中华书局1982年版，第1583页。
⑤ 司马迁：《史记》卷三九，中华书局1982年版，第1675页。
⑥ 司马迁：《史记》卷四二，中华书局1982年版，第1775页。
⑦ 司马迁：《史记》卷四四，中华书局1982年版，第1837页。
⑧ 刘咸炘：《太史公书知意》，载《刘咸炘学术论集（史学编上）》，第83页。

孔求，字子家，孔子玄孙。

孔箕，字子京，孔子六代孙。

孔穿，字子高，孔子七代孙。

孔子慎，孔子八代孙。

孔鲋，孔子九代孙。

孔襄，孔子十代孙。

孔忠，孔子十一代孙。

孔武，孔子十二代孙。

孔延年、孔安国，孔子十三代孙。①

准此所见，孔子及其子孙共十三代，时代从春秋至汉武，悉数列于《史记·孔子世家》之中，史迁谓"孔子布衣，传十余世"，此言不非。又，史迁以为君王是"当时则荣，没则已焉"，取《史记》各篇世家而言，亦可得证。举例而言，"世家"首以《吴太伯世家》，吴王夫差二十三年，越灭吴，遂亡。②《齐太公世家》载齐康公二十六年，"康公卒，吕氏遂绝其祀。田氏卒有齐国，为齐威王，强于天下"。③其他诸国终皆灭祀。能传十余世至于汉世者，只有孔子，故史迁位列其于世家自是非常合适。

五、结语

"高山仰止，景行行止。虽不能至，然心乡往之"，司马迁视孔子为偶像，立志撰《史记》以继《春秋》，首为孔子立传，升格"世家"。据前文所论，本文可总之如下：

1. 史迁以游历之所及为孔子立传。《史记》采用史料众多，亦兼有史迁亲身见闻。据《孔子世家》及《太史公自序》，知其曾亲赴山东，"涉汶、泗，讲业

---

① 参见司马迁：《史记》卷四七，中华书局1982年版，第1946—1947页。案：《史记·孔子世家》尚载有孔安国之子卬，卬之子驩，惟后世计算孔子族谱，多只列嫡长子长孙，孔武生延年、安国，知孔安国并非长子，故上文不复列孔卬、孔驩。

② 司马迁：《史记》卷三一，中华书局1982年版，第1475页。

③ 司马迁：《史记》卷三二，中华书局1982年版，第1512页。

齐、鲁之都，观孔子之遗风，乡射邹、峄"；①"适鲁，观仲尼庙堂车服礼器，诸生以时习礼其家，余祗回留之不能去云②。"据此可知史迁曾作游历访问，实地调查，即使《孔子世家》不可能撰写于二十岁之龄，如上考察亦为他日撰史奠下良好基础。

2.《论语》是孔子生平诸家共信之史料，然其独立成章，没有先后关系。如欲采用《论语》数据以作孔子生平事迹之系年，难度甚巨。《史记·孔子世家》乃首篇孔子传记，采用《论语》五十七章，就全书四百八十六章而言，只占少数。《史记·孔子世家》之有关孔子事迹之采录与系年虽偶有错失，然瑕不掩瑜，今人阅读孔子生平，《孔子世家》仍为最重要依据。王韦云："帝王本纪及《孔子世家》本非太史公力量所及，然采经摭传，其用心亦勤矣，虽时有浅陋，而往往能识其大者。"③王氏所言甚为通达，其说是也。

3. 孔子生平疑年甚多，前人众说纷纭，莫衷一是。由于春秋时代各国系年不一，而孔子又尝周游列国，故其生平可议尚多。崔述《洙泗考信录》、钱穆《孔子传》、韦政通《孔子》等各有所据，讨论已多，可见《史记·孔子世家》不足之处。然而，史迁首事之难，应加体会，且系年有理者远较有误者为多，此不可不察也。

4. 史迁升格孔子入世家，理由充分。《史记》乃纪传体通史，其中包括世家，旨在载录"辅拂股肱"之大臣。孔子不仕周，即在鲁国亦只曾短时间出仕，何可胜任"世家"。然而，史迁既不以成败论英雄，且《史记》之"垂空文以断礼义，当一王之法"实本《春秋》，质言之，《史记》亦可用以量度世间事物。此外，《史记》亦歌颂孔子整理六经之材料，对后世影响深远，又为汉制法。最后，孔子后代不绝，能世其家，比起其他诸侯有过之而无不及。凡此种种，皆使史迁将孔子载入世家。

（潘铭基，香港中文大学中国语言及文学系教授、博士生导师，哲学博士。）

---

① 司马迁：《史记》卷一三〇，中华书局 1982 年版，第 3293 页。
② 司马迁：《史记》卷四七，中华书局 1982 年版，第 1947 页。
③ 凌稚隆：《史记评林》卷四七，天津古籍出版社 1998 年版，第 27a 页眉批。

附 录

《孔子世家》引《论语》各篇次数及相关统计数字

次第	《论语》篇名	章节①	《孔子世家》引用次数及其章节编号	《孔子世家》引用次数所占百分比《论语》	《史记》
一	学而	16	0		0%	0%
二	为政	24	2	19,23	8%	3%
三	八佾	26	3	9,14,23	12%	5%
四	里仁	26	0		0%	0%
五	公冶长	28	3	22,22,13	11%	5%
六	雍也	30	1	28	3%	2%
七	述而	38	13	14,23,19,17,25,13,8,9,10,22,3,32,21	34%	22%
八	泰伯	21	0		0%	0%
九	子罕	31	9	5,18,4,1,10,11,2,7,9	29%	15%
十	乡党	27	7	1,2,4,3,20,8,12	26%	12%
十一	先进	26	2	23,9	8%	3%
十二	颜渊	24	2	11,18	8%	3%
十三	子路	30	3	10,7,3	10%	5%
十四	宪问	44	2	39,35	5%	3%
十五	卫灵公	42	4	13,1,2,3	10%	7%
十六	季氏	14	0		0%	0%
十七	阳货	26	3	5,5,7	12%	5%
十八	微子	11	6	3,4,6,7,5,8	55%	10%
十九	子张	25	0		0%	0%
二十	尧曰	3	0		0%	0%
			60			100%

① 案：此栏《论语》一篇所含章节之总数，据杨伯峻《论语译注》统计。

《史记》所录秦刻石初探

魏宏利

一、先秦时期刻石文字的发展

我国古代一般金、石并称，但与吉金文字广泛发现于商周以降者不同，石刻文字见于先秦者颇罕见。以地下考古所得，先秦刻石文字以放置地不同，大致可分为地下、地上两种类型，其功能各有不同。前者以上世纪30年代河南安阳殷墟候家庄1003号殷人墓道中所出石刻为代表，可以作为古代志墓文字的开端。此外，北宋时期于凤翔秦穆公茔域出土的《诅楚文》也是重要的实物遗存。地上石刻文字中，最有名者为中唐时期凤翔所出"石鼓文"，原石久经辗转，今藏于北京故宫博物院。其文字体式为四言韵语，内容则或咏田猎，或叙渔钓，或颂休明，有研究者视其为《诗经》之遗篇。其他则有河北平山所出"监囿守丘刻石"，为战国时期中山国之刻石，今藏河北省博物馆。传统文献中也多有对先秦刻石文字的记述，如《墨子·兼爱》《荀子·劝学》《吕氏春秋·求人》等，《史记·秦始皇本纪》也说"古之帝者，地不过千里，诸侯各守其封域，或朝或否，相侵暴乱，残伐不止，尤刻金石以自为纪"[①]，这些记述都隐约指向在先秦时期石刻文字和青铜文字同为镂刻功绩之载体，《史记》所录秦刻石是对这一传统继承并发扬光大的结果。

---

① 司马迁：《史记》卷六，中华书局1975年版，第246页。

二、《史记》所录秦刻石的基本情况及其文体属性

秦统一六国后,为震摄天下始皇帝曾先后五次巡视四方,其中每登大山名岳必刻石以颂秦德,据《史记·秦始皇本纪》其登名山凡六次,司马迁所著录之石刻文字则有五处,具体即:始皇二十八年《泰山刻石》《琅玡刻石文》;二十九年《之罘刻石》;三十二年《碣石刻石》;三十七年《会稽刻石》。所缺者为《峄山刻石》。关于《之罘刻石》,历来有不同的计算方法,始皇帝二十九年曾登之罘,后再次东巡,又重登其山,则先后刻《之罘刻石》和《东观刻石》。司马迁在《史记》中详录两文,后世笼统称为《之罘刻石》。若分别言之,则秦刻石合计凡七种。

秦刻石因年代久远,风雨侵蚀,有些刻辞至宋代已几近磨灭不存,《集古录跋》《金石录跋》已为慨叹。宋以后即残石亦不复在,流传至今者凡四种:《泰山刻石》、《琅玡台刻石》、《峄山刻石》及《会稽刻石》,以上四刻被后人称为"秦四山刻石"。其中,只有泰山刻石10字、琅玡刻石86字是李斯小篆真迹,其他为后世模拓翻刻之本。

秦刻石的体式为四言韵语,这一点与"石鼓文"相同,但是如很多研究者所指出的,后者其语言风格、表现内容及功能更接近于《诗经》之遗,而前者则属于"铭箴"一类。刘勰《文心雕龙·铭箴》将"铭"体上溯黄帝之际,其称"先圣鉴戒,其来远矣"[①]。《汉书·艺文志》"道家类"也著录了《黄帝铭》六篇,虽然真实性存疑,很可能是后世的伪托之辞,但也说明这一文体的来源是很古老的。刘勰在《文心雕龙·诔碑》中谈及"碑"体时说"属碑之体,资乎史才,其序则传,其文则铭。……夫碑实铭器,铭实碑文,因器立名,……是以勒石赞勋者,入铭之域"[②],可知"铭"体除过谨慎鉴戒之辞外也担负有颂扬勋德之功能,秦刻石之目的正是纪秦之功、颂秦之德,则无论从形式还是内容看,其属"铭赞"者当无疑问。

---

① 范文澜:《〈文心雕龙〉注》卷一一,人民文学出版社1958年版,第193页。
② 范文澜:《〈文心雕龙〉注》卷一二,人民文学出版社1958年版,第214页。

三、《史记》所录秦刻石的思想内容及艺术特色

秦刻石从思想内容的角度观察，如前所述以纪秦之功、颂秦之德为其核心，具体分析，包含以下几个方面的内容：

首先，是"追念乱世"，刻石指出自上古"分土建邦"以来，"攻战日作，流血于野"，以至三皇五帝之世都"禁莫能止"，降及战国，酷烈愈盛，所谓"六王专倍，贪戾傲猛""暴虐恣行，负力而骄，数动甲兵"，如果不从这种"大乱"中解民于倒悬，则历史将无从前进。此意于七篇刻石中反复言之，其旨甚明。

其次，在此前铺垫的基础上，秦刻石用大量篇幅歌颂了始皇帝"讨伐乱逆""灭六暴彊""阐并天下"的历史功绩，秦兼六国在全中国范围内第一次实现了"六合之内，皇帝之土""人迹所至，无不臣者"的伟大功业，从此以后"一家天下，兵不复起"，其"功盖五帝，泽及牛马"，成就是空前的。

再次，也是秦刻石的核心内容之一，文章集中赞颂了始皇帝"大圣作治，建定法度，显著纲纪"的伟绩，对秦朝初并天下之后在政治、经济、文化等领域采取的一系列措施进行了铺陈叙述，并指出其目的在于"普施明法，经纬天下，永为仪则"，气魄之大，眼光之远，直是超迈古今。

最后，秦刻石对于秦帝国建立后的人伦教化亦有着墨，所谓"尊卑贵贱，不逾次行。奸邪不容，皆务贞良"，又云"男乐其畴，女修其业，事各有序""防隔内外，禁止淫佚，男女洁诚"等等，在道德教化上与儒家的要求颇为一致。

关于秦刻石文字的艺术特色，魏晋以来即多有议论者，《文心雕龙·封禅》称"秦皇铭岱，文自李斯，法家辞气，体乏弘润。然疏而能壮，亦彼时之绝采也"[1]，指出其文虽乏"弘润"之气，但亦"疏壮"有文，为彼时之绝唱，评价颇高。鲁迅先生在《汉文学史纲要》中则指出"其辞亦李斯所为，今尚有流传，质而能壮，实汉晋碑铭所从出也"[2]，对其成就也给予了充分肯定，并进一步指出其艺术风格对汉魏以降的碑铭创作产生了深远影响。前面我们已经指

---

[1] 范文澜：《〈文心雕龙〉注》卷二一，人民文学出版社1958年版，第352页。
[2] 鲁迅：《汉文学史纲要》，人民文学出版社1973年版，第15页。

出,秦刻石在文体性质上接近于"铭"体,其功能在于"美盛德之形容,以其成功告于神明也",体有"壮"气,正是这一文体美学特质的重要表征之一。至于刘勰认为李斯出自法家,故其创作缺乏"弘润"之气象,则是立于儒家立场的一种批评,鲁迅先生以为其文颇有质朴之风,当是更为客观和持平的一种看法。

四、《史记》所录秦刻石的影响

秦刻石对后世的影响主要体现在碑志创作方面,前引鲁迅先生的看法对此有非常准确的概括。具体而言,自东京以下,"碑"体肇兴,其基本格式为前"序"后"铭","序"为散体,"铭"则韵语。从文体功能上看,前者主于纪事,后者则偏于颂德,则"碑铭"之创作实受秦刻石影响甚深。其后,魏晋尚俭,厉行碑禁,墓志创作乃渐兴,其样式则一仿"碑"体,功能则无外乎颂扬勋德,持批评意见者乃讥其为"谀墓"。但原始要终,其基本立场本与史家之"实录"精神有别,故其创作亦颇有继秦刻石之遗风者。只不过时近六朝,体尚华靡,则壮虽犹存,而疏质之风为稍减矣,以"北地三才"之一魏收所作《郑平城妻李晖仪墓志铭》为例:

> 虞谋似马,孔叹如龙。修哉世业,郁矣民宗。丞相亹亹,德在歌锺。武昭赫赫,道被笙镛。皇祖烈考,乃公惟牧。同株别干,台居衮服。连镳杨氏,并驱素族。嵓彼曾峰,秀兹桥木。阴祇纳祉,徽猷萃止。观图问传,言诗访史。外映琼瑶,傍沾兰芷。有行谁配,高名贵仕。清晖素誉,俄焉在斯。六列咸序,四教无亏。再宣嫔德,重贻女仪。二耻齐契,三徙同规。邦家忻戚,安危实有。抱虚斯应,持坚而守。去益存谦,居薄推厚。于休靡逸,遘屯无咎。诜诜履训,扇此风流。拟龙苞爽,类虎兼彪。仓仓并驱,宛宛俱游。①

志铭追叙李氏前世,以"丞相亹亹,德在歌锺。武昭赫赫,道被笙镛"形容

---

① 罗新:《跋北魏郑平城妻李晖仪墓志》,《中国历史文物》2005年第6期,第46页。

其门第崇隆、源远流长，壮则不减，而叠用典故，兼以骈骊，则亦饶"弘润"之气，其较秦刻石疏质之作风已有不同，这是在继承中适应时代风气的新变化。

（魏宏利，宝鸡文理学院文学与新闻传播学院副教授、硕士生导师，文学博士。）

《史记》与《汉书》中的《英布传》比较

刘亚旭

《史记·黥布列传》与《汉书·韩彭英卢吴列传·英布传》中记载英布事迹的文字大同小异，但如细心比较，还是可以发现不少的不同之处。通过文本细读来作进一步的分析，可以揣摩出司马迁、班固二人在记述英布事迹时思想情感及写作手法上的不同。由于《汉书》晚出且参考《史记》创作，故其绝大部分文字皆与《史记》相同，所以本文以《史记》作主要对象，把《汉书》作为比较的参照对象，将其异同总结为如下几个方面。

一、文字的选用

《汉书》在转录《史记》对英布事迹的记载时，并没有全文抄袭《史记》原文，而是在一些具体文字上作出了改动，体现了班固本人的独特思考。具体而言，有如下几个方面。

一是虚字的删减。如《史记》开篇云"黥布者，六人也"[1]，《汉书》则改作了"黥布，六人也"[2]。《史记》所用"……者，……也"是史书记载人物籍贯时的标准格式，《汉书》删去"者"字，是出于文字表达简省的考虑，在表意上没有影响。又如《史记》云"番君以其女妻之"[3]，《汉书》径自改为"番君以女妻之"[4]，删

---

[1] 司马迁：《史记》，中华书局2018年版，第543页。
[2] 班固：《汉书》，中华书局2014年版，第381页。
[3] 司马迁：《史记》，中华书局2018年版，第543页。
[4] 班固：《汉书》，中华书局2014年版，第382页。

去了代词"其"字。虽然《汉书》后文有"布旧与番君婚"[1]一句可说明情况,不会影响对史事的记述,但单读这一句则会产生歧义,对"女"的身份不能明确确定,不如《史记》表意清晰。再如《史记》云"周殷反楚,遂举九江兵与汉击楚,破之垓下"[2],《汉书》径言"破垓下"[3],删去了代词"之"字,被"破"的对象指代不明确,须联系后文"项籍死"[4]一句分析,才能弄清表意。再如《史记》言"固已疑其言国阴事"[5],《汉书》则去掉了"固"字。"固"为"本来"之意,在《史记》中多与"已(以)"连用,有一个语气上的强调、提示作用,一向为司马迁所喜用,在《史记》中多次出现,如"固以怪之矣"[6](《陈涉世家》),"重耳固已成人矣"[7](《晋世家》),"其意固已远矣"[8](《陈丞相世家》)等等,不胜枚举。"固"字用在此处描绘英布内心本就存在的狐疑、担心的状态十分生动,《汉书》删去,顿失颜色。

《汉书》出于文字简省的需要,对《史记》行文中的虚词多进行删除,有时就单句而言会稍微影响表意,但联系上下文加以阅读,对行文表意影响不大,只是《史记》行文表达更为明确严谨,便于读者阅读理解。

也有《汉书》为《史记》增虚字之例,如《史记》云"诸侯战其地为散地"[9],《汉书》加一"自"字,作"诸侯自战其地为散地"[10],这里《汉书》的表达一方面更加切合当时荆王刘贾在本土作战的实际情况,表意更为明确,另一方面也体现了班固之博学,即他对原典的重视。"诸侯自战其地,为散地"[11],语出

---

[1] 班固:《汉书》,中华书局 2014 年版,第 384 页。
[2] 司马迁:《史记》,中华书局 2018 年版,第 545 页。
[3] 班固:《汉书》,中华书局 2014 年版,第 383 页。
[4] 班固:《汉书》,中华书局 2014 年版,第 383 页。
[5] 司马迁:《史记》,中华书局 2018 年版,第 545 页。
[6] 司马迁:《史记》,中华书局 2018 年版,第 332 页。
[7] 司马迁:《史记》,中华书局 2018 年版,第 246 页。
[8] 司马迁:《史记》,中华书局 2018 年版,第 369 页。
[9] 司马迁:《史记》,中华书局 2018 年版,第 546 页。
[10] 班固:《汉书》,中华书局 2014 年版,第 384 页。
[11] 孙武等著,杨丙安校理:《十一家注孙子校理》,中华书局 1999 年版,第 234 页。

《孙子兵法·九地篇》，是《孙子兵法》的原文。由此可见，这一处对虚字的增补，应以《汉书》为优。

二是实字的变换。《汉书》对《史记》的个别字眼进行改动，但多造成了适得其反的效果。如《史记》言"闻项梁定江东会稽，涉江而西"①，《汉书》直改作"闻项梁定会稽，西渡淮"②，此处纯出文字表达简省的考虑。《史记》明言"江东会稽"，"江"在汉时为专有名词，指长江，"江东"即长江在今芜湖、南京间河道以下的长江南岸地区。《汉书》将"江东"一词删去，并将"涉江而西"改为"西度淮"，表意过于跳跃。因为秦时淮水不流经会稽郡，项梁要先"涉江而西"，才能"西度淮"，即要先渡过长江，才能到达淮水流域。直言"定会稽，西渡淮"，表意过于跳跃。《史记》"江东会稽—涉江而西—涉淮而西"的表述十分清晰，《汉书》擅加删改，造成理解困难。又如《史记》言"布常为军锋"③，《汉书》改作"布为前锋"④，删去了程度副词"常"，并将"军锋"改作"前锋"，不利于英布骁勇善战形象的塑造，也削弱了与后文"（项羽）又多其材，欲亲用之，以故未击"⑤一句的照应作用。司马迁着力塑造的是一个"勇冠三军，劈易万人"⑥（汤谐《史记半解》）的英雄形象，班固站在正统史家的角度，对英布的英勇形象刻意地有所削弱。又如《史记》云"于是乃使人入九江"⑦，《汉书》改"入"字为"之"字。⑧"入"有"回"的意味在，"之"只是"往"的意思，不利于表达英布在淮南地区的巨大影响力，也削弱了与后文"布使者颇得故人幸臣，将众数千人归汉"⑨这段表达英布影响力文字的照应作

---

① 司马迁：《史记》，中华书局 2018 年版，第 543 页。
② 班固：《汉书》，中华书局 2014 年版，第 382 页。
③ 司马迁：《史记》，中华书局 2018 年版，第 543 页。
④ 班固：《汉书》，中华书局 2014 年版，第 382 页。
⑤ 司马迁：《史记》，中华书局 2018 年版，第 543 页。
⑥ 杨燕起等主编：《历代名家评〈史记〉》，北京师范大学出版社 1986 年版，第 636 页。
⑦ 司马迁：《史记》，中华书局 2018 年版，第 545 页。
⑧ 班固：《汉书》，中华书局 2014 年版，第 383 页。
⑨ 司马迁：《史记》，中华书局 2018 年版，第 545 页。

用。再如《史记》言"布所幸姬疾"①,《汉书》改作"布有所幸姬病"②。在先秦两汉时期,"疾"是症状较轻的小病之意,"病"则是重病之意。据《韩非子·喻老》篇所载"扁鹊见蔡桓公"故事,当病在"腠理"时用"疾"字,当病在"肌肤""肠胃",即加重后,则改用"病"字③,此处将"疾""病"二字的意义区分得十分清楚。英布的这个宠姬既然能够"就医",即上门去医生家中治病,且还是"数如医家"④,可见病症不会太重。不然,何不请医生上门治疗?按常理而言,一个重病人是不太可能多次来往奔走的。所以,《史记》所用之"疾"字更为准确。

《史记》用字多合情理,且兼顾了整体行文与人物形象塑造,《汉书》的改动则有不合情理处,减弱了传记的文学性。

再有,《史记》用字多结合当时语境。英布生活时代去司马迁不远,但与班固生活的时代则有相当距离,故文中时代性较强的口语化表述便为班固所更改了。如《史记》言"据敖庾之粟"⑤,《汉书》则改"敖庾"为"敖仓"⑥。据《史记索隐》引《太康地记》,"秦建敖仓于成皋",司马贞又言,"又云'庾',故云'敖庾'也"⑦。据此推测,"敖仓"是正式性的官方称呼,"敖庾"则是当时民间约定俗成的叫法。司马迁时用"敖庾"表述,更为接近当时的生活环境,读者自然明了,班固时语言环境改变,故转用较为官方的说法。

还有一点要关注的是,《汉书》为"帝乃复使终成"⑧(《后汉书·班固传》),即得到了东汉统治者编撰国史的官方授权,加之班固本人也具有浓厚的儒家正统思想,所以他对《史记》相关记述文字的改动,也有这一方面的考虑因素在。如《史记》言"赵数使人请救"⑨,《汉书》则改作"赵数使人

---

① 司马迁:《史记》,中华书局 2018 年版,第 545 页。
② 班固:《汉书》,中华书局 2014 年版,第 384 页。
③ 韩非著,王先慎集解:《韩非子集解》,中华书局 1998 年版,第 161 页。
④ 司马迁:《史记》,中华书局 2018 年版,第 545 页。
⑤ 司马迁:《史记》,中华书局 2018 年版,第 545 页。
⑥ 班固:《汉书》,中华书局 2014 年版,第 384 页。
⑦ 司马迁:《史记》(简体字本),中华书局 1999 年版,第 2022 页。
⑧ 范晔:《后汉书》,中华书局 2007 年版,第 396 页。
⑨ 司马迁:《史记》,中华书局 2018 年版,第 543 页。

请救怀王"①，特意加上所请对象"怀王"，是"尊王"思想的体现。又如《史记》言"项氏立怀王为义帝"②，《汉书》则言"尊怀王为义帝"③。"立"字突出了"项氏"的主要地位，表明怀王是受制于项氏的强大实力之下的，这更为符合当时历史的实际情况。而《汉书》于此就改用了"尊"字，表明了怀王地位的高贵与不可侵犯性，同样是"尊王"思想的体现。再如《史记》言"龙且击淮南"④，《汉书》则改作"龙且攻淮南"⑤。"攻""击"二字最早皆见于《左传》，但"击"字不见于"春秋笔法"，而"攻"字则见于"春秋笔法"。据《新五代史》徐无党注"两相攻曰攻"⑥，即"攻"在"春秋笔法"中用作双方地位对等情况下军事进攻的泛称。但英布本来是"北乡而臣事"⑦楚的，所以龙且对英布的军事行动参照"春秋笔法"，当用"以大加小"的"伐"字或"加有罪"的"讨"⑧字更为贴切⑨。此处用"攻"字，表明不承认项羽"共主"的身份，是对其地位否定的表示。由此可见，班固受正统思想的影响很深，且流露在了字里行间。

　　三是奇字的运用。《汉书》好用奇字、古字是其一大突出特点，故其成书之初即"多未能通者"，就连马融那样的大学者，也要"伏于阁下，从班昭受读"⑩（《后汉书·列女传》），这也体现在了这篇传记中。《史记》好用当时口语及通俗文字，读来更为顺畅明了。这不合班固之意，故每每以奇字改之。如《史记》云"与上兵遇蕲西，会甀"⑪，"甀"音 chuí，是地名，在今安徽宿县南。

---

① 班固：《汉书》，中华书局 2014 年版，第 382 页。
② 司马迁：《史记》，中华书局 2018 年版，第 543 页。
③ 班固：《汉书》，中华书局 2014 年版，第 382 页。
④ 司马迁：《史记》，中华书局 2018 年版，第 544 页。
⑤ 班固：《汉书》，中华书局 2014 年版，第 383 页。
⑥ 欧阳修：《新五代史》，中华书局 1974 年版，第 16 页。
⑦ 班固：《汉书》，中华书局 2014 年版，第 382 页。
⑧ 此处说法据《新五代史》，徐无党注。
⑨《新五代史》，第 16 页。
⑩ 范晔：《后汉书》，中华书局 2007 年版，第 818 页。
⑪ 司马迁：《史记》，中华书局 2018 年版，第 546 页。

《汉书》改"甄"作"甈"①，艰涩难识。又如《史记》云"遥谓布曰"②，《汉书》改"遥"作"隃"③，实际上两汉时期"遥""隃"二字相通，只是"隃"更为艰涩。班固之好用古字，多如此类。

总之，在虚字删减、实字变换、奇字运用这三个方面，《汉书》对《史记》的《英布传》都作出了个别文字方面的改动，而不是简单抄录。但除了少数几处外，改动后的效果多不如《史记》原文理想。

二、人物的语言

相比《汉书》，《史记》更为重视对人物直接对话的记述。在叙述史事时，多采用第一人称叙述的方式，而《汉书》则多将其改为第三人称的平实叙述。如《史记》云"少年，有客相之曰：'当刑而王'"④，《汉书》则改为"少时客相之，当刑而王"⑤，这种变换叙述视角的方式减少了记述历史时令人感到身临其境的现场感，且语言表述较为生硬。又如《史记》云"布曰：'如使者教，因起兵而击之耳'"⑥，《汉书》则改作"布曰：'如使者教'，因起兵而攻楚"⑦。《汉书》把《史记》中记述的英布所言的后半句话改作了第三人称叙述。由《史记》的记述可见，英布叛楚归汉的决心十分坚定，自己直言"因起兵而击之耳"，表明了与项羽的彻底决裂。也正因如此，后来他归汉后受到刘邦的折辱时才会"大怒，悔来，欲自杀"⑧。《汉书》的改动使英布决心背楚归汉的坚定情感在表述时有所削弱。

《汉书》还有将《史记》中的人物语言直接加以改动处。如《史记》云"皆

---

① 班固：《汉书》，中华书局2014年版，第384页。
② 司马迁：《史记》，中华书局2018年版，第546页。
③ 班固：《汉书》，中华书局2014年版，第384页。
④ 司马迁：《史记》，中华书局2018年版，第543页。
⑤ 班固：《汉书》，中华书局2014年版，第381页。
⑥ 司马迁：《史记》，中华书局2018年版，第544页。
⑦ 班固：《汉书》，中华书局2014年版，第383页。
⑧ 司马迁：《史记》，中华书局2018年版，第544页。

曰：'发兵击之，坑竖子耳，何能为乎！'"①，《汉书》作"皆曰：'发兵坑竖子耳，何能为！'"②。这里《汉书》虽文字有所简省，但相较于《史记》，一来削弱了人物口语的真实性与现场感，《汉书》所拟语气不如《史记》更为真实，声口宛肖；二来削弱了人物语言中的情感。《史记》中的"击之"与语气词"乎"都更好地表现了当时汉廷群臣因英布造反而群情激奋的状态及对英布的厌恶、贬低之情，情感表达十分明显，《汉书》的改动使这种情感的表达大大减弱。

也有《史记》所述为第三人称客观叙述，《汉书》将其改为第一人称直接叙述处，但不太成功。如《史记》言"上折随何之功，谓何为腐儒，为天下安用腐儒"③，《汉书》直改作"上置酒对众折随何曰腐儒，'为天下安用腐儒哉！'"④，特别添加一个句尾语气词"哉"，将这句话变为刘邦的第一人称叙述。但详味《史记》文意，明显对前文对话有所省略，重点是为了突出随何后文的应对之辞，班固想强行加以还原，并不成功。试想，刘邦不会无缘无故地说出一句"为天下安用腐儒哉"，前面必有缘故及相关对话，司马迁已加省略，班固强行还原，显得十分突兀。而且，距随何生活时间较近，且掌握材料较多的司马迁选择不记录其语言，百余年后的班固又何由得知并加以还原？故而，这处改写并不算成功。

就对人物语言的记述来说，《史记》明显较《汉书》为成功。造成这种情况有一个重要原因。司马迁有过一次"南游江、淮，上会稽，探禹穴，窥九疑，浮於沅、湘；北涉汶、泗，讲业齐、鲁之都，观孔子之遗风，乡射邹、峄；厄困鄱、薛、彭城，过梁、楚以归"⑤（《史记·太史公自序》）的长途漫游，又"奉使西征巴、蜀以南，南略邛、笮、昆明"⑥（《史记·太史公自序》），故而他写作《史记》传记时的许多材料为第一手的实地调查材料，更为原始、鲜活。像英布活动过的"江、淮""会稽""梁、楚"一带，司马迁都亲身游历过。故而

---

① 司马迁：《史记》，中华书局 2018 年版，第 545 页。
② 班固：《汉书》，中华书局 2014 年版，第 384 页。
③ 司马迁：《史记》，中华书局 2018 年版，第 545 页。
④ 班固：《汉书》，中华书局 2014 年版，第 383 页。
⑤ 司马迁：《史记》，中华书局 2018 年版，第 759—760 页。
⑥ 司马迁：《史记》，中华书局 2018 年版，第 760 页。

在写作传记时,把得之当地父老口中的鲜活材料转化为活灵活现的第一人称语言表达也就顺理成章了。而班固《汉书》则本于"(班)彪所续前史","探撰前记"①(《后汉书·班固传》),以文字形式的史料为主要撰写材料来源,自然会采用较为可观的叙述方式。

总之,《史记》对人物语言的记叙更为生动、成功,极富历史现场感,《汉书》更长于客观平实叙述,记叙人物语言非其所长。

三、史料的运用

相较于《汉书》,《史记》在记述英布事迹时对史料的运用也更为成功,这可以体现在如下几方面。

第一,占有史料丰富。就记述事迹史料的丰富而言,《汉书》在撰写过程中对《史记》进行了删节,不如《史记》所述完整,一目了然。如《史记》在记述完英布的姓名、籍贯后,有一句"秦时为布衣"②,明确地交代了英布早年的身份定位,十分清晰。《汉书》则将这一句删去,有所欠缺。又如《史记》在记叙楚怀王即位后,接着说"项梁号为武信君,英布为当阳君"③,《汉书》则把对项梁封号的记述删去,大约是觉得项梁封号与本文传主无关的缘故。然而英布本是"以兵属项梁"④的,故而在此一并记述项梁的封号,可使史料更为丰富、记事更为完整,给读者提供更多的历史信息,似不应删去。又如《史记》在记述英布封王的背景时,记述了当时"诸侯皆罢戏下,各就国"⑤的历史背景,这是当时政治背景的真实反映,而《汉书》也同样从略,将之删去,不易于读者了解历史背景。

记述史实时的史料选择则可见司马迁别具匠心。如《史记》在"上遂发兵自

---

① 范晔:《后汉书》,中华书局 2007 年版,第 396 页。
② 司马迁:《史记》,中华书局 2018 年版,第 543 页。
③ 司马迁:《史记》,中华书局 2018 年版,第 543 页。
④ 司马迁:《史记》,中华书局 2018 年版,第 543 页。
⑤ 司马迁:《史记》,中华书局 2018 年版,第 543 页。

将东击布"前与"遂灭黥布"后,两次写到"立皇子长为淮南王"①,别有深意。汉初,韩信、英布、彭越等异姓诸侯王的分封本就不是出于刘邦的本心,而是因其功高势大不得不分封。他们的存在对刘邦的中央政府是一个巨大威胁,故而刘邦时刻想削弱乃至消灭他们的势力,方能放心。《史记·黥布列传》中借薛公之口道出的"往年杀彭越,前年杀韩信"②,正是这一政治背景下血淋淋的事实。在铲除了异姓诸侯王的势力后,鉴于秦代宗室无权的往事,刘邦大量分封同姓宗室子弟为王,填补异姓诸侯王被铲除后留下的空缺,增大宗室势力。如韩信的楚王王位被废后,其封地便被一分为二:一部分封给了刘邦的同族刘贾,封号为荆王;另一部分分给了刘邦的四弟刘交,封号为楚王。英布面临的情况与最后结果也同样。他被废杀后,他的国土被封给了刘邦的七子刘长。《史记·吕太后本纪》中记载了刘邦"非刘氏而王,天下共击之"③的盟语,很好地表露了刘邦急于排斥异姓诸侯王,加强刘姓宗室实力的心理。司马迁在《黥布列传》一篇传记中两次提到"立皇子长为淮南王",绝非闲笔,正是对这一历史事实背后原因的暗示,也隐含着对刘邦兔死狗烹做法的谴责。班固应是读出了这一含义的,一方面出于维护统治者的需要,另一方面也使文字更为简洁而省枝蔓。故而《汉书》将《史记》中提到两次的这段史料删去,这背后也有作者史学思想差异的体现。

第二,重视史料细节。《史记》在运用史料时,史笔记述往往对细节十分关注,精雕细刻,使读者有高度的历史还原感,《汉书》在记述时往往选择将这些细节记述删去。如《史记》云"项梁败死定陶"④,《汉书》则直言"项梁败死"⑤,删去了对项梁兵败身死地点的记述,减少了历史信息的呈现。又如《史记》在记述随何游说英布时见到楚使者的表现,描写了一个细节,"坐楚使者上坐"⑥,随何傲然的神色和立意激怒楚使者,使英布不得不归汉的用意都被体现得活灵

---

① 司马迁:《史记》,中华书局 2018 年版,第 546 页。
② 司马迁:《史记》,中华书局 2018 年版,第 545 页。
③ 司马迁:《史记》,中华书局 2018 年版,第 85 页。
④ 司马迁:《史记》,中华书局 2018 年版,第 543 页。
⑤ 班固:《汉书》,中华书局 2014 年版,第 382 页。
⑥ 司马迁:《史记》,中华书局 2018 年版,第 544 页。

活现,极具现场感。《汉书》将之删去,不免可惜。又如《史记》记英布兵败身死时云"番阳人杀布兹乡民田舍"①,而《汉书》删去了"民田舍"这一具体地点,同样去掉了历史细节与现场感。诸如这一类的文字简省在字数上和语言表达上并不会起到太大的精简作用,反而丢失了不少历史信息,削弱了历史现场感,《汉书》的删减可谓得不偿失。相比而言,《史记》对史料细节的重视更为值得称道。

第三,重视时间线索。《史记》在记述英布相关史事时,时间线索非常清晰,一目了然。《汉书》则常将时间删去,令对这一段历史不是特别熟悉的读者不免产生一头雾水之感,叙事时间线索不够清晰。关于时间线索方面《史记》《汉书》的增删情况,可见下表。

《史记》	《汉书》
汉元年四月,……项氏立怀王为义帝,徙都长沙,乃阴令九江王布等行击之。其八月,布使将击义帝,追杀之郴县。②	项王封诸将,立布为九江王,都六。尊怀王为义帝,徙都长沙,乃阴令布击之。布使将追杀之郴。③
汉二年,齐王田荣畔楚……④	齐王田荣叛楚……⑤
汉三年,汉王击楚,大战彭城……⑥	汉王与楚大战彭城……⑦

由此可见,《史记》的记述时间线索非常明晰,借鉴了编年体史书的优点,而《汉书》在转录时把提示时间线索的地方尽数删去,不免给读者造成阅读障碍。

而且,在记述事件发生时间时,《史记》与《汉书》有不少抵牾之处,差异明显。而且参考他篇记述,多以《史记》较为可信。先列其差异为下表,分析详后。

---

① 司马迁:《史记》,中华书局2018年版,第546页。
② 司马迁:《史记》,中华书局2018年版,第543页。
③ 班固:《汉书》,中华书局2014年版,第382页。
④ 司马迁:《史记》,中华书局2018年版,第543页。
⑤ 班固:《汉书》,中华书局2014年版,第382页。
⑥ 司马迁:《史记》,中华书局2018年版,第544页。
⑦ 班固:《汉书》,中华书局2014年版,第382页。

《史记》	《汉书》
［汉］四年七月，立布为淮南王，与击项籍。汉五年，布使人入九江，得数县。六年，布与刘贾入九江……①	［汉］四年秋七月，立布为淮南王，与击项籍。布使人之九江，得数县。五年，布与刘贾入九江……②
七年，朝陈。八年，朝雒阳。③	六年，朝陈。七年，朝洛阳。④

先说"布使人入九江，得数县"一事。这件事于《史记》《汉书》其他篇目都不见具体时间记载，但据笔者推断，很可能发生于汉五年，即如《史记》所言。因为据《汉书·高帝纪》，在"［汉］五年冬十月，……楚击汉军，大破之"⑤，这次战争楚汉双方都是投入了主力的。又据《史记·高祖本纪》言，"五年，高祖与诸侯兵共击楚军，与项羽决胜垓下"⑥，点明了这场战争的性质是"决胜"，即决战。正是在楚汉双方都投入了主力决战的情况下，英布才便于以偏师避实击虚，"使人入九江，得数县"，这样的情况较符合常理。汉高祖时纪年以冬十月为岁首，故此事的发生当在甫入汉五年之际，也与英布封淮南王之时（汉四年七月）相隔不久，故班固可能在转录时顺着英布封王之事将此事一并叙下，时间上表述不甚清晰，造成小讹误。

再接下来是"布与刘贾入九江，诱大司马周殷，周殷反楚，遂举九江兵与汉击楚，破之垓下"一事。这件事《汉书·高帝纪》系在汉五年十一月，《史记》则作汉六年，此处当以《汉书》为是，这也正可见此事与"布使人入九江，得数县"一事关系紧密。英布与汉五年十月于九江进行游击战取胜后，十一月紧接着趁热打铁，扩大战果。兵贵神速，顺理成章。当然，此处并非一定意味着《史记》的记述失实了，而是有可能在传抄的过程中，《史记》出现了文字讹误。据《史记·荆燕世家》，"汉五年，汉王追项籍至固陵，使刘贾南渡淮围寿春。还

---

① 司马迁：《史记》，中华书局 2018 年版，第 545 页。
② 班固：《汉书》，中华书局 2014 年版，第 383 页。
③ 司马迁：《史记》，中华书局 2018 年版，第 545 页。
④ 班固：《汉书》，中华书局 2014 年版，第 383 页。
⑤ 班固：《汉书》，中华书局 2014 年版，第 12 页。
⑥ 司马迁：《史记》，中华书局 2018 年版，第 79 页。

至，使人间招楚大司马周殷。周殷反楚，佐刘贾举九江，迎武王黥布兵，皆会垓下，共击项籍"①，系年与事迹皆与《汉书·高帝纪》相合，可见《史记》在《黥布列传》中言"六年"，可能系传抄错误。

再说"朝陈"事。《史记》作"七年"，《汉书》作"六年"，当以《汉书》为是。此处明显系传抄错误。据《史记·高祖本纪》，"六年，……十二月，……（高祖）乃伪游云梦，会诸侯于陈"②；又据《史记·淮阴侯列传》，"汉六年，……（高帝）发使告诸侯会陈"③，皆与《汉书》所载无异，可见《黥布列传》中所言"七年"显系传抄错误。

最后说"朝洛阳"事。《史记》作"八年"，《汉书》作"七年"，此处当以《史记》为是。据《汉书·高帝纪》，"八年，……九月，行自雒阳至，淮南王、梁王、赵王、楚王皆从"④，即《史记》《汉书》两《英布传》中所言"朝雒阳"事，可见此事当发生在汉八年，《史记》所言为是。

综上可见，《史记》所言的事件时间可信度较高，而有误处参照他篇可证，出自传抄讹误的可能性较高。就对事件发生时间的重视程度来说，《汉书》不如《史记》。造成这种情况的原因有两个，一是司马迁壮游经历所得材料的原始性（说详前文），二是司马迁有机会接触原始的官方档案。据《史记·太史公自序》，"迁为太史令，䌷史记石室金匮之书"⑤，他所能见到的材料都是来自官方的第一手档案材料，记叙自然会比较详细。加之司马迁历史意识强，对历史事件发生的时间自会特加关注，记录详明。班固生活年代距西汉开国已远，所据材料的丰富性与原始性自不能与司马迁相比，而是出于转录者较多。故就时间线索而言，《史记》为优。

最后要提到的是，《汉书》也非全无是处。班固穷半生心力"潜精研思"⑥（《后汉书·班固传》），撰成此书，于搜集史料也下了很大的功夫。故而他的《汉

---

① 司马迁：《史记》，中华书局 2018 年版，第 345 页。
② 司马迁：《史记》，中华书局 2018 年版，第 80 页。
③ 司马迁：《史记》，中华书局 2018 年版，第 553 页。
④ 班固：《汉书》，中华书局 2014 年版，第 16 页。
⑤ 司马迁：《史记》，中华书局 2018 年版，第 760 页。
⑥ 范晔：《后汉书》，中华书局 2007 年版，第 396 页。

书》在转录《史记》时，也有新材料的增补，可补《史记》之阙，功不可没。如《史记》在传末言"诸将率多以功封者"[1]，较为笼统；而《汉书》则言"将率封者六人"[2]，十分具体。只是出于文字简省的角度考虑，没有记下"封者"的姓名，不免遗憾。由这个具体的"六人"记载可见，班固很可能搜集到了司马迁未见的史料，并在转录《史记》的过程中加以增补。

总之，《史记》在史料占有的原始性与丰富性上较《汉书》占有明显优势。且《史记》更为注重细节的刻画与事件时间的记述，比更为关注文字简省的《汉书》在充实性与可读性上都胜了一筹。同时，《汉书》也在《史记》的基础上努力突破，进行了史料的增补，也功不可没。

四、英布评价问题

就《史记》与《汉书》对英布的评价问题，可以从以下几点来进行比较。

第一是篇名。《史记》篇名为《黥布列传》，《汉书》则名为《韩彭英卢吴传》。"黥布"类似于一种绰号，反映了英布"及壮，坐法黥"[3]的史实。司马迁在此特别点出这一情况，表明了对英布自强不息，身处污名而仍能奋发有为，最终成就功名的肯定。司马迁对英布"勇冠三军，劈易万人"[4]（汤谐《史记半解》）这一点是肯定、赞许的。这从司马迁"身被刑法，何其拔兴之暴也"[5]的感叹中也能体会到这一心理。这也正是《史记》蕴含自强不息精神在传记中的具体体现。《汉书》则直称其名"英布"，史笔叙述较为平实冷静，个人感情色彩相对较弱。

第二是体例。《史记》采用专传，《汉书》采取合传。《史记》采取专传形式，本质上还是对英布在秦末汉初时期所具有重要历史地位的一种肯定，体现了司

---

[1] 司马迁：《史记》，中华书局 2018 年版，第 546 页。
[2] 班固：《汉书》，中华书局 2014 年版，第 384 页。
[3] 司马迁：《史记》，中华书局 2018 年版，第 543 页。
[4] 杨燕起等主编：《历代名家评〈史记〉》，北京师范大学出版社 1986 年版，第 636 页。
[5] 司马迁：《史记》，中华书局 2018 年版，第 546 页。

马迁对英布历史作用的重视。而《汉书》则遵循"以类相从"的原则，将英布与其他汉初异姓诸侯王列为合传，对英布历史地位的评价较《史记》为轻，反映了英布形象评价减弱的趋势。

第三是赞语。本文将《史记》《汉书》中有关英布的评价列出并做分析，解读其背后的信息及司马迁、班固所蕴含的思想。

太史公曰：英布者，其先岂《春秋》所见楚灭英、六，皋陶之后哉？身被刑法，何其拔兴之暴也！项氏之所坑杀人以千万数，而布常为首虐。功冠诸侯，用此得王，亦不免于身为世大僇。祸之兴自爱姬殖，妒媢生患，竟以灭国！（《史记·黥布列传》）①

以淮南叛楚归汉，汉用得大司马殷，卒破子羽于垓下。作《黥布列传》第三十一。（《史记·太史公自序》）②

赞曰：昔高祖定天下，功臣异姓而王者八国。张耳、吴芮、彭越、黥布、臧荼、卢绾与两韩信，皆徼一时之权变，以诈力成功，咸得裂土，南面称孤。见疑强大，怀不自安，事穷势迫，卒谋叛逆，终于灭亡。张耳以智全，至子亦失国。唯吴芮之起，不失正道，故能传号五世，以无嗣绝，庆流支庶。有以矣夫，著于甲令而称忠也！（《汉书·韩彭英卢吴传》）③

信惟饿隶，布实黥徒，越亦狗盗，芮尹江湖。云起龙襄，化为侯王，割有齐、楚，跨制淮、梁。绾自同闬，镇我北疆，德薄位尊，非胙惟殃。吴克忠信，胤嗣乃长。述《韩彭英卢吴传》第四。（《汉书·叙传下》）④

先说《史记》。司马迁对英布这个历史人物的看法是辩证的。既肯定其功，又不掩其过。司马迁如实地反映了英布在秦末汉初历史上的重要地位，肯定了其对西汉建立做出的巨大贡献，也没有掩盖他突出的缺点与过失，史评十分公允。

正面评价。项羽是司马迁较为偏爱的一个历史人物。在对项羽的史评中，司马迁在开头就表达了推尊其家世与感叹其成功之速的意思，赞许、惊叹的情感

---

① 司马迁：《史记》，中华书局2018年版，第546页。
② 司马迁：《史记》，中华书局2018年版，第767页。
③ 班固：《汉书》，中华书局2014年版，第386页。
④ 班固：《汉书》，中华书局2014年版，第1076页。

蕴含十分明显。而在《黥布列传》中，司马迁也采用了同样的手法，表达了同样的含义。从司马迁的评价："太史公曰：吾闻之周生曰'舜目盖重瞳子'，又闻项羽亦重瞳子。羽岂其苗裔邪？何兴之暴也！"①（《史记·项羽本纪》），可见其语句表达相似度极高。这一方面表现了司马迁对自强不息、奋发有为，"扶义俶傥，不令己失时，立功名于天下"②（《史记·太史公自序》）思想的重视，并对行事体现了这一思想的项羽、英布表示了赞许之情；另一方面也与司马迁受《世本》一书的影响有关。《世本》是一部由先秦史官所撰的汇集了中国自五帝至春秋时代的天子、诸侯、卿大夫世族谱系的全国性总谱，也是司马迁修撰《史记》时的重要参考书。据《新唐书》引柳芳《族谱总论》，"汉兴，司马迁父子乃约《世本》修《史记》"③，可见此处史评也是受到了《世本》一书对谱系重视的影响。

在《太史公自序》中叙述作传缘由时，司马迁也直接简明地表达了英布为西汉建立做出的巨大贡献："以淮南叛楚归汉，汉用得大司马殷，卒破子羽于垓下"，即在楚汉决战时，英布为汉军在军事部署上补充了一块重要的地理拼图并产生了重大作用，充分肯定了英布的历史功绩。

负面评价。英布绝对不是一个具有正面形象的历史人物，其巨大缺点十分明显，司马迁也丝毫不加隐晦，如实指出。如其"夜击坑章邯秦卒二十余万人"④的巨大罪行，司马迁便在史评中直接揭露，说"项氏之所坑杀人以千万数，而布常为首虐……亦不免于身为世大僇"，对英布的这一暴行予以愤怒谴责，并把它视为英布最终覆灭的一大原因，很有见地。

要提到的是，司马迁的史评用笔较为隐晦，需用心揣摩，方能明其真意。司马迁在传记行文中往往对事件的历史原因苦苦加以思索，并以"究天人之际，通古今之变，成一家之言"自任，这在《黥布列传》中也有很好的体现。如司马迁言"妒媚生患，竟以灭国"，就是一处隐晦之笔，并非司马迁之本意，司马迁

---

① 司马迁：《史记》，中华书局 2018 年版，第 70 页。
② 司马迁：《史记》，中华书局 2018 年版，第 769 页。
③ 欧阳修：《新唐书》，中华书局 1975 年版，第 5677 页。
④ 司马迁：《史记》，中华书局 2018 年版，第 543 页。

有意掩盖了自己想要表达的真实内容。"妒媚"不可能是英布"灭国"的原因，或者说最多是直接导火索。其灭国的根本原因是英布淮南国的实力对中央是一个威胁，与刘邦的西汉中央政府有着直接的利益冲突，不利于中央集权，故刘邦必欲除之而后快。正如凌约言所言，"布先因信诛而心恐，后因越醢而大怒，故令尹曰'自疑祸及身'，深知布之心者"①（凌稚隆《史记评林》），准确的把握住了英布的心理状态。司马迁是认识到了这一点的，故而如前文所言，他在行文中一则借故楚令尹薛公之口言"往年杀彭越，前年杀韩信，此三人者，同功一体之人也。自疑祸及身，故反耳"②，再则反复提示"立皇子长为淮南王"③。只是这层意思不便在史评中明说，只能在行文中反复暗示。

再说《汉书》。班固对英布的评价值得注意的有这么几点。首先，大幅降低了其历史地位及正面因素。班固将英布与其他诸侯王合传并合评，对其个人历史独特性的评价严重不足，表明班固对其历史地位看法的大幅降低。同时，班固在史评中完全没有提到英布对西汉王朝建立的贡献，以"徼一时之权变，以诈力成功"，"云起龙襄，化为侯王"的与其他诸侯王的共性叙述一笔带过，对英布正面历史意义的评价较为不足。其次，叙述事迹客观，情感色彩减弱。《汉书》在对英布的史评中叙述十分平实，笔锋不带情感。如"咸得裂土，南面称孤""跨制淮、梁④"之类，叙事语句整饬，情感平实客观。最后，贬斥意味明显。如班固说英布等人"见疑强大，怀不自安，事穷势迫，卒谋叛逆，终于灭亡"，"布实黥徒……德薄位尊，非胙惟殃"，在淡化对其功劳肯定的同时，把英布等人自身行为视为导致他们悲剧命运的主要原因，即认为英布应对自己的悲剧命运承担主要责任，这明显是站在统治者立场发出的史论，不能全面反映英布当时面临的实际处境，评价有失公允。

总之，《史记》对英布的评价客观辩证，情感浓度高，在感染读者的同时也能引发读者对历史规律与汉初史实的深入思考；《汉书》对英布的史评则情感较为平

---

① 杨燕起等主编：《历代名家评〈史记〉》，北京师范大学出版社1986年版，第636页。
② 司马迁：《史记》，中华书局2018年版，第545页。
③ 司马迁：《史记》，中华书局2018年版，第546页。
④ "梁"指彭越，无关英布，此为合评。

实，站在统治者的角度立论，就考量历史问题的全面性而言，史识不如《史记》。

通过比较《史记》与《汉书》的《英布传》，可以看出《史记》叙述更为生动，笔端饱含感情，史料更为丰富，历史观点更为辩证、有说服力；《汉书》则叙述笔调平实，在文字增删、史料增补方面付出了努力，弥补了《史记》的不足之处，而不只是简单的转录。但就整体而言，《汉书·韩彭英卢吴传·英布传》较之《史记·黥布列传》稍逊一筹。

（刘亚旭，宝鸡文理学院文学与新闻传播学院2018级古代文学硕士研究生。）

《史记》思想文化研究

大一统理念影响了司马迁朴素的多元一体民族观建构,而司马迁这种多元一体民族观念建构是意欲为大一统国家提供史的依据与情感凝聚。

《史记》编纂模式与司马迁天人观

田大宪

《史记》包括十二本纪、十表、八书、三十世家、七十列传，是一部体大思精的著作。前代学者对其体例多有关注。但是，这些研究一般着眼于司马迁发凡起例之功或是纪传体得失，疏于解读其编纂模式对于构建体系的重要作用，或是以简单的类比替代对其意义的深入分析。而实际上，司马迁在《史记》的编纂中寄寓着丰富的蕴涵，予以发掘是十分必要的。

一、《史记》体例的取数原则：天之大数

所谓编纂模式，是指作品的篇章安排、体例设置所具有的结构形式与意义。作为中国历史上第一部纪传体通史，《史记》的编纂模式中包含着丰富的内容信息。索解它的生成过程和内在价值，是深入研究《史记》意蕴的重要依据。

前代学者早已指出，"帝王书称纪也，言为后代纲纪也"[1]，"天子有本纪，诸侯有世家"[2]是《史记》本纪、世家体例的基本原则。但是，人们在研究中发现，十二本纪的篇章设置与既定的体例并不完全吻合。例如，《秦本纪》与《秦始皇本纪》的设置就不统一。"秦虽嬴政之祖，本西戎附庸之君，岂以诸侯之邦而与五帝三王同称本纪？斯必不可，可降为秦系家。"[3]也就是说，秦在始皇之前仅为诸侯，依例当入世家，实际却收入本纪。还有，《秦本纪》与《秦始皇本纪》前后相继，前者在末尾处记载秦攻六国接连取胜，最后归结到"秦王政立

---

[1] 司马贞：《史记索隐·五帝本纪》，中华书局1982年版，第1页。

[2] 刘知几著，姚松、朱恒夫译注：《史通全译》，贵州人民出版社1997年版，第82页。

[3] 司马迁撰，泷川资言考证，杨海峥整理：《史记会注考证》，上海古籍出版社2015年版，第237页。

二十六年，初并天下为三十六郡，号为始皇帝"；后者开篇即述秦王政即位之时，秦国已有包举天下之势。二者同为秦史，在内容上相互衔接、相互映衬，却未归并为一。这种分篇记事的原因，一直是学界关注的问题。如刘知几认为："必以西伯以前，其事简约，别加一目，不足成篇。则伯翳之至庄襄，其书先成一卷，而不共世家等列，辄与本纪同编，此尤可怪也。"①实际上，它同时反映了司马迁不拘泥于正统的帝王史观，以此强调秦统一六国之功和秦始皇统一天下的历史功绩。而从形式方面看，这一变例还包含着照应体例的结构意义。司马迁曰："略推三代，录秦汉，上记轩辕，下至于兹，著十二本纪，既科条之矣。"②科分条例，言为纲纪，在"十二"的框架中，不仅体现对历史进程的高度概括，而且也是形式上的精心构拟。因为如果依例而行，本纪就不是十二篇。而"十二"，在春秋战国以降的帝王文化传统中具有至高至极的模式意义。从这个意义上推测，《秦本纪》与《秦始皇本纪》的分立，可能与"十二"的数字模式有着重要的联系。

不惟十二本纪，三十世家也存在着体例与实际设置的差异。刘知几曰："抑彼诸侯，异乎天子，故假以他称，名为世家。"③按照这一说法，世家这一体例最初是专为诸侯而设的。司马迁也说："二十八宿环北辰，三十辐共一毂，运行无穷，辅弼股肱之臣配焉，忠信行道，以奉主上，作三十世家。"④列星之环北辰，众辐之共一毂，说明世家"三十"的对象源于社会上层，与帝王存在辅弼关系。而在实际设置中，除了春秋时的吴、齐、鲁、燕、蔡、陈、卫、宋、晋、楚、越、郑等列国诸侯，以及战国时的田齐、韩、赵、魏等"周氏屏藩之臣"和部分皇室贵胄、后妃外戚之外，三十世家的体例还存在许多"破例"。例如，汉初诸侯吴王刘濞、淮南王刘长、刘安、衡山王刘赐等，因倡乱反叛被降为列传，而汉初功臣萧何、曹参、张良、陈平、周勃等，爵禄不过封侯而入世家。至于项梁所立楚王熊心，在项羽入关后被尊为义帝，世家未载；而孔子非社稷之臣，陈涉系"甿隶之人而迁徙之徒"，世家中却赫然在目。这些用法皆与既定体例相

---

① 刘知几著，姚松、朱恒夫译注：《史通全译·本纪》，贵州人民出版社1997年版，第55页。
② 司马迁：《史记·太史公自序》，中华书局1982年版，第3319页。
③ 刘知几著，姚松、朱恒夫译注：《史通全译·世家》，贵州人民出版社1997年版，第63页。
④ 司马迁：《史记·太史公自序》，中华书局1982年版，第3319页。

左，取舍之间可见"三十"的结构蕴含和"拱辰共毂"的象征意义。原来，司马迁并不以诸侯爵位作为唯一标准，除了身世地位，还看是否为维护江山社稷与历史发展做出贡献。在"三十"这一既定框架内，有爵者可因倡乱而摒弃，无爵者亦可因贡献而当选。某些本应失载之人，就是因辅佐有功而入世家的。西周诸侯管叔叛逆，宗庙不守，本不应入选，但因"辅弱股肱"而设《管蔡世家》。正如司马迁论赞所言："管蔡作乱，无足载者。然周武王崩，成王少，天下既疑，赖同母之弟成叔、冉季之属十人为辅拂，是以诸侯卒宗周，故附之世家言。"

列传分合有异、编排混杂的现象也反映了"七十"的模式意义。《史记》列传包括专传、合传、附传和类传。专传分叙人物，如《孟尝君列传》。合传多载相近相关者事迹，如《廉颇蔺相如列传》。附传记载人物有主从之分，如《苏秦列传》主载苏秦事迹，附载其弟苏代生平。类传记载事迹以类相从，循吏、儒林、酷吏、佞幸、货殖以及反映少数民族的史传皆为其例。这些繁复组合的背后，分明显示列传"七十"的生成效应。因为如果列传没有篇数限制，完全不必混杂编排；如果不是以"七十"为结构模式，也无须在合传中将不同时代的人物并为一体。这些传记类型不同，编排各异，看似无规律可寻，实际在"七十"的框架内，体式虽杂却基本统一。不过，前人对此颇有微词。有学者批评《史记》"编次同类，不求年月，后生而擢居首帙，先辈而抑归末章，遂使汉之贾谊将楚屈原同列；鲁之曹沫，与燕之荆轲并编。此其所以为短也"[1]。此外，十表、八书的篇章取数，也有一定的模式意义。

从上述探索中可以看出，《史记》的序列义例不是一种随机行为，而是与《史记》的内容相适应，具有既定的编排目的。《太史公自序》中叙说"五体"的编纂动机，已经道出各体例篇数选择的深刻用意。例如对"八书"的阐释："礼乐损益，律历改易，兵权山川鬼神，天人之际，承弊通变，作八书。"如此明确的编纂动机，表明司马迁对"八书"的篇章取舍，着眼于复杂的天人关系。而前述三十世家"拱辰共毂"的类比，更是寄予着天象与人事的内在联系。因此，清人赵翼认为《史记》体例编排杂乱，"不待撰成全书后，重为排比"的看法，不一定符合实际。

---

[1] 刘知几著，姚松、朱恒夫译注：《史通·二体》，贵州人民出版社1997年版，第39页。

进一步对《史记》的篇章取数加以分析，可以看出它们与天文历象的神话学联系。也就是说，《史记》体例的篇章取数，潜藏着在天文历象基础上对"天之大数"的价值预设。中国古代存在这样一些数字，"除了计数意义之外，兼有某些非数字的性质。它们在哲学、宗教、神话中作为结构素反复出现，被赋予某些神圣的意义。文化人类学称其为神秘数字或模式数字。"①从上述探究中可见，《史记》体例中的篇数，就属于这样一类数字。司马迁赋予它们神圣的蕴涵，具有充分的发生学依据。《春秋繁露》曾反复提到："天之大数毕于十……人亦十月而生，合于天数也"；"十为天之数"；"天数，十为之所止"。《左传·哀公七年》子服景伯说："周之王也，制礼上物不过十二，以为天之大数也。"《国语·周语下》："纪之以三，平之以六，成于十二，天之道也。"《礼记·郊特牲》："戴冕璪十有二旒，则天数也……旂十有二旒，龙章而设日月，以象天也。"秦汉典籍中这些习见的说法，为《史记》篇章的数字原型提供了类比依据。它再次证明，司马迁在《史记》中赋予体例篇数的神圣地位，决不是偶然为之，而是溯源于秦汉时期对"天之大数"普遍的文化认同。

至于世家与列传取数，也具有相应的天文历象意义。司马迁在《太史公自序》中已对世家三十的"拱辰共毂"之喻加以解释；列传七十的模式化用法，也归因于"天之大数"基础上的生成效应。"七十二"取其全数，与"七十"相应。诚如张守节所言："作列传七十，象一行七十二日，言七十者举全数也，余二日象闰余也，以记王侯将相英贤略立功名于天下，可序列也。"②值得注意的是，列传取数与人物"七十二"的模式化联系。在著名的黄帝、蚩尤神话中，蚩尤兄弟"七十二人"；《庄子·天运》中，孔子谓老聃曰"七十二君"；《史记·孔子世家》中，"弟子盖三千焉，身通六艺者七十二人"；《史记·封禅书》中，禅梁父者七十二家。这些具有神话学意蕴的模式化用法，皆与《史记》七十列传人物所具有的辅佐、立功之意相应，都是从天道循环的周期尺度方面，获得至大至极的象征意义。更不待说五行观念隐含的价值基础，在《史记》体例取数中潜在的铸塑作用。可以说，"天之大数"的设置原则，已经深深印入《史记》的

---

① 叶舒宪、田大宪：《中国古代神秘数字》，社会科学文献出版社1996年版，第10页。
② 张守节：《史记正义·论史例》，中华书局1982年版，第13页。

体例构成之中。司马贞曰："观其本纪十二象岁星之一周；八书有八篇法天时之八节；十表放刚柔十日；三十系家比月有三旬；七十列传取悬车之暮齿；百三十篇象闰余而成岁。"①这一概括也在一定程度上道出《史记》篇数源于天文历法循环基数的象征寓意。

可见，《史记》的编纂体例绝非简单的篇章叠加，而是司马迁"究天人之际"理念的模式化构拟。诚如朱自清先生在其《经典常谈》中所言："这也是用数目的哲学体系，并非是逻辑的顺序。"

二、《史记》体例篇数与司马迁天人观

《史记》的体例篇数为什么要取"天之大数"？这一立篇原则是出于形式上的考虑，还是表达司马迁思想观念的组成部分？这是一个值得关注的问题。人们从《史记》的文本叙述中发现，"天之大数"的结构模式隐含深厚的述史动机，成为寄寓司马迁天人观的重要平台。

首先，突出上尊下卑的等级秩序。《史记》五体中，本纪、世家、列传都是以人物为中心，序列安排取决于人物的职级高低与尊卑秩序。十二本纪反映从黄帝至汉武帝的帝王政治，王朝嬗递和帝王兴替成为全书纲目的基本依据。三十世家录王侯世胄，属于君王的"辅弼股肱之臣"，"三十辐共一毂"犹如北辰与众星、车毂与辐条的关系。无论众星如何运行，车辐如何旋转，北斗星和车毂的轴心位置不会改变；同样，人间世道怎样变化，君王至尊的地位也不会变化。正如《太史公自序》所言，世家体例的主题是突出诸侯"忠信行道，尊奉主上"。七十列传也是如此，公卿大夫庶民与天子具有一种统属关系。即使某些民族史传不属于人物传记范围，仍隐含着在以帝王为中心的大一统格局下部分与整体的关系。十表是帝王、诸侯系谱。八书虽属于专门史，但贯穿其中的中心线索仍是帝王的活动。可见，司马迁在设计《史记》体例时，王者至尊是其重要的思想基础。当然，强调尊卑等级观念，并不等于在篇章叙述中一味迎合

---

① 司马贞：《补史记序》，中华书局1982年版，第12页。

正统的王权意识。作为一个史学家,司马迁既看到帝王在推进社会发展中的作用,也不避讳治世与暴力的矛盾,以及帝王的性格特点与人格缺陷。例如肯定秦始皇完成统一的历史贡献,同时抨击其暴政,从而使结构上的观念表达与实际的历史叙述形成反差,独具慧眼的史识削弱了天命对人事的干预。

其次,传递法天则地的文化观念。司马迁生活在宗教神学盛行的西汉前期,自然之"天"被赋予人格神的含义,人间变化成为日月星辰等天象变化的投影,天的至上性成为帝王统治合理性的理论依据。处在这一氛围下,司马迁亦未能超越承天受命的时代观念。"仰则观象于天,俯则法类于地"这一得自《周易·系辞》的理念,既是司马迁作为史官的职责所系,也构成《史记》体例篇数取象的重要依据。本纪篇章总数的"十二"与天文历法中的月数相同,喻示年周期即所谓历数与自黄帝以来的帝王之数相应,以反映人事运行与天道运行的一致性。"八书"记载典章制度与经国大事,强调天地之间的对应关系。其中《天官》《封禅》分别阐述"天地"之事;《律书》《历书》阐述阴阳五行八正之气,"律居阴而治阳,历居阳而治阴"①。合而观之,"八书""其与政事俯仰,最近天人之符",②代表着"天人之际,承敝通变"的宇宙思想,是天人观念的神秘化表述。

再次,演绎阴阳五行的自然之理。在中国古代,天象与人间吉凶关联是一种普遍观念,君权神授、阴阳五行是当时的话语中心。在这种思想的影响下,人们普遍相信天人感应说,用天意附会人事。《史记》虽属私史性质,仍无法避免这些观念。司马迁在《秦楚之际月表》中说,"考之于天,然后在位",以天人宇宙的变化,看待人间王朝的嬗递演变;以星象变化占验人世吉凶,探寻历史发展的规律。至于《史记》体例,也反映了这种文化观念。《史记》分为本纪、表、书、世家、列传"五体",其设置既是一种编纂方法,也是一种观念表述。它遵循阴阳五行的自然之理,将五行演绎为"五体",以之印证天人之间的感应关系。因而"五体"的基础不过是对五行的象征模拟,司马迁认为,"天则有日月,地则有阴阳。天有五星,地有五行。天则有列宿,地则有

---

① 司马迁:《史记·太史公自序》,中华书局1982年版,第3305页。
② 司马迁:《史记·天官书》,中华书局1982年版,第1351页。

州域"①。这番解说将星空天域、阴阳五行与人间政区相应定位,道出了"五"在《史记》结构中所具有的宇宙蕴涵,亦可推知"五体"设置的模式意义。诚如张守节所言:"太史公作此五品,废一不可,以统理天地,劝奖箴诫,为后之楷模也。"②天文历数既是《史记》体例的基础,又是司马迁天人思想的表现形式。

从上述分析中可见,《史记》的体例篇数,是以帝王为中心的等级秩序和天人感应的宗教观念为核心的。"天之大数"的结构作用,不仅体现了司马迁对天人观念的认识,也是时代观念的神秘投影。

三、《史记》编纂模式与天人文化渊源

以往的《史记》体例研究多停留在体例的意义与功用方面,很少对其天人文化渊源进行深入分析。而实际上,司马迁赋予"天之大数"以天人观念的动机,这一现象背后涉及的时代背景,是一个需要深入探究的问题。因为只有通过对《史记》编纂模式的解读,才能发现司马迁天人观复杂的文化传承与内在联系。

就《史记》体例的来源看,深厚的家学渊源与世主天官的学术背景是其构型的重要依据。司马迁熟习春秋各国史记,其父司马谈为他的学术事业打下坚实的根基。"太史公学天官于唐都,受《易》于杨何,习道论于黄子。"③这些学说既是其父司马谈学术思想的来源,也是司马迁天人观的学术基础。汉代卫宏在《汉旧仪》中言:"司马迁父谈为太史,迁年十三,便乘传行天下,求古诸侯之史记。"司马迁自云:"余观史记,考行事。"④"紬史记石室金匮之书。"在此基础上司马迁为《史记》制订了"正《易传》、继《春秋》、本《诗》、《书》、《礼》、《乐》"的思想标准。这使他能够博采百家,从时代文化的制高点上认识天人关系。另一方面,世主天官的家学传承构成司马迁"究天人之际"的学术传统。

---

① 司马迁:《史记·天官书》,中华书局1982年版,第1342页。
② 张守节:《史记正义·论史例》,中华书局1982年版,第13页。
③ 司马迁:《史记·太史公自序》,中华书局1982年版,第3288页。
④ 司马迁:《史记·天官书》,中华书局1982年版,第1350页。

"古代学术以天文数术为大宗，而天文数术亦掌于史官，此史职所由尊也。"①也就是说，天文历法是史官的专长。《天官书》记述道："昔之传天数者，高辛之前，重黎；于唐虞，羲和；有夏，昆吾；殷商，巫咸；周氏，史佚，苌弘；子韦；郑则裨灶；在齐，甘公；楚，唐眛；赵，尹皋；魏，石申。"《正义》注云："史佚，周武王时太史尹佚也。"《汉书》也云："数术者，皆明堂羲和史卜之职也。"②"太史令尹咸校数术。"③这些记载皆说明，在历史的沿革中法天之数是史官的主要职责。司马迁身为太史，"典天官事"④，通晓文史星历，参与修订历法，这种得天独厚的学术背景，使他能够以系统的天数组合，深究历史的运动规律，寄寓天人合一的模式意义。诚如《天官书》所言："为天数者，必通三五。终始古今，深观时变，察其精粗，则天官备矣。""夫天运，三十岁一小变，百年中变，五百载大变，三大变一纪，三纪而大备：此其大数也。故为国者必贵三五。上下各千岁，然后天人之际续备。"这种观点对历史变化周期的认识固然有些刻板，甚至带有历史循环论的印记，但从其弥天地之道、以通变为基础的内容看，史官的职能与天人关系确实存在着不解之源，它直接影响到《史记》的编纂体例。

《史记》是在继承传统文化的基础上产生出来的，先秦典籍为《史记》的编纂模式提供了重要范本。《周易》《春秋》《世本》《周礼》《左传》《国语》《吕氏春秋》等著作对《史记》体式都有借鉴意义。刘勰称《史记》"十二本纪"本于《吕氏春秋》："子长……取式《吕览》，通号曰纪。"⑤范文澜《正史考略》认为："本纪十二之数，实效法《春秋》十二公而作。"他们都指出了二者的承继关系。当然，这种联系并非那么简单，本质上是社会政治的一种反映。吕不韦在其著作中将春夏秋冬四个季节分别划分为孟、仲、季三个时序段，已经表明了其"法天地"的意图。正如《吕氏春秋·序意》云："凡十二纪者，所以纪治乱存亡也，

---

① 刘师培：《左盦外集·补古学出于史官论》，载于《刘师培全集》第3册，中共中央党校出版社1997年版，第285页。

② 班固：《汉书·艺文志》，中华书局1962年版，第1775页。

③ 班固：《汉书·艺文志》，中华书局1962年版，第1701页。

④ 司马迁：《史记·太史公自序》，中华书局1982年版，第3295页。

⑤ 戚良德：《文心雕龙校注通译·史传》，上海古籍出版社2008年版，第180页。

所以知寿夭吉凶也。上揆之天，下验之地，中审之人，若此，则是非可不可无所遁矣。"赵翼在《廿二史札记》卷一引述司马迁语，指出"世家"一体古今相继，这种形式上的相应，为《史记》"世家"提供了基本的构型语言："《史记·卫世家·赞》'余读世家言'云云，是古来本有世家一体，迁用以记王侯诸国。"

值得注意的是，秦汉神学政治与阴阳五行对于构建《史记》体例的意义。秦汉时期，阴阳五行说作为时代思潮，不仅为秦王朝取代周王朝提供了思想武器，而且深刻影响了汉代的政治行为与官方学术，甚至思维模式。汉代宗教主要承袭秦代的宗教形式，但据《封禅书》记载，汉高祖刘邦并不满足秦朝祭祀"四帝"的宗教行为，提出"待我而具五"的改制思路，将祭祀对象由"四帝"改为"五帝"。这种宗教行为中的"崇五"情结，印证了汉代政治与阴阳五行的关系。《高祖本纪》记载汉高祖刘邦出生奇异的神话，其中提到："高祖为人，隆准而龙颜，美须髯，左股有七十二黑子。"孤立地看待这一神话取数，也许并无深意，但是联系谶纬神学、阴阳五行兴盛的时代背景，如果将左股"七十二"与《史记》列传七十加以类比，是否可以推断，其相似的取数皆隐含着五行为上、天人合一的文化信息？这些例证可否说明，传统史书对《史记》体例的影响，并不等于形式上的简单沿袭，而且是时代观念的投影与折光。当年闻一多等先生在考辨"七十""七十二"时，就认为《史记正义》对《高祖本纪》的解说已经揭开了"七十二"的神圣之谜："七十二黑子者，赤帝七十二之数也。木火土金水各居一方，一岁三百六十日，四方分之，各得九十日。土居中央，并索四季各十八日，俱成七十二日。故高祖七十二黑子者，应火德七十二之征也。"由此而论，七十二是由五行思想衍化生成的一种术语。[①]杨希枚先生也将这一模式化用法与天人文化交织在一起，认为"七十二"是象征天地交感之道的一个至极之数，涉及中国古代的天地感生和天人合一思想。[②]司马迁生活在"天人感应"学说盛行的汉武时期，神秘的数术蕴涵充当集体无意识中的原型数码语言，占验人事吉凶、阐释祥瑞灾异是社会的普遍行为。因此，所谓"天之大数"正是秦汉时期神秘数术的另一种说法。这种神秘主义的文化思潮，构成司马迁对神

[①] 闻一多、季镇淮、何善周：《七十二》，载自《闻一多全集》第一卷，三联书店1982年版。
[②] 杨希枚：《论神秘数字七十二》，载自《先秦文化史论集》，中国社会科学出版社1995年版。

秘数术与天人关系的自觉体认。正如杨希枚先生所言："整个《史记》的八书、十表、十二本纪、三十世家、七十列传的编撰型式可说无不是神秘性的,而且显然是受《吕氏春秋》八览、六论、十二纪的编撰型式,或是秦以来流行的神秘性编撰型式的影响。"①

四、《史记》编纂模式与天人文化创造

这种渊源与影响并不意味着《史记》编纂模式是对既有天人文化观念的因袭。司马迁借鉴了以往史书编纂的成果,但在"天之大数"中更多寄予着自己对历史现象与历史规律的体认,因而蕴涵着独特的创造精神。

其一,《史记》的体系结构中隐含着等级纲常秩序,但在述史过程中常常突破帝王至尊的束缚,体现出进步的历史观。在中国古代,宗庙依贵贱定制,天子七庙,诸侯五庙,卿大夫三庙,这些宗庙构制的数字差异,隐含着既定的封建等级秩序。它所显示的帝王崇拜或纲常秩序,不仅影响作史者的价值判断,也影响着史书的编纂形式。司马迁作为封建史官,自然难以脱离这种时代观念。但是,出于对历史现象的深刻把握,他能真实地反映笔下的人物与事件,并在编纂形式中渗透某些体现历史规律的思想意识。项羽名曰"西楚",号止"霸王",依例当入世家,却有《项羽本纪》。刘知几批评道:"项羽僭盗而死,未得成君……安得讳其名字,呼之曰王者乎?""霸王者,即当时诸侯。诸侯而称本纪,求名责实,再三乖谬。"②而实际上,当时秦已灭而汉未兴,义帝又被废黜,项羽名义上为"西楚霸王",实为亡秦的核心,已具分封的实权与统帅作用,是唯一能号令天下者。因此,司马迁设《项羽本纪》,是求实的史笔。对于吕后与惠帝的不同态度,也印证了司马迁对人物取舍的价值判断。惠帝为天子七年,而无帝王之实,因而没有为惠帝立传;吕后身为太后,实际临朝执政,故设《吕后本纪》。而在两千多年前封建等级制度严苛,特别是在男尊女卑观念根深蒂固

---

① 杨希枚:《古籍神秘性编撰型式补证》,载自《先秦文化史论集》,中国社会科学出版社1995年版。

② 刘知几著,姚松、朱恒夫译注:《史通全译·本纪》,贵州人民出版社1997年版,第55页。

的环境下,司马迁在《史记》中不仅着意叙写了许多形态各异、栩栩如生的女性人物的事迹,显示女性在社会历史发展中的重要作用,而且敢于冲破封建藩篱,将身为女性的吕后列入本纪,体现出他在人物选择与设置中的卓越史识与创造精神。《汉书》沿袭《史记》构型,也设十二本纪,但在《高后纪》后又专立《惠帝纪》,在形式上固然符合为帝王作传的要求,其实并未了解司马迁的实录精神以及取舍人物的思想精髓。还有,汉武帝采纳董仲舒的主张,"罢黜百家,独尊儒术",而司马迁虽将孔子列入世家,却将道墨法诸家收入列传,体现出他作为史家不畏权势、主张百家争鸣的胆识。故此,《史记》编纂模式深刻反映了司马迁的历史观念。

其二,《史记》的体系结构中包含着承天受命的涵义,但在叙史过程中突破了"天命"的窠臼和"天人感应"的影响,体现出以人为主导的天人关系。一方面,司马迁认为天是与人相对应的自然之天,是有意识、有意志、奖善罚恶的天,天变决定人事,具有至上性。另一方面,司马迁反对刻意渲染天的神秘性,对天的公正性持怀疑态度。他反对秦汉间"营于巫祝,信禨祥"的思维方式,认为"星气之书,多杂禨祥,不经",以信者传信,疑者传疑的态度作为考察天人关系的一个基点。他坚持"其文直,其事核,不虚美,不隐恶"的求实精神,将疾恶如仇的价值评判与求真求实的科学精神融为一体。以往的史家追求真实往往有所保留,孔子著《春秋》为尊者讳。"略外别内,掩恶扬善,《春秋》之义也"①,而司马迁敢于冲出为尊者讳的藩篱。《史记》中的人物,既有达官贵人,也有布衣匹夫,甚至游侠、刺客、滑稽、日者、商贾等小人物也是重要的表现对象。司马迁将各类人物加以编排,在历史的展示中体现了人的价值,充分揭示了人在历史中的主体地位。与对人的重视对应,司马迁在对历史的追溯中,也在探究天人关系。有时,他也对成败得失的原因感到困惑,发出"岂非天哉!岂非天哉!""盖若天所助焉"的感慨,但并不是将历史的命运归之于天,而是在对天的诘问中,用事实表明谋事在人,从而否定天命决定人事的观念。他在《项羽本纪》中,否定了项羽"天亡我,非用兵之罪"的慨叹,认为项羽之失"非天亡,乃自取","自矜功伐,奋其私智而不师古,谓霸王之业,

---

① 刘知几著,姚松、朱恒夫译注:《史通全译·曲笔》,贵州人民出版社1997年版,第382页。

欲以力征经营天下"才是其根本原因。《陈涉世家》中以"王侯将相宁有种乎",指斥皇权神授的观点;"鱼腹丹书"的故事更是揭穿了"君命天授"的谎言。从更深的意义上看,司马迁注意从历史过程中总结经验教训,重视人心向背在历史上的作用,这种以人为本位的天人关系,是司马迁与传统天人观的一个重要区别。正如梁启超所言:"旧史官纪事而无目的,孔子作《春秋》,或为目的而牺牲事实。其怀抱深远之目的,而又忠勤于事实者,惟迁为之。……其最异于前史者一事,曰以人物为本位。"①

其三,《史记》的体系结构以"天之大数"为基点,而篇章内容着眼于对历史的现实关注,在"究天人之际"的述史过程中突破了传统的历史观念。司马迁在《史记》体例中,吸收了阴阳五行学说以及董仲舒"人副天数"的天人之学,力求通过历史记载来沟通天人,阐释社会发展演变的规律。司马迁充分吸收了《春秋》《左传》等先秦史书在编纂体例方面取得的成果,创设了纪传体。但是,这种纪传形式中的十二本纪,仍然属于编年体裁,它以人物作为历史演进的链条,在以帝王为本的框架中反映以中原民族为中心的华夏三千年的历史轨迹。七十列传以人物为主,同时设置周边少数民族史传,这种编排不仅是对先前史书体式的改变,更重要的是,它强化了对华夏民族中心地位的认同,体现了大一统的史学观。对当代史的关注是《史记》编纂的又一突出特点。十二本纪中,涉及秦汉帝王的有七篇;七十列传中,涉及汉代重要人物的多达四十篇;十表中,涉及汉代的有六篇,而且按照汉代年号纪年。这种厚今薄古的意识,在《史记》的编纂体例中有着突出表现。至于《史记》五体的组合,也是司马迁史学创造精神的体现。本纪、表、书、世家、列传五种体例相互配合,立体地反映历史运行过程中政治、经济、军事、文化、民族等社会的诸多方面,构成一个统一的整体。分而言之,各体自成体系;合而观之,则融为一体,具有《史记》著作的体大思精之特点。诚如赵翼(《廿二史札记》卷一)所言:"司马迁参酌古今,发凡起例,创为全史:本纪以序帝王,世家以记侯国,十表以系时事,八书以详制度,列传以志人物。然后一代君臣政事,贤否得失,总汇于一编之中,自此例一定,历代作史者,遂不能出其范围,信史家之极则也。"

---

① 梁启超:《中国历史研究法》,中华书局2009年版,第3页。

《史记》所奠定的纪传体形式和象征性编码系统，为后世史书树立了典范。《汉书》在继承《史记》编纂模式的基础上，加以改进，形成十二帝纪、八表、十志、七十列传的史书体例，成为历代沿袭的定体。章学诚曰："迁史不可为定法，固书因迁之体而为一成之义例，遂为后世不祧之宗焉。"①由于是草创，《史记》的体例尚不完备，其体例构架与实际的篇章设置之间有时还不够吻合，而它所寄托的天人文化观念，其草创之初的"雄伟跌宕之气"，也没有为后来者全部继承，而是在体例完善的过程中失去了。诚如胡应麟《少室山房笔丛》卷五云："史之体制，迁实创之，而其义例纤悉，班始备也，然雄伟跌宕之气衰矣。"这其中除了作史者的主观倾向，也有时代变迁、学术标准以及人生阅历等方面的影响。尽管如此，《史记》所奠定的纪传体传统与史学创造精神，世代相传，彪炳千秋。正如顾颉刚《〈史记〉校点本序》中所说："是书固亦有甚多之漏误在，然其误后人可得而正，其漏后人可得而补。独其创定义例，兼包巨细，会合天人，贯穿古今，奠史学万祀之基，炜然有其永存之辉光，自古迄今，未有能与之抗颜而行者也。"

　　综上所述，司马迁对《史记》的编纂模式有着充分的自觉意识。他用"天之大数"作为《史记》体例的结构素，就是为了弘扬其一家之言，表明他在《史记》中所阐发的许多史学观点，像"天之大数"一样是合乎"轨度"的。用现代语言来表述，就是认为他的史学观点是合乎客观规律的。

（田大宪，陕西师范大学新闻与传播学院教授。）

---

① 章学诚著，严杰、武秀成译注：《文史通义全译·书教下》，贵州人民出版社1997年版，第59页。

《史记》中西汉的边疆防务

李小成

边疆防务是指在国土边界产生的一系列重大事件中采取的政策,简言之曰边防。古人所讲的边防与今意相似,《南齐书·陈显达传》曰:"虏经破散后,当无复犯关理。但国家边防,自应过存备豫。"[①]《新唐书》亦云:"唐初,边兵之戍边者,大曰军,小曰守捉、曰城、曰镇,而总之者曰道……自此自武德至天宝以前边防之制。"[②]这是最早人们对边防的理解。自古以来,我国对于边防事务的研究记录非常多,《史记》作为一部通史记载了自黄帝至汉武帝时期的历史,亦详细记载了西汉时期对边界各地区东越、南越、西南夷、匈奴以及朝鲜采取的军事策略,通过对这一时期边防事务的研究,能够了解西汉扩大边疆版图的发展,以及当时的边防策略对现今国家边防体系的影响。

学界对《史记》中边疆防务的研究不是太多,但有间接涉及的,如弓建中的《公元前2世纪前后秦汉西北边防及其效果》(硕士论文,西北大学,2013年)分别研究秦和汉两个时期在西北地区对匈奴的边防策略。严丽的《读〈史记西南夷列传〉——试论汉武帝的西南边疆民族经略》(《黑龙江史志》,2011年第5期)探究汉武帝时期四次对西南地区的开通策略对当时效果及影响。彭文宇的《西汉王朝与东越的政治关系》(《福建师范大学学报》,1989年第1期)研究西汉与东越在不同阶段的政治关系的发展。王子今的《论杨仆击朝鲜楼船军"从齐浮渤海"及相关问题》(《鲁东大学学报》,2009年第1期)以军事和航海研究为基础,对在朝鲜置郡的问题做深一步研究。对于西汉边疆防务的研究,大多都是

[①] 萧子显:《南齐书》,中华书局1972年版,第489页。
[②] 欧阳修,宋祁:《新唐书》,中华书局1975年版,第1328—1329页。

以西汉边界如何发展的过程出发来进行考证的,而《西汉会要》中相关的边防事务记录作为西汉的典章制度的一部分,从这个角度所研究的内容也就相对较少。在池万兴所著《司马迁民族思想研究》一书中,作者从司马迁的"各民族皆为天子臣民"[①]的观点出发,分析了司马迁的边疆防务思想,司马迁记录了汉对周边匈奴、南越、东越、朝鲜、西南夷和西域的不同策略。张新科则从司马迁的大一统思想出发,分析司马迁作《匈奴列传》《南越列传》《东越列传》《朝鲜列传》《西南夷列传》《大宛列传》的意义,"汉武帝时期,天下一统,为了更好地加强中央集权统治,对内对外实行了一系列重要措施,如向周边民族地区推广郡县制,这对于促进各民族的统一起了积极作用"[②]。这些虽然不是专门研究边疆防务的专文,但亦对作者视野的开阔与本文写作皆有诸多启迪。

一、西汉的边郡与司马迁的边防意识

《史记》中涉及西汉边防事务相关的篇目主要有《大宛列传》《匈奴列传》《南越列传》《东越列传》《朝鲜列传》《西南夷列传》。南宋徐天麟的《西汉会要》主要取材于班固《汉书》和司马迁的《史记》,每条记录均明其出处。其书分门别类,为十五门,共三百六十七事,其中与边疆防务内容最为相关的篇目有:兵、方域和蕃夷。

(一)边郡与边防

先有边郡的设置,后来才有了对"边防"的认识与具体做法。在边疆设郡始于先秦,但所辖面积小于县,后有秦在边疆设置郡县。既设边则防之,自然有其驻军与防御工程,烽燧就是自周朝到现代,这其中"边防"的含义也在变化。在传统边防概念的基础上,《边防学》中对"边防"的定义作了进一步的总结:"国家为保卫领土主权完整和安全,防御外敌入侵,维护边境秩序,增进睦邻友好,保障边境地区政治稳定和经济发展,在陆、海、空的边缘地带实施的防卫、

---

① 池万兴:《司马迁民族思想研究》,上海古籍出版社2013年版,第99页。
② 张新科:《史记民族列传的价值》,《湖北大学学报》2005年第1期。

管理和建设活动的总称。"①《边防学》中还将边防的基本特征总结为四点："其一，边防的行为主体是国家，这是一种国家行为；其二，边防的目的是保卫国家主权和领土完整，防御外敌入侵，同时还要维护边境秩序，保障边境地区的稳定和发展；其三，边防的空间范围是在边境地区；其四，边防的内涵，不仅限于对外的防卫戒备，而且还有对内的管理和控制，不仅限于军事防卫，还应包括边疆地区的经济开发和边防建设。"②自古而今，人们对边疆的防务与策略都极为重视，并且针对具体的情势采取了不同的应对方略。

在《史记》中与"边防"行政管辖范围上相对应的词应是"边郡"。有关"郡"的建置，最早的记载出现在春秋时期，诸侯在征服一地之后往往会设立边郡，以示此地归于本国所辖。当时郡的范围一般比县大，由于郡的设立时间不长，它的地位比县低，并且两者之间并没有统属关系，与后代的含义差异较大。《史记》载，"赵有代、句注之北，魏有河西、上郡，以与戎界边"。③《说文解字》释云："郡，周制：天子地方千里，分为百县，县有四郡。故《春秋传》曰'克敌者，上大夫受县，下大夫受郡'是也。至秦初置三十六郡，以监县。"④但到了战国时期，随着诸侯国设县置郡的增加，为了更好地管理各地郡县，管理郡县的行政机构逐渐形成，郡县制度也在各地实行。秦统一六国之后，为加强中央王权在各地的统治，开始在全国推行郡县制，而汉承秦制，西汉时郡县在全国的设立已是极为广泛。

汉代边郡称之为外郡或者初郡，而外郡为当时西北地区之称谓，初郡则是武帝对当时西南诸边郡的叫法。汉武帝初在西北的河西走廊一代设置了武威、张掖、酒泉、敦煌四郡，由朝廷直辖管理，其方式分为两种：一是其地守、令由中央派遣；二是郡守由当地原住民充任，但必须朝廷许可，是为土司，即属于土官体系。汉于西南"灭南越，番禺以西至蜀南者，置初郡十七"⑤，在西南夷

---

① 李星等：《边防学》，军事科学出版社 2004 年版，第 9 页。
② 李星等：《边防学》，军事科学出版社 2004 年版，第 11 页。
③ 司马迁撰，裴骃集解，司马贞索隐，张守节正义：《史记》，中华书局 1959 年版，第 2885 页。
④ 许慎撰，徐铉校定，愚若注音：《注音版说文解字》，中华书局 2015 年版，第 27 页。
⑤ 司马迁撰，裴骃集解，司马贞索隐，张守节正义：《史记》，中华书局 1959 年版，第 1440 页。

少数民族地区实行的亦属土官体系的管理制度，基本上是"以其故俗治"，尊重当地的习俗，但与西北不同的是，在西南地区的初郡实施移民屯田之策，修筑道路，加强与内地的交通往来，并在其地兴办学校，加强文化交流，这一点与西北的边郡之策有很大的区别。边防不仅是驻军、御敌措施和边疆戍守等，还包括边疆地区的对外交往策略、通讯和交通设施建设等内容，与国家政治经济社会的各方面发展都有紧密联系，这是广义层面上的"边防"概念。

（二）司马迁的边防意识

司马迁身处大一统的西汉盛世，这一时期的武帝一改前朝的治国策略，对边疆策略由防转为攻，作为史学家的司马迁在《史记》中有意识地体现这一转变。首先，司马迁在大一统的精神引领下，在撰写《史记》时把它化为具体的历史记载。作为史官的司马迁，他的目光从中原投向边疆，并为诸少数民族树碑立传。后来的《西汉会要》也具体记载了当时的军事与边防等各项事务，其中的军事建制、屯田、备边则与之密切相关。从文中提到具体的边郡地名，可以看出朝廷对疆域的扩展与巩固。"景帝后二年，发车骑、材官屯雁门"①中的"雁门"，正是汉景帝时期在雁门郡与北方匈奴作战的记录。此外，在边界地区边防事务内容的记录还有《蕃夷》，《蕃夷》共有三篇：将各地区总结分为《蕃夷上》中的匈奴，《蕃夷中》中的西南夷、南越、闽越和朝鲜，《蕃夷下》的西域，没有注明出处，但内容基本与《汉书》中《匈奴传》《西南夷两粤朝鲜传》《西域传》记载的内容相一致。在《史记》各边疆传记中出现次数较多的边郡名：北方与匈奴相关的是代郡、云中、朔方、北地、雁门；西北与西域相关的是酒泉、敦煌、张掖；西南与诸夷相关的是蜀、牂柯、广汉、益州；南、东南与闽越、南越相关的是南海、珠崖、苍梧、象郡；东北与朝鲜相关的是真番、元菟、临屯、乐浪。在《西汉会要》兵类出现边郡名与《史记》所载基本相同。

其次，司马迁重视汉与边疆战事、贸易等事务的记载。在《史记》和后来的《西汉会要》中出现的边郡名与当时战事、经济贸易、和平交往等方面是密切相关的。如敦煌、酒泉两个边郡在《史记·大宛列传》中各出现三次；而《西汉

---

① 徐天麟：《西汉会要》，上海古籍出版社 2006 年版，第 644 页。

会要》中出现五次，其中所载资料初源于《史记》，然文字略有出入。《西汉会要》云："自敦煌西至盐泽，往往起亭，而轮台、渠犁皆有田卒数百人，置使者校尉领护，以给使外国者。"①而司马迁《史记·大宛列传》则云："而敦煌置酒泉都尉，西至盐水，往往有亭。而仑头有田卒数百人，因置使者护田积粟，以给使外国者。"②这里所载内容证明了在汉武帝时期国家为拓展西域的版图，选择在敦煌地区设立亭障，派使者校尉监护屯田，以此供应往来西域各国使者的休息生活之需。在边关道路上修建亭障以方便行军作战及完善屯田制，这些设施正是边防事务的具体体现。《西汉会要》仅"兵类"中涉及边郡地名五十多个（其他各类尚未统计），对其中边郡地名的研究，可以作为《史记》中相关边防事务的补充说明。

二、《史记》中北方与西北的防务措施

西汉时期，由于特殊的自然环境和地理位置，西北地区成为中原王朝与西部地区沟通的咽喉，也是汉朝长期与匈奴、羌族等少数民族作战的重要场所。因此，汉王朝在此设郡置县、修筑关塞、移民屯田，采取了一系列有效而深远的措施，为西汉边境的和平和维护北方与西北边疆的稳定打下了坚实基础。

（一）和亲策略

西汉初建，国力尚不强大，北方的匈奴对汉侵扰十分频繁，成为汉王朝的最大威胁。自高祖至景帝时期都不同程度地受到匈奴侵扰，民众饱受战争之苦。"汉孝文皇帝十四年，匈奴单于十四万骑入朝邢、萧关，杀北地都尉卬，虏人民畜产甚多，遂至彭阳"③。迫于当时的现实状况，为缓和双方冲突，选择和亲的权宜之计，谋求几十年休养生息的时机。

首先是北方的和亲之举。汉匈之间第一次和亲在平城之战汉败以后，刘敬上

---

① 徐天麟：《西汉会要》，上海古籍出版社2006年版，第822页。
② 司马迁：《史记》，中华书局2018年版，第3179页。
③ 司马迁：《史记》，中华书局2018年版，第2901页。

书汉高祖:"陛下诚能以适长公主妻之,厚奉遗之……兵可毋战以渐臣也。"①但由于吕后反对,最终选择令宗室的女子与匈奴和亲来缓和双方关系。《史记·匈奴传》亦载"使刘敬结和亲之约"②,此为汉廷首次和亲,因初立国而实力不如匈奴,迫不得已而为之。第二次和亲时隔不久,《史记·匈奴传》载:"居无几何,陈豨反,又与韩信合谋击代。汉使樊哙往击之,复拔代、雁门、云中郡县,不出塞。是时匈奴以汉将众往降,故冒顿常往来侵盗代地。于是汉患之,高帝乃使刘敬奉宗室女公主为单于阏氏,岁奉匈奴絮缯酒米食物各有数,约为昆弟以和亲,冒顿乃少止。"③高帝崩后,吕后时:"孝惠、吕太后时,汉初定,故匈奴以骄。冒顿乃为书遗高后,妄言。高后欲击之,诸将曰:'以高帝贤武,然尚困于平城。'于是高后乃止,复与匈奴和亲。"④文帝时,"孝文皇帝复遣宗室女公主为单于阏氏,使宦者燕人中行说傅公主。说不欲行,汉彊使之。说曰:'必我行也,为汉患者。'中行说既至,因降单于,单于甚亲幸之。"⑤和亲之举为汉王朝赢得了喘息机会,正是自此以后,汉匈开始和亲政策下的和平共处时期。

表:《史记》所载西汉和亲

高帝	高帝被围白登,险些被俘。	冒顿单于	元前200年
惠帝、吕后	冒顿常往来侵盗代地。	冒顿单于	元前192年
文帝	匈奴侵盗上地。	冒顿单于	元前176年
文帝	单于遗汉书请求和亲。	老上单于	元前167年
文帝	匈奴入朝郝、萧关,杀北地都尉。	军臣单于	元前160年
景帝	匈奴侵扰汉之上郡、云中郡。	军臣单于	元前156年
武帝	斩汉使而迁北海。	军臣单于	元前140年
武帝	以分匈奴西方之援国。	乌孙王	元前108年(细君)
武帝	以分匈奴西方之援国。	乌孙王	元前103年(解忧)

---

① 司马迁:《史记》,中华书局2018年版,第2719页。
② 司马迁:《史记》,中华书局2018年版,第2894页。
③ 司马迁:《史记》,中华书局2018年版,第2895页。
④ 司马迁:《史记》,中华书局2018年版,第2895页。
⑤ 司马迁:《史记》,中华书局2018年版,第2898页。

从《史记·匈奴列传》等中可以看出，匈奴入侵的频次以及规模都有所变化，在文帝十四年前后两个时期，匈奴的入侵态势有着很大差异：在文帝十四年前三十年的时间里，匈奴入侵的规模小、次数少，且次数仅有四次。在之后的约二十五年时间里，匈奴南侵规律和频次增多，南侵的地域集中在北边，有上郡、云中、雁门、代郡、北地，此时的汉匈之间战和参半，双方的关系也逐渐随之恶化，而在匈奴侵扰汉边界后，西汉都会选择和亲并送大量财物以平息战乱。

自高祖到景帝时期，虽然在汉匈和亲之后，匈奴入汉边境的次数有所减少，但和亲公主起到的作用却收效甚微。在此期间，汉王朝虽与匈奴和亲，但和亲之后匈奴的侵扰并没有减少。中元六年"匈奴入上郡"、后二年"匈奴入雁门"都可以看出，此时的和亲并没能真正起作用，而"终景帝世，时时小入盗边，无大寇"[1]，可见有的甚至起到了反作用，让敌方觉得你软弱可欺。

其次是在西北和亲的牵制方略。在武帝时期，西汉与匈奴停止和亲关系，双方在此时展开了争夺西域的战争，汉匈双方都争先拉拢西域诸国，想借此斩断对方的势力。所以此时西汉中期的和亲是与西域大国乌孙，并不是与匈奴。这一时期，西汉为了争取西域大国乌孙的配合，曾派遣三位和亲公主前往乌孙，分别是细君公主、解忧公主和相夫公主，而这三位和亲公主在此时起到了很大的作用。

《史记·大宛列传》云："骞既至乌孙，乌孙王昆莫见汉使如单于礼，骞大惭，知蛮夷贪，乃曰：'天子致赐，王不拜则还赐。'昆莫起拜赐，其他如故。骞谕使指曰：'乌孙能东居浑邪地，则汉遣翁主为昆莫夫人。'"[2]《西汉会要》亦云："汉使杨信使于匈奴。是时，汉东拔秽貉、朝鲜以为郡，而西置酒泉郡以隔绝胡与羌通之路。又西通月氏、大夏，以翁主妻乌孙王，以分匈奴西方之援国。"[3]此应为细君公主，和亲的时间与汉在朝鲜设置四郡的时间相一致。

细君公主在经营西汉与乌孙的关系中未起太大作用的原因，与当时西域的

---

[1] 司马迁：《史记》，中华书局 2018 年版，第 2904 页。
[2] 司马迁：《史记》，中华书局 2018 年版，第 3168—3169 页。
[3] 徐天麟：《西汉会要》，上海古籍出版社 2006 年版，第 793 页。

政治环境有很大的关系。在汉武帝通西域之前，大部分的西域地区已被匈奴控制，"西域诸国大率土著，有城郭田畜，与匈奴、乌孙异俗，故皆役属匈奴"[1]。在细君公主和亲期间，西汉势力并没有渗透到西域。细君公主是汉王朝的象征与代表，想将和亲的作用发挥到最大，只有汉王朝自身的强大，才能加大对西域的控制。在当时朝廷对西域投入有限的局势下，细君公主因体弱，没几年就去世了，不过凭她的一己之力也并不能扭转当时的政治形势，和亲并未达到利益最大化。

博望侯张骞死后，汉又派使节往乌孙，因匈奴知乌孙通汉，乃恐，"使使献马，愿得尚汉女翁主为昆弟"[2]。其后，"乌孙以千匹马聘汉女，汉遣宗室女江都翁主往妻乌孙，乌孙王昆莫以为右夫人。匈奴亦遣女妻昆莫，昆莫以为左夫人。昆莫曰'我老'，乃令其孙岑娶妻翁主。乌孙多马，其富人至有四五千匹马"[3]。(《集解》:《汉书》曰："江都王建女。"即罪人刘建之女刘细君) 细君侍二君，生一女。不习异域生活，请求回汉，帝未许，不久即亡。解忧公主从前101年左右出塞和亲，先后嫁给三任乌孙王：昆弥军须靡、翁归靡、泥靡，生育四男二女，宣帝甘露三年归汉，两年后亡，年七十岁。解忧在乌孙生活了将近五十多年，她不仅影响了当时的乌孙政局，改善了汉乌之间的关系，还为西汉经营西域提供了诸多便利。解忧公主在乌孙的活动和管理使乌孙成为西汉的盟友，同时由于西汉强大力量的帮助，乌孙最终成功地被纳入西汉的版图统治之中。细君公主在和亲的作用上收效甚微，而解忧公主之所以能够改善民族之间的关系，与当时背后的政权实力有着重大关系。在当时，西汉与匈奴多次战争中不断取得胜利，匈奴势力亦日渐衰弱，乌孙也开始试图摆脱匈奴对它的控制。解忧公主之所以能够完成使命，离不开西汉、匈奴和乌孙关系的变化以及汉朝廷在西域影响力的增强。

和亲政策是西汉对匈奴的一种暂时性的妥协，但从长远来看，属于汉王朝在边疆防务的一种积极性防御策略。在和亲政策实施下，西汉的确换得了几十年

---

[1] 班固撰，颜师古注：《汉书》，中华书局1962年版，第3872页。
[2] 司马迁：《史记》，中华书局2018年版，第3170页。
[3] 司马迁：《史记》，中华书局2018年版，第3172页。

的社会安定,到汉武帝时期已具备强大的军事力量,为之后西汉反击匈奴做好了准备。从战略上来说,和亲以较小的损失赢取了长时期的休养生息,这一明智举措对西汉帝国的长远发展有重大积极的影响。

(二) 边防工程体系的建立

汉武帝时期,汉王朝与匈奴的一系列战争促使汉匈关系发生了方向性的巨大变化。面对一望无际的北方和西北边疆以及行动作战飘忽不定的匈奴骑兵,以汉朝在当时的力量无法完全征服匈奴。汉王朝发现与匈奴的作战中,设置郡县的点状防御起不了作用,于是开始在制度上采取改变革新,如在边疆地带设郡置县、通市贸易、屯田屯兵、建候望系统,这些策略的实施成功抵御了匈奴的南下。

1. 西域都护府的设立

对西域的争夺始于汉匈关系剧变时期的武帝时期,汉匈民族的融合进一步影响了当时汉末的汉匈关系。西域是西汉时期阳关、玉门关以西的广大地区,其主体是现在的新疆地区。汉初,西域诸族便臣服于匈奴,这可从冒顿单于给汉文帝的回信中得知:"今以小吏之败约故……以夷灭月氏……呼揭及其旁二十六国,皆以为匈奴。"①公元前 177 年,匈奴大败月氏,把他们中的大部分人赶出了祁连山一带的河西走廊。从此,匈奴势力深入西域,并逐渐控制了西域。汉初,匈奴频繁骚扰、肆意侵略汉区,迫使西汉王朝采取和亲的屈辱政策,以维持和平局面。匈奴人大胆无畏的行动,离不开西域诸国大量人力、物力的支持。

到汉武帝时期,改变了以前以防御为主的战略,凭借充实的国力,在积极地武力进攻匈奴的同时,也开始注重联合外部力量对匈奴进行打击,采取的行动即派遣张骞出使西域,联系被匈奴逐出故地的大月氏,以达到从东西两面夹击匈奴的目的。张骞通西域,所达最远至西之大宛、大夏、大月氏,即今之乌兹别克斯坦、吉尔吉斯斯坦、塔吉克斯坦、伊朗等地,归来后一一对武帝言之。《大宛列传》云:"初,骞行时百余人,去十三岁,唯二人得还。骞身所至者大宛、大月氏、大夏、康居,而传闻其旁大国五六,具为天子言之。"②而后,随

---

① 司马迁:《史记》,中华书局 2018 年版,第 2896 页。
② 司马迁:《史记》,中华书局 2018 年版,第 3159—3160 页。

张骞出使西域归来，西汉政府对西域有了进一步的深入了解，同时认识到西域诸国对西汉的重要性，尤其在打击匈奴方面，不管是在地形还是物资兵力的支援上，控制西域诸国对匈奴都有着重要的牵制作用。于是，武帝与匈奴都展开对西域诸族控制权的积极争夺。后武帝又遣骞出使乌孙，"拜骞为中郎将，将三百人，马各二匹，牛羊以万数，赍金币帛直数千巨万，多持节副使，道可使，使遗之他旁国。骞既至乌孙，乌孙王昆莫见汉使如单于礼。……骞因分遣副使使大宛、康居、大月氏、大夏、安息、身毒、于窴、扜罙及诸旁国"①。张骞等人二次出使西域各国，更加拓宽了国人的视野，加深了对西域的了解。

　　元狩二年，在河西发生的两场匈奴之战，使汉朝抢占了河西走廊的战略地位，开辟了西域之路，也使此处成为汉匈在西域作战的前沿根据地。武帝连续对匈奴发动军事进攻后，匈奴继续衰落，最终从西域撤退。西汉先后在西域地区设西域都护及戊己校尉②，"都护"相当于边郡太守，主管西域，全面负责该地区的边防事务。神爵三年，宣帝任命郑吉为首任西域都护，由此，西汉取得了对西域诸族的管理权，匈奴势力从此退出西域。"西域都护，加官，宣帝地节二年（前68年）初置，以骑都尉、谏大夫使护西域三十六国，有副校尉，秩比二千石，丞一人，司马、候、千人各二人。戊己校尉，元帝初元元年置，有丞、司马各一人，候五人，秩比六百石"③。作为汉朝统辖西域的最高军政机构，西域都护府设立在乌垒城④，其作为西部地区的中心位置，是南北之间的一个重要地区，设立在此处便于掌握西部地区的局势。据《汉书·西域传》所载，西域都护统辖西域四十八国，遍及天山以南的广大区域。都护府在西域的设立，标志着西域各地区自此被纳入我国统辖的版图范围，此后便成我国统一多民族国家中的一员。

---

① 司马迁：《史记》，中华书局2018年版，第3168—3169页。
② 戊己校尉：始置于西汉元帝初元元年（前48），掌管屯田事务，治所在车师前王庭（今吐鲁番），隶西域都护，单独设府，有丞、司马、候等属官。所领吏士亦任征伐。秩比二千石。汉成帝时"汉徙己校屯姑墨（今阿克苏）"。
③ 班固：《汉书》，中华书局2014年版，第738页。
④ 乌垒城：在今新疆南疆的轮台县东，为巴州所辖。乌垒是当时汉西域都护的治所。太初四年，汉于此置使者校尉屯田。至唐为安西都护府所辖。

2. 屯田体系

作为边疆防御体系的屯田，是为了在边地的戍卒能够自己生产日常生活所需及生产军事所用的物资而开展的一项军事策略，因为边关距内地路途遥远，军需粮草运输费时日久，不便作战之需。屯田兵则是指守护边疆的戍卒，是主要在边疆从事农业劳动并为守护边防安全服务的军事人员的总称。屯田是守卫边疆的重要组成部分，屯田兵也是边塞的防御线上重要的一员。

专门主管屯田相关事务的是农都尉，这是汉王朝在边郡地区设置的长官，也是管理屯田的最高官员，主管郡内各屯田区所有与生产有关的事务。《汉书·百官公卿表》中记载："农都尉、属国都尉，皆武帝初置。"①这些官职的设置，对西汉的边疆防务起到了很大作用。

最早在边地屯田的是汉文帝，晁错"徙民实边"的建议被采纳，为实现巩固北方边防的目的，开始在边境屯田。随着汉匈之间的战争频次越来越多，屯田的规模也逐渐扩大。而由于屯军的人数越来越多，从内地运送军粮到边疆地区的消耗越来越大，因此开始在边境地区建立永久性的防御体系，在西北地区征用几十万的士兵来开垦田地，同时还负责修缮水利以及交易道路，加强军事防御，开垦土地并改善农业设施等。元狩年间，"匈奴远遁，而幕南无王庭。汉度河自朔方以西至令居，往往通渠置田，官吏卒五六万人"②，西汉此时的屯田规模已经逐步成型。此后，屯田兵进一步发展，元鼎年间，"初置张掖、酒泉郡，而上郡、朔方、西河、河西开田官，斥塞卒六十万人戍田之"。③北方的各个郡征用了几十万的屯田兵，在此处开辟官田，为方便管理又在此设置田官。屯田制能够解决军粮，安置百姓，对边疆的安定起到了很大作用，自西汉之后，屯田体系被沿用了两千多年，直至清代。新中国成立之初王震屯垦戍边，成立新疆生产建设兵团。

3. 候望系统的建立

候望是古代的军事防御的报警系统，西周时即已有之，主要是采用烽燧即烽

---

① 班固：《汉书》，中华书局 2014 年版，第 742 页。
② 司马迁：《史记》，中华书局 2018 年版，第 2911 页。
③ 班固：《汉书》，中华书局 2014 年版，第 1149 页。

火台传递讯息。它是一种提前预防的机制，使其以逸待劳，正如《汉书·赵充国传》所谓的"烽火幸通，势及并力，以逸待劳，兵之利者也"①。西汉王朝二百年的统治，在整个边疆建立了烽燧制度和候望系统。烽燧与候望的组织结构和职责相当严密细致，与军队结合种田，并对成功驱赶匈奴出漠北、消除大量边疆动乱起到了重要作用，同时在汉代西域贸易和文化交流中也有着巨大的贡献。

候望系统主要是以驻守烽火台的驻军士兵为基础的边防侦察预警制度，是汉代边防组织的基本核心。也就是说，主要的职能是探测敌情，传递警报。基层组织机构则由两层人员组成：候官——候。实际上，候官是基层候望系统中的小指挥中心，它是汉代长城防线都尉管辖的一级组织，管辖的范围通常处于交通要道或军事要塞。候官的主管范围通常在交通要道或军事要塞内，《汉书·地理志》敦煌郡注："中部都尉治步广候官。"②部——候长，将每段塞分为若干个部，每个部都分别设置候长、士吏各一人，候长是负责各部事宜的长官，士吏是候官派往各处督察边务工作的官员。今新疆哈密地区保留自汉代以至后代各朝遗存最多，张坤、程正荣、赵丛苍在《哈密地区的烽燧调查与初步研究》一文中说：

经确认，哈密境内现已被发现的烽燧共81座。2019年，哈密文物局在哈密南湖一带新发现了库鲁克墩烽燧、景霞烽燧、大水烽燧；本次调查新发现烽燧14座；在星星峡东甘肃和新疆交界的新疆一侧新发现了转井烽燧；在巴里坤湖东岸新发现了南园子北1号到南园子北10号共10座烽燧，以及三个墩烽燧、西老湾烽燧；在巴里坤西山新发现了塔斯墩烽燧。③

哈密是新疆保存烽燧最多和最好的地区，其中巴里坤县保存的烽燧数量最多，这些烽燧的建筑方式多是黄土夯筑的，其次是土坯垒砌和石块垒砌。张坤等人在调查文中还说"巴里坤境内土坯垒砌的烽燧基本都位于山顶甚至是山尖

---

① 班固：《汉书》，中华书局2014年版，第2898页。
② 班固：《汉书》，中华书局2014年版，第1614页。
③ 张坤，程正荣，赵丛苍：《哈密地区的烽燧调查与初步研究》，《文博》2021年第1期，第28页。

上，利用山岩和石块做基础"①。这些都是候望系统的历史见证。

由于候望系统处于中国北部防御系统的前线，所以它的主要工作是研究匈奴作战模式后形成针对性的作战模式。它共有三个作用：其一是观察敌人的动向。其二是燃放烽火，传递情报，这是烽燧最重要的任务。烽火传递的意义是在观察探测到敌情后，将所得到的信息情报尽快且准确地发送出去。其三是抵御入寇与外贼。匈奴入塞后遇到的第一道防线便是烽燧，所以燧卒的职责除了传递信息，同时必须能够抵御外敌的入侵，保护边地百姓的安全。《汉书·匈奴传》中载，汉昭帝之时"汉边郡烽火候望精明，匈奴为边寇者少利，希复犯塞"②。汉宣帝时期，由于数千"乘塞列燧"的吏卒辛勤戍边，"虏数大众攻之而不能害"。③由此可见，候望系统只要能够正常运作，它对西汉边防的巩固就能起到十分重要的作用。

三、《史记》中战略层面上各地区边疆防务的有机联系

《史记》中记载的西汉边疆防务逐步形成完整的体系，到汉武帝时期国家版图扩展到最大。据《史记》以及《西汉会要》中的补充内容分析可知，汉朝廷在针对各地区开展边防事务时采取不同的策略，对东南地区分封为王，西南地区修筑道路，北方和西北地区对外和亲等。但同时从边防整体上来看，西汉政府采取的政策具有统一的互相协作性。

（一）《史记》中各地区的边防情势与策略

在前朝休养生息的基础上，汉武帝积极进取，开疆拓土。《史记》在大一统观念指导下所载疆土及于周边少数民族地区，东起朝鲜，西至大宛，北起匈奴，南至诸夷，也从另一方面体现了司马迁的民族观。

---

① 张坤，程正荣，赵丛苍：《哈密地区的烽燧调查与初步研究》，《文博》2021 年第 1 期，第 29 页。

② 班固：《汉书》，中华书局 2014 年版，第 3784 页。

③ 班固：《汉书》，中华书局 2014 年版，第 2989 页。

1. 北方与西北：策应

汉初的汉匈关系是汉弱而匈强，和亲也正是在这种局面下的产物。从高后六年到景帝后元二年时期，匈奴仗着兵强马壮频繁入侵汉朝，在短短四十年间，匈奴对汉朝进行了数十次骚扰，平均每四年骚扰一次，每次出动的人数都有几万人，巅峰时甚至高达十万人。西汉边疆长期处于战争之中，每一个重要的关口都会有匈奴骑兵寇关。为保百姓安全，城门在白天也被关闭，严重影响边区人民的日常生活，长此以往当地人民饱受战乱之苦，民不聊生。然而，西汉朝廷在汉弱匈强的情形之下，暂时无法一举击退匈奴，只能被迫采取收缩防御的战略。面对这种相对被动的局面，汉初的朝廷被迫采取了与匈奴和亲的政策，从高祖到武帝期间，汉廷先后派出多名公主与匈奴、乌孙和亲以缓和双方的冲突。采取"和亲"之策后，边郡互通关市，汉与匈奴关系缓和。

由于文景之治期间采取一系列休养生息的措施，经济方面逐渐繁荣日上，在国力强盛的情势下，汉武帝逐渐不再愿意继续与匈奴进行屈辱的和亲政策，准备武力反击匈奴。因此，汉武帝开始加强军事力量，为之后反击匈奴做好万全的准备。从元光二年（前133）到征和三年（前90）期间，汉匈之间的摩擦不断，征讨边疆几乎贯穿武帝一生。在元光二年到元狩四年仅仅十四年之间，西汉与匈奴就爆发了大大小小不下二十次战争。此时，由于匈奴特殊的生活模式受季节以及生态因素影响，长时间的作战使匈奴的国力逐渐下降，匈奴已经无法承受更多的战争，于是开始主动向汉请求和亲。从此，双方关系出现转变，汉匈之间由几十年的武力抗争逐渐变为长久的和平相处。

司马迁之后的汉元帝时期，汉匈之间的和平友好关系得到了进一步的发展。公元前33年，呼韩邪单于向汉王朝请求和亲，汉元帝为了边境的和平而应允其请，派王昭君前往匈奴。《汉书·匈奴传》载："单于自言婿汉氏以自亲。元帝以后宫良家子王嫱字昭君赐单于。单于欢喜，上书愿保上谷以至敦煌，传之无穷，请罢边备塞卒吏，以休天子人民。"[1]汉与匈奴的这次和亲与以往不同，王昭君是汉文化的传播者，她给匈奴人带去了汉人的纺织、刺绣和播种，还教他们学说汉话、传习礼仪，不再是一种单纯的汉匈和亲，而是民族友好的纽带，进

---

[1] 班固：《汉书》，中华书局2014年版，第802页。

一步促进了民族之间文化与情感的融合，使匈奴逐渐融入到中华民族的大家庭之中。除了和亲之策，还有迁徙关东贫民以充实边关，发展农垦，屯田以供粮草等物资之需。在沿边与内地之间建烽台、设候望，以此迅速传递军事情报，又在边境筑受降城，以接受匈奴降者。诸多策略的实施，使得边关户口渐增，经济得到了一定的发展。在西北，其策大致与北方相同，亦徙民充实西北边郡，屯田，修水利，设置田官，又筑障塞亭燧，绵延长城外数千里。敦煌郡西境设有玉门关、阳关，为中西往来的门户，后世之丝绸之路即经由西北各边郡通往中亚、南亚乃至欧洲各地。

2. 西南方：互用

西汉时的今四川西部、南部和云南、贵州地区，因其少数民族众多，泛称为"西南夷"。早在秦朝时，就在西南设黔中郡、桂林郡和象郡，以行使行政管辖权，如秦在桂林修筑灵渠灌溉农田。秦在西南边疆主要是打通道路，《史记·西南夷列传》曰："秦时常頞，略通五尺道，诸此国颇置吏焉。十余岁，秦灭。"①修五尺栈道，以利于与关中的沟通。经过文景之治七十多年的休养生息，西汉的国力逐渐得以增强，汉武帝刘彻时期，汉朝已是天下富足，财源广进，人马强壮。汉武帝北伐匈奴、南接南越、西联西域的政策已经取得了初步成效，这为汉朝开发西南地区免除后顾之忧，为作战提供了有利条件，发展西南地区已大势所趋。因此，汉武帝决定采取大规模行动来开发西南地区。

相互支持，相互为用。汉武帝建元六年，唐蒙出使南越，上表汉武帝称从蜀地路经夜郎，有一条水路可通番禺，因此在西南地区招降夜郎，然后再去攻打南越。"窃闻夜郎所有精兵，可得十余万，浮船牂柯江，出其不意，此制越一奇也。诚以汉之强，巴蜀之饶，通夜郎道，为置吏，易甚"。②元光五年（公元前130年），武帝遣唐蒙通夜郎，命令司马相如出使西夷，在西夷邛筰地区设立都尉，管辖十余个县。

为了便于有效控制西南夷，交通是首先问题，汉武帝又派遣司马相如与唐蒙两人分别修筑南夷道和西夷道。但由于筑路耗费过多，引起沿途部分西南部族

---

① 司马迁：《史记》，中华书局 2018 年版，第 2293 页。
② 司马迁：《史记》，中华书局 2018 年版，第 2294 页。

的反抗。于是，朝廷有持不同政见的人乘机反对西南夷的开发。"当是时，巴蜀四郡通西南夷道，戍转相馕。数岁，道不通，士罢饿离湿，死者甚众。西南夷又数反，发兵兴击，耗费无功。上患之，使公孙弘往视问焉。还对，言其不便。……弘因数言西南夷害，可且罢，专力事匈奴。上罢西夷，独置南夷夜郎两县一都尉，稍令犍为自葆就。"①西南地区山高水多，修筑道路耗时费力，是得不偿失的做法。于是，开发西南夷的活动就搁置下来。

元狩元年，张骞出使西域后，说明开发西南夷的好处，"盛言大夏在汉西南，慕中国，患匈奴隔其道，诚通蜀，身毒国道便近，有利无害"。②于是，汉王朝又重新开展对西南地区的开拓。汉元狩三年，朝廷重新着手开拓西南夷，在长安挖昆明池练习水战，以适应在西南地区的江河湖泊的作战。

元鼎六年，汉兵平定南越，"行诛头兰，头兰，常隔滇道者也。已平头兰，遂平南夷为牂柯郡。夜郎侯始依南越，南越已灭，会还诛反者，夜郎遂入朝。上以为夜郎王"。③然后再诛杀邛君、笮侯，因此冉胧等其余部十分害怕，纷纷请求汉王朝在本地设县置郡。汉王朝便设立四郡：邛都为越巂郡，笮都为沈黎郡，冉胧为汶山郡，白马为武都郡。由此而后，蜀西的西夷地区完全纳入汉王朝的统治下。汉元封二年，汉武帝攻打滇王，将其地命为益州郡，之后仍由滇王管理，以夷制夷，行土司制。至此，西南地区设立了蜀郡、犍为郡、越巂郡、益州郡、牂牁郡、交趾郡（今之越南河内市），西南夷基本被纳入汉王朝的统治范围之内。

3. 东南与南方：牵制

西汉之东南东瓯、闽越、南越等地，主要是会稽郡、丹阳郡，南方主要是指岭南地区，秦时已为疆域版图之内。随着汉王朝的建立，汉族地区的人不断地迁入，这一地区和中原联系越来越紧密。

起初汉朝廷还难以牵制千里之外的东越少数民族，而东越、闽越道狭多阻，民性彪悍，多反复不定，对此，西汉采取分封异姓王、提拔侯爵为王的策略。

---

① 司马迁：《史记》，中华书局 2018 年版，第 2295 页。
② 司马迁：《史记》，中华书局 2018 年版，第 2295 页。
③ 司马迁：《史记》，中华书局 2018 年版，第 2296 页。

"汉五年，复立无诸为闽越王，王闽中故地，都东冶。孝惠三年，举高帝时越功，曰闽君摇功多，其民便附，乃立摇为东海王，都东瓯，世俗号为东瓯王"。①此举的目的是遏制闽越王的势力，以加强国家的形式与东越建立君臣关系，从而维护当时国家的稳定，这一政治手段也颇为有效，使得东越与西汉的关系也更为密切。

自吕后到文景时期，西汉王朝逐渐转变对东越友好的态度。"高后自临用事，近细士，信谗臣，别异蛮夷，出令曰：'毋予蛮夷外粤金铁田器；马、牛、羊即予，予牡，毋与牝'"。②吕后听信谗臣，导致西汉王朝与东越间的政治关系出现裂痕。吕后采取的具体措施是：取消与南越的关市贸易，禁止本国的铁器及雌性的牛、马、羊与越人进行交易。这种政策的推行直接导致闽越与南越的不满，引起他们不同程度的反抗，南越王赵佗一度称南越武帝，国土及于红河三角洲一带，吕后兴师征讨，无功而返。但此一战并未对西汉王朝造成根本性的军事威胁。汉武帝时期则在继续奉行以往的分而治之、让其自治政策的基础上，开始采取对东越进行干预的方针，不再任其自然，不闻不问。汉武帝之初，对战争还是持慎重的态度，两次决定出兵南下打击闽越王，但都没有借机侵入东越之地。此时对东南地区的态度，类似西汉初期对待匈奴的态度，选择积累力量，等待时机。由于上述原因，使汉武帝在初期对用兵东越仍有疑虑，不敢贸然挺进。这不仅有效地阻止了闽越王势力的扩张，同时也使中央王朝在东越地区的影响日益扩大，进一步加强了西汉王朝与东越之间的政治关系，迫使闽越的反汉活动有所收敛。在汉承秦制的基础上，使南越重新归附汉廷。在武帝元鼎四年，南越王与太后请求归附，然下属反对，杀王、太后和汉使者，汉即发兵击，后南越平，设南海、苍梧、郁林、合浦、交趾、九真、日南等郡；元封元年，又于今海南岛设立儋耳、珠崖二郡，西汉政府的影响力得到进一步巩固。

4. 东北：分散北方压力

汉武帝时期，匈奴虽然在公元前 119 年被打败，但他们并没有投降。匈奴和汉朝之间仍然有一场战争。随着匈奴的西迁，西汉的军事阵线也在西迁。公元

---

① 司马迁：《史记》，中华书局 2018 年版，第 2979 页。
② 班固：《汉书》，中华书局 2014 年版，第 3851 页。

前109年，卫氏朝鲜叛杀涉何之举在中国东北地区形成了对西汉王朝的军事遏制。为了避免东线和西线的作战，尽全力进攻匈奴，最终武帝决定东征卫氏朝鲜。

早在惠帝元年，辽东总督与卫氏朝鲜签订了条约。此时，卫氏朝鲜作为一个地方民族大国存在于古代朝鲜半岛。作为外臣，卫氏朝鲜获得了很大的自由发展空间，但其本质仍然是一个汉族地方政权。卫右渠时期，西汉与卫氏朝鲜的关系开始紧张，后来逐渐走向敌对。为了防止匈奴再次进入东北，西汉王朝在进攻匈奴的同时开始对古代朝鲜地区用兵。《史记·朝鲜列传》："遣楼船将军杨仆从齐浮渤海：兵五万人，右将军荀彘出辽东：讨右渠。"[1]但这次战役并没能一举拿下朝鲜，因此这为战争双方都提供了一次恢复和平的机会。但由于卫山与荀俞处置不当，导致西汉的政治招降失败，和平收降卫氏朝鲜的战略最终也宣告失败。在之后的战役又安排公孙遂协调二将，使荀、杨中能各引其部合力速破敌。之后卫氏朝鲜中有大臣参加了拟降密会，最终朝鲜王城内不攻自破。最终"以故遂定朝鲜，为四郡"[2]，即真番、临屯、乐浪、玄菟（治所在今朝鲜的平壤）四郡。

西汉平定卫氏朝鲜后，解决了东部的隐患，加强了与东北民族的交流。在元封二年的一次战争中，汉王朝都实现了断匈奴左臂的目标，解决了长城防线东北段的隐患，不仅保证了东北地区的稳定，同时也使武帝集中力量继续与匈奴作战。从汉元后二年到汉居摄三年，汉王朝被新王朝取代，朝鲜半岛西汉管辖的地区没有发生影响地区稳定的重大事件。

（二）《史记》中各地区边防事务的高度统一性

首先，各个地区之间的边防策略在不同时期、不同地区各有不同的策略。在面对西南地区时，由于当时兵强力壮且其他各地区基本已经收复，所以令唐蒙和司马相如分别修筑"南夷道"和"西夷道"。先在基础设施上达成作战交通的便利，此后又练习水战，为作战时能够适应西南地区的地形。针对东、南越地区，西汉统治阶层选择分封异姓王，将侯位擢升为王，对东、南越当时的统治

---

[1] 司马迁：《史记》，中华书局2018年版，第2987页。
[2] 司马迁：《史记》，中华书局2018年版，第2989页。

者进行形式上的裂土封王，使之无法团结一致进攻，达到维护边郡安全的最终目的。面对北方匈奴的进攻，在国力衰弱、局势不稳的西汉初期，采取和亲策略。后来联合西北实力最大的乌孙，拆散匈奴的联盟，采取各个击破的策略，打掉匈奴的右臂，具体做法是派出细君公主、解忧公主等和亲，与乌孙、匈奴进行军事战略上的联盟，为国家之后的反击谋求休养生息的时间。此后和匈奴开始了长达几十年的战争，在此期间汉王朝并不只在抵御外敌，在边防体系上开始逐步设立西域都护府，建立屯兵制，完善候望系统。不仅在当时有效地抵御了外敌的入侵，在此后的边防中也逐渐形成属于西汉的边防体系，为我国的边防做出了巨大的贡献。

其次，在制定针对一个地区的边防策略时，往往会受到其他地区的影响，在战略部署上采取互相配合、互相牵制的策略。在北方对付强悍的匈奴，逼迫还击和正面出击惨遭不利时，就采取瓦解对方联盟的策略。在面对西南地区时，发现从蜀经夜郎有水路能够通番禺，因此上书建议在西南地区招降夜郎，以便之后攻打南越地区。同样，之后匈奴地区战况的缓解，也是汉王朝恢复对西南地区开拓的重要因素。而东越、南越在地理位置上相近，且民生风俗一致，于是在针对此地区时执政者会选择相似的策略，在南越与闽越地区都分封异姓王，将侯位擢升为王，"高皇帝幸赐臣佗玺，以为南粤王"①。而在东北地区与朝鲜作战时，卫氏朝鲜的不臣导致军事上分散了西汉打击匈奴的兵力，于是战胜朝鲜地区、削弱匈奴周边地区的势力，其最终目的是加强对匈奴地区的控制。武帝派霍去病击破匈奴左地，把乌桓迁于五郡塞之外，让他们替汉侦探匈奴动静，其首领每年去长安朝见一次。因此，在看西汉时期的边防事务时不应割裂看待，在整体宏观上去看各个地区不同作战策略，以及不同时间和作战原因的分析，从而全面地看待西汉的边防事务。

结　语

为了全面地研究《史记》中的西汉边疆防务，除了司马迁所写的内容，还要

---

① 班固：《汉书》，中华书局 2014 年版，第 3851 页。

结合后人的研究，如《汉书》和《西汉会要》等资料，《西汉会要》在《汉书》基础上将相关的内容进行整理分类为十五门，每一条都可以在《汉书》中找到出处，能够更全面体会边防在西汉王朝时期由刚开始对东南越的分封为王、对西域的和亲政策到汉武帝时期国力强盛主动征战朝鲜，不同时期的战略都有变化。其中与边防相关的内容对于研究《史记》中的边防事务有重要意义。在《史记》所列的东越、南越、西南夷、朝鲜、匈奴、大宛的各个传记中，在全面记载其政治、外交、战争及地理环境、习俗风情的同时，还涉及朝廷对这些地区的防务策略。在我国长达几千年的封建统治时期，《史记》中的边防事务也对后世的边疆防御提供了借鉴，具有前所未有的价值。西汉的版图规模逐步扩张，它的边防策略如设立西域都护府、建立屯兵制等，在现代的边防系统中仍然有明显的现实意义，尤其是今天面对复杂的国际形势，美国、印度、日本等国不断在我国周边挑衅，边疆的防务尤其显得重要无比。

（李小成，西安文理学院文学院教授，陕西师范大学兼职硕士生导师，中国史记研究会会员，陕西省司马迁研究会常务理事。）

论司马迁朴素的"多元一体"民族观建构

赵子璇

　　纵观我国"史"的书写，无论是政治史、经济史还是思想文化史，都离不开"民族"这一版块，可以说中国的历史就是中国各民族逐渐融合的历史。我国作为统一的多民族国家，在历史、地理、经济、文化以及情感基础上已经逐渐发展形成了各民族"多元一体"的命运共同体格局。那么"多元一体"的概念是什么？自一九八八年费孝通先生在香港中文大学发表《中华民族的多元一体格局》演讲以来，"多元一体"的说法被中国社会各界所讨论和逐步认同。他主编的《中华民族多元一体格局》中认为"多元"就是各民族各有不同的起源、形成、发展的历史、文化与社会，"一体"就是各民族之间的发展相互关联补充与依存，"与整体有不可分割的内在联系和共同的民族利益"，"中华民族的'一体'，是指各民族兄弟的'多元'中包含着不可分割的整体性。"[1]在二零二一年八月底的中央民族工作会议上，习近平总书记强调要以铸牢中华民族共同体意识为主线，坚定不移地走中国特色解决民族问题的正确道路。[2]中华民族共同体意识是中华民族"多元一体"格局必要的赓续，而"一体"与"多元"是辩证统一、紧密联系在一起的。因此，在铸牢中华民族共同体意识的时代背景下，有必要对"多元一体"民族观进行多维度的再阐释与再发现。中华民族"多元一体"格局理论固然有历史事实与地理事实这两个维度作为支撑，而思想事实这一维度也很重要却鲜为人所关注，司马迁在编撰《史记》中例如《匈奴列传》

---

[1] 费孝通：《中华民族多元一体格局》，中央民族大学出版社2018年版，第268页。
[2]《习近平在中央民族工作会议上强调以铸牢中华民族共同体意识为主线推动新时代党的民族工作高质量发展》，《人民日报》2021年8月29日第1版。

《大宛列传》《西南夷列传》等民族列传时传达出的朴素的"多元一体"民族观便为中华民族"多元一体"格局理论提供了宝贵的思想事实依据，本文即对此点进行探究。

司马迁"华夏与四夷都是黄帝子孙的诸族同源观和华夷有别的华夏中心观"[①]在学界几乎得到了普遍的肯定，但是，我们对这个论断其实还应该有所思考，比如"华夏与四夷都是皇帝子孙的诸族同源观"固然体现了司马迁民族观中"一体"的一面，但其中也隐含着"多元"的一面：如诸族同源，那么各民族历史发展便各具特点。"华夷有别的华夏中心观"则更应该有更进一步讨论的空间，比如史公"华夷有别"思想所附带的民族情感与历史影响是正向的还是负向的？"华夷有别"是否能表现为另一种意义上的"多元"？《中华文化史》中说："秦汉以后的文化则以'大一统'的庄严面孔出现，一致一体化的表象几乎遮蔽了多样性的潜质。"[②]笔者认为，司马迁的民族列传撰写恰恰突出了这种"多样性的潜质"，即太史公民族观中表现出的"多元"特质，而这种"多元"特质附带的民族情感和历史影响以正向为主。他朴素的"多元一体"民族观印证了"各民族兄弟的'多元'中包含着不可分割的整体性"理论。以下，本文将从"一体"与"多元"两个方面来论述司马迁朴素但先进的民族观。

一、"一体"

"在大一统格局中有'华夷之防'，又在统一的多民族中国的形成与发展过程中，各民族共同创造中华文化，便是中国古代由'华夷之防'到'中华一体'的辩证过程。"[③]司马迁在《史记》中通过"中国"概念与明显的"共祖"观念将"多元"的民族"一体"化，这有助于历史上各民族"一体"认同感的形成。此外，难能可贵的是司马迁在《史记》的书写中将各民族趋于统一的内在合理

[①] 王盛恩：《司马迁的民族观及其对民族融合的影响》，《河南大学学报（社会科学版）》2004年第1期。

[②] 冯天瑜，何晓明，周积明：《中华文化史》，上海人民出版社2010年版，第29页。

[③] 费孝通：《中华民族多元一体格局》，中央民族大学出版社2018年版，第296页。

性表现了出来，这就将中华民族的共同性深化了，各民族各具特点及资源互补强调了"多元一体"理论中"各民族兄弟的'多元'中包含着不可分割的整体性"①这一表述。

（一）司马迁的"中国"观念

中国观念是讨论中华民族多元一体观首先要搞清楚的问题，因为它是中华民族多元一体关系发展的产物。由于古汉语的特殊性，"中国"一词在历史发展过程中延展出不同的意义，由此我们对"中国"一词在各个时代的理解上也会形成种种迷障。对于"中国"一词，司马迁在《史记》中多有提及，比如《五帝本纪》中："舜曰'天也！'夫而后之中国践天子位焉，是为帝舜。"②《夏本纪》中："中国赐土、姓：'祗台德先，不距朕行。'"③《匈奴列传》中："是时汉兵与项羽相距，中国罢于兵革，以故冒顿得自强，控弦之士三十余万。"④"然至冒顿而匈奴最强大，尽服从北夷，而南与中国为敌国，其世传国官号乃可得而记云。"⑤司马迁记载的"中国"一词意义虽不尽相同，但很明显，"中国"一词的意义是随历史上王朝更迭变化而变化的。夏朝是中国第一个建立的以汉民族为主体的国家政权，当时与夏朝同时存在的还有一些少数民族政权，这些政权有的归属于夏王朝，有的独立于夏王朝，但均在不同历史时期融入中华民族与中央政权，因此可以概括在"中国"概念之内，这与人们对"中国"一词正向意义的认同发挥重要作用有关。《多民族"中国"的构建：司马迁〈史记〉的"中国"观》一文认为《史记》中的"中国"一词主要指称国家政权，⑥这是合理的。例如，在司马迁笔下，秦王朝与西汉王朝政权管辖下的少数民族地域也包括在"中国"的概念中，与此相印证的是，《孟子荀卿列传》中："以为儒者所谓中国

---

① 费孝通：《中华民族多元一体格局》，中央民族大学出版社2018年版，第268页。
② 司马迁：《史记》，中华书局2011年版，第28页。
③ 司马迁：《史记》，中华书局2011年版，第68页。
④ 司马迁：《史记》，中华书局2011年版，第2518页。
⑤ 司马迁：《史记》，中华书局2011年版，第2518页。
⑥ 赵永春，刘月：《多民族"中国"的构建：司马迁〈史记〉的"中国"观》，《西南民族大学学报（人文社会科学版）》2020年第2期。

者，于天下乃八十一分居其一分耳。中国名曰赤县神州。赤县神州内自有九州，禹之序九州是也，不得为州数。中国外如赤县神州者九，乃所谓九州也。"①而在《夏本纪》中，司马迁记载了赤县神州中九州的概况，其中"海岱维青州……莱夷为牧，其篚檿丝"②大海与泰山之间是青州，青州中有夷人居住的莱地，而此地可以放牧，这说明"九州"，也就是司马迁认同的"中国"，也包括着其他民族聚居地。这样看来，司马迁民族"一体"观的思想表现得其实非常明显。

（二）司马迁的"共祖"观念

若论民族"一体"观念，孔孟的民族观不容被忽视。韩愈《原道》中说"孔子之作《春秋》也，诸侯用夷礼则夷之，进于中国则中国之"。《孟子·滕文公章句上》有言："吾闻用夏变夷者，未闻变于夷者也。"儒家赞同的是用教化"化"夷，这可以看作华夷"一体"的先声。而司马迁在《史记》中多的则是"匈奴，其先祖夏后氏之苗裔也，曰淳维""南越王尉佗者，真定人也，姓赵氏""闽越王无诸及越东海王摇者，其先皆越王勾践之后也，姓驺氏""朝鲜王满者，故燕人也""庄蹻者，故楚庄王苗裔也"这些类似"寻根问祖"性质的叙述与记载，可见司马迁意欲寻找民族之源的意图是很明显的。然而，探讨这个问题的前提是分辨清楚这是思想事实的问题而非历史事实的问题，我们应该仅就司马迁强调"共祖"观念这种思想展开讨论，而对"共祖"问题是否符合历史事实这个问题先不予探究。司马迁是赞同"四海之内皆兄弟"的，他的民族观相当一部分受到了儒家民族观的影响，但也有所不同，这个不同的地方在于司马迁是欲要使人从史的事实上进行认同，而孔孟则是使人在精神层面上认同。司马迁从"史"的角度对民族"一体"进行认同，不仅表现出史迁作为一名史官天然的责任感，也是他对历史发展潮流的顺应。他在《太史公自序》中强调："纳贡职""葆守封禺为臣""葆塞为外臣""而邛、筰之君请为内臣受吏"，这表面上是体现他华夷有别、民族间尊卑不同的观念，但在深层次上则反映了他对"大一统"政治的肯定。这便涉及"一体"的民族观念与"大一统"的政治观念的关系问

---

① 司马迁：《史记》，中华书局2011年版，第2066页。
② 司马迁：《史记》，中华书局2011年版，第50页。

题，即"一体"的民族观念是"大一统"的政治观念存在的必要元素，大一统政治的稳固有赖于各民族的归属与认同。因此，司马迁在《史记》中强调民族的"同宗同源"，其实已经隐含了朴素的天下一家、民族平等的进步价值观，只不过没有跳出那个时代下普遍的华夏中心观的怪圈。"孔子的民族观和文明观交织在一起，司马迁等的民族观则和黄帝始祖观、黄帝共祖观等交织在一起。"[①]然而，司马迁在史的角度进行民族一体认同对后世的深远影响并不亚于孔子以教化"化"夷的观念。在司马迁笔下，黄帝是华夏国家走向统一的奠基人，《五帝本纪》中记载，轩辕修德政，征讨侵凌诸侯的炎帝，阪泉之战打破了氏族界限，炎帝部落与黄帝部落之间形成联合，后来，黄帝四方征师，与蚩尤战于涿鹿之野，涿鹿之战使各民族文化之间有了初步的交流融合。在魏晋南北朝时期，进入中原的北方少数民族被描述为黄帝后裔，如《魏书》记载："昔黄帝有子二十五人，或内列诸华，或外分荒服，昌意少子，受封北土，国有大鲜卑山，因以为号。其后世为君长，统幽都之北，广漠之野。"[②]这体现了后世史官对司马迁民族"一体"思想的继承，而且这样的史学思想继承是正向的，这种正向性体现在它有利于民族一体化进程的发展。

（三）司马迁合理化"大一统"

其实，司马迁强调各民族"同宗同源"，除了要强化民族之间的根本情感之外，也间接地体现了各民族渴望统一的内在需求，即一种"不可分割的整体性"。司马迁在《史记》各民族列传中，总会有意无意地强调中原民族与周边民族的资源互补问题，这种资源互补的现实存在就明显体现了民族一体观与政治大一统的内在合理性。"各边缘地带的民族经济往往具有比较单一的特点，从而也激发出他们更为迫切地与中原地区进行物质交流的愿望。"[③]《匈奴列传》中，司马迁开篇便介绍了匈奴人的经济类型与生产方式："其畜之所多则马、牛、羊，

---

① 张茂泽：《中华民族共同体意识及其历史基础》，《长安大学学报（社会科学版）》2018年第4期。
② 魏收：《魏书》，中华书局1997年版，第1页。
③ 李静，何淏年：《历史与交融：中华民族的结构同源性特征》，《贵州民族研究》2020年第10期。

其奇畜则橐驼、驴、赢、駃騠、騊駼、驒騱。逐水草迁徙，毋城郭常处耕田之业，然亦各有分地。"①而孝文皇帝前六年，汉朝给匈奴的礼物中有彩绸、锦缎、赤绨、绿缯等精细之物。这就将农耕文化与游牧文化由地理气候决定的经济方式、生产作物形成鲜明对比，不仅是周边民族需要物产丰富的中原的丝绸与精细作物，中原也需要周边民族的"特产"，比如《大宛列传》中的"天马"，《西南夷列传》中筰族人的马，僰族人的牦牛等。

所以农耕与游牧作为东亚大陆两种基本的经济类型，虽有冲突，但也在冲突中不断交流，实现了互补与融合。在一定意义上，中华文化是农耕文化与游牧文化激烈碰撞后的骨血融合之物，就像中华民族在各阶段历史中所体现的——各民族各具特点，对于中华民族的逐渐形成与最终缔造内在自发地作出了自己的贡献，少数民族文化因子浑融于中华民族文化中，而作为整体的中华民族，具有强大的凝聚力与包容性，也自在以至自觉地用自身丰富的文化滋养着其他各个民族，中华民族从而一直在壮大和充实，文化也渐趋丰富、完整、有延续性，也充分表现出寓于大一统话语中的民族多元性。

二、"多元"

习近平总书记指出："各民族之所以团结融合，多元之所以聚为一体，源自各民族文化上的兼收并蓄、经济上的相互依存、情感上的相互亲近，源自中华民族追求团结统一的内生动力。正因为如此，中华文明才具有无与伦比的包容性和吸纳力，才可久可大、根深叶茂。"②兼收并蓄与强大的包容性是文化自信的一种体现，认可不同文化差异，积极促进文化对话，实现文化共存共荣，才能逐步推动人类社会在包容中进步。保持自身特质又能理解、尊重、接纳其他文化类型是一种基本理性。此外，对其他民族文化的理解尊重也是对自己民族文化认同与自信的体现，司马迁正是持有对汉民族文化的充分自信，才在心理

---

① 司马迁：《史记》，中华书局 2011 年版，第 2509 页。
②《共享民族复兴的伟大荣光——习近平总书记关于民族团结进步重要论述综述》，《人民日报》2021 年 8 月 25 日第 1 版。

上真正具有此种基本理性。

（一）对"情"与"礼"的辩解

匈奴的游牧生产方式导致了他们的社会生产生活具有流动性，社会财富不易集中，政治就不稳定，而"情感"这一内在因素是维系家国政治更为基本深沉而持久的力量。但在《匈奴列传》中，匈奴人对"情感"这一内在因素的忽略，使得其政权内部运作具有极大的动荡性。

司马迁集中着墨描写了匈奴民族内部之间对"情感"的淡漠：除了总述他们的社会习俗："其俗，宽则随畜，因射猎禽兽为生业，急则人习战攻以侵伐，其天性也。其长兵则弓矢，短兵则刀铤。利则进，不利则退，不羞遁走。苟利所在，不知礼义……壮者食肥美，老者食其余。贵壮健，贱老弱。父死，妻其后母；兄弟死，皆取其妻妻之。"①司马迁还颇有故事性地叙述了冒顿单于设计弑父的情节，"从其父单于头曼猎，以鸣镝射头曼，其左右亦皆随鸣镝而射杀单于头曼"②。当然，冒顿的父亲头曼单于对冒顿也没有父爱，"后有所爱阏氏，生少子，而单于欲废冒顿而立少子。乃使冒顿质于月氏"③。匈奴人对骨肉亲情的淡漠可见一斑——弑父与废子全凭私欲。此外，匈奴的军事组织形式虽然能充分地发挥士兵作战的主动性与积极性，但最后却说："战而扶舆死者，尽得死者家财。"④这句话就显得匈奴人上上下下、里里外外没有丝毫的人情味儿。至于"礼"之事，《礼记·礼运》曰："故坏国丧家亡人，必先去其礼。"礼在中原大地，处于社会生活得以正常运转的最基本的绝对的前提的位置。"礼"的观念，周初萌芽，显著于西周末，流行于春秋，徐复观说："在春秋时代的许多道德观念，几乎都是由礼加以统摄。"⑤由此发展下去，"礼"的系统理论在汉代更是臻于精密和完善，所以，"礼"的观念在汉时有极高的思想地位、历史地位与政治地位。司马迁还记载了"冒顿乃为书遗高后，妄言"一段史实。《汉书·匈奴传》

---

① 司马迁：《史记》，中华书局 2011 年版，第 2509 页。
② 司马迁：《史记》，中华书局 2011 年版，第 2517 页。
③ 司马迁：《史记》，中华书局 2011 年版，第 2517 页。
④ 司马迁：《史记》，中华书局 2011 年版，第 2520 页。
⑤ 徐复观：《中国人性论史》，华东师范大学出版社 2005 年版，第 31 页。

详细记载了这段历史,即冒顿向吕后请婚,这当然非常荒唐更不符合中原之礼,《冒顿请婚新说》一文论述这段历史应该是谣言,谣言虽然不可信,却生动反映出当时群众认为匈奴人无礼,希望教化匈奴以及不满吕后干政等社会情境。然而,我们能说匈奴人没有使用中原民族概念中的礼就等同于他们没有礼吗?司马迁也借中行说之口为匈奴辩护:"且礼义之敝,上下交怨望",这不仅体现司马迁受老庄思想影响,也说明匈奴虽没有符合中原价值观的"礼",但人与人之间的交往非常直接单纯,其居住生活的一切也受到了地域与环境的影响,是可以理解的。所以,可以说司马迁虽然可能不赞同匈奴的生活方式,但他能理解且给予同情和尊重。

匈奴人对待汉家俘虏的态度也是很有意思的问题。他们给汉家使者张骞和汉朝将军李陵娶"胡妻",可见匈奴人很善于揣摩中原人的心理与情感,知道汉朝人重情重礼,想要用这种"怀柔"的方式感化汉朝俘虏。这种"情"与"礼"观念在汉朝与匈奴的对比之中,鲜明地表现出史迁对民族差异性的尊重。

(二)对"国土"与"战争"的反思

《匈奴列传》中,史迁记载了冒顿单于刚继位时和强盛的东胡的政治博弈。东胡向匈奴索要千里马和他的阏氏,冒顿都说:"奈何与人邻国而爱一马乎?""奈何与人邻国而爱一女子乎?"①而当东胡向匈奴索要一处弃地,于是冒顿大怒:"地者,国之本也,奈何予之。"②这体现了冒顿自己对土地的渴望与对国土的珍视,面对强大的东胡坚持寸土不让。但汉朝朝廷对土地的欲望比起匈奴却不是很强烈,汉文帝时期,冒顿单于给汉朝书信请求停止战争,修养生息,汉朝的百官公卿都说:"单于新破月氏,乘胜,不可击。且得匈奴地,泽卤,非可居也。和亲甚便。"③汉朝元朔二年,"汉亦弃上谷之什辟县造阳地以予胡"④。可见,在汉初,朝廷的"国土观念"其实表现得并不明显,他们只对能居住、能耕种的"好地"有占有欲,对盐碱不毛之地和偏远孤悬之地并没有兴趣。史迁

---

① 司马迁:《史记》,中华书局 2011 年版,第 2518 页。
② 司马迁:《史记》,中华书局 2011 年版,第 2518 页。
③ 司马迁:《史记》,中华书局 2011 年版,第 2513 页。
④ 司马迁:《史记》,中华书局 2011 年版,第 2513 页。

通过这种对比,表达出对那种国土"寸土不让"价值观的肯定。对于"国土"问题,陈望衡的《中国古代环境观念中的国家意识》一文仅从《诗经》中的"王土""匡国""戍国"意识讲了我国古人具有土地归属观念,但还没有一篇文章说明古人"国土观念"的演变和发展,此外也没有一篇文章说明现代意义上的国土观念在古代各个朝代的映现,这些问题是需要学界加以补充完善的。

因为土地与物产等原因,各民族形成内在融合趋势,各民族不断推进扩张,但汉朝的对外扩张形式很复杂,不能用一种概念来概括。既有"汉诛西南夷,国多灭矣"的武力威慑式扩张,也有"儒家式"的文化臣服渗透式扩张。然而,司马迁对于"不义"的战争与扩张始终是持反对意见的,而汉武帝攻大宛、东越、南越、朝鲜、西南夷以及除反击匈奴之外的与匈奴的战争大部分都是"不义"的,就拿《大宛列传》来举例,"天子既好宛马,闻之甘心,使壮士车令等持千金及金马以请宛王贰师城善马"①,但大宛不卖,"汉使怒,妄言,椎金马而去"②,由此引起纠纷,于是天子大怒,"天子已尝使浞野侯攻楼兰,以七百骑先至,虏其王,以定汉等言为然,而欲侯宠姬李氏,拜李广利为贰师将军,发属国六千骑,及郡国恶少年数万人,以往伐宛"③。这一段乃妙笔,从多个方面贬抑了武帝,武帝好宛马便轻易发动战争表现其贪欲,任用宠妃兄弟为将军表现其任人唯亲有私心,浩浩荡荡征发"恶少年"表现这是一支非正义的军队,其实是在表达对汉朝发动对周边民族侵略的谴责,这就从侧面表现了司马迁对周边民族的同情。在《朝鲜列传》中,涉何谎报杀了一名朝鲜将军,但"上为其名美,即不诘,拜何为辽东东部都尉"④,"即不诘"三字透露出史迁对此事感到匪夷所思,更表达出当时汉朝处理民族关系时的颠倒黑白。

应该承认,汉朝在当时有着比较高的"经济情况",能够"同化"周边民族。我国历史上也存在着这样的历史事实,比如北魏的统治。但在《史记》中,司马迁并没有非常强调"同化"其他民族,不像儒家一样"化夷"思想很浓厚,不管在日常礼仪、生活习惯还是思想文化方面,他表现出的是对各民族兄弟尊重

---

① 司马迁:《史记》,中华书局 2011 年版,第 2751 页。
② 司马迁:《史记》,中华书局 2011 年版,第 2752 页。
③ 司马迁:《史记》,中华书局 2011 年版,第 2752 页。
④ 司马迁:《史记》,中华书局 2011 年版,第 2596 页。

理解的态度,甚至在汉家战争扩张之事上,也表现出对其他民族温厚的同情。司马迁是站在"人"而非"统治者"的地位去书史的,他的思想观念是"多元"的,他的民族"一体"观念之中蕴含着丰富的"多元"思想。

(三)对多元文化的细腻描绘

司马迁的历史观是深邃而开放的,梁启超说:"其于孔子之学,独得力于《春秋》,而南派(老庄)、北东派(管仲齐派)、北西派(申、商、韩)之精华,皆能咀嚼而融化之。又世在史官,承胚胎时代种种旧思想,磅礴郁积,以入于一百三十篇之中,虽谓史公为上古学术思想之集大成可也。"①梁启超高度评价了司马迁对古代不同文化思想、学派的包容性。其实太史公的包容心态也完全地体现在一些民族列传当中。

中原地区人民自古对于商贾都采取一种贬抑的态度,但《史记》中记载的一些少数民族对于"商贾"一事并不回避,而且表现得十分积极。比如《西南夷列传》中,"巴蜀民或窃出商贾,取其笮马、僰僮、牦牛,以此巴蜀殷富"②。司马迁的思想于当时当地可谓十分开通,他的《货殖列传》极有社会思想创新价值,思想异于道家之清净无为、儒家之重义轻利、法家之重本轻末,主张商业经济,主张以富养民,富于现代精神。所以,《西南夷列传》中,他表达的应该是对西南人民主动致富使得"巴蜀殷富"的赞赏。

《太史公自序》曰:"汉既通使大夏,而西极远蛮,引领内乡,欲观中国。作〈大宛列传〉第六十三。"③但史公并没有聚焦于其他民族之人看中原王朝的视角,除了如"是时上方数巡狩海上,乃悉从外国客,大都多人则过之,散财帛以赏赐,厚具以饶给之,以览示汉富厚焉……令外国客遍观各仓库府库藏之积,见汉之广大,倾骇之"④这一段,更多的是用一种新奇的笔触"看"其他民族不同的文化现象,带着"好奇"的眼光审视并记录着中原周边广阔的各民族民俗文

---

① 梁启超:《论中国学术思想变迁之大势》,《饮冰室合集(文集之七)》,中华书局1989年版,第52页。

② 司马迁:《史记》,中华书局2011年版,第2603页。

③ 司马迁:《史记》,中华书局2011年版,第2873页。

④ 司马迁:《史记》,中华书局2011年版,第2751页。

化长卷，所以汉朝周边民族的活动和社会状况、习俗等是依靠《史记》的记载保存下来的，例如写匈奴"举世而候星月，月盛壮则攻战，月亏则退兵"[1]，"而单于朝出营，拜日之始生，夕拜月。其坐，长左而北乡。日上戊己。其送死，有棺椁金银衣裘，而无封树丧服……"[2]。司马迁记载了匈奴对天象的日常观测习惯，单于早晨拜冉冉升起的旭日，晚上拜明朗皎洁的月亮，也记载了匈奴的礼仪与丧葬习俗，这表明匈奴并非是什么信仰与文化都没有的野蛮人，而是一种区别于中原文化的、由游牧环境决定的别样文化，且这种文化记载对研究我国民族文化是很有意义的，例如日月崇拜。又例如司马迁描写大宛国周围的国家，写中西使者的文化交流，他们用葡萄酿酒，喜欢饮酒，马喜欢吃苜蓿。"其人皆深眼，多须髯，善市贾，争分铢。俗贵女子，女子所言而丈夫乃决正。"[3]他们还不知道铸造钱和器皿，即使得到了汉朝的黄金和白银，也会做成器皿而不当做货币。这段描写非常细节，也正是因为有细节的描绘，使得这些民族的文化显得有趣，这不仅体现了史迁书史放眼世界，具有世界眼界与全球格局，更体现了他对不同文化的兴趣斐然与充分尊重。考察《史记》研究，大致可以分疏为两类：一类是"史"之挖掘；一类是"文"之讨论。随着学界对大文学史观的回顾反思，《史记》的文学性备受重视。司马迁在民族列传中充满新奇的细腻笔触正是《史记》文学性的一隅，从这方面揣摩、寻绎史迁的民族史观便是以文观史，从文笔论思想。

三、余论

要而言之，对民族历史问题的追溯，不仅需要从历史事实与地理事实上进行考证，文化与思想上的分析与研究也需要存在且十分必要，《史记》中的民族列传就是很好的切入点。

自先秦以来的"华夷之辩""裔不谋夏，夷不乱华"把"华""夷"作为两

---

[1] 司马迁：《史记》，中华书局 2011 年版，第 2520 页。
[2] 司马迁：《史记》，中华书局 2011 年版，第 2520 页。
[3] 司马迁：《史记》，中华书局 2011 年版，第 2751 页。

种不同的文化类型，从地理环境、经济生活、政治制度、社会心理诸方面加以比较，再到《史记》中司马迁朴素的"多元一体"民族观念，很显然，"一体"是事实，"多元"是中华文化之所以多彩的必要因素。然而需要特别说明的是，大量对《史记》中"大一统"的、"汉家"的、"共祖"的研究往往湮没了本该闪烁光辉的"多元"之思想芽苗，实际上，相较于"一体"，司马迁民族观建构中的"多元"元素是朴素而朦胧的，甚至是寓于"一体"的，因此，我们不能认为司马迁的民族观建构只是单纯地强调民族"一体"或"多元"，也不能认为其民族思想两分为"一体"与"多元"。何为"建构"？就是要将史迁的"多元一体"民族观作为一个整体来进行观照，其内部的关系是清晰且深刻的——朴素的民族"多元"思想存在于显性的民族"一体"思想中，不易被察觉，然其出于史迁的人性关怀与思想包容，更显可贵。

司马迁朴素的"多元一体"民族观建构与大一统理念建构也有相互关系的存在：自春秋以来的大一统理念影响了司马迁朴素的多元一体民族观建构，而司马迁这种多元一体民族观念建构是意欲为大一统国家提供史的依据与情感凝聚。有学者认为，大一统的政治空间的形成有赖于相互关联的两个过程：一是以政治和军事行动为支撑的政治建构过程；二是以君臣大义为核心的思想建构过程。其实，还应该有强有力的历史建构过程，这也符合中国人重视历史的心理传统。由此看来，司马迁朴素的"多元一体"民族观不仅为大一统国家提供着思想建构，也提供着必要的历史建构。

（赵子璇，延安大学文学与新闻传播院2020级中国古代文学硕士研究生。）

《史记》人物研究

司马迁把秦始皇从出生到执政、削平叛乱,到统一中国,及统一后如何巩固统一,都详细记载下来,使人们可以借助历史资料,研究秦始皇一生,给秦始皇一个恰如其分的评价。

司马迁眼中的秦始皇

徐卫民

秦始皇和司马迁都是中国历史上的杰出人物。秦始皇是千古一帝，是杰出的政治家，他"续六世之余烈，振长策而御宇内"，结束了春秋战国时期长期混乱、民不聊生的状况，统一了中国。他又依靠统一后全国的财力、物力、人力，大兴土木，劳民伤财，使挣扎在死亡线上的劳苦大众揭竿而起，推翻了仅仅只有15年的秦王朝，因而使他成为中国历史上妇孺皆知的人物。

司马迁是著名的历史学家，他为中国历史上功大过也大的秦始皇在《史记》中专门立了"本纪"，洋洋洒洒近万言，在其他的表、传、世家中也多有提及，是中国历史上早期较全面评论秦始皇的史学家。

一

《史记·秦始皇本纪》叙述的是从公元前246年到公元前207年这一段的历史。全面论述了秦始皇在秦发展中的作用，为后人研究秦始皇提供了弥足珍贵的史料。

西汉初年，虽有不少人涉猎秦史，但没有一个人像司马迁这样全面记载秦始皇一生的功过得失，把秦始皇写得有血有肉，脉络清楚。司马迁之所以能对秦始皇进行较为详细的记载，是因为第一，他写《史记》，"网罗天下放失旧闻，考之行事，稽其成败兴坏之理"[①]；第二，他阅读了大量史记，遍览"石室金匮之书"，并实地走访考察，"二十南游江淮"，走遍大江南北，大量搜集资料；第三，

---

① 班固：《汉书》卷六二《司马迁传》，中华书局1962年版，第2735页。

以秦始皇一生的功过是非来讽谏当时的汉统治者，让他们"前事不忘，后事之师也"，以秦始皇作为活的教材，告诫汉统治者警惕当时已经开始激化的社会矛盾，若不引以为戒，会和秦王朝一样很快走向死亡；第四，当然，从秦始皇到司马迁之间的时间不长，汉初的人们对秦始皇一生所作所为还记忆犹新，因而素材较多。

正因为如此，司马迁把秦始皇从出生到执政、削平叛乱，到统一中国，及统一后如何巩固统一，都详细记载下来，使人们可以借助历史资料，研究秦始皇的一生，给秦始皇一个恰如其分的评价。

二

中国是一个统一的多民族国家，其基础的奠定则属于秦始皇。"秦王扫六合，虎视何雄哉"，通过轰轰烈烈的十年兼并战争，吞并了韩、赵、魏、楚、燕、齐六国，结束了春秋战国时期长期战争、诸侯割据的状况，使元元黎民得免于战争之苦。

对于秦统一全国，应该实事求是讲，秦始皇起了重要作用。虽然从孝公以后，统一是秦历代国君孜孜以求的目标。但秦始皇登上历史舞台以后，加速了秦统一步伐，他在灭六国中的作用也是不可低估的。正因如此，司马迁在《史记·秦始皇本纪》中不惜笔墨，详细描述了秦灭六国的全过程。

《史记》记载他为了实现统一的目标，纳贤用才，从谏如流，甚至放下国王的身份和大将们同吃同服。尉缭原为魏国大梁人，到秦后对秦始皇讲："以秦之强，诸侯譬如郡县之君，臣但恐诸侯合从，翕而出不意，此乃智伯、夫差、湣王之所以亡也。愿大王毋爱财物，赂其豪臣，以乱其谋，不过亡三十万金，则诸侯可尽。"始皇从其计。见尉缭亢礼，衣服食用与缭同。更重要的是他被尉缭谩骂后仍委缭以重任。尉缭讲到："秦王为人，蜂准，长目，挚鸟膺，豺声，少恩而虎狼心，居约易出人下，得志亦轻食人。我布衣，然见我常身自下我。诚使秦王得志于天下，天下皆为虏矣。不可与久游。"[①]骂后便要离开秦国。秦始

[①] 司马迁：《史记》卷六《秦始皇本纪》，中华书局1982年版，第230页。

皇知道后，急忙阻止，委以国尉之重任，利用其计谋，在统一战争中起到了很大的作用。

王翦将军是秦的老将，在灭楚过程中，由于秦始皇不听从他的意见，便告疾谢职。后来秦始皇为请出王翦，亲自出马，卑辞请求，才使王翦重新挂甲征战，打败了楚国。

韩国为延缓自己的统治，便派郑国帮助秦国修渠，名为帮助，实为削弱秦的力量。当秦始皇发现阴谋后，便下逐客令，要求驱逐外国的客聊。李斯忙写《谏逐客书》，秦始皇从统一的目的出发，停止了逐客令。郑国渠修好后，果然在秦统一战争中发挥了重要作用，"于是关中为沃野，无凶年"，[1]加速了秦统一的步伐。

司马迁在《史记·秦始皇本纪》中列举了众多的秦将领，描写了他们在统一战争中驰骋疆场、奋勇杀敌的事迹，反映出秦始皇善于调动众多将领的积极性，为统一全国建功立业。诸如王贲、杨端和、蒙骜、镰公、腾等。

为了保证统一战争的顺利进行，司马迁记载秦始皇在纳谏用贤的同时，还能果断地清除异己，为其统一扫清道路，即使其弟弟长安君成蟜也照样予以清除。嫪毐是以大阴人的身份被吕不韦荐入宫中的，后来因与始皇母私通，势力发展得很快，形成"事无大小皆决于嫪毐"的局面，对秦始皇的统治形成威胁。秦始皇22岁举行加冕礼时，嫪毐发动叛乱，秦始皇派昌平君、昌文君率兵平息，其随从也被清除。因此事而受牵连的秦始皇的母亲也被囚于萯阳宫中。这时茅蕉谏"秦方以天下为事，而大王有迁母太后之名，恐诸侯闻之，由此倍秦也"。[2]秦始皇出于统一的需要，便把母亲迎回咸阳。吕不韦由于政治上羽翼丰满，加之与秦始皇政见上的不同，对秦始皇的统治造成威胁，因嫪毐事而被一并清除。清除异己，对于保证统一战争的胜利进行无疑是有意义的。

经过十年战争，秦消灭了六国，在军事上完成了统一全国的任务，但如何稳住政权，秦始皇实行了一系列配套措施。《秦始皇本纪》详细列举了秦统一后的措施：

---

[1] 司马迁：《史记》卷二九《河渠书》，中华书局1982年版，第1408页。
[2] 司马迁：《史记》卷六《秦始皇本纪》，中华书局1982年版，第227页。

"臣等谨与博士议曰：'古有天皇，有地皇，有泰皇，泰皇最贵。'臣等昧死上尊号，王为'泰皇'，命为'制'，令为'诏'，天子自称曰'朕'。王曰：去'泰'著'皇'，采上古'帝'位号，号曰'皇帝'，他如议，制曰'可'，追尊庄襄王为太上皇。制曰：朕闻太古有号毋谥，中古有号，死而以行为谥。如此，则子议父、臣议君也，甚无谓。朕为始皇帝，后世以计数，二世、三世至于万世，传之无穷。"①

"始皇推终始五德之传，以为周得火德，秦代周德，从所不胜。方今水德之始，改年始，朝贺皆自十月朔。衣服旄旌节旗皆上黑。数以六为纪，符、法冠皆六寸，而舆六尺，六尺为步，乘六马。更名河曰德水，以为水德之始。"②

"分天下为三十六郡，郡置守、尉、监。更名民曰'黔首'。大酺。收天下兵，聚之咸阳，销以为钟鐻，金人十二，重各千石，置廷宫中。一法度衡石丈尺。车同轨。书同文字。地东至海暨朝鲜，西至临洮羌中，南至北向户，北据河为塞，并阴山至辽东。徙天下豪富于咸阳十二万户。"③

秦始皇不惜耗费国家巨大的物力、财力、人力，五次出巡全国，以达到威慑目的。且到处立碑，歌颂自己统一天下的业绩。司马迁均予以详细记载，使人们从中可以窥探出秦始皇个性的方方面面。

秦始皇何以能统一天下，司马迁认为是"盖若天所助矣"，其意是说统一乃大势所趋，人心所向，而东方六国的勾心斗角、互不团结、相互厮杀则削弱了六国力量。秦始皇能把握住时机，善于启用人才，同心共济，完成统一大业。

司马迁还借他人之口赞扬秦始皇的统一之功。如丞相绾、御史大夫劫、廷尉李斯等皆曰："昔者五帝地方千里，其外侯服、夷服，诸侯或朝或否，天子不能制。今陛下兴义兵，诛残贼，平定天下，海内为郡县，法令由一统，自古以来

---

① 司马迁：《史记》卷六《秦始皇本纪》，中华书局1982年版，第236页。
② 司马迁：《史记》卷六《秦始皇本纪》，中华书局1982年版，第237—238页。
③ 司马迁：《史记》卷六《秦始皇本纪》，中华书局1982年版，第239页。

未尝有，五帝所不及"。仆射周青臣也曰："他时秦地不过千里，赖陛下神灵明圣，平定海内，放逐蛮夷，日月所照，莫不宾服。以诸侯为郡县，人人自安乐，无战争之患，传之万世。自上古不及陛下威德"。①这样避免了作者一人不断赞扬的方法，其效果更好一些。

"汉承秦制"使司马迁也认识到了统一和维护统一的意义。"秦有天下，悉内六国礼仪，采择其善，虽不合圣制，其尊君抑臣，朝廷济济，依古而来。至于高祖，光有四海，叔孙通颇有所增益减损，大抵皆袭秦故，自天子称号下至佐僚及宫室官名，少所变故"。②秦的政治制度延续了两千多年。"郡县之制，垂两千年而弗能改矣"。③

司马迁用大量篇幅记载秦统一的过程及巩固统一的措施，表明他对秦始皇统一全国是赞同的，司马迁十分推崇贾谊对秦始皇的评价，"及至秦王，续六世之余烈，振长策而御宇内，吞二周而亡诸侯，履至尊而制六合，执棰拊以鞭笞天下，威振四海。南取百越之地，以为桂林、象郡，百越之君俛首系颈，委命下吏。及使蒙恬北筑长城而守藩篱，却匈奴七百余里，胡人不敢南下而牧马，士不敢弯弓而报怨"。这是对秦始皇统一天下的最中肯的评价。因为统一结束了"诸侯力政，强侵弱，众暴寡，兵革不休，士民罢敝"的局面，而适应了"天下共苦战斗不休，而求其宁息"的要求，"元元黎民冀得安其性命，莫不虚心而仰上"，因此司马迁认为秦的统一是"世异变，成功大"。

三

司马迁在为秦始皇统一天下唱赞歌之时，又用了大量篇幅揭露秦始皇的奢侈糜烂、残暴荒淫的生活。在这方面，司马迁除在《史记·秦始皇本纪》中罗列了大量史实外，又借助时人之口，来批评秦始皇。

"十九年，秦王之邯郸，诸尝与王生赵时母家有仇怨，皆阬

---

① 司马迁：《史记》卷六《秦始皇本纪》，中华书局1982年版，第236、254页。
② 司马迁：《史记》卷二三《礼书》，中华书局1982年版，第1159—1160页。
③ 王夫之：《读通鉴论》卷一《秦始皇》，中华书局1975年，第1页。

之。"①

"（二十八年）始皇大怒，使刑徒三千人皆伐湘山树，赭其山。"②

"三十四年……'臣请史官非秦记皆烧之。非博士官所职，天下敢有藏《诗》《书》、百家语者，悉诣守、尉杂烧之。有敢偶语《诗》《书》者弃市。以古非今者族。吏见知不举者与同罪。令下三十日不烧，黥为城旦。所不去者，医药、卜筮、种树之书。若欲有学法令，以吏为师。'制曰：'可'。"③

"三十五年，除道，道九原抵云阳，堑山堙谷，直通之。于是始皇以为咸阳人多，先王之宫廷小，……乃营作朝宫渭南上林苑中。先作前殿阿房，东西五百步，南北五十丈，上可以坐万人，下可以建五丈旗。周驰为阁道，自殿下直抵南山。表南山之颠以为阙。为复道，自阿房渡渭，属之咸阳，以象天极阁道绝汉抵营室也。……隐宫徒刑者七十余万人，乃分作阿房宫，或作丽山。发北山石椁，乃写蜀、荆地材皆至。关中计宫三百，关外四百余。"④

"乃令咸阳之旁二百里内宫观二百七十复道甬道相连，帷帐、钟鼓、美人充之，各案署不移徙。行所幸，有言其处者，罪死。始皇帝幸梁山宫，从山上见丞相车骑众，弗善也，中人或告丞相，丞相后损车骑。始皇怒曰：'此中人泄吾语。'案问莫服。当是时，诏捕诸时在旁者，皆杀之。"⑤

"卢生等吾尊赐之甚厚，今乃诽谤我，以重吾不德也. 诸生在咸阳者，吾使人廉问，或为妖言以乱黔首。于是使御史悉案问儒生，诸生传相告引，乃自除。犯禁者四百六十余人，皆坑之咸阳，使天下知之，以惩后。……始皇长子扶苏谏曰：'天下初定，远方黔首未集，诸生皆诵法孔子，今上皆重法绳之，臣恐天下不安。唯上察之'。始皇怒，使

---

① 司马迁：《史记》卷六《秦始皇本纪》，中华书局 1982 年版，第 280 页。
② 司马迁：《史记》卷六《秦始皇本纪》，中华书局 1982 年版，第 248 页。
③ 司马迁：《史记》卷六《秦始皇本纪》，中华书局 1982 年版，第 255 页。
④ 司马迁：《史记》卷六《秦始皇本纪》，中华书局 1982 年版，第 256 页。
⑤ 司马迁：《史记》卷六《秦始皇本纪》，中华书局 1982 年版，第 257 页。

扶苏北监蒙恬于上郡。"①

"三十六年，……有坠星下东郡，至地为石，黔首或刻其石曰：'始皇帝死而地分'。始皇闻之，遣御史逐问，莫服，尽取石旁居人诛之，因燔销其石"。②

司马迁在《史记》中借时人之口来抨击秦始皇的暴政。如：借尉缭之口描写秦始皇"少恩而虎狼心"。③卢生、侯生云："始皇为人，天性刚戾自用，起诸侯，并天下，意得欲从，以为自古莫及己。专任狱吏，狱吏得亲幸。博士虽七十人，特备员弗用。丞相诸大臣皆受成事，倚辨于上。上乐以刑杀为威，天下畏罪持禄，莫敢尽忠。上不闻过而日骄，下慑伏谩欺以取容。……天下之事无小大皆决于上。……贪于权势至如此。"④王翦说秦始皇"怚而不信人"。⑤武臣指出："秦为乱政虐刑以残贼天下，数十年矣。北有长城之役，南有五岭之戍，外内骚动，百姓罢敝，头会箕敛，以供军费，财匮力尽，民不聊生。重之以苛法峻刑，使天下父子不相安。"⑥樊哙也云："秦王有虎狼之心，杀人如不能举，刑人如恐不胜。"⑦

司马迁在《史记》中以"太史公曰"的形式，直接表达出自己对秦始皇处事的直率观点。在《蒙恬列传》中太史公曰："吾适北边，自直道归，行观蒙恬所为秦筑长城亭障，堑山堙谷，通直道，固轻百姓力矣。夫秦之初灭诸侯，天下之心未定，痍伤者未瘳，而恬为名将，不以此时强谏，振百姓之急，养老存孤，务修众庶之和，而阿意兴功。此其兄弟遇诛，不亦宜乎。"⑧在《太史公自序》中，司马迁还责备"秦失其道，豪杰并扰"，"秦既暴虐，楚人发难"。⑨在《史

---

① 司马迁：《史记》卷六《秦始皇本纪》，中华书局1982年版，第258页。
② 司马迁：《史记》卷六《秦始皇本纪》，中华书局1982年版，第259页。
③ 司马迁：《史记》卷六《秦始皇本纪》，中华书局1982年版，第230页。
④ 司马迁：《史记》卷六《秦始皇本纪》，中华书局1982年版，第258页。
⑤ 司马迁：《史记》卷七三《白起王翦列传》，中华书局1982年版，第2340页。
⑥ 司马迁：《史记》卷八九《张耳陈余列传》，中华书局1982年版，第2573页。
⑦ 司马迁：《史记》卷七《项羽本纪》，中华书局1982年版，第313页。
⑧ 司马迁：《史记》卷八八《蒙恬列传》，中华书局1982年版，第2570页。
⑨ 司马迁：《史记》卷一三〇《太史公自序》，中华书局1982年版，第3302—3303页。

记·平准书》中抨击秦始皇"外攘夷狄,内兴功业",从而造成"海内之士力耕不足粮饷,女子纺绩不足衣服"。①

在《秦始皇本纪》中,司马迁同样十分赞赏贾谊《过秦论》中对秦暴政的批判。他把秦的灭亡归结为"仁义不施而攻守之势异也"。"秦王怀贪鄙之心,行自奋之智,不信功臣,不亲士民,废王道,立私权,禁文书而酷刑法,先诈力而后仁义,以暴虐为天下始"。马上打天下,但是不能马上治天下,在夺取政权后,"其道不易,其政不改,是其所以取之守之者无异也,孤独而有之,故其亡可立而待也"。②司马迁指出:"善哉乎,贾生推言之也。"③

四

《史记》是以实录为特色的。司马迁对孔子作《春秋》时为尊者讳、为贤者讳的笔法表示不满。司马迁写《史记》的目的就是要"究天人之际,通古今之变,成一家之言"。即要通过了解天与人的关系,总结历史经验,探寻治乱之源,客观地评价人物。因此,司马迁对秦始皇的评价是公允的,不囿于汉初政治家全盘否定秦始皇的观点,而是"是非颇缪于圣人,论大道则先黄老而后六经,序游侠则退处士而进奸雄,述货殖则崇势利而羞贱贫"。④这种不以圣人是非为是非,而是客观地、撇开感情色彩地评价秦始皇,得出的结论则不夭偏颇。西汉史学家班固推崇司马迁记史的方法。指出:"自刘向、扬雄博极群书,皆称迁有良史之材,服其善序事理,辨而不华,质而不俚,其文直,其事核,不虚美,不隐恶,故谓之实录"。⑤《史记》之所以被后代史学家推崇的一个重要原因就是司马迁坚持"实录",因而被誉为"史家之绝唱"。这对一个古代史学家来讲,在当时的情况下确实是难能可贵的。

司马迁所处时代正是西汉王朝由盛转衰的时期。西汉王朝初年,由于秦朝末

---

① 司马迁:《史记》卷三〇《平准书》,中华书局1982年版,第1442—1443页。
② 司马迁:《史记》卷六《秦始皇本纪》,中华书局1982年版,第283页。
③ 司马迁:《史记》卷六《秦始皇本纪》,中华书局1982年版,第276页。
④ 班固:《汉书》卷六二《司马迁传·赞》,中华书局1962年版,第2738页。
⑤ 班固:《汉书》卷六二《司马迁传·赞》,中华书局1962年版,第2738页。

年的连年战争，使得经济萧条，造成"天子不能具钧驷，而将相或乘牛车"的状况。经过汉初实行黄老之治，与民休息，出现了"文景之治"的局面。到了汉武帝时期，内政外交均取得了显著的成绩，改变了汉初积贫积弱的状况。处在这时期的汉武帝，开始洋洋自得，仿效起秦始皇的统治方法，对内大兴土木，骄奢淫逸。对外劳民伤财，大肆用兵，穷兵黩武。通过比较研究，可看出汉武帝在许多方面是仿照秦始皇的统治办法的。重蹈秦始皇的旧辙，以致民穷财尽，到汉武帝后期，更是"海内虚耗，户口减半"，农民起义大有一触即发之势，在这种情况下，西汉统治者如不改弦更张，就必然走向秦朝速亡的老路，司马迁以一个史学家的社会责任感，以秦始皇的暴政导致秦王朝速亡劝谏汉武帝要引以为戒。

司马迁虽然以李陵事件受到汉武帝的折磨，但为了继承其父未完成的事业，以史学家所肩负的重担为己任忍辱修史，其目的就是要告诫汉代的统治者（尤其是汉武帝），不要步秦始皇的后尘。司马迁之所以如此详细记载秦始皇的功过得失，就是以史为鉴。

司马迁懂得"原始察终，见盛观衰"的原理，他要通过考察历史来把握历史演进的内容，进而认识治乱兴衰的规律，为西汉大一统的封建政权寻找长治久安的统治方法。因此，他要求汉武帝等汉的统治者不要忘记秦王朝15年而亡的教训。要看到文治武功、歌舞升平的同时，还隐藏着社会危机。《平准书》中更直率地指出汉武帝步秦始皇的后尘。在讲到汉朝百年间的经济变化时，突然笔锋转至抨击秦始皇"外攘夷狄，内兴功业"，导致"海内之士力耕不足粮饷，女子纺绩不足衣服"的残破景象，从而导致了秦王朝的夭折。从而来劝谏汉武帝要实行与民休息的政策，使汉王朝达到长治久安的目的。汉武帝后期有所收敛，下"轮台诏"，应该是汲取了秦速亡的教训，从而使汉王朝的统治延续下来。这与司马迁的谏言是有关系的。

（徐卫民，西北大学文化遗产学院教授。）

《史记·吕太后本纪》与《汉书·高后纪》较析

王安然

《史记》与《汉书》分别是中国历史上第一部纪传体通史和纪传体断代史，是中国传统史学中最具代表性的两部史书，后世治学研究也常常《史》《汉》并举。西汉二百多年历史，《史》《汉》两书重叠部分百年有余，故《汉书》一百篇，有六十一篇与《史记》有内容上的重叠。重叠部分，《汉书》基本承袭《史记》旧文，同时进行了一定程度的增补、删改和移动。故而即使所记内容多有重叠，《史》《汉》两书依然各有其特点，这种不同也反映出司马迁与班固二人史学观与价值观的不同。本文即以《史记·吕太后本纪》和《汉书·高后纪》为例，探究司马迁与班固史学撰述异同及其原因。

一、体例不同

吕雉是中国历史上女性政治家的代表人物之一，作为刘邦死后西汉王朝的第二个实际掌权人，她对当时社会的稳定和经济的发展做出了应有的贡献。司马迁和班固都为其单独立纪，是对其政治地位和社会贡献的肯定。

唐人司马贞在《史记索隐》中写到："纪者，记也。本其事而记之，故曰本纪。又纪，理也，丝缕有纪。而帝王书称纪者，言为后代纲纪也。"[①]本纪是用编年的方式叙述历代君王或实际统治者的政绩，是一部史书的大纲，对整部史书起到提纲挈领的作用。所以《史记》有《吕太后本纪》，《汉书》有《高后纪》。虽然吕雉在身份上不是帝王，但在刘邦驾崩后十五年间，吕太后临朝称制，政

[①] 司马迁：《史记》，中华书局 2014 年版，第 1 页。

令皆出自太后之手，只有以她为中心，才能讲清楚这十五年间的诸多事宜。所以将吕后列入本纪，也是司马迁和班固在实事求是的原则下，认可了吕后在汉初的地位和贡献。

虽然司马迁和班固都将吕后编入本纪，但两书之间依然存在较大的差异。《史记》只有《吕太后本纪》，不为孝惠皇帝立纪；而《汉书》则有《惠帝纪》与《高后纪》。《惠帝纪》严格遵循年月系事，但却极为简约，所在七年间时事多以寥寥数字略过，全篇不过千字。徐浩在《廿五史论纲·绪论》中提到："《史记》有《吕后本纪》，次入帝纪，因女主临朝而立。此例始于《史记》，《汉书》因之，立《高后纪》。在后妃之前，先立《孝惠纪》，惠帝崩，再立后纪，体例截然。《高后纪》中，但纪临朝八年大事，其日常行事，别见《外戚传》，此与《史记》之毕载一篇者，例微不同。"①

深究其原因，《史记》与《汉书》表现在体例上的不同，正来源于司马迁与班固在立纪见解或立纪精神上的不同。

司马迁在《史记·太史公自序》中说道："网罗天下放矢旧闻，王迹所兴，原始察终，见盛观衰，论考之行事，略推三代，录秦汉，上记轩辕，下至于兹，著十二本纪，既科条之矣。"②这段话是司马迁自己对于十二本纪创作意图的概括，即本纪不仅要纲纪全书，更重要的是要"原始察终，见盛观衰"，要反映王朝盛衰兴亡的全过程，并以此来把握历史发展的规律。在《报任安书》中，司马迁同样写到："网罗天下放矢旧闻，考之行事，稽其成败兴坏之理，……亦欲以究天人之际，通古今之变，成一家之言。"③正是有"通古今之变"的精神贯注其间，司马迁才不以一姓一帝的政权得失为重，也不以历史之名为重，他更重视历史的盛衰兴亡之理，更重视历史的实与变。正如徐时栋所说："天下号令在某人，则某人为本纪，此史公史例也。故《高祖本纪》之前，有《项羽本纪》；高祖以后，不立孝惠皇帝本纪，而独立《吕后本纪》，固以本纪为纪实，而非争名分之地也。此后无人能具此识力，亦无人敢循此史例矣。"④《史记·吕太后

---

① 徐浩：《廿五史论纲》绪论，上海科学技术文献出版社2019年，第20页。
② 司马迁：《史记》卷一三〇，中华书局2014年版，第4027页。
③ 班固：《汉书》卷六二，中华书局1964年版，第2735页。
④ 徐时栋：《烟屿楼读书志》卷一二，鄞县徐氏蘧学斋铅印本，第1页。

本纪》所载十五年间，前七年，孝惠帝有天子之名，但因权力由吕后掌握，并无天子之实。反观吕后，在孝惠皇帝在世七年间掌握大权，有宰制天下之实，孝惠皇帝驾崩后的八年间更是临朝称制，虽无天子之名，却有天子之实。故而司马迁不为孝惠皇帝立纪，而只为吕后立纪。

《汉书》是一部断代史，它完整地记载了西汉一代的历史，上起高祖，下迄王莽灭亡。《汉书·叙传》曰："汉绍尧运，以建帝业，至于六世，史臣乃追述功德，私作本纪，编于百王之末，厕于秦、项之列。太初以后，阙而不录，故探纂前纪，缀辑所闻，以述《汉书》，起元高祖，终于孝平王莽之诛，十有二世，二百三十年。"①从引文可以看出，班固写作《汉书》，有"尊显汉室"的精神在其间，其本纪部分主要记述西汉刘姓一代的盛衰兴亡和帝王世系。同时他又重视历史记述形式，讲究历史编纂体例的完整，所以在重视历史之实的同时兼顾历史之名。因此，在班固看来：孝惠皇帝七年间，有天子之名，他也是刘氏之子，理当为其立纪，不能阙省；高后八年间，女主称制，有宰制天下之实，不能阙略这八年历史，也应当为其立纪。故而班固分别为孝惠皇帝和吕后立纪。司马贞非常赞同班固的这一做法，他在《史记索隐》中说道："吕太后本以女主临朝，自孝惠崩后立少帝而始称制，正合附《惠纪》而论之，不然，或别为《吕后本纪》，岂得全没孝惠而独称《吕后本纪》？合依班氏，分为二纪焉。"②

二、取材不同

《汉书》的史料来源，汉武帝以前绝大部分用《史记》原文。尽管《汉书》对《史记》的材料多有袭用，但也有增补变化，即使在引用相同材料的情况下，取舍亦有不同。事实上，《汉书》对《史记》每篇在史事、材料、文辞、赞语上的增删以及更改情况，变化颇多。

《汉书·高后纪》在篇幅上有一半袭用《史记·吕太后本纪》，但从总体上看，两篇文章颇为不同。班固在《史记》已有材料的基础上作了大量的增删，同

---

① 班固：《汉书》卷一〇〇下，中华书局 1964 年版，第 4235 页。
② 司马迁：《史记》卷九，中华书局 2014 年版，第 503 页。

时司马迁和班固对同一件史事的记载也有详略方面的差异。(《史记·吕太后本纪》与《汉书·高后纪》取材布局如下表所示。)

事件	《史记·吕太后本纪》	《汉书·高后纪》
1	出身及子嗣 吕太后与戚夫人结怨	出身及子嗣 佐高祖定天下
2	佐高祖定天下 吕太后娘家的势力	惠帝崩，太后临朝称制 吕太后娘家的势力(《外戚传》)
3	高祖驾崩，太子袭号为帝 各诸侯王的分封状况	《除三族罪妖言令诏》 赐民爵，户一级
4	吕太后杀戚夫人与赵王如意	立孝惠五子
5	吕太后欲杀齐王肥 筑长安城	秋，桃李华
6	孝惠帝崩，太后哭，泣不下 立少帝，号令一出太后	《议定列侯功诏》
7	太后欲立诸吕为王 废王陵	地震 日蚀
8	太后欲侯诸吕，乃先封高祖之功臣	衡山王不疑薨
9	太后立诸吕为王、为侯	行八铢钱
10	《议代少帝诏》 少帝废位，太后幽杀之 立常山王义为帝，更名曰弘	汉水溢 星昼见
11	幽杀赵王友，以民礼葬之	《议代少帝诏》 皇太后幽少帝永巷 立恒山王弘为皇帝
12	日食，昼晦，太后恶之	南越王自称南武帝
13	徙梁王恢为赵王 吕王产徙为梁王 以刘泽为琅琊王	淮阳王强薨
14	赵王自杀废嗣	发河东、上党骑屯北地

续表

事件	《史记·吕太后本纪》	《汉书·高后纪》
15	张敖卒，以子偃为鲁王	星昼见 赦天下 城长陵
16	代王谢徙，愿守代边	行五分钱
17	立吕禄为赵王 杀燕灵王建美人子，国除 立吕通为燕王	匈奴寇狄道，略二千余人
18	吕后祓还，见物如苍犬，遂病掖伤	赵王友幽死于邸
19	封张侈为新都侯，张寿为乐昌侯，以辅鲁元王偃	日蚀
20	高后崩，以吕王产为相国，以吕禄女为帝后	以吕产为相国，吕禄为上将军
21	以左丞相审食其为帝太傅	《议昭灵夫人等尊号诏》
22	齐王杀其相，遂发兵，诈夺琅琊王兵，并将之而西	赵王恢自杀 燕王建薨
23	齐王遗诸侯王书 灌婴与诸侯连和，以待吕氏变，共诛之	南越侵盗长沙，遣隆虑侯竈将兵击之
24	吕禄、吕产欲发乱关中，犹豫未决 列侯群臣莫自坚其命	张释卿为列侯 诸中官、宦者令丞皆赐爵关内侯
25	绛侯与陈平谋，使郦寄往说吕禄 吕禄信郦寄，欲归将印，吕嬃大怒	江水、汉水溢
26	左丞相食其免	皇太后崩于未央宫，大赦天下
27	吕禄解印而以兵授太尉，太尉遂将北军	朱虚侯、齐王、周勃、陈平、灌婴连和，待吕氏变而共诛之
28	朱虚侯将兵杀吕产	绛侯与陈平谋，使郦寄往说吕禄 吕禄信郦寄，欲归将印，吕嬃大怒
29	捕诸吕男女，无少长皆斩之	吕禄解印而以兵授太尉，太尉遂将北军

续表

事件	《史记·吕太后本纪》	《汉书·高后纪》
30	群臣欲迎代王为帝	朱虚侯将兵杀吕产
31	代王入宫听政 有司分部诛灭梁、淮阳、常山王及少帝于邸	捕诸吕男女，无少长皆斩之
32	代王立为天子	群臣尊立文帝（《周勃》《高五王传》）
33	太史公曰	赞曰

据上表不难看出《汉书·高后纪》对《史记·吕太后本纪》的增删情况。一方面，《汉书·高后纪》对《史记·吕太后本纪》的删略颇多，而删略部分大多移入《汉书》的其他各传中。"吕后与戚夫人结怨""吕后杀戚夫人与赵王如意""孝惠帝崩，太后哭，泣不下"等事，皆移入《外戚传》；"吕后欲立诸吕为王而议王陵、陈平、周勃"等事，移入《张陈王周传》；"吕后欲杀齐王肥""鸩杀赵王如意""幽杀赵王友""逼死赵王恢""使人杀燕王建子"等事，移入《高五王传》；"筑长安城"一事，移入《惠帝纪》；"吕后因见苍犬之祸而病崩"一事，移入《五行志》。另一方面，《汉书·高后纪》在《史记·吕太后本纪》的基础上系统地增加了年月日，同时增录了史事、诏令、政策、灾异以及战争等相关记载。《汉书·高后纪》中每件史事均有确切的年月记载，有些时间甚至可以精确到日，所以文中多有"元年春正月""春正月乙卯""七年冬十二月"等有关时间的记载。相比于《史记·吕太后本纪》的取材，《汉书·高后纪》增录了"城长陵"等史事；增录了《除三族罪妖言令诏》《议定列侯功诏》《议昭灵夫人等尊号诏》三条诏令及其相关史事；增录了"赐民爵，户一级""行八铢钱""行五分钱"等政策；增录了"秋，桃李华""地震""日蚀""汉水溢""星昼见"等灾异之事；增录了"匈奴寇狄道，略二千余人""南越侵盗长沙，遣隆虑侯窦将兵击之"等战争之事。

除了适量的增删以外，《史记·吕太后本纪》与《汉书·高后纪》对同一件史事的记载亦有详略方面的差异。如《议代少帝诏》一事，《史记·吕太后本纪》详细地叙述了前因，即："宣平侯女为孝惠皇后时，无子，详为有身，取美人子名之，杀其母，立所名子为太子。孝惠崩，太子立为帝。帝壮，或闻其母死，非真皇后子，乃出言曰：'后安能杀吾母而名我？我未壮，壮即为变。'太后闻而患之，恐其为乱，乃幽之永巷中，言帝病甚，左右莫得见。"①而《汉书·高后纪》则以"四年夏，少帝自知非皇后子，出怨言，皇太后幽之永巷"②一语带过，所略颇多。又"诛诸吕"一事，在两篇文章中均占有大量篇幅，是这两篇本纪的重点所在。这一部分，《汉书·高后纪》基本承袭《史记·吕太后本纪》的内容，只是在个别地方稍有删略改动。《四史评议》对此早有评论："至其疏略，亦所时有。如高后崩前，《史记》有'令赵王吕禄为上将军，军北军，吕王产军南军'等语，此删去之，则后来'勃欲入北军''勃遂将北军，尚有南军'，皆无来历矣。又《史记》有'齐王闻之，乃还兵西界待约'等语，此删去之，则齐王'并将而西'无所止矣。又《史记》有'遣朱虚侯章'至'灌婴兵亦罢荥阳而归'等语，此删去之，则前此齐王兵及灌婴兵俱无归结矣。"③

纵观全文，可以发现，正是司马迁与班固在历史观上的不同，导致了《史记·吕太后本纪》与《汉书·高后纪》在写法、行文、取材方面的不同。

在《史记·吕太后本纪》一文中，司马迁并没有严格按照编年的形式写作，而是大量运用了传记的创作形式。该篇以吕后为主，详细叙述了吕后的性格特征、吕氏势力的此消彼长和吕氏家族的兴衰。正如李景星在《四史评议》中写道："大旨以吕后为主，而附叙者为惠帝，为两少帝，为诸吕，……总之，以刘氏、吕氏为一篇眼目，以王诸吕、诛诸吕为一篇关键，以'吕后为人刚毅'句为一篇骨子。"④

《史记·太史公自序》道："惠之早霣，诸吕不台；崇彊禄、产，诸侯谋之；杀隐幽友，大臣洞疑，遂及宗祸。作《吕太后本纪》第九。"⑤这是司马迁作《吕太后本纪》的原因。在司马迁看来，惠帝的早死，给汉初留下了一个政治难题，即诸吕作难。孝惠皇帝驾崩以后，以吕太后为首的吕氏外戚和拥护刘姓江山的

---

① 司马迁：《史记》，中华书局 2014 年版，第 511 页。
② 班固：《汉书》，中华书局 1964 年版，第 98 页。
③ 李景星：《四史评议》，岳麓书社 1986 年版，第 135 页。
④ 李景星：《四史评议》，岳麓书社 1986 年版，第 14 页。
⑤ 司马迁：《史记》，中华书局 2014 年版，第 4009 页。

诸侯大臣之间矛盾日深，这个矛盾在吕太后崩逝后彻底爆发，最终演变成一场政治危机，而这场危机严重威胁到了刘姓的江山社稷。司马迁在这篇本纪中想要描述的就是这场政治危机。吕太后是这场政治危机的中心人物，只有以她为主，才能在千头万绪中抓住主要矛盾，才能更明晰、更生动地讲清楚这件发生在汉初的大事。韩兆琦评价说："就选材而言，作者不是完整、全面地记述吕后一生的功过事迹，而是像后代小说那样，集中表现了吕氏与刘氏宗室及元老功臣之间的矛盾冲突。而与王诸吕、诛诸吕无关的事情，作者都忍痛割爱，或只在论赞中简单提点，或干脆写入他篇，这就保证了主题鲜明，矛盾集中，尽管千头万绪，而线索非常明晰。"[1]另外，这场政治危机不仅仅威胁到了刘姓的江山社稷，更是为吕氏宗族招来了祸端。司马迁以传记的形式详细描写了这一历史事件，以反映刘氏、吕氏在这场政治危机中的此消彼长和盛衰兴亡，正与《史记》"原始察终，见盛观衰"的宗旨相合。

《汉书·高后纪》严格按照时间顺序，列举吕后的施政举措，其行文方式与正常记录皇帝的"本纪"基本相同。《四史评议》道："班氏次其年月，摘其大节，而以余事分归各传，乃觉一片阴惨之气陡变阳和。……盖既为本纪，即不得不用本纪体例也。"[2]

班固著《汉书》，主要记述汉室刘姓的兴衰历程，他更重视历史记叙的形式，更讲究历史编纂体例的完整。因此《高后纪》严格按照帝王本纪的记叙方式，以时间顺序记录吕太后临朝称制时期的相关史事，这使得《高后纪》有了更详明的年月，有了更多的纲领性。除此之外，《汉书》还有一个特点，即"博洽"。范晔称它"文赡而事详"，颜师古称它"宏赡"，都是从博洽的角度去肯定它的。[3]班固《高后纪》在司马迁取材的基础上增加了大量的史料，这些史料多是一些诏令和政策。如《除三族罪妖言令诏》："前日孝惠皇帝言欲除三族罪、妖言令，议未决而崩，今除之。"[4]又如："二月，赐民爵，户一级。初置孝弟力田二千石

---

[1] 徐兴海：《史记研究集成·十二本纪·吕太后本纪》，西北大学出版社2019年版，第183页。

[2] 李景星：《四史评议》，岳麓书社1986年版，第134页。

[3] 白寿彝：《司马迁与班固》，《北京师范大学学报（社会科学）》，1963年第4期。

[4] 班固：《汉书》，中华书局1964年版，第96页。

者一人。"①透过这些史料，我们才能看到吕太后的施政举措和汉初休养生息的国策，才能更为客观地评价历史事件和历史人物。值得一提的是，《高后纪》中增加了大量的灾异记事，这是班固天人感应和阴阳五行思想的体现。班固的阴阳五行思想强调灾异的作用，认为皇帝的一举一动都受到上天的关注，都必然发生相应的影响。《汉书》本纪中记载的灾异之事，大多能在《五行志》中找到对应的解释。如《高后纪》记载："夏五月丙申，赵王宫丛台灾。"②而《五行志》中相对应地解释道："高后元年五月丙申，赵丛台灾。刘向以为是时吕氏女为赵王后，嫉妒，将为逸口以害赵王。王不寤焉，卒见幽杀。"③

三、态度不同

"太史公曰：孝惠皇帝、高后之时，黎民得离战国之苦，君臣俱欲休息乎无为，故惠帝垂拱，高后女主称制，政不出房户，天下晏然。刑罚罕用，罪人是希。民务稼穑，衣食滋殖。（《史记·吕太后本纪》）"④"赞曰：孝惠、高后之时，海内得离战国之苦，君臣俱欲无为，故惠帝拱己，高后女主制政，不出房闼，而天下晏然，刑罚罕用，民务稼穑，衣食滋殖。（《汉书·高后纪》）"⑤两篇本纪的论赞部分除了文字表达上的略微差别外，《高后纪》基本因袭《吕太后本纪》，司马迁和班固均是称赞了吕太后无为而治、休养生息的政策。这是司马迁和班固对吕太后在刘邦死后的十几年中维持社会稳定、发展社会经济等贡献的肯定。但是，从二者的行文和对相关史事的处理方式上，仍可看出他们对吕太后的态度是有差异的。

《史记·吕太后本纪》以人物传记的形式，较为详细地记载了吕后一生的主要行迹。司马迁不仅记载了吕后精明能干和赋有政治才能的正面形象，也记载了她工于心计和心狠手辣的反面形象。司马迁善于通过人物的语言、动作、细节和心理描写来刻画人物，故而在他的笔下，吕太后性格刚毅、精明能干，其工于心计、心狠手辣的女主形象被刻画的栩栩如生。《汉书·高后纪》以本纪的

---

① 班固：《汉书》卷三，中华书局1964年版，第96页。
② 班固：《汉书》卷三，中华书局1964年版，第96页。
③ 班固：《汉书》卷二七上，中华书局1964年版，第1330页。
④ 司马迁：《史记》卷九，中华书局2014年版，第521页。
⑤ 班固：《汉书》卷三，中华书局1964年版，第104页。

形式，罗列了吕后从"临朝称制"到最后崩殂期间的政治大事及诸吕作乱的整体历程，而将吕后谋杀刘氏子孙、残害戚夫人等事皆写入别传。班固在《高后纪》中塑造了吕后女性政治家的正面形象，而其负面形象均著录于《外戚传》与《高五王传》中。由此可以看出，司马迁对吕后持一种综合性的评判；而班固则将其正面形象与负面形象分开进行评判。这种评判方式体现了司马迁与班固自身不同的生活阅历与价值取向。

司马迁著述《史记》的过程，可谓是一波三折，历经磨难。天汉三年（公元前98），司马迁遭李陵之祸，含冤受刑。这场灾祸导致了司马迁重大的思想转变，并直接影响到了《史记》的创作。在这一事件中，司马迁深刻感受到了君主专制制度的无理与矛盾，故而在《史记》的编纂中毫不隐晦地直书帝王之恶，微言讥刺，以抒发愤恨之情。《汉书·司马迁传》云："自刘向、扬雄博极群书，皆称迁有良史之材，服其善序事理，辨而不华，质而不俚，其文直，其事核，不虚美，不隐恶，故谓之实录。"[①]在《吕太后本纪》一文中，司马迁极力描写了统治集团的内部矛盾，直言不讳地揭露了吕后的宫廷丑剧和政治阴谋。但同时，司马迁又能以一种辩证的眼光来看待历史事件和历史人物，能够客观、公正地对历史事件和历史人物进行评价，称赞吕后"政不出房户，天下晏然。刑罚罕用，罪人是希。民务稼穑，衣食滋殖"。另外，司马迁作《吕太后本纪》，记述了一场统治集团内部的争权夺利，揭露了统治阶级的内部矛盾，同样寄托了他"究天人之际，通古今之变，成一家之言"的撰作精神。

相较于司马迁著史过程的坎坷磨难，班固则显得相当平顺。永平五年（公元62），班固因私作国史下狱，其弟班超为其上书陈情，后来班固反而因祸得福，受到了明帝的赏识，被封为兰台令史。《后汉书·班固传》载："显宗甚奇之，召诣校书部，除兰台令史。"[②]永平七年（公元64），明帝复命班固在兰台编纂《汉书》，从此《汉书》由私纂变为官修。加之明帝在班固面前指出司马迁"微文刺讥，贬损当世，非谊士也"，而司马相如"颂述功德，言封禅事，忠臣效也"。[③]

---

① 班固：《汉书》卷六二，中华书局1964年版，第2738页。
② 范晔：《后汉书》卷四〇上，中华书局1965年版，第1334页。
③ 萧统：《六臣注文选·典引》，中华书局1987年版，第917页。

这些均对班固著录《汉书》影响颇深，故而班固有明显的尊汉立场，本纪部分的撰写也多昭显汉室功德。在《高后纪》一文中，班固记叙了吕后一系列的施政举措和社会大事，多论述其对汉初社会有利的一面，突出了一位女性政治家的正面形象。但是，对于吕后的反面描写和负面评价，班固并未隐晦不录，而是将它们移入别传记述，这样虽然在读者看来有割裂之感，但到底能做到"不掩其恶"和"美恶不相掩"。在"尊显汉室"的精神贯注之下，班固依然能以严正的史家立场写史，以昭显历史的真实为己任。《后汉书·班固传》云："若固之序事，不激诡，不抑抗，赡而不秽，详而有体，使读之者亹亹而不厌，信哉其能成名也。"①正是因为班固"不激诡，不抑抗"的著史态度，他的叙事才能做到不失客观，《汉书》也因此被后人评价为"实录"。

四、结语

《史记·吕太后本纪》与《汉书·高后纪》，在撰写体例、事件取材、具体态度上均有不同，即使在内容上有所因袭，两篇文章仍然各有千秋。对比之下不难发现，两文一篇通变古今，一篇尊显汉室；一篇深责当世，一篇体例谨严；一篇微言讥刺，一篇不失客观。若单看《吕太后本纪》，则吕后当时的政治、经济、外交等政令便无从得知；若单看《高后纪》，则无以观见吕后在当时政治上的手段以及刘、吕势力的消长。②故而参看两文，方可知吕后时期的社会与政治全貌。同时，《吕太后本纪》与《高后纪》的不同也在一定程度上反映了司马迁与班固在史书编纂上的差异。司马迁与班固不同的社会背景和生活阅历催生了两人不同的价值观念和著史态度，也成就了《史记》与《汉书》在中国古代历史上独一无二的地位。清人章学诚评论道："史氏继《春秋》而有作，莫如马班，马则近于圆而神，班则近于方以智也。"③

（王安然，陕西师范大学硕士研究生。）

---

① 范晔：《后汉书》卷四〇上，中华书局 1965 年版，第 1386 页。
② 徐淑华：《〈史记·吕后本纪〉与〈汉书·高后纪〉较析》，见《史记文本研究》，中国文史出版社 2015 年版。
③ 章学诚：《文史通义》卷一，嘉业堂刊本。

《史记》人物研究

论人格偏执障碍下的吕后命运悲剧

常智慧

在男权至上的古代社会，女性往往被看作是男性的附庸，处于附属地位。受到这种思想压制的女性，通常会丧失其自主选择人生的权利，逐渐被人遗忘在历史长河中。但司马迁慧眼独具，"究天人之际，通古今之变，成一家之言"①的进步史观让他关注到了人本身所具有的主体价值。即使处在男权当政的封建社会中，司马迁仍然看到了当时一些女性的独特之处，以客观公正的史官态度，真实地再现了她们的生活，吕后便是其中之一。司马迁不仅为吕后单独作传，将其放在与帝王同等位置的本纪之中，更是对她不同阶段的心理变化进行了动态书写和细腻解读。在《史记·吕后本纪》中司马迁不遗余力地讲述了吕后从"高祖微时妃"②到站上政治权力顶峰的传奇一生，也细致地再现了吕后如何从最初善良刚毅的妇人变成一位利欲熏心的权谋者。但人们往往只看到了吕后工于心计、擅长权谋、心肠狠毒的一面，而忽略了她值得肯定的政治才能。

近年来，研究学者们逐渐抛下政治偏见，开始将研究视角转为以人为中心，更加关注文学人物本身；再加上文学研究领域出现了交叉学科研究的热潮，如文学与心理学交叉，文学与医学交叉，文学与历史学交叉等等。一些学者开始将交叉研究法与文本细读法结合起来，通过不同的研究视角，对文学人物有了更加全面深入的分析与解读。学者们将以上研究方法运用到历史人物——吕后身上时，更多的是通过分析其心理变化来揭示人物形象本身的客观性。如刘昌安《吕后的个性心理特征及其形成》③认为，司马迁笔下的吕后，性格具有多重

---

① 司马迁撰，韩兆琦评注：《史记》，岳麓书社2011年版，第1814页。
② 司马迁：《史记》，中华书局2011年版，第333页。
③ 刘昌安：《吕后的个性心理特征及其形成》，《汉中师范学院学报》1999年第3期，第37—42页。

性：她在经历了颠沛流离与争权夺利之后，产生了强烈的自卑和变态心理；但她治国安邦的政治才干值得肯定。孙佰玲《女性生命悲剧的形象展示——〈史记·吕太后本纪〉新解读》①运用悲剧主义理论分析了吕后的人生，从"情欲流离""母爱异化""欲望幻灭"这三个方面来阐述吕后人生中无法摆脱的命运悲剧，她认为这是司马迁创作《吕太后本纪》的目的所在。赵骞、彭忠德《从角色理论看司马迁笔下的吕后》②则是运用社会学中的角色理论来分析处于家庭与社会两个不同场域之下的吕后，其身份有所不同，那么相应地心境也会出现一些改变。他认为，从"为人刚毅"③的家庭女性到善于权谋的政治女性给吕后带来的不仅是身份转变，也有其心理的变化。这也是司马迁刻画人物性格时互见手法的体现。但以上学者都只是对吕后形象进行了客观的正名，并未揭示出其背负骂名悲剧的深层原因。王晓红在《试论〈史记〉对女性人物精神生态的观照》④中，以精神生态学视角为研究基础，宏观研究了《史记》中所出现的近四百个女性人物，形成了宏大历史视域下独特的女性群像。她认为，司马迁在《史记》中分别描写了处于平衡与失衡的精神生态层面的两种女性，展现了作者对历史人物的精神生态的关切与忧思。而其中吕后就属于精神生态异化的一类。但她对这些女性人物形象分析流于表面，并未对其角色行为背后的内在原因进行探析。尹方红《〈史记·吕太后本纪〉中吕后情绪书写探析》⑤主要从司马迁创作手法——心理描写来研究吕后的主要情绪"怨"和"怒"，并从她自身、爱情和权力这三方面的需求出发，去探析形成吕后情绪的心理因素。但她只是单纯地通过分析吕后情绪的形成及原因，来探究司马迁的心理描写手法。

---

① 孙佰玲：《女性生命悲剧的形象展示——〈史记·吕太后本纪〉新解读》，《汕头大学学报》2004年第5期，第61—64、92页。

② 赵骞，彭忠德：《从角色理论看司马迁笔下的吕后》，《咸宁学院学报》2008年第4期，第58—61页。

③ 司马迁：《史记》，中华书局2011年版，第334页。

④ 王晓红：《试论〈史记〉对女性人物精神生态的观照》，《社会科学辑刊》2011年5月，第221—223页。

⑤ 尹方红：《〈史记·吕太后本纪〉中吕后情绪书写探析》，《名作欣赏》2018年第12期，第77—78页。

以上这些学者并没有对吕后的心理进行明确阐释，只是单纯将其行为与其心理状况联系起来进行考察。笔者结合前人研究成果，在前人的研究基础之上，认真查阅精神心理学方面的资料之后发现，吕后的这一心态与精神心理学中的偏执型人格障碍有异曲同工之处，而她这一系列被人诟病的行为就与其患有偏执型人格障碍有关。因此本文试图从偏执型人格障碍理论出发，厘清吕后悲剧的来龙去脉，从而反映出处于当时男性官僚集团压迫之下的女性意识觉醒与反抗。

一、偏执型人格障碍阐释理论

人格又称个性，是一个人在社会生活中理智与情感相对稳定的心理状态，是"人在与环境相互作用过程中所表现出来的独特的行为模式、思维方式和情绪反应"。[①]对于拥有正常人格的人来说，其个体本身与环境会形成一种相互适宜的稳定结构，理智与情感也会达到一种平衡的状态。一旦这种结构被打破，理智与情感发生失衡，人们往往会变得脾气古怪，行为举止不被大多数人所接受，心理学者将这一类人称为人格障碍者。人格障碍属于精神心理学的研究范畴，由于人体个性特征的复杂性，学界难以精准把握人格障碍的定义，他们普遍认为人格障碍往往"是指明显偏离正常且根深蒂固的行为方式，具有适应不良的性质，其人格在内容上、质上或整个人格方面异常"，[②]从而会影响其正常的社会生活能力。

受政治、经济、哲学和宗教等因素的影响，古希腊是世界上精神心理学发展较早也较快的国家。被欧洲人尊称为"医学之父"生活在公元前五世纪的希波克拉底就认识到大脑是人体意识的重要载体，它承载着人类的各种情绪。他还建立了人类史上第一个精神障碍分类：癫痫、躁狂、忧郁和偏执，并尝试着去描述各种人格的特点。心理学界通常将人格障碍视为一种处于正常和非正常之间的行为，认为他们的行为举止还未达到精神病人的程度，但也不是正常人。因

---

① 汤世明：《解读人格障碍——偏执型人格障碍》，《中国社区医师》2002年第20期，27页。
② 郝伟，陆林主编：《精神病学（第8版）》，人民卫生出版社2018年版，205页。

此人格障碍在现代临床上并不容易被医务人员所察觉，一般当事人也只是认为这是自己本身性格使然，并不知道这其实是可以被矫正的。更何况是当时医学并不发达的古代社会，医者更是对心理健康知识一无所知。在中国，受中国传统中医理论的影响，历史上关于精神类疾病的文字记载并不多。关于精神情绪方面的最早记述见于《尚书·微子》，如"我其发出狂"。①但此处的"狂"通"往"，是去的意思，与现在所指的人的精神状况并无关联。在《黄帝内经》中，医者也只是认为人的喜怒哀乐会影响人的生理健康，如"怒伤肝""喜伤心""虑伤脾""忧伤肺""惊伤肾"②。即使后来的医书对精神状况有了详尽地描述，如"躁""狂""痴""癫"等，也只是这些病人的精神状况已经严重影响到了其正常的生理和生活。当时的中医更多的是关注人的生理健康，而较少关注到人的心理健康。直至十九世纪末，随着国外的传教士来到中国建立教会，并在其中设立精神病院，国外的精神病学研究理论才开始传入我国。新中国成立初期，国家政府希望建立新的精神病院，以帮助恢复部队复员人员的精神状况，并收留因战火纷飞而遭受精神创伤的普通民众。在此基础上，为加强各城市地区间的医学交流，在 1954 年，中华医学会专门独立出一门学科——精神科学，并创办期刊《中华区神经精神科杂志》，至此我国的精神心理学科开始成立，并开始注重相关人才的培养。1961 年，《精神病学》出版。这是我国第一本精神病学学科的高等教材，由华西医科大学编写，人民卫生出版社出版，这标志着我国精神病学学科正式成立。

随着医学水平的提高，目前学界已经出现了国际通用的人格障碍分类方法，较为常用的 DSM5③（美国《精神障碍诊断与统计手册（第五版）》）就是其中一种。它将人格障碍分为以下三组："A 组包括偏执型、分裂样和分裂型人格障碍。患有这些障碍的个体通常表现得奇特或古怪。B 组包括反社会型、边缘型、表演型和自恋型人格障碍。患有这些障碍的个体通常显得戏剧化、情绪化或不稳定。C 组包括回避型、依赖型和强迫型人格障碍。患有这些障碍的个体通常表现得焦

---

① 孔安国传，孔颖达等正义：《尚书正义》，上海古籍出版社 1990 年版，第 143 页。
② 黄帝等撰，李郁、任兴之编译：《黄帝内经》，三秦出版社 2018 年版，第 27 页。
③ DSM5：是美国精神病协会 2013 年 5 月推出的精神疾病类及诊断标准。

虑或恐惧。"①而本文所要论述的偏执型人格障碍就是其中的一种，此类患者常常会表现为固执己见，极度敏感，并伴随有妄想症的表征，长时间地用不切实际的幻想去揣测和解释别人的行为，"怀疑别人对己有恶意，因而对别人的好意也看成动机不纯而加以防范。常深信自己被别人议论或受委屈，因此经常顶撞、争执。"②他们经常与人发生冲突和矛盾，人际关系相对紧张。根据研究者的数据表明，这种人格障碍的发生率在女性中比例更大。DSM5 将偏执型人格障碍的临床表现分为以下七种：

1. 没有足够依据地猜疑他人在剥削、伤害或者欺骗他或她；
2. 有不公正地怀疑朋友或同事对他的忠诚和信任的先占观念；
3. 对信任他人很犹豫，因为毫无根据地害怕一些信息会被恶意地用来对付自己；
4. 善意的谈论或者事件会被当作隐含有贬低或威胁性的意义；
5. 持久地心怀怨恨（例如，不能原谅他人的侮辱、伤害或轻视）；
6. 感到自己的人格或者名誉受到打击，但在他人看来并不明显，且迅速做出愤怒的反应或做出攻击；
7. 对配偶或性伴侣的忠贞反复地表示猜疑，尽管没有证据。③

而存在上述症状的四种及其以上即可判断为人格偏执型障碍，经过笔者仔细分析发现，吕后的一系列行为是符合以上标准的。因此笔者认为吕后精神状况在当时确实出现了一些问题，这些问题并不像生理性疾病那样容易被察觉，故而人们往往认为吕后不择手段的狠厉残虐形象是其性格所致。笔者提出这一问题，并不是为吕后的残虐行为正名，只是想从现代心理学的角度分析古人过于偏激的行为，并深入反思造成这一行为的原因。在笔者看来，这是吕后被异

---

① 美国精神医学学会编著，张道龙等译：《精神障碍诊断与统计手册（第五版）》，北京大学出版社 2015 年版，第 635—636 页。

② 美国精神医学学会编著，张道龙等译：《精神障碍诊断与统计手册（第五版）》，北京大学出版社 2015 年版，第 27 页。

③ 美国精神医学学会编著，张道龙等译：《精神障碍诊断与统计手册（第五版）》，北京大学出版社 2015 年版，第 639 页。

化了的精神世界在行为上的投射,也是女性处在男权社会压抑之下的觉醒与反抗。

二、吕后人格悲剧之表现

在古代社会,女性一直被当作男性社会的调剂品,无法享有和男子平等的权利,没有独立的人格,更不用说走上政治权力的中心。只要女性对此稍稍有所不满,就会被当作"异类",并遭到一些所谓"卫道士"的猛烈抨击。从封建时期的男性官僚集团旋涡中心突围出来的吕后就是如此。吕后一直以残虐狠毒的负面形象示人,总是被人们抓住其性格狠厉的一面大肆抨击,而她对大汉王朝的贡献往往被忽略。这正是吕后人生中最大的悲剧,也是整个封建历史社会中女性的共同悲剧,如唐朝的女皇武则天,清朝的慈禧皇太后都被人冠上了狠厉残忍和贪慕权势的帽子。笔者以为,这是男性封建社会对女性的偏见,而这种长久以来的特有偏见,会激发出女性历史人物的逆反心理,在长久的男权社会高压中,她们的理智与精神必然出现错位,从而做出一些让人匪夷所思的行为。

笔者细读《史记》文本发现,吕后凶狠残虐的攻击手段、对权势的绝对掌控和敏感多疑的情绪起伏正是其精神异化的表现,而这也与现代心理学中的偏执型人格障碍有相合之处,因此本文将根据 DSM5 对偏执型人格障碍的七种判定标准来对吕后的典型行为作出分析和论证,而其中的四条判断标准都在吕后的一些行为中得到了印证,其具体分析如下:

(一)凶狠残虐的攻击手段

根据 DSM5 的判断标准,我们得知偏执型人格障碍患者往往会"持久的心怀怨恨,不愿原谅他们认为经受的侮辱、伤害或者轻视,对他们感受到的侮辱,他们会迅速做出愤怒的反应或做出攻击"。[1]笔者以为,这一标准适用于吕后残害刘姓皇子,将戚夫人做成人彘的行为。

在男权当道的历史时期,男性三妻四妾是无比正常的事情,而"好酒及色"[2]

---

[1] 美国精神医学学会编著,张道龙等译:《精神障碍诊断与统计手册(第五版)》,北京大学出版社 2015 年版,640 页。

[2] 司马迁:《史记》,中华书局 2011 年版,第 291 页。

的刘邦更是其中的佼佼者。吕后是刘邦的正室，而戚夫人的出现不仅对其正室地位产生了极大威胁，更是撼动了她儿子的皇位继承权。作为一个年轻貌美又能歌善舞的女性，戚夫人非常懂得运用优势为自己谋得利益。她利用刘邦的宠爱，"日夜啼泣"，希望刘邦能够"立其子以代太子"。①此时的吕后却因年老色衰被刘邦疏远。面前如此温柔小意的美人日夜垂泪，刘邦怎会不心动。他便以"孝惠仁弱"、与他不相似为借口，"常欲废太子，立戚姬子如意"②。面对自己儿子岌岌可危的皇位继承权，吕后怎能不对戚夫人和其子赵王产生一些怨恨。司马迁对此一时期吕后的情绪进行了如实记录："吕后最怨戚夫人及其子赵王，乃令永巷囚戚夫人。"③其中"最"字真实地再现出吕后将要对二人实施暴行的心理因素，正因为戚夫人和赵王的夺嫡野心，让吕后意识到了威胁，才会对二人一直心怀怨恨。在刘邦死后，吕后长期积压的怨恨情绪一朝爆发，对赵王和戚夫人展开极残忍的攻击与报复。她将赵王召入京，趁孝惠帝不备之时，以鸩酒毒之。赵王死后，她又以更为毒辣的方式攻击戚夫人，"断戚夫人手足，去眼，煇耳，饮瘖药，使居厕中，命曰'人彘'。居数日，乃召孝惠帝观人彘"④。她不仅将戚夫人做为人彘，而且邀请自己的儿子去观看，期待与人共享胜利之果，以达到报复的快感。这一令人发指的行径是她长期处于心理压抑状态的突然爆发，也是其人格偏执障碍行为的开端。

之后，尤其是进入更年期的吕后更是将施虐当作一种精神镇定剂，整个人常常处于阴鸷凶狠，焦虑敏感的状态。作为当时中国实际的最高统治者，她时刻担心着刘姓子弟来夺权，因此面对可能成为的威胁，她毫不手软，甚至将攻击别人当作快感。例如刘友只因不接受吕后安排的吕家女，就被"置邸不见，令卫围守之。弗与食"，⑤最终被活活饿死；刘恢也因无法容忍监视自己的吕家女而被"废其嗣"；⑥至于刘建，吕后连他唯一的幼子也不放过，残忍地杀害了他

---

① 司马迁：《史记》，中华书局2011年版，第333页。
② 司马迁：《史记》，中华书局2011年版，第333页。
③ 司马迁：《史记》，中华书局2011年版，第334页。
④ 司马迁：《史记》，中华书局2011年版，第335页。
⑤ 司马迁：《史记》，中华书局2011年版，第340页。
⑥ 司马迁：《史记》，中华书局2011年版，第340页。

全家。

无论是吕后对赵王和戚姬的长期怨恨，还是其对刘姓子弟夺权的担忧，都是其受压制的本能冲动的一朝爆发，是造成她人格偏执的罪魁祸首。弗洛伊德认为本能冲动一旦不再受到压抑，就会表现出一种危险的黑暗力量，而"本能的这种力量的错觉是由于它在幻想中不受阻碍地发展和压制造成实际满足欠缺的后果"[1]，从而就会形成精神性神经症。处于人格偏执障碍下的吕后往往会表现出一些令人难以接受的失控举措，其凶狠残虐的攻击手段是个性好强的吕后长期处于精神压抑的一种宣泄与反抗。

（二）欲壑难平的权势掌控

DSM5 中第一条认为，偏执型人格障碍患者往往极度敏感，常常"没有足够依据地猜疑他人在剥削、伤害或者欺骗他或她"，[2]因此无法对周围人产生信任，故常常通过自给自足以达到内心的满足。这类人的内心有着极其强烈的控制欲，往往不愿意周围的人和事脱离自己的掌控。吕后便是如此，她强势地掌控着孝惠帝的命运，并表现出对权势的无限渴望，为此她采取一系列抑刘封吕的举措来独揽大权。

首先表现在她对孝惠帝的掌控。德国精神学家弗洛姆曾经谈到："施虐狂的本质是想控制（control）到另一个生物的存在，彻底绝对地控制住。另一生物可能是一个动物、一个孩子或其他成人，但在任何情形下，施虐狂患者总是把别的生物当作他的财产、一件东西、一个受他支配的对象。"[3]吕后为了将无上的权力控制在自己的手中，甚至不惜对自己的儿子下手。她抓住孝惠帝仁慈柔弱的性格特点，"召孝惠帝观人彘"[4]，利用戚夫人的恐怖状态来吓唬他。惊吓过度的孝惠帝一病不起，从此"日饮为淫乐，不听政"[5]。这是吕后全面掌控政治

---

[1] 弗洛伊德：《弗洛伊德说梦境与意识》，华中科技大学出版社 2012 年版，第 22 页。

[2] 美国精神医学学会编著，张道龙等译：《精神障碍诊断与统计手册（第五版）》，北京大学出版社 2015 年版，第 639 页。

[3] 弗洛姆著，王大鹏译：《生命之爱》，国际文化出版公司 2007 年版，第 62 页。

[4] 司马迁：《史记》，中华书局 2011 年版，第 335 页。

[5] 司马迁：《史记》，中华书局 2011 年版，第 335 页。

军事大权的第一步。之后为了稳固自己的地位与势力，吕后甚至不顾伦理道德将自己的外孙女——张嫣嫁给自己的儿子。为了满足自己的私欲，她不仅左右自己儿子的婚姻，更是掌控着皇太子只能由中宫所出。因为皇后张嫣年纪过小，未能生子，无法满足吕后的要求，吕后便做出"诈取后宫人子为子"①的惊人之举。孝惠帝一直默默承受着母亲的绝对控制，还要接受自己内心伦理的谴责，不久便抑郁而终。

痛失爱子的吕后心理极度脆弱，此时世上只有权力能抚慰其心灵，故她对权势有着一种病态的执着。《史记》中描写的关于吕后对惠帝发丧时的两次不同哭泣，在笔者看来就是其病态心理的外在表现。第一次是"发丧，太后哭，泣不下"，②第二次是张辟与陈平商量，"拜吕台、吕产、吕禄为将，将兵居南北军，及诸吕皆入宫，居中用事"时，吕后"其哭乃哀"③。身为母亲对自己唯一儿子的身死竟然可以有无泪之哭和哀恸之哭的两种不同表现，只因她觉得"帝毋壮子"，④大权会旁落权臣之手，这是何等的悲哀。由此也可以看出惠帝的驾崩给予了吕后非常沉重的打击，令她的精神状况每况愈下，让她由掌控自己儿子的命运转而对权势的病态偏执，孝惠帝的逝世也使她真正地走到了天下的中心，为她大肆分封诸吕打下了坚实的基础。自此，"天下事皆决于高后"⑤。她彻底违背刘邦生前与大臣们立下的"非刘氏而王，天下共击之"⑥的约定，寻找各种借口来残害刘姓诸王，公然地分封诸吕，甚至连自己的妹妹吕媭也给予了爵位。她强硬地制定刘吕联姻的政策，操控着刘姓子弟们的婚姻大事，为的是安插吕家女来监视刘姓子弟。

从她执着地掌控着孝惠帝的生活与命运，不顾伦常地将自己的外孙女嫁给自己的儿子，到她不择手段打击刘姓皇室，积极分封诸吕，可以看出她对权力的贪恋欲和掌控欲已经达到了病态的地步，也是她人格偏执障碍的极端表现。美

---

① 司马迁：《史记》，中华书局2011年版，第1759页。
② 司马迁：《史记》，中华书局2011年版，第336页。
③ 司马迁：《史记》，中华书局2011年版，第336页。
④ 司马迁：《史记》，中华书局2011年版，第336页。
⑤ 司马迁：《史记》，中华书局2011年版，第1783页。
⑥ 司马迁：《史记》，中华书局2011年版，第337页。

国著名的精神分析学者卡伦·霍妮曾经说："正常的权力欲是来自对权力本身的渴望，而对权力的病态追求则是出于追求者自身的孱弱。"①笔者以为，这是中国古代封建政治意识形态对女性精神的一种强有力的压制，是吕后处在精神高压之下的意识形态觉醒的病态转化，也是吕后对周围的男性官僚集团的一种反抗。虽然这种反抗是病态且无力的，但至少可以看出中国封建社会意识形态对人的压迫与荼毒是深入人心的。

（三）敏感多疑的情绪变化

通过了解 DSM5 中的第三和第四条，我们得知患有偏执型人格障碍的个体普遍表现出敏感多疑的特点，他们不仅常常猜忌他人，甚至会怀疑自己及其周围的环境。对于他们来说，"善意的谈论或者事件会被当作隐含有贬低或威胁性的意义"。②他们常常会表现出一些不切实际的幻想，对看起来并无密切联系的两件事物产生不切实际的怪异猜想。"特别是作为对应激反应，有该障碍的个体可能体验到短暂的精神病性发作。"③通过细读《史记》，笔者以为晚年吕后的行为明显地表现出这方面的特点。她会将一些奇异的事件，例如天气的反常变化等与自身行为联系起来，变得焦躁不安，敏感多疑。

首先是她认为天气的反常是自身行为导致的。如在赵王刘友被幽禁时曾用歌谣诅咒吕氏："为王而饿死兮谁者怜之！吕氏绝理兮托天报仇。"④在其被饿死不久后，天空中恰巧出现了日食现象，吕后认为出现这一现象是她的缘故，是上天对她的警示，故"太后恶之，心不乐"。⑤我们都知道，其实日食只是大自然中的正常现象，心理病态的吕后竟能将其与自身行为联系在一起而产生忧惧情绪，可见其人格偏执障碍已经达到了病入膏肓的程度。除此之外，吕后更是担

---

① 卡伦·霍妮：《我们时代的神经症人格》，北京理工大学出版社 2019 年版，第 138 页。
② 美国精神医学学会编著，张道龙等译：《精神障碍诊断与统计手册（第五版）》，北京大学出版社 2015 年版，第 639 页。
③ 美国精神医学学会编著，张道龙等译：《精神障碍诊断与统计手册（第五版）》，北京大学出版社 2015 年版，第 641 页。
④ 司马迁：《史记》，中华书局 2011 年版，第 340 页。
⑤ 司马迁：《史记》，中华书局 2011 年版，第 340 页。

忧刘姓子弟随时会卷土重来，威胁到自己的地位，因此时刻将神经弦绷得紧紧的，甚至最后出现了间歇性精神疾病——被害妄想症。《史记》中记载，在刘恢继任赵王之后，吕后不仅将吕家女嫁于刘恢，还把王后身边的从官换成吕家人来"微伺赵王"，①只是听说赵王有一名爱姬就"使人酖杀之"。②在赵王悲痛自杀之后，她"以为王用妇人弃宗庙礼，废其嗣"。③在燕灵王刘建去世之后，为了永绝后患将其唯一的子嗣杀害。仅仅是为了抚平自己的猜疑不安心理，吕后就不惜对无辜的妇女儿童下狠手，不择手段地残害无辜生命，这些都是她的心理被异化之后的行为投射。

但这些并不能将其从焦虑不安的状态中解救出来，相反她内心的良知和焦躁一直撕扯着，使她像是一只困兽一样横冲直撞，害人害己，也让她的精神每况愈下。吕后晚年时期，其精神状态进一步异化，偏执型人格障碍日益加剧，反射到生理上就出现了一些躯体化障碍④，如《史记》中记载："三月中，吕后祓，还过轵道，见物如苍犬，据高后掖，忽弗复见。卜之，云赵王如意为祟。高后遂病掖伤。"⑤之后不出四个月，吕后就病逝了。吕后之所以外出祈福本就是给自己以心理安慰，在祈福途中只是被"苍犬"接触一下皮肤表面，也未见伤口，就患上了腋下伤痛，并且认为这是刘如意的鬼魂在做怪。笔者以为，也许吕后路遇的"苍犬"只是她精神高度紧张时出现的幻觉，而腋下的伤痛也是其患有躯体化障碍的表现。晚年时的吕后内心更加敏感焦躁，觉得身边无可信之人，只能借助鬼神力量来求得心理安慰。

无论是她信鬼神天地，还是她对刘姓子弟的严密监控，都是其偏执型人格障碍加剧的一种表现。处在男性官僚集团统治下的吕后，即使手握重权，内心还是无法彻底地平静下来。晚年的吕后甚至出现了躯体化障碍，不久便在惶惑不安中去世了。这是一代女皇的悲剧，也是历史中所有女性掌权者的悲剧。

---

① 司马迁：《史记》，中华书局2011年版，第340页。
② 司马迁：《史记》，中华书局2011年版，第340页。
③ 司马迁：《史记》，中华书局2011年版，第340页。
④ 躯体化障碍：心理障碍外化于多种多样的身体症状的一种心理疾病。
⑤ 司马迁：《史记》，中华书局2011年版，第341页。

三、吕后偏执悲剧的成因分析

一个人的行为习惯决定着其性格命运,而人格障碍患者也不是生来就存在着心理和性格缺陷,是在其家庭、社会及其心理相互影响下导致的结果。"人格障碍是思维、情感和行为的持久模式。"[1]偏执型人格障碍作为人格障碍中的一种,也是深受患者长期生活的环境和自身心理状况的影响。王立群曾说"当年未出阁的吕后本是个乖巧听话的姑娘",[2]她的人格偏执障碍是在其长期生活过程中形成的。司马迁在《史记》中也记载了吕后从"为人刚毅"[3]变得阴鸷可怕的过程,却在结尾处高度评价了吕后的政治才能:"孝惠皇帝、高后之时,黎民得离战国之苦,君臣俱欲休息乎无为,故惠帝垂拱,高后女主称制,政不出房户,天下晏然。刑罚罕用,罪人是希。民务稼穑,衣食滋殖。"[4]这不仅体现了司马迁的实录精神,更是其写作观念的一种传达。在司马迁看来,吕后无疑是一个悲剧人物,身为一个女性,即使政治才干无比优秀,但依旧无法左右自己的命运,甚至落得个精神偏执的悲剧下场。笔者试从其家庭、社会和心理三个方面来分析其患上人格偏执障碍的成因,从而揭示出吕后的悲剧命运。

(一)家庭因素

一个人的性格形成一定离不开家庭的影响,吕后偏执人格障碍的形成也与她的家庭经历息息相关。年轻的吕后遵从父亲之命,毫无怨言地嫁给已至中年的刘邦,甚至刚嫁过去就要当后母,但她仍然勤恳地为刘邦操持家务,下田劳作,甚至为其生儿育女。面对过路的老人给予帮助,聪明地借助舆论为藏匿的刘邦造势。在战乱频仍时期,她勤勤恳恳地为刘邦稳固后方,甚至一度被项羽抓走当作人质,与自己的亲生儿女在战乱中分离,这些她都默默承受,毫无怨言。战

---

[1] 美国精神医学学会编著,张道龙等译:《精神障碍诊断与统计手册(第五版)》,北京大学出版社 2015 年版,第 637 页。
[2] 王立群:《王立群读〈史记·无冕女皇吕后〉》,大象出版社 2013 年版,第 9 页。
[3] 司马迁:《史记》,中华书局 2011 年版,第 334 页。
[4] 司马迁:《史记》,中华书局 2011 年版,第 346 页。

乱中的颠沛流离使得本为平民女性的吕后承受着巨大的心理压力；战乱平息之后，吕后为稳固刘邦的地位，又设计除掉韩信和彭越，可以说汉初天下的平定，"多吕后力"[1]。但好色的刘邦不顾患难之情，多次提出重立太子。被疏远的吕后为了自己的子女只能变得强势以不被人欺。她诛赵王，将戚夫人做成"人彘"都是为了保全孝惠帝的皇位。但孝惠帝在经历了"人彘事件"之后，也远离了自己母亲。最后吕后落得个众叛亲离的悲剧下场。在这样的精神高压之下，吕后的心理状况必定会出现一些偏差。可以说，孝惠帝的软弱远离和刘邦的冷漠无情都是其形成偏执型人格障碍的罪魁祸首。

（二）社会因素

吕后形成偏执型人格障碍，除了家庭因素的影响之外，还与她周围的环境有关。"太后称制"[2]之后，颠覆了男性官僚集团对女性的认知，因此受到了周围男性官僚集团的强烈冲击。自古以来，封建社会时期的女性地位相对来说比较低下。陈东原曾经谈到这一问题时说："上古时代，离蛮夷不远，故于女子，只认其为男子的奴隶。由于这种观念，造了多少哲理。天道为乾，地道为坤；乾为阳，坤为阴；阳为男，阴为女；故男性应刚，女性应柔；男子是主动的，女子是被动的。这种哲理，看来浅薄可笑，谁知他竟支配着三千年来的历史直至今日，余威尚在，不可谓非女子的不幸。"[3]由于这样的思想观念，中国古代的女性毫无地位可言，更不用说成为万人之上的一代女皇。对于女性当政来掌控权势，男性官僚集团是不认同的，甚至是不屑的。作为历史上第一个女性当政者，吕后更是引起了男性官僚集团的强烈压制。越是压制，越容易遭致反抗。于是，她迫切地想要从男性官僚集团的旋涡中突围出来，打破封建社会意识形态对女性的偏见。因此她为了证明自己，将权力牢牢地抓在自己的手中。她强烈地打压刘姓子弟，积极分封吕氏家族。而此一做法与刘邦的"非刘氏而王，天下共击之"[4]的誓约是相违背的，因此遭到了刘邦旧部们的强烈不满，导致她身

---

[1] 司马迁：《史记》，中华书局2011年版，第334页。
[2] 司马迁：《史记》，中华书局2011年版，第337页。
[3] 陈东原：《中国妇女生活史》，上海书店影印出版1984年版，第1页。
[4] 司马迁：《史记》，中华书局2011年版，第337页。

边没有可用之人。正因如此，她时刻担心着刘姓皇室和旧时功臣会卷土重来，时刻处于焦躁不安的情绪之中，久而久之，心理状况就出现了一些问题。可以说吕后的偏执人格的悲剧生成离不开当时男性官僚政治的压迫。

（三）心理因素

吕后偏执人格的形成除了与上述的家庭与社会因素息息相关之外，笔者以为其中最重要的原因在于她自身心理因素的影响。

吕后一开始只是一个普普通通的平民百姓，他们家在沛县并不是高门大户，甚至居无定所，只能借助在沛县县令家中。其父吕公给吕后取名为雉，雉就是野鸡的意思。从这一点可以看出，他父亲的文化水平并不是很高，相对来说，笔者认为，受其家风的影响，吕后的受教育水平也不高。就是这样一个出身平凡的女性一朝成为天下之主，即使性格再刚强，能力再出众，心里也难免会有些不知所措。她不知道出路在哪，恐惧着天下安宁会因自己而毁于一旦，她就像一只迷途的小鹿，寻不到方向。汉朝可以算得上是中国历史上第一个大一统国家，身为当时的当权者毫无经验可以借鉴。即使吕后政治才干天赋异禀，也不一定在治理国家和处理国家政务时得心应手，游刃有余。

除此之外，人性本身就有弱点，世界上并无完人，而贪婪可以称得上是人性最大的弱点，贪念是人类最大的劣根性。一旦人掌握了权势，就会妄想更多，对于吕后来说，一旦登上高位，就渴望将天下尽收自己囊中，这就是一个恶性循环。对权力的不知所措和对权势的绝对控制在她心中交织成一场拉锯战，时时刻刻撕扯着她的精神，蚕食着她的理智。最终她的精神状态不堪重负，出现了病态的行为表征，这就是笔者上述所说的偏执型人格障碍。

即使到了当今社会，吕后的阴鸷狠毒，残虐无道仍然受到人们的谴责和批判。她将戚夫人做成人彘的毒辣之举令人诟病，对孝惠帝和权力的绝对控制也让人无法苟同，甚至其晚期疑神疑鬼的行为也被一些人认为是报应不爽。正因为她阴狠的一面令人印象深刻，所以我们往往忽略了其政治上的巨大贡献，甚至觉得司马迁的评价有失偏颇。其实这是因为我们总是站在上帝视角去看待历史人物，忽略了其性格的多重性，看待人物也只停留在表象，并没有深入挖掘其心理和性格形成的根源所在。通过细读《史记》文本，笔者发现吕后性格之养成与她本身的经历有很大关系。在经过家庭生活的压抑、战乱的颠沛流离之后，吕后通过一些手段站在了政治权力统治的中心。但封建社会制度和男性官僚集团的不认同，让她绷紧的神经进一步异化，从而产生了反抗心理，她渴望抓住更多权势来证明自己。但敏感的心理又让她担心旧有势力时刻会卷土重来，所以精神的高度紧张使得她一直处于惶恐不安的状态中。这一系列精神与理智的撕扯让她的精神结构发生错位，形成了偏执型人格障碍，最终出现了人格分裂的悲剧，从而做出了一些可能违背本心且在世人看来无法谅解的事情来。笔者坚信做出如此出人意料举动的吕后内心也一定承受着巨大的痛苦与折磨。

（常智慧，延安大学文学院中国古代文学专业2020级硕士研究生。）

贾生：遇乎？不遇乎？
——司马迁和班固眼中的贾谊

姚 江

"贾生名谊，雒阳（即今之洛阳）人也。"[1]贾谊生于汉高祖刘邦七年，少时抱负远大，以文见长，"以能诵诗属书闻于郡中"[2]。因其政治主张如加强中央集权、削弱诸侯国势力等深受文帝赞赏，拜太中大夫，宦途亨通。贾谊政治势头太盛，"绛、灌、东阳侯、冯敬之属尽害之，乃短贾生曰：'雒阳之人，年少初学，专欲擅权，纷乱诸事。'于是天子后亦疏之，不用其议，乃以贾生为长沙王太傅……居数年，'王骑，堕马而死，无后。贾生自伤为傅无状，哭泣岁余，亦死。贾生之死时，年三十三矣"[3]。

"史掌官书，实参政治，熟见百司之体系，必有脉络之贯通，类族辨物，有向心力而无离心力。积累而至迁史、班书，又不知经过若干之经验与思考，而后有此鸿裁巨制，以表政宗而副国体。"[4]因此，我们在考虑贾谊文学成就的同时，更应注意他作为政治家的贡献。司马迁《史记·屈原贾生列传》及班固《汉书·贾谊传》[5]中所塑造的贾谊形象各有特色，我们可从历史学家的笔下领略贾谊风采之一二，并深入了解贾谊在文学史和政治史中不可磨灭的贡献。

一、司马迁认定的失意文人

汉代文学领域的发展历程反应的是儒家思想渐趋成熟、摆脱先秦遗风的历史

---

[1] 司马迁：《史记·屈原贾生列传》，中华书局 2005 年版，第 2491 页。
[2] 司马迁：《史记·屈原贾生列传》，中华书局 2005 年版，第 2491 页。
[3] 司马迁：《史记·屈原贾生列传》，中华书局 2005 年版，第 2503 页。
[4] 柳诒徵：《国史要义》，中国人民大学出版社 2009 年版，第 111 页。
[5] 班固：《汉书·贾谊传》，中华书局 2007 年版，第 2221 页。

阶段。战国秦汉之际，中国社会经历了深刻的变革，是古代社会由远古的宗法社会向封建的选举社会发展的历史时期。战国之时，由于铁农具、牛耕的出现，农业和工商业均有结构上的发展，这时人得到了个性上的启蒙，不再是从前政治上作为"民"的整体。"利"和"欲"的概念于此时产生，对人性的讨论也达到了前所未有的高潮，这种人性的启蒙，也可以视作后世社会思想及文学发展的重要条件。

西汉初年，天下重归一统，统治者在经济上采取了重农抑商的策略。此时盛行的黄老思想一方面吸收了先秦诸子的思想，尤其是道、法、儒的思想，另一方面也为社会带来平和的风气，分离了法家农战结合的乱世政策，强调稳定。但是，这时的文学却并未摆脱战国时激昂恢宏的风气，因为汉王朝更加深化了私有制与思想上的个人化，人的行为也由此更加自觉。贾谊求学经历独特，思想系统较为复杂。他在通晓儒家的基础上又糅合道家之学。"他的北方文化的基因中又揉进若干南方文化的因素，因而显示出阳刚阴柔相兼容的博大气象。"[①]鲁迅在《汉文学史纲要》中称贾谊的政论文为"西汉鸿文"[②]，其辞赋皆为骚体，形式趋于散体化，也是汉初著名的辞赋家。

《史记》中的人物传记有很强的文学色彩，独具西汉前期文章的特色。不同于《汉书》的尊王崇经，注重功利，尚雅崇实。《史记》"实录""尚奇"，这与汉初"王霸杂之"的政治观念是相关的。同时，这种思想也影响了司马迁的笔触，使之朝多样态方向的发展。自由开放的包容精神在《史记》写作中体现较多，他纵论古今，臧否人物，叙述切中肯綮，尚奇之风斐然。对此扬雄评论说："'太史迁'。曰：'实录。'"[③]又说："子长多爱，爱奇也。"[④]班固也评论说："刘向、扬雄博极群书，皆称迁有良史之材，服其善序事理，辨而不华，质而不俚，其文直，其事核，不虚美，不隐恶，故谓之实录。"[⑤]《史记》在写作上，传"畸

[①] 刘跃进：《贾谊的学术背景及其文章风格的形成》，《文史哲》2006年第2期，第94页。
[②] 鲁迅：《汉文学史纲要》，人民文学出版社1981年版，第391页。
[③] 扬雄撰，汪荣宝注疏，陈仲夫点校：《法言义疏·重黎卷》，中华书局1987年版，第413页。
[④] 扬雄撰，汪荣宝注疏，陈仲夫点校：《法言义疏·君子卷》，中华书局1987年版，第507页。
[⑤] 班固：《汉书·司马迁传》，中华书局1962年版，第2738页。

人于千秋",取百家以用之,反映了深刻的历史现实,孤愤郁结之情呈于纸上。《诗》教"兴观群怨"之"怨"于此承继,"诗三百篇大抵圣贤发愤之所为作也。此人皆意有所郁结,不得通其道,故述往事,思来者"①。突破了"温柔敦厚"之诗教观,继承并变革了楚骚之学的特色。司马迁所作《贾生列传》,笔触深怨绵长,行文简洁慷慨。贾谊被贬出朝廷后,受到南北文化的影响,加之自身思想上的颓废变化,其后期之作如《吊屈原赋》《鵩鸟赋》等,文风渐沉,悲切隐丽。总而言之,后期贾谊的文章艺术价值极高,充满着诗人气质的浪漫想象,这种文学上的成就吸引着司马迁。

挚虞《文章流别论》②云:"楚辞之赋,赋之善者也……贾谊之作,则屈原俦也。"太史公作《史记·贾生列传》,将其与屈原类归,合传并叙。"自贾谊浮湘发愤《屈原》,体同而事核,辞清而理哀。"③贾谊遭贬及渡湘水,感喟万千,颇有屈子投江之悲愤,《吊屈原赋》④中多处有老、庄之说的痕迹,可见贾谊受老庄之学影响颇深。老庄之学也成为贾谊躲避政治失意的一剂良药。《吊屈原赋》凄惋哀怨,而其到长沙后,"贾生为长沙王太傅三年,有鸮飞入贾生舍,止于坐隅。楚人命鸮曰'服'。贾生既以适居长沙,长沙卑湿,自以为寿不得长,伤悼之,乃为赋以自广。"⑤遂有感而发,作《鵩鸟赋》以悲己之怀才不遇。贾谊《鵩鸟赋》。按:《文选》录之入《鸟兽》门;何绰评:"此特借鵩鸟以造端,非从而赋之也。……宜与《幽通》、《思玄》同编";是也。⑥贾谊与屈子命途多有相似且文气贯通,这也是合传的重要原因之一。司马迁选取贾生材料详略得当,裁剪有序,选录贾谊《吊屈原赋》与《鵩鸟赋》入传,这两篇感时伤事的赋中不仅多从老子、庄子等道家代表人物的著作中融经引典,如"不以生故自宝兮,养

---

① 严可均:《全上古三代秦汉三国六朝文·全汉文·报任少卿书》,中华书局1958年版,第544页。
② 挚虞:《中国历代文论选·文章流别论》,上海古籍出版社2005年版,第190—191页。
③ 戚良德:《文心雕龙校注通译》,上海古籍出版社2008年版,第150页。
④ 费振刚,胡双宝等:《全汉赋》,北京大学出版社1993年版,第8页。
⑤ 司马迁:《史记·屈原贾生列传》,中华书局2005年版,第2496页。
⑥ 钱锺书:《管锥编》,生活·读书·新知三联书店2014年版,第1422页。

空而浮；德人无累兮，知命不忧。细故蒂芥兮，何足以疑！"①而且，贾谊也深深表达出他对政治上失意的哀伤。贾谊被贬长沙，临湘水而立，郁郁不得乃凭吊屈原。屈子投江，贾谊贬长沙均是逢时不祥之悲哀，无奈之际只能赋文表忠。司马迁选录《吊屈原赋》，其意则是有明己之志的含义。他们同样赤心为国，却遭横祸，饱尝艰辛，唯以立言发抒其悲愤。屈原、贾谊、司马迁三者同病相怜，互为知己。故司马迁将屈贾合传，其中缘由不辨自明。司马迁借贾谊之口述哀情、明生死，探其隐秘之内心。

贾谊怀才不遇，对命运之安排不满，满腹愁绪。太史公尝与其孙贾嘉书信来往，颇知贾谊之事，故太史公笔端饱含感情，仿若直面贾谊，转述其所思，笔精意赅、栩栩如生。贾谊赋辞采昂扬，沈约在《宋书·谢灵运传》中这样评价："屈平、宋玉导清源于前，贾谊、相如振芳尘于后。"②司马迁漫游东南，遍搜逸事，而贾谊被贬在南楚之地，对《楚辞》情绪之表达也感受更为深刻。《鵩鸟赋》便是"致辩于情中"。③

司马迁观屈子投江之地，悲从中来，想见屈子其人，而贾谊亦曾在此怀古伤今，并非偶然。贾谊的辞赋才华横溢，其真实情感让司马迁称奇，亦感染了读者。因此，司马迁略写了贾谊的政论鸿篇，而刻意凸显其作为文人怀才不遇的形象。贾谊距司马迁不过百年，贾谊以辞赋家闻名于后世，司马迁眼中的贾谊以其盛才闻名，是汉初极具影响力的辞赋家，并为后世文坛发展做出了不小的贡献，奠定了其不朽的地位。他对贾谊怀才不遇的遭遇更为同情，且粗略涉及贾谊的政治成就，可见在他心中贾谊是一个怀才不遇的文章家。凡以真性情而相通者，势必关注与己之相同处。太史公才名亦高，政治上也不尽如人意，与贾谊颇有相通之处。

贾谊一心为朝廷，而被贬谪之后消颓哀痛，乃真名士也。他杰出的文学成就造成了司马迁的认识定位，至于这种定位是否足够全面，研究者从《汉书·贾谊传》中有所窥见。

---

① 费振刚，胡双宝等：《全汉赋》，北京大学出版社1993年版，第3页。
② 沈约：《宋书·谢灵运传》，中华书局1974年版，第1778页。
③ 戚良德：《文心雕龙校注通译》，上海古籍出版社2008年版，第89页。

二、班固赞赏的政治精英

《汉书》作为官修史书，以儒家道统为指导思想，表达封建统治者的需求，班固本就为辞赋大家，行文多骈偶句，叙写正统，笔法稳健，尊汉贵今的思潮消解了讽刺与分权的抗争，既加快了儒学威权进程，也反映了儒生内心追求政治权力的隐秘热望。《两都赋序》中讲道："臣窃见海内清平，朝廷无事，京师修宫室，浚城隍，起苑囿，以备制度。西土耆老，咸怀怨思，冀上之睠顾，而盛称长安旧制，有陋雒邑之议，故臣作《两都赋》，以极众人之所眩曜，折以今之法度。"[①]班固在史传散文的创作过程中，强调"讽""刺"之意，然多尊王贵今，转而向"经"之方向发展，其文论虽批评司马迁"爱奇"，然在经学之威权潜意识下，他所蕴藏的儒家正统的复兴因子顽强地树立了标杆，不至于在后期新的儒学威权思潮下消解亡散。《汉书》的昌明盛世和为封建君王效力在班固处显效巨大，体现出一种温柔敦厚的诗教观，为维护君主统治贡献文本力量。而司马迁之《史记》则往往表现微言大义，上继春秋之法。

西汉末年的文章家秉持正统儒家道统的立场，批评司马迁违背传统儒家精神，"其是非颇缪于圣人，论大道则先黄老而后六经，序游侠则退处士而进奸雄，述货殖则崇势利而羞贱贫，此其所蔽也"[②]。结合西汉中后期不同于汉武帝之前的儒学道统的威权来考虑，这其中定然存在着一定的异质性内容。"其论术学，则崇黄老而薄五经；序货殖，则轻仁义而羞贫穷；道游侠，则贱守节而贵俗功：此其大敝伤道，所以遇极刑之咎也。"[③]独尊儒术以来儒学道统的进程加重，儒学权威愈加繁盛，司马迁的这两个特点容易造成社会思潮的偏颇和主流意识形态的动荡，显然是被不能接受和容忍的。

---

① 严可均：《全上古三代秦汉三国六朝文·全后汉文·两都赋序》，中华书局1958年版，第1204页。

② 班固撰，颜师古注，中华书局编辑部点校：《汉书·司马迁传》，中华书局1962年版，第2737—2738页。

③ 范晔撰，李贤等注，中华书局编辑部点校：《后汉书·班彪列传》，中华书局，1965年版，第1325页。

贾谊的政论文是汉初散文杰出的代表。贾谊年少成名,被汉文帝招为博士,一年便提升至太中大夫。适时提出改制,为文帝欣赏。他的一系列政治观点新颖独到,切中肯綮。并多为文帝以后的时代趋势所验证,历代以"通达国体"称之。"在某些传记中,《汉书》收入了《史记》同类传记弃而不取的众多文本。例如,在贾谊、董仲舒的传记中,《汉书》收录了这两位重要思想家递呈朝廷的关于政治、哲学事务的奏疏。这些作品,均不见于《史记》。"[1]而《汉书·贾谊传》除了选择司马迁《屈贾列传》中的材料,更着重增添了贾谊政治上的遗产。"若其赞论之综缉辞采,序述之错比文华,事出于沉思,义归乎瀚藻,故与夫篇什杂而集之。"[2]贾谊是在秦汉转型之际的重要辞赋名家,承袭六国之传统,文章颇具有浓郁的战国策士遗风。故"是以贾生俊发,故文洁而体清",其作政论文如《治安策》《过秦论》,文字激越昂扬却不失严谨,高屋建瓴却不失细微。风格对比清晰,充满法家与刑名家的王霸之气,纵横捭阖,以气势征服人。《汉书·贾谊传》赞曰:"刘向称'贾谊言三代与秦治乱之意,其论甚美,通达国体,虽古之伊、管未能远过也。使时见用,功化必盛。为庸臣所害,甚可悼痛。'追观孝文玄默躬行以移风俗,谊之所陈略施行矣。……及欲试属国,施五饵三表以系单于,其术固以疏矣。"[3]

贾谊毕竟不是只会舞文弄墨的迁客骚人,其早年协助吴廷尉处理政事,以政绩出众而闻名。"擒文必在纬军国,负重必在任栋梁;寓则独善一垂文,达则奉时以骋绩。"[4]班固传写其人,详载其政论散文,严谨充实,裁剪得当。引其千古名作《陈政事疏》,并紧紧围绕贾谊政治家这一重要身份展开,抓住重点。其以政论文表达作者的意识观念,将贾谊比之于伊尹、管仲,引刘向之言以彰显政见的出彩,使全传夹叙夹议,多方详证。

贾谊以"仁义不施"过秦,《汉书·贾谊传》中收录其疏牍文如《陈政事疏》等,贾谊心怀天下,其政论亦深识时势,议论剀切。其政治主张如"众建诸侯

---

[1] 孙康宜、宇文所安主编,刘倩等译:《剑桥中国文学史》,生活·读书·新知三联书店2014年版,第160页。
[2] 萧统编,李善注:《文选》,岳麓书社2002年版,第8页。
[3] 班固撰,颜师古注:《汉书·贾谊传》,中华书局出版2007年版,第2265页。
[4] 戚良德:《文心雕龙校注通译》,上海古籍出版社2008年版,第560页。

而少其力"，削弱诸侯王权利，抗击匈奴侵扰，倡导"礼制"重农抑商，谕教太子等均可圈可点。其《过秦论》之淋漓尽致，妇孺能称，《论积贮疏》《陈政事疏》两篇，更是善用反问、排比，文风错落澎湃。如"今背本而趋末，食者甚众，是天下之大残也；淫侈之俗，日月以长，是天下之大贼也。残贼公行，莫之或止；大命将泛，莫之振救。生之者甚少而靡之者甚多，天下财产何得不蹶！汉之为汉，几四十年矣，公私之积犹可哀痛。失时不雨，民且狼顾；岁恶不入，请卖爵子。既闻耳矣，安有为天下阽危者若是而上不惊者！"①

又如"世之有饥穰，天之行也，禹、汤被之矣。即不幸有方二三千里之旱，国胡以相恤？卒然边境有急，数千百万之众，国胡以馈之？兵旱相乘，天下大屈，有勇力者聚徒而衡击，罢夫羸老易子而咬其骨。政治未毕通也，远方之能疑者并举而争起矣，乃骇而图之，岂将有及乎？"②

"若此诸王，虽名为臣，实皆有布衣昆弟之心，虑亡不帝制而天子自为者。擅爵人，赦死罪，甚者或戴黄屋，汉法令非行也。虽行不轨如厉王者，令之不肯听，召之安可致乎！幸而来至，法安可得加！动一亲戚，天下圜视而起。陛下之臣虽有悍如冯敬者，适启其口，匕首已陷其匈矣。陛下虽贤，谁与领此？"③等句，颇见其锐气。

近代鲁迅对贾谊的政论文这样评价："皆为西汉鸿文、沾溉后人，其泽甚远。"而刘勰也评价其奏疏："理既切至，辞亦通畅，可谓识大体矣。"④班固撰《汉书·贾谊传》充分体现了一个政治家的满腔热血，忧愤悲慨。如攫取《陈政事疏》中"臣窃惟事势，可为痛苦者一，可为流涕者二，可为长太息者六，若其它背理而伤道者，难遍以疏举"。贾谊心系天下，时刻愿为统治者出言献策，

---

① 贾谊撰，何孟春订注，彭昊、赵勖点校：《贾谊集·论积贮疏》，岳麓书社2010年版，第136页。

② 贾谊撰，何孟春订注，彭昊、赵勖点校：《贾谊集·论积贮疏》，岳麓书社2010年版，第136页。

③ 贾谊撰，何孟春订注，彭昊、赵勖点校：《贾谊集·论积贮疏》，岳麓书社2010年版，第127页。

④ 戚良德：《文心雕龙校注通译》，上海古籍出版社2008年版，第273页。

报国忠心可鉴。

贾谊作为一个具有实干精神和改革思想的官员,其政见前卫,甚至超越时代的发展进程。贾谊政治上的得势与失意固然与其某些政见有关,触及了既得利益者。唐代李商隐道:"可怜夜半虚前席,不问苍生问鬼神。"人多理解为怀才不遇,实则却有可能是统治者的政治暗示。将贾谊调离中央复杂的集团斗争,辅佐文帝欣赏的梁怀王,彼时南越国冲突不断,文帝也有意让贾谊一试身手,在长沙蓄积政治资本,在实践中摸索为官之道,逐渐回到统治者身边。这样的做法并不稀奇,只是贾谊并未透彻领悟,终日哀伤自鸣。文帝的做法既缓和了朝廷内部既得利益者对贾谊的反对,又给了贾谊重新集聚政治实力,在未来施展政治才华的机会,且文帝终其统治结束,一直在与权臣争斗,不得轻松,政治上做不到完全贯彻自己的想法,多方掣肘,贾谊亦是君臣争斗中的牺牲品罢了。

苏轼评价说:"亦使人君得如贾生之臣,则知其有狷介之操,一不见用,则忧伤病沮不能复振。而为贾生者,亦谨其所发哉!"[1]"观其过湘,为赋以吊屈原,纡郁愤闷,趯然有远举之志。其后以自伤哭泣,至于夭绝,是亦不善处穷者也。夫谋之一不见用,则安知终不复用也?不知默默以待其变,而自残至此。呜呼!贾生志大而量小,才有余而识不足也。"[2]苏轼认为贾谊的短处是才有余而识不足也,其论述亦有道理。班固评价曰:"谊亦夭年早终,虽不至公卿,未为不遇也。凡所著述五十八篇,掇其切于世事者著于传云。"[3]贾谊后来并没有在政治上有突出的作为,并不是其怀才不遇,官场失意,而是文帝将之暂时搁置,作为政治上的重要臣属,准备日后再行启用。而贾谊无福享其天寿,辜负了帝王的用心,未能成为管仲、伊尹一类的政治家,从而终止了政治前程,可见后世之哀悼并非臆测。

---

[1] 苏轼著,陈振鹏,张培恒主编:《古文鉴赏辞典·贾谊论》,上海辞书出版社 2001 年版,第 1332、1336 页。

[2] 苏轼著,陈振鹏,张培恒主编:《古文鉴赏辞典·贾谊论》,上海辞书出版社 2001 年版,第 1332、1336 页。

[3] 班固撰,颜师古注:《汉书·贾谊传》,中华书局 2007 年版,第 2265 页。

三、结语

通过对比和参证，细斟司马迁与班固之言，则更有体会。《史记·屈贾列传》讲到读《鹏鸟赋》，便可同生死，轻去就，但司马迁又爽然自失。司马迁如同读者般欣赏贾谊的文章思辨，默然自若。读贾谊的文章便可以令人参透世事造化，清爽一身，司马迁因文生情，因情而叹。贾谊本就涉猎诸子，熟精《左传》，驳杂而不流于一派，遭贬之后的文章更有沧桑之感，融合道家之神韵。一个极富浪漫气质却怀才不遇的文人形象呈现于眼前。历经千年，受贾谊赋影响者甚广，忽略其政治作为者也不在少数。

通过对比《史记》和《汉书》贾谊传的写法，可以明晰汉代思想儒家化的过程中史传文章的变化。西汉初年，政局稍稳，文帝深知休养生息之重要且朝廷力量不如地方，故贾谊要求削藩和加强中央集权的奏疏暂时未被采用，实为局势所限，但贾谊报国之热忱可见，颇受重视。班固的"未为不遇"四个字含义丰富，既表明贾谊的政治作为被肯定，也反映出统治者对年轻贾谊的器重。班固抓其本质，承司马迁之基础，不仅重视贾谊文学才能及其在西汉文坛的杰出地位，更通过其一系列的政论奏疏和作为政治家的角色表现出来。比较两部史书，细酌史家态度。一个具有人文情怀的史学家，必会关注人类感情相通之处，"若任情失正，文其殆哉"。司马迁《史记》直至东汉末仍被讥之为"谤书"，但他秉笔直书，直抒胸臆，将贾谊怀才不遇的文人形象表现出来，直到今日仍能触其伤悲。至于司马迁本人的品评好恶、个人化书写色彩浓重等也应因时因地因人而论。

时至东汉，班固所掌的官方文献、民间逸事势必多于司马迁，故史料繁杂，详实可考。班固高于司马迁的识见是有历史条件的。班固相对客观地记录史事，倾注的个人感情也少于司马迁。班固站在较为宏大的视角来俯瞰前贤，全景式地呈现了贾谊其人的风貌。《汉书·贾谊传》基于贾谊之作品，详载事实，搜罗亦广，从官方角度客观展现了贾谊的生平与成就，"折中于正"却不失正统。我们可以看到班固是固守王道传统的，他尊崇儒学，进而融合到他的散文创作中，这与司马迁、王逸皆有不同。《史记》之文论观可追溯到儒家，司马迁个人主观目的的创作和游离儒家传统的表现是与《汉书》异质的最根本原因。

对比两人的行文，可以发现，整个创作的内涵是否受到儒家传统的影响以及深浅是分歧的关键。我们把握这一分歧，便可清晰地看出西汉以来文学思想的变迁轨迹。正是时代的局限造成了史学家对某些历史人物定位的差异，这些差异也有助于后人认识的深化并不断地发现新的问题。

（姚江，山东大学中国古代文学硕士，现供职于上海市乡村振兴研究中心。）

论刺客、游侠在《史记》中的差异及其在后世小说中的合流

李梦露

何为刺客？《说文解字》记载："君杀大夫曰刺。刺，直伤也。"在《辞源》中，对刺客是这样定义的："怀挟兵器进行暗杀的人。"《汉语大词典》的定义与此大致相同。汪涌豪在其《中国游侠史论》中也提到："刺客，顾名思义是对受人雇用，怀挟兵器进行暗杀者的称谓，最早见于春秋战国时期。"①简而言之，刺客就是具有固定性暗杀行为的人。那么，太史公是怎样定义刺客的呢？他说："自曹沫至荆轲五人，此其义或成或不成，然其立意较然，不欺其志，名垂后世，岂妄也哉！"②在司马迁的笔下，五个刺客的共同特征就是"不欺其志"，他们游走在政治权势之下，始终坚守着为知己者舍生忘死的志向。

何为游侠？"侠"这一名称最早见于《韩非子·五蠹》，其中记载："儒以文乱法，侠以武犯禁……犯禁者诛，而群侠以私剑养。"③韩非子把侠与儒并举，把二者视为造成国家混乱的"害虫"。在《史记》中，司马迁说："今游侠，其行虽不轨于正义，然其言必信，其行必果，已诺必成，不爱其躯，赴士之厄困，既已存亡死生矣，而不矜其能，羞伐其德，盖亦有足多者焉。"④司马迁认为要成为游侠，必须要做到言必信行必果，不矜功伐能，要能在他人困厄之时给予帮助，这些行为具有自由性。他们游离于政治之外，重仁义是其价值追求所在。

司马迁在《史记》中，分别为刺客和游侠立传，是因为看到了二者之间具有

---

① 汪涌豪：《中国游侠史论》，上海人民出版社2016年3版。
② 司马迁：《史记·刺客列传》，中华书局2014年版，第3079页。
③ 张觉等：《韩非子译注》，上海古籍出版社2007年版。
④ 司马迁：《史记·游侠列传》，中华书局2014年版，第3865页。

的多重差异性。然而，在历史发展过程中，刺客与游侠的合流也成为一种不可逆转的趋势。在此后的魏晋南北朝志怪小说、唐传奇、宋元话本小说，乃至明清文言及白话小说中都呈现出这一特征，这种现象值得我们思考。本文通过梳理《史记》中刺客与游侠的差异，探讨后世出现刺客与游侠合流这一现象的原因，以期对司马迁及其《史记》有更好的理解。

一、《史记》中刺客与游侠形象的差异

在历史发展长河中，兼备刺客与游侠两种特质的"侠客"逐渐作为一个整体成为文学创造的素材。然而，在司马迁笔下，刺客与游侠是两种不同类型的人。他们身上或许有着相似甚至是相同之处，但同时也存在很多差别。从行为方式、价值追求以及与政治的关系三个方面考察刺客与游侠，二者的差别就明朗了。

（一）行为方式的差异：固定性与自由性

刺客之所以成为刺客，在于其行为方式是刺杀活动，具有一定的固定性；而游侠的行为方式最大的特征是施恩，这显示出自由性。

刺客的行为方式以刺杀为主。《刺客列传》中出现的曹沫、专诸、荆轲等五人身份各异，曹沫为鲁国将领，专诸为吴国能士，豫让为智伯宠臣，聂政为齐国勇敢士，荆轲被燕丹子尊为上卿，并不具有统一性，但当他们进行刺杀活动时，其行为方式便带有了固定色彩。曹沫执匕首劫齐桓公；专诸擘鱼，因以匕首刺王僚；豫让中挟匕首，欲以刺襄子；聂政直入，上阶刺杀侠累；荆轲"因左手把秦王之袖，而右手持匕首揕之"等等。《史记·刺客列传》记载的这五位刺客虽然处于不同时代，却不约而同地选择了匕首等利器进行暗杀活动，使得刺客这一形象具有固定性的行为方式，即"刺杀"。

与刺客相比，游侠的行为方式具有自由性，主要体现在施恩上。朱家、田仲、王公、剧孟、郭解等人的行为虽然不符合当时的法律，"然其私义廉絜退让，有足称者。名不虚立，士不虚附"[①]。游侠之士主张施恩于人，所以"士穷窘而

[①] 司马迁：《史记·游侠列传》，中华书局 2014 年版，第 3867—3868 页。

得委命"。朱家所藏匿和救活的豪杰有几百个，甚至使季布将军摆脱了被杀的厄运，而其余普通人被救的也数不胜数；剧孟等人以朱家为榜样，也是施恩于人的践行者；郭解也同样主张施恩于人，以恩惠报答怨恨自己的人，即使是面对对其无礼之人，郭解也使人免除了他的差役。《汉书·游侠传》中记载的原涉亦以施恩救助贫穷者为己任，其居闾巷间多行侠义之事，"专以振施贫穷赴人之急为务"①，即便自己家贫，也要帮他人厚葬死者。②而那些拉帮结派的豪强之人，或依靠财势奴役穷人，或凭借暴力欺凌弱势，所作所为都是为了满足自己的私欲，这些都是游侠之士认为可耻的。游侠之士以施恩为行为准则，因其施恩方式的不同，所以这一行为也带有自由性。

从以上论述来看，刺客和游侠的行为方式具有差异，刺客的行为方式在于刺杀，具有固定性；而游侠的行为方式在施恩，具有自由性。这一行为方式的差异受到他们与政治不同关系的影响。

（二）政治关系的差异：紧密性与游离性

刺客与游侠在行为方式上的差异，受到了政治的影响。这一差异体现在他们与政治的关系上，刺客与政治的联系具有紧密性，而游侠则远离政治，呈现游离性。

戈春源在《刺客史》中指出："冒险突袭可以说是他（刺客）的另一个特点。"③这与刺客所面临的对象有很大的关系。刺客所依附和刺杀的对象都为位高权重之人。曹沫依附鲁庄公，胁迫齐桓公；专诸依附公子光，刺杀吴王僚；豫让依附智伯，刺杀赵襄子；聂政依附严仲子，刺杀侠累；荆轲依附燕丹子，刺杀秦王政。他们所面临的对象都是政治权势的中心，在此影响下，他们与政治的联系必然极具紧密性。

而游侠与政治的关系则表现为游离性。司马迁在《游侠列传》中的记载体现

---

① 班固：《汉书》，中华书局 1964 年版，第 1975—1976 页。
② 严振南：《施恩与报恩：从〈史记〉刺客行为的价值补偿看刺客与游侠的差异》，《鸡西大学学报》2016 年第 5 期。
③ 戈春源：《刺客史》，上海文艺出版社 1999 年版。

了朱家等人"赴士之厄困"的特质。记载朱家,说"振人不赡,先从贫贱始"①;记载剧孟,说"及剧孟死,家无余十金之财"②;记载郭解,"及解年长,更折节为俭,以德报怨,厚施而薄望"③。司马迁笔下的游侠"权行州里,力折公卿",他们所做的都是救济乡里之事,这与政治并无密切联系,体现了游离性特征。

从《刺客列传》与《游侠列传》中我们可以看出,因为所面对的对象身份地位不同,他们与政治的关系呈现出紧密性与游离性两种不同的特征,究其原因则离不开他们不同价值追求的影响。

(三)价值追求的差异:重知己与重仁义

司马迁笔下的刺客与游侠在行为方式和与政治的关系上都存在差异,造成这些现象的原因在于二者的价值追求不同。

刺客的价值追求在"知己"。所谓"士为知己者死",刺客讲的是报答"知遇之恩"。曹沫担任鲁国的将军,与齐国作战,"三败北",鲁庄公"复以为将",体现了鲁庄公对曹沫的恩宠。刺客"为知己者死"在豫让的故事中展现的更加淋漓尽致。豫让为智伯报仇,刺杀赵襄子,二人有这样一段对话。赵襄子责备豫让说:"子不尝事范、中行氏乎?智伯尽灭之,而子不为报仇,而反委质臣于智伯。智伯亦已死矣,而子独何以为之报仇之深也?"豫让曰:"臣事范、中行氏,范、中行氏皆众人遇我,我故众人报之。至于智伯,国士遇我,我故国士报之。"④可见,豫让漆身吞炭只为报智伯的"知遇之恩"。同样地,专诸、聂政、荆轲等刺客所追求的也是这种"知己"。

与刺客不同,游侠的价值追求在"仁义"。朱家、田仲、王公、剧孟、郭解等人具有侠义精神,其行为符合道义,这是他们值得称赞的地方。太史公在《史记》中提及的侠义人格精神,是周急救穷的侠义之举和德行修为共同作用的结果。⑤游

---

① 司马迁:《史记·游侠列传》,中华书局2014年版,第3868页。
② 司马迁:《史记·游侠列传》,中华书局2014年版,第3869页。
③ 司马迁:《史记·游侠列传》,中华书局2014年版,第3870页。
④ 司马迁:《史记·刺客列传》,中华书局2014年版,第3060页。
⑤ 严振南:《从刺客、游侠看先秦两汉侠形象变迁》,《广东技术师范学院学报》2016年第6期。

侠救人于危急之时，完全出于内心对仁义的追求，一方面体现在他们淡泊名利、不计回报上。朱家使季布脱困，"及布尊贵，终身不见也"[1]。郭解调解门客与仇人间的矛盾，"乃夜去，不使人知"[2]。另一方面体现在他们倾尽家财、一心援困上。朱家救人危急，而自己却"家无余财，衣不完采，食不重味，乘不过軥牛"[3]。剧孟去世时，家中连十金的钱财都没有。可见，游侠的价值追求是超脱钱财、权势等外物的。

由此可见，司马迁笔下的刺客和游侠在行为方式、与政治的关系以及价值追求上都存在着差异性。在行为方式上，刺客具有固定性的刺杀活动，而游侠则具有自由性的施恩行为；在与政治的关系上，刺客与游侠分别呈现紧密性与游离性两种状态；在价值追求上，刺客追求"知己"，而游侠重视"仁义"。然而，这两种看似迥然不同的形象却在发展过程中出现了合流的趋势。

二、后世小说中刺客与游侠形象的合流

虽然在司马迁笔下，游侠与刺客的形象具有多重差异性，但是"侠"与"刺"并不是没有交集。当侠义之士为了追求人格价值而去进行刺杀时，他们便具备了"游侠"与"刺客"的双重身份。这种倾向在《史记》中已经初露端倪，比如荆轲虽被司马迁归为"刺客"，但其本就是侠义之士，其身份具有双重性。这一刺客与游侠合流的现象在《史记》之后的小说作品中不断演变，出现了兼备刺客与游侠双重身份的"侠客"形象。以下，通过魏晋南北朝、唐代、宋元和明清四个阶段小说中的"游侠"与"刺客"形象，对这种演变情况加以阐释。

（一）魏晋南北朝志怪小说中的刺客与游侠

魏晋南北朝时期，社会动荡，政权更迭频繁，刺客与游侠的活动更加活跃，迎来了"侠客"活动的一个新高潮。这一时期，侠的身份界定有所扩大，为追

---

[1] 司马迁：《史记·游侠列传》，中华书局 2014 年版，第 3868 页。
[2] 司马迁：《史记·游侠列传》，中华书局 2014 年版，第 3871 页。
[3] 司马迁：《史记·游侠列传》，中华书局 2014 年版，第 3868 页。

求仁义而进行刺杀之事同样被视作游侠。文学作品主要是志怪小说，现以干宝《搜神记》为例，展开阐述。

《三王墓》是志怪小说《搜神记》中一篇突出写侠的文章，记载的是一个无名侠客的故事。①干将、莫邪夫妇为楚王锻造宝剑，因为花费了三年之久，楚王大怒，杀掉了干将。干将和莫邪的儿子赤比决心要为父报仇，却被楚王通缉。侠客听说了赤比的遭遇，许诺："闻王购子头千金，将子头与剑来，为子报之。"②侠客带着赤比的头颅面见楚王，"客以剑拟王，王头随堕汤中"③，实现了自己的诺言。《三王墓》中的这一侠客形象兼有"刺客"和"游侠"的双重身份。他进行了刺杀活动，因刺杀对象位高权重，这一行为也带有了浓重的政治色彩，这一形象更多的属于刺客范畴；而这一形象的价值追求在仁义，干宝称其为"侠客"，而令人不知其名，体现了他不慕名利的品质，这又属于游侠的特质。由此可见，《三王墓》中的这一侠客形象体现了这一时期刺客形象与游侠形象合流的现象。

《搜神记》中还有其它篇目也体现了刺客与游侠合流的倾向，如《李寄》。这是一个名为李寄的侠女杀蛇妖、为民除害的故事。面对"长七八丈，大十余围，土俗常惧"的大蛇，李寄凭借官府赐予的宝剑和咬蛇的猎狗，最终杀死了大蛇。她的行为体现了侠义精神。然而，《搜神记》中记载："（寄曰）父母无相，惟生六女，无有一男，虽有如无。女无缇萦济父母之功，既不能供养，徒费衣食，生无所益，不如早死。卖寄之身，可得少钱，以供父母，岂不善耶？"④李寄"刺杀大蛇"这一侠义之举的根本出发点在报答父母的养育之恩，这是《刺客列传》中刺客"报恩"行为特质的转化。可见，这一时期，志怪小说所塑造的侠客的行为方式更加趋近刺客。

从《搜神记》可以看出，魏晋南北朝时期的侠客形象已经带有了刺客的特质。无论是从行为方式、活动范围，还是日常生活，都与《刺客列传》中的刺客形象更加接近，体现了《史记》以后刺客和游侠形象逐渐合流的趋势。

---

① 冯媛媛：《侠文化在中国古代小说中的嬗变》，陕西师范大学2009年博士毕业论文。
② 干宝撰，汪绍楹校注：《搜神记》，中华书局1979年版，第129页。
③ 干宝撰，汪绍楹校注：《搜神记》，中华书局1979年版，第129页。
④ 干宝撰，汪绍楹校注：《搜神记》，中华书局1979年版，第231页。

（二）唐传奇中的刺客与游侠

唐代社会经济处于大发展时期，经济、社会、文化、艺术多元开放的局面促进了任侠风气的盛行，出现了大量关于刺客和游侠的文学作品，主要体现在唐传奇中。唐传奇中，刺客、游侠的形象趋向合流，表现在出现了报恩的侠客和大义的刺客两类形象。①

唐传奇中，侠客的行为出现了变化，出现了"报恩的侠客"这一形象，这主要体现在《田膨郎》和《无双传》中。《田膨郎》出自唐代康骈的《剧谈录》，讲述了一个小仆报答主人恩惠的故事。当时，唐文宗的白玉枕无故丢失，几番找寻不得，当时王敬弘有一个小仆，行动十分矫健，深得王敬弘的器重，二人之间有这样一番对话。（王敬弘）引而问之曰："使汝累年，不知矫捷如此。我闻世有侠士，汝莫是否？"小仆谢曰："非有此事，但能行耳。"这段对话暗示了小仆的侠士身份。小仆为报知遇之恩，抓住了偷盗白玉枕的田膨郎，使王敬弘得到了重赏。而《无双传》中的侠士则是一名古押衙。仙客拜谒古押衙，"生所愿，必力致之，缯彩宝玉之赠，不可胜纪"②。面对仙客的礼遇，古押衙许诺："老夫乃一片有心人也。感郎君之深恩，愿粉身以答效"③。最终他帮助仙客救出了无双，并且为了保密选择了自杀。小仆和古押衙都被称为侠士，但他们的价值追求都体现了"士为知己者死"，他们的行为都是在报答知遇之恩，这与《史记·刺客列传》中的刺客形象形成了交汇，演变成"报恩的侠客"形象。

在唐传奇中，刺客行为也发生了变化，如《红线》中的红线"夜漏三时，往返七百余里，入危邦，经五六城"，盗回金盒的行为本质上是一种刺客行为的变异。这一变异最鲜明的特质是刺客行为的"侠义性"，即出现了"大义的刺客"。

大义的刺客这一形象主要体现在《故囚报李勉》（李肇《唐国补史》）、《义侠》（皇甫氏《原化记》）和《聂隐娘》（裴铏《传奇》）中。《故囚报李勉》记载了一个无名刺客的故事。李勉担任开封尉时，释放了一名相貌不凡的囚犯。数

---

① 万文佳：《论唐传奇中的侠、刺合流》，《北方文学（中旬刊）》2014 年第 8 期。
② 李昉等：《太平广记》，中华书局 1961 年版。
③ 李昉等：《太平广记》，中华书局 1961 年版。

年之后，李勉偶遇这名囚犯，囚犯怕恩亲难报，与妻子合意找寻刺客杀掉李勉。这个刺客在房梁上听到了事情原委，最终没有杀害李勉，而是取了夫妻二人的首级，交予李勉。这名刺客的做法体现了深明大义，充满仁义精神。这一刺客形象远离了政治，也与"知遇之恩"无关，在他身上更多地彰显了游侠的精神风范。《义侠》中的刺客也是如此。面对县宰要刺杀对自己有恩的县尉时，刺客说："我义士也。宰使我来取君头。适闻说，方知此宰负心，不然，枉杀贤士也！吾义不舍此人矣！"①这一时期的刺客所刺杀的对象也不再局限于位高权重之人，他们刺杀与否所秉持的都是心中的仁义，而非"知遇之恩"，这与司马迁笔下的刺客形成了对比，演变成一个"大义的刺客"形象。同样地，在《聂隐娘》中，聂隐娘行刺杀之事，身份是刺客，却出于侠义，反过来保护刘昌裔免遭刺杀也符合"大义的刺客"这一形象。

看来，唐传奇中的侠客形象和刺客形象正在趋向于融合，无论是刺客还是侠士，他们都兼备了两种身份特性。可以说，刺客形象与游侠形象合流的趋势在此时达到了高潮。

（三）宋元话本小说中的刺客与游侠

宋代，统治者吸取了五代十国之所以混乱的经验教训，尤其是地方势力仗势犯上的先例，采取了重文抑武的政策。到了元代，少数民族蒙古族人主中原，实行的是弱民政策。②受到这些政策的影响，这一时期不多的刺客和游侠类文学作品散见于宋元话本小说中，突出侠义的有《侠妇人》《秀州刺客》等。

《侠妇人》出自洪迈《夷坚志》。《侠妇人》实际上是在写妇人之义，称具有妇德之举的女子为侠。③但是这篇小说中有一个令人无法忽视的人物——虬髯者，这是一个侠兄的形象，他帮助董国庆回到南宋，隔年又护送妾与董国庆团聚。董国庆回南宋前与妾的对话则点明了虬髯者义举的原因。妾曰："彼尝受我恩，今送君归，未足以报德，当复护我去。万一受其献，则彼塞责，无复顾我

---

① 李昉等：《太平广记》，中华书局 1961 年版，第 1466 页。
② 李定国：《"侠文化"的历史轨迹及其影响》，《和田师范专科学校学报》2011 年第 4 期。
③ 陆学莉：《宋元小说中唐侠女形象的嬗变》，《合肥师范学院学报》2009 年第 4 期。

矣！"①可见，虬髯者之侠义是出于报恩的需要，这是一个"报恩的侠士"形象。

《秀州刺客》则出自罗大经《鹤林玉露》。这个故事发生在南宋苗刘之乱的时候。当时，抗金名将张浚在秀州任职，组织叛乱的苗傅和刘正彦派遣刺客刺杀他。刺客奉命刺杀，却因张浚忠义而不忍心伤害他。"唯恐张公防备不严，有继续前来危害张公的，故来相告"。这一"来无影去无踪"的刺客形象与《刺客列传》中的传统刺客形象不同。《秀州刺客》中的刺客知书明大义，有自己的价值追求，他的行为更加符合游侠形象，这是一个"大义的刺客"形象。

虽然宋元时期涉及刺客和游侠的作品不多，但是，无论是《侠妇人》中的虬髯者，还是《秀州刺客》中的刺客，他们的行为都不再局限于自己的身份，刺客也有大义，行侠也可能为报恩，这些现象进一步印证了刺客与游侠形象合流的趋势。

（四）明清小说中的刺客与游侠

明清时期是文学创作的繁盛期。公案小说和侠义小说在这一时期都出现了新的气象，呈现出新的面貌和特色。②涉及到刺客与游侠的作品数量多、范围广，无法一一展开叙述，下文选取文言小说《聊斋志异》、白话章回小说《水浒传》、侠义公案小说《施公案》和《三侠五义》，分析其中的刺客形象和游侠形象，梳理这一时期两个形象的合流趋势。

《聊斋志异》是明清时期文言小说的代表作，其中写得最好的一篇刺客故事当属《侠女》。虽然这篇小说名为"侠"，但是评论家多认为这是一个刺客的故事。冯镇峦最早看出了这篇故事确有刺客的因素，他说："（侠女）名论可包游侠、刺客两传。"③王福栋和彭宏业也认为这篇故事从人物身份定位和从故事本质来讲都更像是一篇刺客故事。④《侠女》的主人公背负着杀父之仇，最终刺杀仇人，完成了复仇，同时她又感念顾生的恩情，以身相许，为他留下后代。无

---

① 洪迈撰，何卓点校：《夷坚志》，中华书局 1981 年版。
② 苗怀明：《侠义小说的渊源流变与艺术特色》，《阅读与写作》2002 年第 4 期。
③ 蒲松龄：《聊斋志异鲁德才校点冯镇峦批评本》，岳麓书社 2011 年版。
④ 王福栋，彭宏业：《侠刺之辨与《聊斋》中的刺客故事》，《蒲松龄研究》2018 年第 2 期。

论是刺杀还是报恩,女主人公的这一形象都更贴近《史记》中的刺客形象。蒲松龄把她称为"侠女",体现了明清时期刺客和游侠的合流已成为定式。除了《侠女》外,《聊斋志异》中还有其他篇目也体现了这一现象,如《崔猛》中的主人公崔猛一直秉持仁义之举,因看不惯大官家公子的蛮横行径,在夜晚把他刺杀了。体现了侠士也会出于"义"而进行刺杀的倾向,侧面体现了这一时期刺客和游侠形象的合流。

《水浒传》是这一时期白话章回小说的代表,讲述了水泊梁山上108个绿林好汉的故事。黄华童教授《论〈水浒传〉在中国侠义小说发展史上的地位》中明确赞扬了《水浒传》的侠义精神,主要体现在这五个方面:"一、官逼民反,以武犯禁;二、快意恩仇,见义勇为;三、仗义疏财,存交重义;四、劫富济贫,锄强扶弱;五、替天行道,辅国安民。"①这其中既有侠义的书写,又暗含刺客形象的成分。比如鲁达救援金氏父女,宋江赍助卖糟腌的唐牛儿、送给卖药汤的王公一具棺材等等,这些情节体现了绿林好汉们的侠义精神。然而,他们的行为也与《刺客列传》中的刺客形象有着相似之处。一方面,梁山好汉与政治的关系具有紧密性。《水浒传》的故事起因在于反抗欺压,水泊梁山壮大遭到政治势力的打压,结局是受朝廷招安,为宋朝征战。无论是起因、经过还是结果都与朝廷有着密不可分的联系,体现了与政治联系的紧密性。另一方面,梁山好汉看重"有恩必报",价值追求在报恩。如"武松醉打蒋门神"最初的出发点不过是为报施恩的知遇之情,相反地,清风寨知寨刘高的妻子和李鬼夫妇都是这种不知报恩,甚至是恩将仇报的丑类,最后都极悲惨地丢掉了性命,这正表现出这一时期对侠士"报恩"行为的重视。值得注意的是,《水浒传》中的好汉在报答"知遇之恩"时有明显的缺陷,即他们一旦得到了恩惠,建立了恩义关系,也就并不考虑报恩对象的本质属性及其要求是否公正无私。②在这一点上,绿林好汉身上的"刺客"特质更为突出。

明清时期出现了一个全新的小说类型,即侠义公案小说,最具代表性的作品

---

① 黄华童:《论〈水浒传〉在中国侠义小说发展史上的地位》,《浙江师大学报》2000年第2期。

② 王立:《侠的负面与慕侠社会心理之失——中国古代侠文学主题片论》,《齐鲁学刊》1994年第5期。

是《施公案》和《三侠五义》。《施公案》这本小说讲述了康熙年间清官施仕伦在黄天霸等江湖侠士辅佐下破案捕盗的故事，其中黄天霸的形象突出体现了这一时期刺客和游侠形象的合流现象。他为了江湖义气，夜闯县衙行刺施仕伦，想要拯救九黄僧、七珠尼和十二盗出狱。最终有感于忠孝节义而不忍心下手。后来黄天霸面对施公"亲手解绑"的礼遇之举，心怀感恩而自愿为施公效力。他的刺杀举动和报恩的价值追求与《史记》中的刺客形象具有相似性。然而，他的行为方式又鲜明地体现了：黄天霸是一位侠士。他曾在刘家店活捉水寇银钩大王刘六、刘七；在济南为保护赈灾粮，生擒红土坡大寨主于六；破落马湖、摩天岭、聚夹峰，三进连环套，活捉窦耳墩，取回被盗的御马等等。这些侠义之举在他的生活中屡见不鲜。武润婷指出："《施公案》取材于现实，人物形象的塑造较多地保留了原型人物的特点，再加上市井小民又按照自己的生活经验对清官、侠客的形象进行加工改造，这就使得书中的清官与侠客都具有浓郁的世俗色彩。"[①]作者在《施公案》中塑造的黄天霸等形象正是顺应自《史记》以来的刺客和游侠形象合流的趋势而形成的。

提到明清时期的侠义公案小说，就不能不说《三侠五义》。作为清代侠义公案小说的代表作，《三侠五义》叙述了北宋仁宗年间，包拯在众多侠义之士的帮助下评案断狱的故事。作品中有众多侠士行侠仗义、除暴安良的情节，展昭和白玉堂是其代表人物。展昭是侠士的代表，有"南侠"之称，锦毛鼠白玉堂是"五义"之一，他们身上流露了这一时期刺客和游侠形象合流的倾向。如展昭为报答包拯的知遇之恩，在开封府任职，包公帐下听用。而白玉堂为了心中侠义，在皇宫内苑中杀了意欲谋害忠良的总管太监郭安等。这些情节的描写体现了这一时期刺客和游侠的形象已经不再泾渭分明，二者形象合流已成为定式。自此之后，各种侠义公案小说竞相出现，如李凤山的《小五义》《续小五义》，张佩纶的《续侠义传》，文康的《儿女英雄传》，香草馆主人的《续七侠五义》等，这些小说沿着刺客与游侠合流的趋势，塑造了一大批兼有刺客和游侠双重身份的"侠客"形象。

透过《聊斋志异》《水浒传》《施公案》和《三侠五义》可以看出，明清时

---

① 武润婷：《中国近代小说演变史》，山东大学出版社2000年版，第42页。

期的作家在进行小说创作时多涉及刺客和游侠形象,这是对《史记·刺客列传》和《史记·游侠列传》创作的延续,刺客与游侠形象的合流也是历代文学发展过程的延续。

三、刺客与游侠合流的原因

从魏晋南北朝的志怪小说创作到唐传奇中的刺客侠客类故事,再到宋元话本小说和明清时期的文言小说、白话章回小说以及侠义公案小说,刺客和游侠之间的鸿沟逐渐消失,呈现出一种合流的趋势。究其原因,主要体现在这两个方面:司马迁叙写的模糊性和侠义精神的可扩展性。

(一)司马迁叙写的模糊性

文学作品中出现刺客和游侠形象合流这一现象的原因,可以追溯到司马迁的《史记》创作。无论是《刺客列传》还是《游侠列传》,司马迁的叙写都带有模糊性。

司马迁笔下的游侠所追求的人生价值在于"仁义",而《刺客列传》中刺客的行为与之有交叉点。一方面,刺客的刺杀对象多为"不义之人"。齐桓公是曹沫的刺杀对象,他领导强大的齐国侵略弱小的鲁国,甚至打算背弃盟约,是"不义之人";秦王政是荆轲的刺杀对象,他发动战争,扩张版图,四处掠夺,危害百姓生活,同样是"不义之人"。另一方面,刺客的刺杀行为带有反抗强暴的正义性,这一点在荆轲的故事中表现的尤为突出。荆轲刺杀秦王政的举措"具有一种见义勇为、急人之难、反侵伐、反强暴的政治意义"[1]。受到刺杀对象和刺杀性质的影响,《史记》中的刺客形象和游侠形象之间的差异性被削弱了,带上了模糊的色彩,这与司马迁的自我精神有着密不可分的联系。

司马迁在所叙写的刺客形象和游侠形象中都注入了自我精神,导致二者界定的模糊性。一方面,司马迁是儒家思想文化的倡导者。《太史公自序》中,太史公把孔子作为效法的对象,而儒家思想的核心价值就在于"仁义"。所以,司马

---

[1] 韩兆琦:《史记笺证》,江西人民出版社2004年版,第4264页。

迁在创作《刺客列传》和《游侠列传》时不可避免地注入了儒家仁义之道。另一方面，司马迁的个人命运与刺客精神、游侠精神相契合。为二者立传，是对自身经历的悲鸣。司马迁和刺客一样，都有着对自己生命价值的珍视，都有着名垂后世的愿望，同样，司马迁也是一个不顾现实，反功利的人，[①]而这恰恰是游侠所坚持的信念。刺客与游侠，宛若司马迁的两面，所以在叙写《刺客列传》和《游侠列传》时，司马迁对二者的界定呈现出模糊性，这导致了后世文学创作中刺客形象和游侠形象的合流。

（二）侠义精神的可扩展性

文学作品中出现刺客和游侠形象合流这一现象的原因在于侠义精神的可扩展性。可扩展性本是软件设计的原则，指的是以添加新功能或修改完善现有功能来考虑软件的未来成长，这一特性也适用于侠义精神。我国传统的侠义精神在适应社会发展的同时，也在不断增加新的内涵或修改完善原有的内涵。

在文学创作过程中，侠义精神适应不同的社会发展状况，所涵盖的范围也逐步扩大。在研究侠的发展轨迹与行侠的类型时，玉弩将侠士分为了六类，分别是：为个人、家世的仇怨而行侠；为报知遇之恩，为知己者行侠；因嫉恶如仇、见义勇为、讨恶剪暴、扶危济弱而行侠；因不堪忍受压迫而聚义行侠；为了安邦定国而行侠；为了维护民族尊严而行侠。[②]这六类侠士形象是针对不同情况而作出的分类，体现了个人、国家、民族等不同角度的侠义精神。从这些分类来看，《史记》中的刺客当属"为报知遇之恩，为知己者行侠"，游侠则属于"为扶危济困而行侠"。在魏晋南北朝时期的《三王墓》中，侠客"为见义勇为而行侠"；《聊斋志异》中的侠义精神扩展为"为个人、家世的仇怨而行侠"；《水浒传》中的侠义精神增添了"不堪忍受压迫而聚义行侠"的范畴；到了《三侠五义》时，侠义精神更是进一步扩展，出现了"为了安邦定国而行侠"的形象。可见，我国传统的侠义精神是具有可扩展性的，在这一内涵的拓展过程中，刺客

---

① 王燕：《观看者，记录者，共舞者——刺客与司马迁悲剧命运的交响》，《和田师范专科学校学报》2011年第2期。

② 玉弩：《侠文化：侠的发展轨迹与行侠的类型》，《延边大学学报（哲学社会科学版）》1992年第4期。

和游侠被逐渐包含到"侠客"形象中，从而推动了二者的合流趋势。

在司马迁叙写的模糊性和侠义精神的可扩展性两方面的影响下，刺客和游侠之间的鸿沟逐渐消失，呈现出一种不可逆转的合流趋势，推动了后世乃至现当代的刺客游侠类文学创作。

综上，司马迁作《刺客列传》和《游侠列传》，分别为刺客和游侠立传，其中暗含着自我考量。司马迁笔下的刺客和游侠在行为方式、与政治的关系以及价值追求上都存在着差异。在行为方式上，刺客具有固定性的刺杀活动，而游侠则具有自由性的施恩行为；在与政治的关系上，刺客与游侠分别呈现紧密性与游离性两种状态；在价值追求上，刺客追求"知己"，而游侠重视"仁义"。然而，在历史发展过程中，在社会心理、文化思潮等多重因素的作用下，刺客与游侠的合流成为一种不可逆转的趋势。

（李梦露，宝鸡文理学院文学与新闻传播学院中国古代文学硕士研究生。）

2000 年以来《史记》女性人物研究综述

王思敏

西周以来的宗法制规定，男性才是社会发展的主力，女性不过是依附于男性的第二性——他者，20 世纪以前的西方在这一点上也与中国传统封建思想不谋而合，认为女性不具备理性思维。但西汉史学家司马迁在《史记》中对女性人物的书写却比较独特，突出表现为：单独给女性立传、罗列呈现女性群像、承认女性的睿智与独立等显著特征。如此超前的思维与撰著，为后世研究者提供了丰富的研究材料。21 世纪以来，女性在历史活动中的地位逐渐凸显，使得女性主义思想萌芽不断生根。当代研究者以新眼光观照二千年前的封建男权社会下的女性人物时，从中不仅能够剖析众多历史女性人物的思想情感，还能探究在时代背景下司马迁先进的女性观念。以各类学术网站为搜索引擎，笔者找到了二十年来百篇左右的《史记》女性人物研究学术论文，经过梳理，分为以下三个方面。

一、《史记》女性人物综合研究

《史记》所记载的女性覆盖于整个社会的各个阶层，约 316 人，有具体事迹记载的皇族或贵族出身的 78 人，官眷 19 人，富户 5 人，平民 54 人，外国 4 人，其他没有出身记载的，则多为诸侯、贵族或官员的夫人妻妾。[1]在司马迁笔下，这些女性被后人留意到；也正是人物数量的庞大，构成了一幅先秦至西汉中期以来的女子群像，为后世研究者提供了丰富的原始文本资料。新时代的研究以

---

[1] 朱玉纯：《〈史记〉女性人物的历史解读与文学描写》，广西民族大学 2018 年硕士毕业论文。

接受西方的文学理论或研究方法来研读《史记》文本,通过综合性的资料总结、梳理以及探究去分析司马迁及其笔下的女性人物形象。

21世纪以来对于《史记》中女性人物的综合性研究主要成果有:女性人物的划分方法从简单的二分法再到细致的分类;司马迁妇女观及其形成原因的深入推进;《史记》众多女性人物精神世界的剖析等。新世纪伊始,一部分学者不仅接受了西方文学理论还结合新时代的新思想,开始有意地提高女性意识与地位,从对《史记》中的女性做探析进而更深层的去分析司马迁的女性观。路育松《从〈史记〉看西汉中期以前的妇女地位》[1]立足当代视角下的女性意识去分析史书中的女性人物内心世界,表达出两千多年前女性个体的价值。这篇论文还提出了政治生态与女性地位高低的关系,是十分值得深思的。肖振宇《司马迁的妇女观》[2]沿袭了新时代的眼光与思维,肯定了司马迁对女性的具有积极作用的描写,其中尤其是对吕太后的形象分析,尽力维持客观视角,指出司马迁超越时代的进步性写作。蒋建梅《司马迁对女性的赋形——浅论〈史记〉中的女性形象意义》[3]提出司马迁对书中女性的创作主要是由于个人无法参与其中,故而以自身的男性视角出发同时依据当时社会客观标准去观照众多女性。还点出了司马迁个人经历与《史记》成书之间的十分必然的联系,这为研究者提供了新的思路。张莺《尊重历史 尊重女性——浅议〈史记〉中的女性形象》[4]将女性进行大致划分,主要分为贵族政治女性和具有独立人格的女性,从中可以看出研究者有意重视封建时代下的具有独立思想的女性。还强调了司马迁对人的主体价值的看重,深入剖析了司马迁对笔下女性人物的描写与个人政治上的坎坷经历的相关性。章玳《从〈外戚世家〉看司马迁之妇女观》[5]关注有限的几位人生经历丰富的女性,通过新时代思维分析这些女性,指出她们所具有的独

---

[1] 路育松:《从〈史记〉看西汉中期以前的妇女地位》,《浙江学刊》2000年第4期。

[2] 肖振宇:《司马迁的妇女观》,《民俗研究》2002年第2期。

[3] 蒋建梅:《司马迁对女性的赋形——浅论〈史记〉中的女性形象意义》,《零陵师范高等专科学校学报》2002年第2期。

[4] 张莺:《尊重历史 尊重女性——浅议〈史记〉中女性形象》,《安康师专学报》2004年第1期。

[5] 章玳:《从〈外戚世家〉看司马迁之妇女观》,《语文学刊》2004年第7期。

立人格思想，揭示了妇女在历史文明进程中的推动作用。王晓红《简论〈史记〉中的女性人物》[1]一文开始转换研究思路，引进西方文学理论对《史记》中的女性进行剖析，角度新颖且极具结论精确，对书中女性人物做正反论述，肯定独立女性不可或缺的历史地位。此外就"女性亡国论"的争议，研究者先是赞赏了司马迁在书写中对女性形象中恭谨贤良、坚毅隐忍以及勇敢等优秀精神品质的刻画，之后也点出来司马迁思想中的矛盾性，对于个别人物的书写带有极强的个人主观情感，并明确表示这是不可避免的。

新世纪第一个十年，《史记》女性人物研究的研究者们以开放的思想开始思考女性在历史中的作用，不仅从中剖析出许多带有闪光点的独立女性，更是深层地去思考司马迁内心深处写作女性时的观点。这一时期，研究者们也提供了丰富的研究视角以及研究方法，为以后的研究做了重要铺垫。

之后的十年中，研究者们继往开来，沿袭前人的研究成果，不断前进。在明确书中女性不可或缺的历史地位后，开始了更深入的探究司马迁写作的缘由，论文如下：陈厚才《〈史记〉女性形象描写手法综述》[2]、陈功文《〈史记〉女性形象述评》[3]两篇文章均立足文本，使用文学性的分析方法从女性人物的语言、行为、动作、心理等剖析《史记》中的女子，为读者展示出一幅生动形象的历史女性群像，同时也体现出了司马迁积极的女性观。崔花艳《论司马迁的女性观》[4]中立足新的观点，将女性划分为上层政治女性和下层的智慧女性，通过分析认为司马迁对于前者含贬斥的意味，对于后者多有赞赏。同时文章中还指出司马迁在创作中崇尚"情""义""识""奇"的写作特点，并得出司马迁与后世史学家截然不同的独特性这一结论。曾秀芳《司马迁的妇女观及其成因探析》[5]将《史记》中的女性进行细致的分类，为读者展现出一幅栩栩如生的历史女性群像。之后研究者通过列举史料阐述封建时代女性地位的低下以此来衬托司马迁以女性

---

[1] 王晓红：《简论〈史记〉中的女性人物》，《渭南师范学院学报》2005 年第 3 期。
[2] 陈厚才：《〈史记〉女性形象描写手法综述》，《文教资料》2010 年第 18 期。
[3] 陈功文：《〈史记〉女性形象述评》，《岳阳职业技术学院学报》2011 年第 6 期。
[4] 崔花艳：《论司马迁的女性观》，《和田师范专科学校学报》2011 年第 3 期。
[5] 曾秀芳：《司马迁的妇女观及其成因探析——以〈史记〉为考察文本》，《求索》2011 年第 1 期。

为对象进行写作的独特先进性，接着以"知人论世"的文学批评法探究出司马迁如此先进女性观生成的成因。王晓红《试论〈史记〉对女性人物精神生态的观照》[①]一文运用现代西方科学理论关于精神生态的研究来剖析《史记》中出现的女性人物，将女性划分为具有和谐精神生态的"美"和失衡精神生态的"丑"，并且提出了"自然人性"论据，后指出《史记》中的女性是处于历史下的矛盾体。肯定司马迁笔下"美"的女性，赞扬司马迁对人性中关于"爱""利"的合理追求的观念。也指出那些"丑"的女性是封建男权下被异化的女性，希冀通过对《史记》中的女性人物的研究，能够对现代社会构建理想精神生态提供些许反思。王熠纳《〈史记〉中的女性观研究》[②]中列举了不同阶层的女性并进行分析，得出了司马迁思想中包含的男女平等的萌芽以及时代对女性的不公。

新世纪第二个十年的研究不仅赓续了前十年的研究成果，更是将研究继续向前推进，其中包括对女性人物进行深层分析后做细致的划分以及立足不同新颖的视角去观照司马迁和其笔下的女性们，将这一研究课题提升至新高度，并通过对历史的分析来指导当下，十分具有前瞻性。

其次是硕博士论文，研究成果可分为前中后三个阶段。第一，前期的成果有：马德青《〈史记〉的女性形象研究》[③]、郭晓宏《〈史记〉中的女性形象研究》[④]、高发香《试论〈史记〉中的女性形象》[⑤]以上三篇硕士论文主要的研究方法是立足《史记》中对于女性的书写文本，先将庞杂的女性群做分类，接着运用文学描写的分析方法去剖析史书中的女性心理及其形象，进而探究出史官司马迁以男性视角对于女性书写的个人情感与思想，并揭示出其处于时代因素下所具有的先进性与局限性。第二，中期的成果有：李敏《先秦两汉文学中的女性心理考察》[⑥]、汤琴《试论〈史记〉中的悲剧女性形象》[⑦]、苏振杰《〈史记〉中悲剧

---

① 王晓红：《试论〈史记〉对女性人物精神生态的观照》，《社会科学辑刊》，2011年第05期。
② 王熠纳：《〈史记〉中的女性观研究》，《法制与社会》，2017年第13期。
③ 马德青：《〈史记〉的女性形象研究》，河北大学2003年硕士毕业论文。
④ 郭晓宏：《〈史记〉中的女性形象研究》，华中科技大学2005年硕士毕业论文。
⑤ 高发香：《试论〈史记〉中的女性形象》，山东师范大学2006年硕士毕业论文。
⑥ 李敏：《先秦两汉文学中的女性心理考察》，山东大学2007年硕士毕业论文。
⑦ 汤琴：《试论〈史记〉中的悲剧女性形象》，安庆师范大学2011年硕士毕业论文。

女性研究》①等，以上研究者另辟蹊径，从研究人物心理出发，找寻历史下的女性人物的真实心理进程，指出在封建男权社会下被压迫的女性不断被异化进而衍生出自我生命的悲剧性。也明确指出司马迁等史官即使以男性视域观照封建女性，但能够在史书中留下女性的影子是十分具有先进性的。第三，最近的研究有胡林《〈史记〉的女性书写》②、朱玉纯《〈史记〉女性人物的历史解读与文学描写》③，其中可以看出研究者们逐步拓宽研究视域，将研究范围延伸至人文学科方向上，引用更加合理的方法对《史记》中的女性群进行分类并加以探究，不仅使用文学的方法分析史学家笔下的女性，还向下延伸指出《史记》对于后世文学创作的影响。

关于《史记》女性形象的综合研究从最初提出女性观念，到强调历史女性的重要性，再到细致的分析时代作用下的女性的悲剧性人生，呈现出的是一个逐步上升的研究状态，研究者们不仅立足前人成果，更是不断创新研究视角，给《史记》女性研究不断添砖加瓦。《史记》女性形象的综合研究还有很大的研究空间，不仅是文本上的细读，还有研究视域上的扩展，都需要继续做下去。

二、《史记》女性形象分类研究

对于《史记》中女性形象的分类研究从未停止，即使在《史记》综合研究中也必然有对书中出现的女子进行分类之后再逐个剖析研究。分类研究主要有以下三个方面：上层贵族女性的研究、母亲形象的研究和下层平民女性的研究。

上层贵族女性的研究，硕士论文有姜和的《论〈史记〉西汉初期的政治女性形象》④、朱媛媛的《〈史记〉中西汉参政女性形象研究》⑤以及陈佳宁、张玉芳的期刊论文《汉武帝时期女性政治参与研究——以〈史记〉为中心》⑥，这三篇

---

① 苏振杰：《〈史记〉中悲剧女性研究》，陕西理工大学 201 年硕士毕业论文。
② 胡林：《〈史记〉的女性书写》，北方民族大学 2017 年硕士毕业论文。
③ 朱玉纯：《〈史记〉女性人物的历史解读与文学描写》，广西民族大学 2018 年硕士毕业论文。
④ 姜和：论〈史记〉西汉初期的政治女性形象》，辽宁师范大学 2015 年硕士毕业论文。
⑤ 朱媛媛：《〈史记〉中西汉参政女性形象研究》，广西师范大学 2018 年硕士毕业论文。
⑥ 陈佳宁，张玉芳：《汉武帝时期女性的政治参与研究——以〈史记〉为中心》，《西部学刊》2019 年第 21 期。

论文皆立足于西汉初期至武帝时期的纷纭卷动的时代中曾诞生过的十几位与政治有着密切相关的女性人物，研究者对她们的家庭背景、参政的深层原因以及在政治中的分量区别进行深刻且集中的分类探讨，同时研究者回归文本做细读分析，不仅窥探到这些女性在国家政治中参与方式各有不同并且探析出西汉很长一段时期的女性的独特个性，还察觉到女性地位与影响在西汉初期呈现出十足的分量但到武帝中后期受到了来自男权帝王在思想和权利上的刻意削弱。田文红《论西汉女性参政及其启示》[1]虽未仅立足于《史记》的文本，对于西汉政治女性研究将其作为必不可少的重要参考资料，因此研究者认为西汉参与政治的女性并未局限于太后一层身份，还有其他如长公主或其他阶层。研究者不仅剖析出她们参与政治的各方面外部因素，同时还在一定程度上对当代社会构置和谐良好的女性观提出了很大的期盼，《史记·外戚世家》开篇即言："非独内德茂也，盖亦有外戚之助焉。"[2]

上层女性形象的群像研究，主要有夏敏《析〈史记〉中两位皇家女性的人生状态——从汉高祖的婚姻感情纠葛谈起》[3]、汤琴《〈史记·外戚世家〉中的后妃悲剧形象》[4]、吴洁《从〈史记·外戚世家〉探析汉代后宫的女性形象》[5]、赵沈亭、李昱曼《从〈史记·外戚世家〉看西汉前期上层妇女的身份地位》[6]、黄腾《由至微而体至尊：汉初后妃的人生轨迹管窥——以〈史记〉为视角》[7]以及潘铭基《略论〈史记〉的长公主》[8]。司马迁在《史记·外戚世家》中谈论诸多

---

[1] 田文红：《论西汉女性参政及其启示》，《求索》2015年第7期。

[2] 司马迁：《史记》，中华书局2014年版，第2387页。

[3] 夏敏：《析〈史记〉中两位皇家女性的人生状态——从汉高祖的婚姻感情纠葛谈起》，《福建师大福清分校学报》2009年第1期。

[4] 汤琴：《〈史记·外戚世家〉中的后妃悲剧形象》，《现代语文（文学研究）》2010年第6期。

[5] 吴洁：《从〈史记·外戚世家〉探析汉代后宫的女性形象》，《美与时代（下）》2012年第11期。

[6] 赵沈亭，李昱君：《从〈史记·外戚世家〉看西汉前期上层妇女的身份地位》，《文化学刊》2016年第6期。

[7] 黄腾：《由至微而体至尊：汉初后妃的人生轨迹管窥——以〈史记〉为视角》，《渭南师范学院学报》2019年第4期。

[8] 潘铭基：《略论〈史记〉的长公主》，《渭南师范学院学报》，2019年第4期。

贵族女性及其强大的家族光辉时，依旧不免发出对待命运无可奈何的叹息。这些上层贵族女性不论其是否出自内心意愿，但侯门却使她们的生命失去了光彩，也使得研究者们更偏向使用"悲剧命运"去概括她们的一生。以上论文在为她们的人生下结论前均先分析了她们权利的由来。在一个男权极度盛行的社会中，通过对时代经济、历史、文化等因素的深刻了解后剖析诸如吕太后、窦太后、馆陶长公主以及平阳公主等人物如何斡旋其中及怎样在最高掌权者面前为自身保留一定的话语权；接着阐述出贵族女性在权利的漩涡中对自我进行改造乃至于个别女性出现精神行为等方面的异化；最后研究者还是回归作者视角，探究出司马迁对这些贵族女性人物做集合式关注的原因，认可司马迁对女性的重视及尊重。

  母亲形象的研究。女性作为生命的孕育者，与下一代有着密切的关联。鲁迅《而已集》中曾道："女人的天性中有母性。"[1]在封建社会中女性的使命不仅包括了生育的义务，更多的还有教育的义务，《史记》中所描写的母亲就在子女的成长中或多或少有一定的影响力。岳洋《简论〈史记〉中的母亲形象》[2]中就将《史记》中出现的母亲分为三类，其中有充满智慧的，有情感异化的，有满足一己私欲的。在对人物进行举例分析中提出自己的观点，赞赏那些具有智慧与前瞻性的母亲，但对于那些情感迷失与异化的女性并没有一味的斥责，而是点出了她们异化的深层根源，以及隐藏在文字背后她们的母性。该文最后指出，以写人为中心的《史记》中母亲形象虽然千差万别，但女性在人类文明的创造与发展中是具有十分重要的促进作用的。范明英的硕士论文《〈史记〉母亲形象研究》[3]将封建社会中的母子关系认为是一种双向往来的关系，将母亲分为神异型与现实型两大类，并通过对武姜母子、吕后母子和窦太后母子三个具有鲜明特征的案例做细致的文本分析，指出了在性别理论中，父权崇拜是根本思想，而尊崇母亲只是表象，实则是男性实现政治的符号表现。但这篇论文对《史记》中的母亲形象研究并未完成，之后的期刊论文《〈史记〉中母子性别关系及其在传

---

[1] 鲁迅：《鲁迅全集》，人民文学出版社 2005 年版，第 555 页。
[2] 岳洋：《简论〈史记〉中的母亲形象》，《齐齐哈尔师范高等专科学校学报》2007 年第 5 期。
[3] 范明英：《〈史记〉母亲形象研究》，西南民族大学 2008 年硕士毕业论文。

统文化中的地位》按照《史记》的记叙顺序将其中穿插着的母子关系进行梳理，得出了母子关系由弱至强的变化，但依旧能够发现，母亲在古代社会性别关系中处于从属地位。①

穿插在其他男性人物传记中的平民女性，虽然描写她们的语言寥寥几笔，但对历史人物有着历史必然性的重要作用，主要研究成果集中在期刊论文中，吴美卿等人的《论〈史记〉中的平民女性形象》②和蒋波等人的《论〈史记〉中的民间妇女形象》③关注到了以前从未被历史所重视的女性人物，立足文本并对这些市井出身的女性人物做出细致分类，展现出不同于贵族女性的一面。研究者们不仅看到了她们身上的闪光点更是深层剖析了她们能有如此优秀品质的内在根源，这不仅与社会时代背景相关，更是与社会中女性所担纲的重要职责有着密切的关联。研究者探究文本，挖出司马迁思想中具有超越性的观念，这一思维对于女性被历史认可具有促进作用。还有一部分论文将这些下层平民女性置于全部的下层小人物群像之中做分类研究，其中包括有：叶晓燕的《试析〈史记〉下层人物群像及其价值》④、王俊杰等人的《多维透视中的〈史记〉战争边缘人物》⑤、李美超的《论〈史记〉中的小人物形象》⑥，研究者们以细微的视角聚焦于全面的下层社会，首先肯定了司马迁对下层人物的重视与尊重，点出了那些人物尽管在史书中只是为主角作陪衬，但她们也展现出自我生命中独特的光彩与魅力，将这些小人物放置于历史长河中，也起了不可或缺的重要作用。

关于女性的分类研究，研究者对于人物的分类十分细致，在探讨人物形象的同时能够探究人物背后的深层内蕴，这对精准把握人物形象至关重要。21 世纪

---

① 范明英，彭体春：《〈史记〉中母子性别关系及其在传统文化中的地位》，《重庆科技学院学报（社会科学版）》2016 年第 12 期。

② 吴美卿，林序娜：《论〈史记〉中的平民女性形象》，《长春工业大学学报（社会科学版）》2008 年第 4 期。

③ 蒋波，季升辉：《论〈史记〉中的民间妇女形象》，《渭南师范学院学报》2020 年第 4 期。

④ 叶晓燕：《试析〈史记〉下层人物群像及其价值》，《渭南师范学院学报》2013 年第 10 期。

⑤ 王俊杰，赵金广：《多维透视中的〈史记〉战争边缘人物》，《长春大学学报（社会科学版）》2013 年第 3 期。

⑥ 李美超：《论〈史记〉中的小人物形象》，《渭南师范学院学报》2016 年第 5 期。

开始，女性意识的觉醒在研究中主要体现在先从上层贵族后妃女性开始，逐渐将视角下移，去关注那些身份并不那么显贵的女性人物，如聂政之姐，为晏子御车人之妻等，可见这一研究的深入。但个别论文的个案研究还是沿袭旧例，可见创新性还需加强。

三、《史记》比较影响类研究

司马迁开创了以人物为主的撰史方式，将人物提升至核心地位，其中尤为重要的是对女性的书写态度，一改先秦时期如《左传》《国语》等"女性亡国论"的思想风格，将女性群体放在历史事件的重要位置，这对《汉书》《后汉书》等作品在撰作中重视女性书写具有十分重要的作用，更为后世的文学作品如《牡丹亭》《红楼梦》等在思想建构上有着重要影响。"究天人之际，通古今之变，成一家之言"是司马迁著书立说的豪言壮语，《史记》的问世无疑是他壮志已酬的伟大成果。一项成果的伟大，关键就在于后人如何理解以及如何对其进行延伸性发展，因此《史记》的比较影响类研究是十分必要的。

关于女性人物比较研究的文章起步较晚，近十年开始兴起，主要集中对比的著作有《左传》《汉书》《后汉书》《红楼梦》等。对比主要分为三类，第一类是分类对比作品中出现的女性人物，包括语言、动作、事件等，立足文本全面剖析；第二类是作者创作的背后成因探析，其中对于司马迁个人经历变化的研究可谓做到了极致；第三类是对于构成如此女性群像的社会性对比，包括女性地位的变化，女性心态的变化等，全面建构了横向对比与纵向对比交织的网格式对比研究。

重要的论文，如杨海丹《〈左传〉与〈史记〉中女性形象的比较》[①]一文将女性划分为积累性和闪现型，以文学分析法对比两部著作中对女性的书写差距，肯定了司马迁对《左传》书写的继承与创新性发展。刘小姣《〈史记〉与〈左传〉中女性人物塑造之异同》[②]基于两部著作重合的历史时期中出现的女性人物，通

[①] 杨海丹：《〈左传〉与〈史记〉中女性形象的比较》，《安徽文学（下半月）》2010年第1期。
[②] 刘小姣：《〈史记〉与〈左传〉中女性人物塑造之异同》，《新余学院学报》2011年第4期。

过个案研究的方式分析这些女性人物在不同史书中造成差异的原因，指出女性对于社会发展所具有的双重性以及在对比中点出先秦时期作品对女性从属性地位的书写和西汉司马迁对于女性个体独立性书写的进步。车颖《〈左传〉〈史记〉中贵族女性形象透析》①选择以细致的眼光切入那些与政治男性息息相关的贵族女性人物，将这些具有特殊身份的女性进行再分类及分析，并在结论中强调出了无论《左传》亦或《史记》，对于女性的认识依旧限定在封建男权社会中，并且一直将女性设定为附属于男性至上观念下的边缘化地位。张萍《〈史记〉中的女性形象对〈红楼梦〉人物塑造的影响》②首先肯定了司马迁正确的女性观对曹雪芹的影响，接着在两部宏伟巨制的作品中找出描写女性人物的异同点，其中将《史记》中如吕后、重耳之妻、介之推之母以及缇萦等女性人物的研究与《红楼梦》如黛玉、湘云、尤三姐以及晴雯等女性的研究放置在一起，找到《史记》女性人物描写对《红楼梦》女性人物塑造的深远影响。唐媛媛《论〈史记·吕太后本纪〉与〈汉书·高后记〉的异同及其原因》③中单独探讨吕太后，从两位史学家对于吕太后的历史记载、命名方式、记载详略以及情感态度四个方面进行比较，之后找到司马迁与班固之间存在差异的原因，除了个人经历之外还与外在的社会环境息息相关。与《史记》女性人物比较研究相关的硕士论文有：车颖《〈左传〉〈史记〉叙事艺术比较研究》④，研究者首先对司马迁班固二人的身份做细致对比，指出司马迁独具的先进的自我意识，接着主要从叙事学角度分析两部史书，尤其注意对于贵族女性的刻画。研究者不仅将其分类，还剖析出两位史学家对同一人物的不同态度，从而得出汉代女性在历史真相下的从属性人生悲剧。明娟《〈史记〉〈汉书〉中的女性形象》⑤将目光聚焦在了几位耀眼的

---

① 车颖：《〈左传〉〈史记〉中的贵族女性形象透析》，《语文教学通讯·D刊（学术刊）》2012年第12期。

② 张萍：《〈史记〉中的女性形象对〈红楼梦〉人物塑造的影响》，《中共济南市委党校学报》2016年第1期。

③ 唐媛媛：《论〈史记·吕太后本纪〉与〈汉书·高后纪〉的异同及其原因》，《咸阳师范学院学报》2021年第1期。

④ 车颖：《〈左传〉〈史记〉叙事艺术比较研究》，西北师范大学2009年硕士毕业论文。

⑤ 明娟：《〈史记〉〈汉书〉中的女性形象》，华中师范大学2010年硕士毕业论文。

贵族女性人物身上，着重探究了西汉的吕太后与元后。研究者通过对比司马迁与班固对这几位女性人物的叙述、态度、观念等方面的描写，进而深刻探究二位史学家的人生对其写作的影响。蒋英姿《"前四史"女性形象研究》[1]合理统筹了《史记》《汉书》《后汉书》和《三国志》中出现的大量女性人物，先将其分类为贵族与平民两个大类，接着立足文本通过横向对比与纵向分析将这些贵族女性进行再分类，研讨出她们的身份与政治的密切程度，很大程度上让我们了解了先秦至汉魏以来女性地位的发展变化史。谢婧杰《〈左传〉与〈史记〉的女性观比较》[2]先将两部史书中出现的女性人物进行分类，进而通过对比她们的婚姻问题发现先秦时期女性对个体生命无法把握的悲剧。研究者创新研究角度，抓住了两部史书中那些所谓的"叛逆"女性进行分析，比较《左传》与《史记》所造成的叙述差异原因，肯定了司马迁超越前人历史观的先进女性观念。

以上的研究者立足《史记》，向上追溯先秦史书，向下探究汉魏历史，真正建构了网格式研究面，以此丰富自己的研究成果。但也存在一些缺点，如为论证而列举的例子依旧停留在有限的几位女性身上，并且承袭前人的观点以至于缺乏个人创新性的认识，这也是今后比较研究《史记》女性人物时需要注意的方面。

《史记》女性人物研究的课题从 21 世纪初开始做综合性大切口研究逐步细致到对个别人物的专题研究；从立足文本分析人物到深刻揭示司马迁个人经历对其创作的影响；从传统叙事分析再到引入西方文学理论去分析人物，可以看出这一课题存在的巨大研究空间。当下的研究依旧存在一定的问题，例如研究者们在论证自身观点时仅局限在个别的典型的案例，这是需要今后不断突破的地方。

（王思敏，宝鸡文理文学院文学与新闻传播学院 2020 级中国古代文学硕士研究生。）

---

[1] 蒋英姿：《"前四史"女性形象研究》，湖南师范大学 2015 年硕士毕业论文。
[2] 谢婧杰：《〈左传〉与〈史记〉的女性观比较》，伊犁师范大学 2020 年硕士毕业论文。

新中国成立以来《史记》游侠研究综述

万胜伟

游侠这一先秦两汉时期便已出现的群体,自司马迁为其立传以来便一直受到历代学者的关注。中国古代,对于游侠这一群体并没有形成系统的研究,游侠群体对文学创作的影响更多地是通过唐传奇、明清武侠小说等作品体现出了。近代以来,章太炎、梁启超、冯友兰等人从儒与侠的对比、游侠的兴起、游侠的特点等角度对游侠进行专门研究,为后代学者针对游侠的专题研究打造了一个良好的开端。新中国成立后,随着社会观念的变迁与经济的发展,有关游侠的探讨呈现出一种阶段式研究的现象。本文主要整理了新中国成立以来《史记》游侠的研究状况,并以时间与空间两个维度加以论述。

一、《史记》游侠的阶段性研究

(一)新中国成立初至20世纪80年代

此三十年间,中国学界以马克思列宁主义与毛泽东思想为指导,极度重视阶级与思想问题。于是,自出现便颇具争议性的游侠在这一时期的研究方向更多地偏向于游侠的阶级划分,以及司马迁的人民性思想。就阶级划分讲,李庆善认同游侠是属于统治阶级上层的人物,通过游侠的经济后台、政治靠山、群众基础三个方面论证了游侠与富商大贾、豪绅和官吏的密切关系。[1]并指出布衣之侠与豪暴之徒都是骑在人民头上的恶势力。唐赞功通过分析游侠的经济地位和

---

[1] 李庆善:《试对史记游侠列传中几个主要人物进行阶级分析》,《史学月刊》1964年第11期。

政治地位，认为他们不是"穷困流浪，受压迫"的下层人物，而是封建剥削阶级和压迫阶级的人物，是一种有政治影响的社会势力。[1]李思延认为游侠都依附于一定的主人，明确表态游侠具有寄生性，是从社会各阶级中游离出来的分子。[2]当然，也有学者从人民性的立场出发，认为司马迁笔下的游侠代表广大人民的利益，值得称赞。殷孟伦认为由于时代发展和司马迁的社会实践，司马迁与人民的联系是较为深厚的，他看透了封建道德的本质，认为救人之危、不怕牺牲、与统治者处于反对地位的游侠才正是人民所歌颂的人物。[3]

由于当时的学术与政治联系较为密切，学者对历史人物的分析更多地立足于人物的阶级属性上，部分对思想内涵的研究也较多关注作品是否具有人民性、其道德观是否符合当时政治标准。但无论是阶级层面还是思想层面，我们不难察觉，其研究所得结论都符合当时的政治倾向，即批判人民所批判的，称赞人民所称赞的。当研究受时代环境限制，研究成果自然而然地会具有片面性。相比于国内较为紧张的政治环境，同时期国外学者对于游侠的研究更广泛一些。如刘若愚的《中国之侠》[4]一书，首次综合性地介绍了历史与文学上的游侠，并且作者就前人探讨的问题提出了自己的独到见解，进一步丰富了游侠的研究内容。

（二）20 世纪八九十年代

20 世纪 80 到 90 年代是一个思想大变革的时代，"阶级"一词逐渐淡出了政治舞台，随之便是改革开放一个全新的时代。人们的思想得到了解放，学术界的研究也达到一个新高度。这一时期尤其是 1990 年以后，关于《史记》游侠的研究跳出了阶级研究的局限，取得了新的进展。这一时期，游侠问题不仅得到了史学界的重视，在文学界、社会学界也引起了广泛关注。学者改变了由外向内的研究方式，开始注重作品所带来的由内向外的影响，将更多目光集中在了作品本身以及创作主体上面，使游侠研究的程度进一步加深。

---

[1] 唐赞功：《司马迁的〈游侠列传〉有人民性吗？》，《文史哲》1965 年第 5 期。
[2] 李思延：《游侠批判》，《历史研究》1975 年第 4 期。
[3] 殷孟伦：《略谈司马迁现实主义的写作态度》，《文史哲》1955 年第 12 期。
[4] 刘若愚：《中国之侠》，生活·读书·新知三联书店 1967 年版。

这一时期对于游侠的研究不只局限在《史记·游侠列传》中，学者开始关注游侠发展、转变的整个历程。这种转变尤其体现在著作中，不再只是针对单篇或个人，而是立足社会发展，宏观地思考游侠在整个历史发展中的脉络。并且注重结合游侠的生活背景分析游侠的生存状态，从而更准确地分析游侠群体。例如《中国古代的游侠》[1]一书中，作者论述了游侠的定义、产生、嬗变、类别等，涉及游侠研究的多个方面，并史无前例地单独介绍了"巾帼女侠"这一群体。又如《中国侠文化史》[2]以武侠小说为主要研究内容，对中国侠文化的历史做了梳理，使得"侠文化"的内涵更加丰富。

对游侠的细节分析更多地体现在论文中，郭焕珍[3]、韩兆琦[4]、宋超[5]、章培恒[6]等学者从材料出发，对游侠群体进行了多角度的分析。郭焕珍通过对司马迁道德观的讨论，认为司马迁的道德观虽然以封建统治阶级的封建道德为基础，却抨击了封建道德观，对游侠给予肯定是司马迁道德观的积极方面和可贵之处。韩兆琦认为司马迁借对游侠"急人之难，舍己为人"的歌颂来批判汉代上流社会的世态炎凉、卑鄙自私，批判汉武帝的专制统治与严刑酷法的意义，揭露儒者的伪善，抨击汉武帝独尊儒术的意义，是司马迁不满于当时社会的强烈表达。由于《史记》与《汉书》中都有游侠的专篇记载，于是对两篇文章进行对比也成了学者研究游侠的方法之一。如宋超侧重于《史》《汉》两书所写游侠传的得失，通过两个游侠传的比较研究，寻溯两汉社会风尚及思潮发生若干变迁的历史原因和脉络，并进一步阐述两汉社会风尚及思潮曲折变化的发展过程。章培恒跳出文本局限，从文化发展的角度对先秦和汉代游侠的实质做了考察，追溯字源得出"游侠"的原始意义的同时也探讨了"游侠"演变为"武侠"的过

---

[1] 王齐：《中国古代的游侠》，商务印书馆 1997 年版。
[2] 曹正文：《中国侠文化史》，上海文艺出版社 1994 年版。
[3] 郭焕珍：《从〈游侠列传〉看司马迁的道德观》，《兰州学刊》1983 年第 1 期。
[4] 韩兆琦：《读〈史记·游侠列传〉》，《名作欣赏》，1985 年第 4 期。
[5] 宋超：《〈史记〉〈汉书〉游侠传试探——兼论两汉社会风尚的变迁》，《学术月刊》1985 年第 10 期。
[6] 章培恒：《从游侠到武侠—中国侠文化的历史考察》，《复旦学报》（社会科学版）第 1994 年第 3 期。

程,指出中国的侠文化是从写"游侠"的历史作品进到写"武侠"的文学作品,而在写"武侠"的文学作品中,又经历了一个汉代的"游侠"精神从保存到丧失,到在新的社会条件下获得发展和质的飞跃的过程。也有学者专门针对秦汉游侠进行研究,如韩云波的"廿四史游侠"系列文章,对先秦之侠与西汉游侠作了一个全面客观的考述,对每一阶段的游侠都进行了细致地分析和系统的分类,并提出"自《史记》之后,侠的道德评价体系基本确立;自《汉书》始,侠的基本行为模式大致形成"①的观点,为此后的研究奠定了基础。

较上一阶段,这一时期的游侠研究思想更加活跃,视野也更加开阔。为了全面客观地还原历史现场,学者们在现存的少有的史料中追本溯源,探索游侠的最初面貌。学者们的研究视线开始转变,从《史记·游侠列传》的单篇文章中逐渐转向历史与文化视角下的"游侠史""侠文化"研究;从朱家、剧孟、郭解等个人身上寻找突破点,挖掘整个游侠群体特征;还通过与《汉书》游侠的对比,分析司马迁的创作动机及思想倾向。为此后的研究提供了不同的视角,奠定了坚实的基础。

(三)21世纪初至今

21世纪以来,有关《史记》游侠研究的学术成果较前两个阶段呈大幅增长的态势,研究视野进一步拓展,研究方向也进一步细化。尤其是硕博论文的写作使游侠研究更加细致具体化。如《秦汉时期士与游侠的演变及关系研究》②中,郭建静着眼于士与游侠的不可分割性,以士之初形开篇,纵向阐述士与游侠在先秦、秦、汉各个历史时期的发展,由此得出二者的横向关系。闻婧男③以《史记·游侠列传》的游侠形象塑造为视角,从墨侠与司马迁笔下的游侠的同异,以及韩非子对于游侠的评价与司马迁截然相反的角度入手,探讨司马迁笔下游侠

---

① 韩云波:《〈史记〉〈汉书〉游侠考述——廿四史游侠考述之二》,《川东学刊》1995年第1期。
② 郭建静:《秦汉时期士与游侠的演变及关系研究》,西北大学2009年硕士论文。
③ 闻婧男:《〈史记〉游侠形象研究》,东北师范大学2011年硕士论文。

的真正含义，并体会其人格魅力。陈超[①]以时间为线索，着眼于整个西汉时期的政治变化情况，从游侠的诞生、成长、兴盛、衰落四个方面论述了西汉政府对地方控制力的强弱与游侠兴衰变迁之间的关系。李永[②]将游侠分为卿相、布衣、仗剑、豪强四大类，并逐一探索每类游侠的人格特征、时空分布及成因，更深入地把握游侠内涵。华乐康[③]从游侠概念的考辨入手，对以往学界常混淆的概念、"任侠"与"墨侠"的区别进行辨析，深入分析了司马迁寓于《史记·游侠列传》的思想，旨在对司马迁笔下的游侠有更为清晰的认识。由于近代武侠小说的兴盛，部分学者意识到中国古代虽无"武侠"之称，但武侠却来源于古代游侠，于是游侠到武侠的转变、两者间的关联也成了这一时期学术界较为关注的问题。董立婕[④]的硕士论文便以对比汉史游侠以及"武侠"概念发生期的内涵为目的，采取了汉史游侠以及"武侠"概念发生这两个节点，并且分别对这两个节点发展过程以及从历史概念到相应文学类型产生进行了论述，并分析了游侠与武侠的不同之处。

有关《史记》游侠研究的期刊论文的数量更是大量增加，且角度多有不同，具体问题的研究概述将在下文结合前两个阶段的研究成果一起呈现。

二、《史记》游侠的具体问题研究

（一）关于游侠起源的研究

如今学术界已基本达成了"侠产生于先秦"的共识。《韩非子·五蠹》中首次论述到"侠"："儒以文乱法，侠以武犯禁，而人主兼礼之，此所以乱也。夫离法者罪。而诸先生以文学取；犯禁者诛，而群侠以私剑养。"此篇中，韩非子并没有界定游侠的身份，《史记·游侠列传》与《汉书·游侠传》作为仅有的游侠传记，也没有交代游侠的起源。所以近代学者讨论游侠之初，也多围绕游侠

[①] 陈超：《论西汉国家政权与游侠兴衰的关系》，广西师范大学 2015 年硕士论文。
[②] 李永：《两汉游侠研究》，福建师范大学 2016 年硕士论文。
[③] 华乐康：《〈史记·游侠列传〉研究》，山东大学 2021 年硕士论文。
[④] 董立婕：《游侠与武侠发生期内涵比较研究》，西南大学 2016 年硕士论文。

身份进行探索。

  一部分学者如章炳麟、梁启超、闻一多、鲁迅等认为游侠起源于先秦诸子家，争论的焦点集中于儒家与墨家。如章炳麟："漆雕氏之儒废，而闾里有游侠""然天下有亟事，非侠士无足属""士有大儒，举侠士并包之"[①]，认为侠出于儒；闻一多则认为游侠出于墨家，"墨家失败了，一气愤，自由行动起来，产生所谓游侠了，于是秩序便愈加解体了"[②]。一些学者认为游侠属于某一社会阶层，如顾颉刚先生便认为侠起源于士阶层，自战国始士分化为"儒""侠"，先生在《史林杂识初编》[③]中写道："然战国者，攻伐最剧烈之时代也，不但不能废武事，其慷慨赴死之精神且有甚于春秋，故士之好武者正复不少。彼辈自成一集团，不与文士溷。以两集团之对立而有新名词出焉：文者谓之'儒'，武者谓之'侠'。儒重名誉，侠重义气。"贾立国[④]认为侠起源于士的观点具有更多合理性，提出从原初形态来看，侠必定源自于某一社会阶层，就是士阶层。还有学者认为侠起源于某种精神气质，这是就侠的内在精神而论，且从主观态度来讲更偏向于侠的正义气概，刘若愚在《中国之侠》中谈论道："我们最好不要把游侠看成一种社会阶级或职业集团，他们是具有强烈个性、为了某些信念而实施某些行为的一群人。"[⑤]肯定了游侠的个性，认为游侠群体的形成与社会出身无关，多是气质问题。但此说法只论精神层面的影响，不免有些片面。陈夫龙[⑥]对众说纷纭的侠的起源问题进行过归纳，除以上三种说法外，还有侠起源于刺客说、民间说、原始氏族的遗风说、神话原型说四种。正如作者所说："研究者在探讨侠的起源问题时，大都难以超越时代精神的需要和个体史识的制约，或多或少都要打上时代的功利要求和主观色彩的印记。"说法多样，不可避免总会出现一些漏洞，但若将其结合起来，便呈现出游侠起源研究的多种角度，对游侠身份进一

[①] 章炳麟：《訄书·儒侠第六》，华夏出版社 2002 年版，第 27 页。
[②] 闻一多：《闻一多全集·关于儒、道、土匪》，生活·读书·新知三联书店 1982 年版，第 44 页。
[③] 顾颉刚：《史林杂识初编》，中华书局 1963 年版，第 88 页。
[④] 贾立国：《宋前咏侠诗研究》，扬州大学 2010 年博士论文。
[⑤] 刘若愚：《中国之侠》，生活·读书·新知三联书店 1967 年版，第 4 页。
[⑥] 陈夫龙：《侠的起源诸学说批判》，《西南大学学报》（社会科学版）2010 年第 3 期。

步的研究提供良好的基础。

（二）关于游侠形象的研究

韩非子曰"侠以武犯禁"，太史公曰"今游侠，其行虽不轨于正义，然其言必信，其行必果，已诺必诚，不爱其躯，赴士之困厄"，班固曰"借王公之势，竞为游侠，鸡鸣狗盗，无不宾礼""权行州域，力折公侯"。数十字间，便已明确三人对游侠态度的截然不同。三人所处的政治环境不同，从个人的国家观念与利益出发，对游侠形象的描写自然会带有强烈的主观色彩。而后世学者对游侠形象进行分析时，多是结合文本与背景，进行客观地概述。

韩云波在廿四史游侠考述①中，以《韩非子》中谈到的游侠特征为标准，即私剑、非官方性、非生产性来界定和辨认先秦之侠，并将先秦游侠分为依附游侠和自由游侠两类，进一步明确了先秦游侠的特征；对两汉游侠则以《史记》与《汉书》为直接文献，以时间为主线，论述分析了每一阶段的游侠特征，得出《韩非子》（私剑）、《史记》（道义）、《汉书》（豪强）②三种游侠模式，呈现出了系统且客观的游侠形象。章培恒③据《韩非子·孤愤》一文推出"群侠以私剑养"中的"私剑"即"私门"之"剑"，此句实为"群侠以其私剑养"之意，即"群侠"由于其"私剑"而为君主所"养"，又从《八奸》中得证"私剑"实即"私门"所聚的"带剑之客"，这不仅论证了"私剑"与"游侠"的不同，也得出了先秦"游侠"与君主的关系。闻婧男④对《史记》中游侠的类型进行了分析，得出司马迁笔下游侠有三类，布衣之侠，贵族之侠，暴徒之侠，并通过具体游侠的对比总结出《史记》中游侠的形象特征，即救人于厄、主持正义、以德报怨。严振南⑤

---

① 韩云波：《先秦游侠考述——廿四史游侠考述之一》，《达县师专学报》1994年第1期页。
② 韩云波：《〈史记〉〈汉书〉游侠考述——廿四史游侠考述之二》，《川东学刊》1995年第1期。
③ 章培恒：《从游侠到武侠——中国侠文化的历史考察》，《复旦学报》（社会科学版）第1994年第3期。
④ 闻婧男：《〈史记〉游侠形象研究》，东北师范大学2011年硕士论文。
⑤ 严振南：《从刺客、游侠看先秦两汉侠形象变迁》，《广东技术师范学院学报》2016年第6期。

立足于政治态势，以时间为线，认为侠从产生到不断分化的过程中，逐渐产生了"勇士""私剑""刺客""游侠"等"侠"形象，并且代表"侠"身份的人群随着社会历史发展的不同而不同。在另一篇文章中，严振南从施恩与报恩的角度辨出刺客与游侠的根本区别，即"刺客行为的本质是'杀'，游侠行为的本质是'救'"①，这也正是太史公笔下具有道义内涵的游侠形象。华乐康②从"游侠"概念的考辨入手，与"任侠""墨侠"进行辨析，认为游侠具有道德上的优秀品质，而任侠很大程度上仅仅指外在的行为形式；游侠与墨侠在精神内核上有相同之处，但游侠游离于政治，且无严密的组织性。进一步对司马迁笔下的游侠有了更为清晰的认识。

（三）关于侠义精神及司马迁思想的研究

侠义精神作为游侠群体的内核，是历代学者过分关注的问题。虽然自班固后，再无人专门为游侠立传，但游侠所映射出的道义准则与侠义精神却在时代洪流的起伏中绵延至今，并融入了中华传统文化的命脉。

曾昭焱③通过分析《史记》游侠人物，从自由个性与社会归属两个层面对游侠的精神本质进行探究，认为游侠精神所表现的是自由与个性，是对世俗社会和正统阶级的对立，而归属则是正常社会运行的需要。田蔚④从侠情角度分析《游侠列传》，以"义"作为侠情呈现的突破点，认为司马迁所寻找的"义"是一种原本存蓄在中国文化精神中的最可贵的大无畏精神，而"游"作为侠情的最终指向，为侠义精神和司马迁思想的理解提供了新的思路。该学者还提出了侠情的叙事方式为"借儒行侠"，司马迁借儒之种种不堪表达对现实虚伪的反思。

---

① 严振南：《施恩与报恩：从〈史记〉刺客行为的价值补偿看刺客与游侠的差异》，《鸡西大学学报》2016 年第 5 期。

② 华乐康：《〈史记·游侠列传〉研究》，山东大学 2021 年硕士论文。

③ 曾昭焱：《浅论史记中的游侠精神——自由个性与社会归属的意识表现》，《文学界》（理论版）2012 年第 5 期。

④ 田蔚：《〈史记·游侠列传〉的侠情特质论》，《华南师范大学学报》（社会科学版）2014 年第 5 期。

除了儒与侠的冲突,张桂萍[1]还认为儒侠关系体现在司马迁是在借用儒家核心概念"仁义"为游侠正名,将游侠精神看成是儒家传统仁义观念和中国传统文化精神,实际是"儒侠并重"。黄晓星[2]认为司马迁笔下具有"信""仁""义"品格的游侠不是一种职业,而是道德的楷模。他认为司马迁对游侠的思想超越了当时的社会现实,通过表达对游侠精神的认识和赞许,寄寓了个人品格、道德理想以及反抗精神。李欢[3]从侠士形象的分析出发,从"义"与"德"两个角度探讨了侠士精神重义轻利、舍生取义、以德报怨的精神内涵,同时结合时代背景和太史公的个人经历,论证了司马迁选择侠士精神的必然性。

(四)关于《史记》《汉书》游侠差异的研究

同样为游侠立传的还有班固,但其立传缘由和对游侠的评价与司马迁南辕北辙。两传之间的差异不仅反映了班马二人不同的思想价值体系,也为研究两汉的历史变迁提供了宝贵的文献资料。

刘培[4]认为班马二人对游侠评价的差异,与他们对"义"的认识密切相关:司马迁看出"义"是因阶级、阶层的不同而有区别的,所以歌颂游侠的"存亡死生"和"已诺必诚"之义;处于封建化、大一统逐渐加强的东汉前期的班固,儒学已深入于心,强烈的主观意识让他无法客观地认识游侠群体,所以对犯上行权的游侠是深恶痛绝的。朱萍[5]认为马、班对游侠的不同认识是与二者的著史目的相结合的:《史记》成文目的为"欲以究天人之际,通古今之变"而"成一家之言",太史公采撷各诸子之学熔铸成自己的"一家之言",不受传统思想限制,表明了太史公的独特个性;班固"纬六经,缀道纲",表现出浓厚的封建正

---

[1] 张桂萍:《论〈史记〉刺客、游侠传的仁义主旨及其多维视角》,《西南大学学报》(社会科学版)2017年第1期。

[2] 黄晓星:《〈史记·游侠列传〉与司马迁的游侠思想》,《连云港师范高等专科学校学报》2017年第3期。

[3] 李欢:《论〈史记〉的侠士精神》,《湖北经济学院学报》(人文社会科学版)2019年第4期。

[4] 刘培:《班马传游侠比异》《济南大学学报》(综合版)1995年第2期。

[5] 朱萍:《司马迁、班固与游侠》,《安徽文学(下半月)》2006年第8期。

统思想，以儒家伦常评判是非标准。严振南[①]论述了太史公与班固史学思想的差异：太史公从维护个体生命层面出发，强调游侠敢于犯禁、救人于厄的侠义精神；班固从国家君主立场出发，有意混淆豪暴之徒与道义之侠，目的在于抑侠。

三、结语

虽然《史记》《汉书》之后再无游侠，但游侠形象却流传至今，侠义精神也一直影响文人墨客的价值观，尤其是武侠小说中所映射的正义、朴实、"十年饮冰、难凉热血"的侠精神对人们的行为有着良好的引导作用。中国古代的侠者们确实以自己的独特方式和道德理想，参与了传统道德规范和人格精神的建构。[②]进而也以独特的侠文化影响着人们的人格与精神。

至今，有关《史记》游侠的研究依然活跃在学术界，也取得了巨大的成就，但依旧存在缺陷。最根本的原因便是文献资料的缺失，先秦资料的亡佚是学术界无能为力的痛；其次，进入 21 世纪以来，有关游侠的研究极少出现创新性观点，游侠研究开始有了观点同质化、内容重复化的危险趋势，与 20 世纪八九十年代的游侠研究成果相比，相去甚远。这种现象值得我们反思，上世纪的大师们学识广泛、学问极深，对某一问题可以多角度娓娓道来，而 21 世纪的新学者们多是就一个方向用功，缺少跨领域研究的思维与能力。当然，"快餐文化"的时代下，这种现象无法避免，尤其需要精心潜修古文献的学者思考如何在快节奏中保持自我，不忘初心。

（万胜伟，宝鸡文理学院文学与新闻传播学院 2021 级古典文献学研究生。）

[①] 严振南：《论〈史记〉与〈汉书〉选录游侠形象的错位——兼谈太史公和班固的史学思想差异》，《渭南师范学院学报》2016 年第 5 期。

[②] 赵龙：《〈史记〉中"侠"的人格与精神》，《大众文艺》2010 年第 16 期。

归因理论视野下《项羽之死》的项羽文化形象解读

闫永强

《项羽之死》是人教版高中语文选修教材《中国古代诗歌散文欣赏》中的一篇课文。文章选自《史记·项羽本纪》,是对项羽从四面楚歌泣别虞姬到最终自刎乌江这一段惊心动魄的生死历程的全景式展现,也是太史公对这位末路英雄形象的浓墨重彩、倾力摹画。而本文的教学重点之一即是对于主人公项羽形象的分析及其评价。笔者以为,从现代心理学研究的角度,运用归因理论能够帮助我们更进一步地从深层去体察人物形象,总结历史的经验教训,甚至进而探寻我们民族的"集体无意识"。

一

关于项羽之死及其教训,后世虽然众说纷纭,但均首推司马迁的评价为经典。他说:"(项羽)自矜功伐,奋其私智而不师古,谓霸王之业,欲以力征经营天下,五年卒亡其国,身死东城,尚不觉寤而不自责,过矣。乃引'天亡我,非用兵之罪也',岂不谬哉!"[1]在太史公眼里,悲剧英雄项羽是一个"一根筋"式的冥顽固执、至死不悟的人,而这一切,盖在于项羽错误的归因观。

归因"是指人们对他人或自己的所作所为进行分析,指出其性质或推断其原因的过程,也就是把他人的行为或自己的行为的原因加以解释和推断"(Sherry A. Benton,2003)。而归因理论则是关于知觉者推断和解释他人与自己行为原因的社会心理学理论。

---

[1] 司马迁:《史记》卷七《项羽本纪》,中华书局 2013 年版,第 428 页。

归因理论最早的提出者，美国心理学家海德（Fritz Heider）认为，人们会把行为归结为内部原因和外部原因。内部原因是指存在于行为者本身的因素，如努力、能力、兴趣、态度、性格等；外部原因是指行为者周围环境中的因素，如任务的难度、外部的奖赏与惩罚、运气等。[1]一般来说，人在行为成功或失败的情况下归因的愿望也更加强烈。因此，我们可以尝试建立如下成败归因效果图：

结果	原因	可能造成的影响
成功	内因	骄傲自满，自我膨胀
成功	外因	反思自我、谦虚、努力
失败	内因	自我干预、自我调整，积极改变
失败	外因	沮丧、畏怯，丧失努力的愿望

从上图可以看出，一般情况下，将成功归结为外在的因素和把失败归结为自身的问题和不足，有助于人继续发掘自身潜能，剖析问题，重新奋进；相反，将成功归结为自身的优势和把失败归结为外在的阻力，则人容易产生倦怠懈惰心理，有可能导致结果的失败。

从这个角度来看，项羽恰恰就是一个"失败外因论"者。在整篇《项羽本纪》中，项羽给读者留下的都是一个"行"胜于"言"的印象：他沉默寡言，最喜欢用蛮力和屠刀解决问题。"项羽悉引兵击秦军汙水上，大破之。"[2]"项羽遂北至城阳，田荣亦将兵会战。田荣不胜，走至平原，平原民杀之。遂北烧夷齐城郭室屋，皆阬田荣降卒，系虏其老弱妇女。徇齐至北海，多所残灭。"[3]"至彭城，日中，大破汉军。汉军皆走，相随入谷、泗水，杀汉卒十余万人。汉卒皆南走山，楚又追击至灵璧东睢水上。汉军却，为楚所挤，多杀，汉卒十余万人皆入睢水，睢水为之不流。"[4]……在作为绝对主角的鸿门宴上，面对樊哙的慷慨陈词，他也只是沉闷的一个字："坐"。整篇文中，项羽10个字以上的台词

---

[1] 转引自赵媛《高中生归因方式、宽恕与主观幸福感的关系研究》，2020年哈尔滨师范大学硕士学位论文，第4页。
[2] 司马迁：《史记》卷七《项羽本纪》，中华书局2013年版，第394页。
[3] 司马迁：《史记》卷七《项羽本纪》，中华书局2013年版，第408—409页。
[4] 司马迁：《史记》卷七《项羽本纪》，中华书局2013年版，第409页。

屈指可数。但不能不引起人注意的是,《项羽之死》这一部分中,项羽却一反常态,反复自陈心迹:"……此天之亡我,非战之罪也……令诸君知天亡我,非战之罪也。""天之亡我,我何渡为……"很显然,他把自己的战败归结到了外因——神秘难测的上天头上。

二

纵观项羽的一生,他出身楚国贵族,为名将之后。他勇武尚义,才智过人:破釜沉舟、背水一战,诸侯莫敢仰视;入彭城、杀汉军,刘邦为之丧胆;立义帝、废义帝,玩弄权术于掌上;建国徐州,自立为西楚霸王,少年得志,雄心勃勃。也因此,面对着出身寒微、诡诈无赖的老对手刘邦,项羽一直有一种精神上的优越感和心理上因过分自信而产生的傲气。然而,无奈的是,在与刘邦的斗争中,他终究还是落了下风,四面楚歌之中率八百将士仓皇逃窜。面对这样的结局,在百思不得其解中,他只能简单地将其归结为"天命",笔者也将其称之为"天命归因"。

这样的一种归因,遮蔽了项羽征战失利的真正的问题与教训,使其最终糊里糊涂走向了死亡。他再也没有机会也无需深思自己在用兵决策上的失误和不足、在知人用人上的问题和缺陷、在斗争意志上的软弱与麻痹……而只是匍匐在巨大而不可知的天命面前,然后以一种自以为潇洒慷慨的姿态"毅然而又决然"地举刀抹了脖子。而这些,百年之后,换来的不过是传记结尾时太史公尖刻的批评而已。

三

而这样一种错误的归因,造成的另外一个后果就是严重的习得性无力感。习得性无力感最早由美国心理学家塞利格曼所提出,"指有机体接连不断地受到挫折,便会产生无能为力、听天由命的心态"。[1]项羽正是在"天之亡我"的归因

---

[1] 周国韬:《习得性无力感理论再析》,《心理科学》1994年第5期,第297页。

中，变得茫然无助、坐以待毙甚至甘愿自刎以成全对手，令人扼腕叹息。他虽然垓下战败，但仍有众多优势和机遇可再次一搏：在荆楚中原之地强大的号召力、故国民众强悍勇毅的风俗、江东地区雄厚的财力支持……从乌江边上一个小亭长所发出的"江东虽小，地方千里，众数十万人，亦足王也。愿大王急渡。今独臣有船，汉军至，无以渡"这样满怀热情的激励中就可体会得到。然而，对于已经迷信"天命"、心如死灰的项羽来说，任何类似上述重整旗鼓、卷土重来的鼓励和劝慰都已毫无意义。从他尚未决战时就已在营帐中面对虞姬痛哭："力拔山兮气盖世，时不利兮骓不逝。骓不逝兮可奈何，虞兮虞兮奈若何"的言辞中能够感受到他内心深处沉重的悲哀与沮丧。因而，在这种习得性无力感的困扰下，项羽放弃了一切努力，躺在"天命"的祭坛上，"自愿"地接受了"命运"的安排。

四

中国人对"天命"的推崇与敬畏，是一道纵贯中国思想史的深刻辙迹。整个先秦时代，除儒家最后一位圣哲荀子勇敢地提出了"大天而思之，孰与物畜而制之"的"反天命"观之外，全社会都未能摆脱。可以说，"祸福休咎，归之天命"本身就是中华儿女童年时期就已刻上的胎记，是一种集体无意识。这种民族归因文化能够给行动者强烈的心理暗示，其后果则是利弊皆有。

历代统治者都要为自己政权的建立寻求"受命于天"的合法性。商朝的建立就是"天命玄鸟，降而生商"；周之先祖后稷就是"姜原出野，见巨人迹，心忻然说，欲践之，践之而身动如孕者。居期而生子，以为不祥，弃之隘巷，马牛过者皆辟不践；徙置之林中，适会山林多人，迁之；而弃渠中冰上，飞鸟以其翼覆荐之……"[1]这样一种"天生神人"的形象。晋公子重耳出奔，路遇田夫，向其乞食反被扔土块，他的从者却强调说："天赐也"，"稽首受而载之"[2]。以致到后来，在这种文化氛围下，政治家不得不通过种种途径为自己的政权造势，

---

[1] 司马迁：《史记》卷四《周本纪》，中华书局 2013 年版，第 145 页。
[2] 杨伯峻编著：《春秋左传注》，中华书局 1990 年版，第 406 页。

多有伪造，如什么"梦与龙交""红光满室"之类，其目的都是将自己的成功归结为上天的眷顾，为了强化自己"奉天承运"的真实性。它带来的好处是可以进一步增强个人或团体的使命感，坚定个体追求成功的信念，从而以顽强的毅力和坚韧不拔的意志力来实现愿望。比如汉高祖刘邦，因为一个过路老父所言："乡者夫人婴儿皆似君，君相贵不可言。"以及之后斩白蛇、现云气之类怪异现象而"心独喜，自负""心喜"，因而在一种"天将降大任于斯人"的信念指引下，多次濒临绝境而不气馁放弃，最终"证实了"前述种种预言。

而从另一个角度看，在"天命归因"思想的影响下，个体在失败或悲剧性命运面前，往往会丧失独立的思考：既不愿进行内向性的反思，如自己决策的失误、性格的缺陷；也无力进行其他方面外向性的反思，如体制的弊端、社会环境的制约；即使反思，也最多是在"自我——天命"之间寻求关联，认为是自己"获罪于天"而招致天谴，从而验证"天命"的正确性。此种现象，仅在《史记》中就多有出现。如：

> 武安君引剑将自刭，曰："我何罪于天而至此哉？"良久，曰："我固当死。长平之战，赵卒降者数十万人，我诈而尽坑之，是足以死。"遂自杀。
>
> 蒙恬喟然太息曰："我何罪于天，无过而死乎？"良久，徐曰："恬罪固当死矣。起临洮属之辽东，城堑万余里，此其中不能无绝地脉哉？此乃恬之罪也。"乃吞药自杀。

在"天命归因"意识的遮蔽下，临死之际，白起和蒙恬都进行了毫无来由地荒谬地反思。以至于蒙恬跟项羽一样，遭到了司马迁毫不留情地批判："夫秦之初灭诸侯，天下之心未定，痍伤者未瘳，而恬为名将，不以此时彊谏，振百姓之急，养老存孤，务修众庶之和，而阿意兴功，此其兄弟遇诛，不亦宜乎！何乃罪地脉哉？"

更有甚者，由于"天不助我"的思想作祟，失败者在早期往往就会形成一种"我不可能成功"的心理暗示，然后就是麻木被动地接受失败的命运，失去反抗与重建的勇气，以最终的失败来"印证"天命的正确，形成一种悲剧性的恶性循环。如果我们仔细阅读明清两代的文学作品，特别是笔记小说，会发现不少这样的例子。

从项羽的"天命归因"中，我们不仅能够读出英雄末路的无奈，更可以通过对这种归因观的全面审视，进而透视潜藏在整个民族精神深处的文化基因，使之成为解读华夏民族几千年发展沉浮历程的密码，为重建健康而充满活力的现代民族人格提供有价值的参照。

（闫永强，陕西师范大学教育硕士，中学一级教师，供职于西安铁一中滨河高级中学。）

《史记》接受研究

剧作家们更钟情于与西周、秦国、秦朝、汉朝有直接或间接关系的故事内容作为创作素材,突显出鲜明的选择性特点。秦腔史记戏如是选材,正显现出他们对《史记》文化精神的接受,对司马迁历史观的认同。

秦腔史记戏取材对《史记》的接受

高益荣　师浩龙

被誉为中华文化百科全书的《史记》不但记载和保存了大量有关我国戏曲方面的资料，而且是后世作家创作的丰富材料库，正如马克思评价希腊神话时说"希腊神话不只是希腊艺术的武库，而且是它的土壤"一样，《史记》也是我国各类文学的武库和土壤。本文通过对秦腔剧本里取材《史记》的史记戏的文献梳理，根据《秦腔剧目初考》《西安秦腔剧本精编》《陕西传统剧目汇编·秦腔》等秦腔研究书目和现已整理出版的一些大部头秦腔剧本汇编，共统计到秦腔史记戏86部。从对这86部秦腔史记戏的题材分类、选材特点作以论述，以显现出《史记》对我国戏曲、乃至叙事文学的影响。

一、秦腔史记戏的题材分类

孙书磊先生在《中国古代历史剧研究》中如是总结中国古代历史剧的取材形式：

> 源于正史的历史剧其取材有以下一些形式：正史→历史剧，正史→野史→历史剧，正史→历史小说→历史剧，正史→既有历史剧→历史剧，正史→野史、历史小说、既有历史剧→历史剧，等等。[①]

诚然，秦腔史记戏的创作是历史剧创作洪流中的一个细小支流，其实质也是历史剧的创作，有着中国古代历史剧取材、创作的普遍性，在符合以上取材规

---

① 孙书磊：《中国古代历史剧研究》，南京师范大学出版社2004年版，第39页。

律的同时，也有着自己的特殊性。需要说明的是，早期的秦腔史记戏创作主体大多是民间艺人和下层文人，尤其在很长一段时间内，是由民间艺人一代一代的口耳相传，秦腔史记戏的故事内容才得以流传保存至今，并不像元明清史记戏那样多由正统文人创作完成，一开始就以文本的形式流传；直至近代以来，学界对秦腔进行抢救性保护时，大量的剧本才在秦腔艺人的口述下被录写成文本，因此而得以被广泛流传和阅读。基于此特殊性，早期秦腔史记戏的具体创作时间和作者都很难确定；同时，一些剧目的故事本事更是在多种文学样式中出现，如秦腔史记戏《圯桥授书》的故事本事最早见于《史记·留侯世家》，之后又相继出现在宋元话本《张子房慕道记》《张子房辞朝佐汉记》、元代李文蔚的杂剧《张子房圯桥进履》、王仲文的杂剧《从赤松张良辞朝》、明代无名氏的传奇《赤松记》等剧目中，再如《鸿门宴》的故事本事最早见于《史记·项羽本纪》，之后又相继出现于李贽《史纲评要·汉纪》以及历史演义小说《西汉演义》第36回至38回中，而由于资料和学力所限，我们很难确定这些剧目素材的具体来源。因此，我们认为这类剧目主要是秦腔民间艺人在以上俗文学积淀的基础上通过一代又一代的不断丰富、完善、积累而形成的。

（一）根据对源于《史记》的题材改写原则分类

1. 间接取材于《史记》型

这类剧目主要通过变文、话本小说、元明清史记戏等其他与《史记》有关的俗文学形式中间接地取材，在秦腔民间艺人一代一代口耳相传的世代积累下不断增补、丰富、完善而形成，主要以秦腔传统剧目中的史记戏为主，如《张良刺秦》《圯桥进履》《黄金台》《萧何月下追韩信》等传统剧目。

2. 直接取材于《史记》型

这类剧目主要由易俗社等新型秦腔社团中的编剧家们创作完成，他们大都有着渊博的历史知识，熟悉《史记》文本，所以直接取材于《史记》进行创作，如孙仁玉的《商汤革命》《将相和》等剧目主要是以《殷本纪》《廉颇蔺相如列传》等篇目中的相关史料为基本依据创作而成，又如孔祥祯的《商君》则主要依据《商君列传》中的史料记载创作完成，再如韩绾青的《约法三章》则主要以《高祖本纪》中的史料记载为创作依据。

3. 新近改编型

这类剧目主要根据秦腔或其他剧种的史记戏,并结合《史记》中的有关史料改编而成,改编者相较于传统剧目史记戏的创作者,知识水平更高,更加熟悉《史记》中的史料记载,但却又与第二类情形有所不同,是对前两种取材方式的结合。如马建翎先生改编的《赵氏孤儿》一剧便是在参考了明人徐元所著传奇《八义记》中的相关剧情和《史记·赵世家》中的基本史料记载后,以王国维先生誉为中国古代四大悲剧之一的著名元杂剧《赵氏孤儿大报仇》为基本底本改编而成的;再如王保易的《卓文君》一剧则是在范紫东先生秦腔史记戏《琴箭飞声》和当代著名戏剧家吴祖光先生《凤求凰》两剧的基础上,同时参照其他剧种的相关剧情后改编整理而成的;而袁光、姜炳泰的《屈原》则是根据郭沫若同名话剧《屈原》改编而成。

(二) 根据故事发生时间分类

1. 上古传说戏

这类剧目主要以上古三皇五帝及夏、商、西周时期的一些传说事件为主要故事内容,如《黄帝开国图》《大孝传》《进妲己》《炮烙柱》《比干剜心》《进褒姒》等。

2. 列国戏

这类剧目主要以春秋战国时期列国发生的事件为主要故事内容,如《伐鲁国》《百里奚拜相》《崤山战》《八义图》《过沙江》《点女兵》等。

3. 秦①汉故事戏

这类剧目主要以发生在秦朝和汉朝时的重大历史事件为主要故事内容,当然在这类剧目中也包含秦汉之交有关楚汉相争故事的剧目。这类剧目如《大郑宫》《六义图》《九战章邯》为秦朝故事戏,《鸿门宴》《约法三章》《困荥阳》等剧目为楚汉相争故事戏,《油鼎封侯》《石佛寺》《淮河营》《陈平保国》《汉宫案》等剧目主要为汉代故事戏。

---

① 此处指秦始皇统一六国后发生的故事,而非战国时秦国时发生的故事。战国时秦国发生的故事统一归类到列国戏中。

（三）根据故事内容对题材分类

1. 宠幸女色型

这类剧目一般多为君王被后妃美色迷惑，推行暴政，迫害忠良，祸国殃民，致使内政混乱，民不聊生，甚至改朝换代，呈现出明显的模式化倾向，主要有《进妲己》《进西施》《进褒姒》《进骊姬》《炮烙柱》《比干剜心》等剧目。

2. 表现战争型

这类剧目主要以表现国家之间的征战杀伐为主要内容，可分为上古时期部落之间的征战、春秋战国时列国之间的征战杀伐，秦楚①之间的征战和楚汉战争等，如《黄帝开国图》主要演绎了上古时期轩辕黄帝和蚩尤部落之间的逐鹿之战，《崤山战》主要演绎了春秋时期秦国和晋国崤山战役的始末，《伐鲁图》则主要演绎了春秋时期齐桓公命高奚征伐鲁国的故事，《九战章邯》主要演绎了项羽打败章邯的故事等。

3. 个人经历型

这类剧目以表现主人公一生或某一时期的主要经历为故事的主要内容，大都直接以主人公的名字为剧目命名，如《王陵归汉》一剧主要演绎了汉将王陵宁死不投降项羽的故事，《晋文公》一剧演绎了晋文公重耳被迫从晋国逃亡直至回国继位重整河山近十九年间的主要经历。类似的剧目尚有《李广射虎》《霍去病》《醉遣重耳》《出棠邑》等剧目。

4. 婚姻爱情型

这类剧目主要以表现司马相如和卓文君之间的爱情故事为主，如《琴箭飞声》《卓文君》《文君当垆》等剧目。

5. 博取功名型

这类剧目主要以春秋战国时期的文人策士为主人公，他们大都才华横溢，身怀济世安邦之才，在经历一番挫折后被某一诸侯重用，突显出其非凡的治国之才，辅佐该诸侯富国强兵，成就霸业，如《铁兽图》《百里奚拜相》主要演绎了秦穆公发现百里奚的治国才能后，以五张羊皮将他买回秦国并重用的故事，《苏

---

① 此处指秦朝末年的秦楚之争，非列国时的秦、楚。

秦拜相》和《和氏璧》则主要演绎了苏秦、张仪两人获取功名的过程,再如《范雎相秦》则主要演绎了范雎在经历挫折后被秦国重用获得功名的故事。

6. 内部斗争型

这类剧目主要以某一国家团体内部的矛盾斗争为剧目的主要内容,涉及范围比较广泛,既有忠奸斗争,也有君臣之间的矛盾斗争,更有皇权之争,如《八义图》《赵氏孤儿》主要演绎了战国时期赵国内部奸佞屠岸贾和忠义之士程婴、公孙杵臼等人之间的忠奸斗争,这类剧目还如《六义图》等,而《未央宫》则演绎了汉王朝建立之初皇帝与功臣之间的矛盾斗争,《汉宫案》则主要演绎了汉王朝初期刘邦与吕后之间的皇权之争,此类剧目还如《大郑宫》等。

7. 刺杀型

这类剧目主要取材于《史记·刺客列传》,以演绎刺客的故事为主,因此也可简称为刺客戏,如《荆轲刺秦王》《刺侠累》《豫让剁袍》《富贵图》等剧目。

综上,我们对秦腔史记戏从取材方式、故事发生时间、故事内容及题材三方面作了分类。从以上分类中我们可以看出,早期秦腔史记戏由于其创作主体的特殊性,其取材和形成方式主要以间接取材、世代积累为主,而直接取材于《史记》的史记戏创作则主要由易俗社等新型秦腔社团的剧作家们完成,另外也有部分熟悉《史记》文本的秦腔剧作家在取材时兼容并蓄,既采用已有史记戏的相关情节,同时也参考《史记》中的相关史料;而从故事发生时间来看,秦腔史记戏由于取材于《史记》的特殊原因,上古三代、春秋战国、秦汉时期的精彩故事基本都有涉及,其叙述时间和《史记》的叙述时间范围基本保持一致;最后,从故事内容来看,尽管秦腔史记戏取材于《史记》,戴着镣铐跳舞,但其故事内容及题材丰富,涉及多方面,可谓包罗万象,深得《史记》选材之三昧。当然,任何分类都不可能包含所有,所以以上分类也只是以秦腔史记戏的普遍性为基本立足点所做的尝试而已。

二、秦腔史记戏的选材特点

司马迁的《史记》可谓体大思精,人物众多且形态各异,语言优美又不乏个性,内容精彩而丰富宏阔。面对如此一座琳琅满目的艺术宝库,秦腔剧作家在取材于《史记》的过程中，也并非随意撷取，任意敷衍，而是呈现出鲜明的特点，即主要表现在秦腔剧作家选材时的具体体例来源、选材的时间集中性和鲜明的选择性倾向三方面。下文将对其呈现出的具体特点和形成这一特点的原因试作进一步的分析。

（一）秦腔史记戏取材的体例来源特点

"司马迁参酌古今，发凡起例，创为全史"①，遂为中国史学创立本纪、表、书、世家、列传五种体例，其中本纪12篇，表10篇，书8篇，世家30篇，列传70篇，共130篇，皇皇52万余字。那么秦腔史记戏在选材的时候主要倾向于从哪些体例中取材呢？我们有必要对秦腔史记戏中故事本事的具体来源作统计学分析。通过具体的数据统计，可以得到：

表1　秦腔史记戏取材的体例来源统计表

本事来源	本纪	世家	列传	合计
剧目数量	31	19	39	89②
百分比	34.83%	21.35%	43.82%	100%

由上表可以看出，秦腔史记戏中故事本事具体来源于《史记》本纪的有31部，占34.83%，来源于《史记》世家的有19部，占21.35%，来源于《史记》列传的有39部，占43.82%。由此笔者得出以下结论：从秦腔史记戏中故事本事的具体来源体例而言，秦腔史记戏主要从《史记》列传、本纪、世家这三种体例的相关篇目中取材，其中尤以来自列传和本纪的素材所占比例最大；在列传和本纪中，又以列传为主，本纪次之。

那么是什么原因导致秦腔史记戏的选材来源呈现出以上所述的显著特征呢？

---

① 赵翼：《廿二史札记卷一·各史例目异同》，王树民：《廿二史札记校证》（上），中华书局1984年版，第3页。
② 此处之所以为89部，是因为《崤山战》的本事来源于《秦本纪》《郑世家》，《点女兵》的本事来源于《孙子吴起列传》《伍子胥列传》，《火牛阵》的本事来源于《田敬仲完世家》《田单列传》，因此在统计数据时重复统计了这三部剧，故而此处剧目总数为89部。

笔者认为其中的原因主要有：

就《史记》五种体例的主要内容和功能而言，《史记》的本纪、世家和列传主要以写人为主，是在写人的基础上叙述历史，因此在这三种体例的相关篇目中包含了大量完整而精彩的故事；并且其"史实追叙真人真事，每须遥体人情，悬想事势；设身局中，潜心腔内，忖之度之，以揣以摩，庶几入情合理。盖与小说、院本之臆造人物、虚构境地，不尽同而可相同"①。因此其故事大都具备了戏剧文学所必需的矛盾冲突、人物形象、情景等基本要素，因而从这三种体例包含的相关篇目中取材，能为剧作家进行戏剧创作提供丰富而翔实且符合戏剧文学要求的素材资料；相比之下，《史记》中的表和书这两种体例所包含的内容便不具备以上所述特点，其中表主要是针对"凡列侯、将相、三公、九卿，功名表著者，既为立传，此外大臣无功无过者，传之不胜传，而又不容尽没，则于表载之"②而作的人物年表和针对"并时异世，年差不明"③而作的大事年表，书则"以纪朝章国典"④为其主要内容，旨在明晰古今制度的承袭沿革。因此表和书这两种体例的主要内容显然不是以人物为中心叙述历史故事的，因而不具备戏剧文学所必需的矛盾冲突、人物形象、情景等基本要素，故而无法为剧作家提供相应的戏剧创作素材。

本纪和列传的内容尤其集中体现了司马迁及《史记》的"尚奇"特色。司马迁在《史记·太史公自序》中申述作七十列传的选材标准和目的时说："扶义俶傥，不令己失时，立功名于天下，作七十列传"⑤，而在回复其好友任安的书信《报任少卿书》中也说到："古者富贵而名摩灭，不可胜记，唯俶傥非常之人称焉"⑥，此

---

① 钱钟书：《管锥编》（第一册），中华书局1979年版，第166页。

② 赵翼：《廿二史札记卷一·各史例目异同》，王树民：《廿二史札记校证》（上），中华书局1984年版，第4页。

③ 司马迁著，裴骃集解，司马贞索隐，张守节正义：《史记》，中华书局2014年版，第4027页。

④ 赵翼：《廿二史札记卷一·各史例目异同》，王树民：《廿二史札记校证》（上），中华书局1984年版，第5页。

⑤ 司马迁著，裴骃集解，司马贞索隐，张守节正义：《史记》，中华书局2014年版，第4027页。

⑥ 班固，颜师古注：《汉书·司马迁传》，中华书局1962年版，第2735页。

处所言已不仅仅是他作列传的选材标准和目的了,而是他创作整部《史记》的选材标准和目的。其中"俶傥"即"倜傥",是卓异、特别的意思,即司马迁是要以《史记》记录那些卓越不凡的、特殊的人和事。因此扬雄在其《法言·君子》篇中如此评价司马迁:"多爱不忍,子长也。仲尼多爱,爱义也;子长多爱,爱奇也"①,扬氏以"子长多爱,爱奇也"评价司马迁和《史记》的特色,可谓深得司马迁之意旨,实是至评。司马迁在《史记》本纪和列传两种体例中集中体现的"尚奇"特色主要表现在《史记》中记录了大量的奇人,也即其所说的"俶傥"之人,以期"传畸人于千秋"②。司马迁笔下的奇人,首先是人物长相奇特怪异,通过对人物奇特怪异长相的绘声绘色描述,来展现该人物区别于普通人的表象特征,进而暗示、反映该人物不同于普通人的独特性格特征。如司马迁通过描述秦始皇区别于普通人"蜂准,长目,挚鸟膺,豺声"③的怪异表象特征进而揭示了秦始皇刻薄寡恩的性格特征;再如通过描述勾践区别于普通人"长颈鸟喙"④的奇特表象特征进而暗示、反映出其只可共患难,不能同享福的性格特征等。这种通过对人物奇特怪异长相的描述来暗示、揭露人物独特性格特征的表现方法,极具画面感,从而在读者脑海中留下了难以磨灭的直观印象。其次司马迁也通过描写人物的奇异经历来表现该人物的奇特之处。如通过对汉高祖刘邦起自布衣,终成帝业奇特经历的描写,从整体上表现刘邦的非凡之处;通过描写西楚霸王项羽刚愎自用,不听谋士之言,终落得自刎于乌江的悲惨经历,展示了项羽的英雄本色;而韩信早年经受胯下之辱,终得登坛拜将,成就千古伟业,但却难逃死于妇人之手的悲惨命运,给读者以无尽的惋惜……刘邦、项羽、韩信这些乱世中造就的英雄自有其非凡的经历,这些非凡的经历也是其被称为英雄的主要原因之一,故他们自然也是司马迁在《史记》中书写的主要

---

① 扬雄:《法言·君子》,汪荣宝著,陈仲夫點校:《法言义疏》,中华书局 1987 年版,第 507 页。

② 鲁迅:《汉文学史纲要》,上海古籍出版社 2008 年版,第 53 页。

③ 司马迁著,裴骃集解,司马贞索隐,张守节正义:《史记》,中华书局 2014 年版,第 297 页。

④ 司马迁著,裴骃集解,司马贞索隐,张守节正义:《史记》,中华书局 2014 年版,第 2107 页。

对象；但是司马迁在《史记》中书写的有着奇特经历的奇人并不仅仅局限于王侯将相，在这之外，他也书写了许多身份低微者的奇特经历，如游侠朱家、田仲、郭解等人也因其"私义廉洁退让，有足称者"[①]而成为《史记》的重要组成部分。司马迁笔下的人物无不具有各自独特的奇异之处，充满着传奇色彩。另外司马迁在《史记》本纪和列传中也记录了大量的奇事。如蔺相如的完璧归赵、渑池会、将相和、项羽的破釜沉舟、韩信的背水一战……都是人们耳熟能详的故事，并且很多故事的名称演变成为成语而被沿用至今。司马迁在《史记》本纪和列传中除了记录真实的奇人奇事外，还撷取了一些民间传说及异闻对原有故事进一步补充、渲染，使得一些本已奇异的事件更具传奇色彩，奇上加奇。司马迁关于刘邦出身的说法同样没有科学依据，是来自民间的传说异闻。但是司马迁仍然将这一民间传说异闻记入《高祖本纪》中，这对刘邦的出身无疑具有神化作用，进一步突显出其作为开国之君与众不同的出生经历，使得本身经历不凡，以布衣身份成就帝业的刘邦从其出生之初便披上了一层神秘面纱，一方面以史书叙述的方式自然地建构了汉室皇权的内在合法性，另一方面也使刘邦的故事更加丰富，充满传奇色彩和艺术魅力。

由以上所述，司马迁在《史记》本纪和列传中集中表现的"尚奇"特色可见一斑。而对于中国戏曲，尤其是明传奇以来的戏曲"在近代文化思想的鼓荡下，在近代审美趣味的冲击下，在近代动荡社会的影响下，从勃兴期开始，文人传奇作家就产生了一种强烈的逆反心理，希求挣脱规范的网络，在传奇创作中大胆地求新求奇"[②]，而作为地方戏的秦腔而言，求新求奇，尤其求奇是其吸引观众的重要手段和策略之一。因为地方戏曲在其形成和兴起于剧坛的很长时期内，其观众主要以普通大众为主，他们去剧场看戏，首先并不是去了解、学习《史记》中的历史知识，而主要是去满足自己的好奇心理，以期望获得身心感官的刺激和愉悦；另外，早期的秦腔社团多为江湖社团，他们的戏曲演出主要是为了自身的生存，以吸引观众谋取经济利益为主。就此而言，在很大程度上，江

---

① 司马迁著，裴骃集解，司马贞索隐，张守节正义：《史记》，中华书局2014年版，第3867页。
② 郭英德：《明清文人传奇研究》，北京师范大学出版社2001年版，第230—231页。

湖社团的秦腔剧目演出实为一种供普通观众进行精神娱乐消费的商品。因此，秦腔艺术家们在进行秦腔剧目创作时，就不得不充分考虑到观众因素和观众"猎奇"的潜在性审美心理需求，只有他们创作的剧目内容足够新奇，才能获得观众的青睐，吸引更多的观众来观看，从而获取更大的经济效益。而上文的论述表明，《史记》尤其是其本纪和列传中就包含大量这种能够最大限度满足观众"猎奇"心理的奇人、奇事，再加上经过历代不同通俗文学样式的各种演绎和增补，使得《史记》中的这些奇人、奇事内容更加细腻通俗，故事性、传奇性色彩更加强烈，因此二者在追求奇人、奇事方面可谓不谋而合，故而秦腔剧作家在进行史记戏创作时，自然将选材目标更多地投向了符合以上条件的本纪和列传中的篇目，如秦腔史记戏《火牛阵》主要取材于《田单列传》中关于火牛阵的描写，《豫让剁袍》（又名《国士桥》）取材于《刺客列传》中关于豫让的描写，再如《黄帝开国图》取材于《五帝本纪》中关于黄帝战蚩尤的描写，《大孝传》取材于《五帝本纪》中关于舜的描写等。总之，秦腔史记戏都是对《史记》中奇人奇事的通俗化演绎。

（二）秦腔史记戏取材的时间特点

《史记》叙述了中国上自黄帝，下至西汉武帝元狩元年近三千年的历史，时间跨度极广。这一跨度极广的历史时间段大致可以分为上古时代，夏、商、西周时代，东周（春秋战国）时代和秦汉时代等不同的时间段。那么在这不同的历史时间段中，秦腔史记戏的具体取材情况又是如何呢？通过对秦腔史记戏在不同历史时间段的取材情况进行数据统计，可以得到：

表 2 秦腔史记戏不同时间取材情况统计表

取材时间分期	上古三代				东周（春秋战国）	秦汉		合计
	五帝	夏	商	西周		秦朝	西汉	
剧目数量	2	0	4	7	47	6	20	86
百分比	2.33%	0%	4.65%	8.14%	54.65%	6.98%	23.26%	100%
合计	15.12%				54.65%	30.24%		100%

上表的统计数据显示，秦腔史记戏取材于上古五帝时期的剧目有 2 部，占总

剧目的2.33%，取材于殷商时期的剧目有4部，占总剧目的4.65%，取材于西周时期的剧目有7部，占总剧目的8.14%，没有剧目取材于夏代，因此取材于五帝、夏、商、西周时期的剧目共为13部，占总剧目的15.12%；取材于春秋战国时期的剧目共有47部，占总剧目的54.65%；取材于秦汉时期的剧目共有26部，占总剧目的30.24%，其中取材于秦朝和西汉的剧目分别为6部和20部，所占百分比依次为6.98%和23.26%。由此笔者得出以下结论：从秦腔史记戏在《史记》叙述的不同时间段的具体取材情况而言，秦腔史记戏的取材主要集中于东周（春秋战国）时期，其次是秦汉时期；在五帝、夏、商、西周时期的取材则相对较少。

  秦腔史记戏的取材之所以在时间范围上呈现出以上的显著特点，客观原因是这一历史时期持续时间较长。公元前770年周平王的东迁开始了中国历史上的春秋时代，东迁后的王室权威大大减弱，致使王纲解纽，周王室从此失去了对诸侯国的控制和协调。因此各诸侯国为了各自利益的发展，相互攻伐、倾轧，使得这一时期战乱频仍，一度出现了"《春秋》之中，弑君三十六，亡国五十二，诸侯奔走不得保其社稷者不可胜数"①的动荡混乱局面；及至春秋末期，晋国又出现"陪臣执政"的局面，但很快被韩、魏、赵三国瓜分，同时田氏代齐，中国历史又进入"务在强兵并敌，谋诈用而纵横短长之说起"，"矫称蜂出，誓盟不信，虽置质剖符犹不能约束"②的七国争雄时期；直至公元前221年，秦始皇统一六国，方才结束这一混乱局面，前后持续近五百五十多年；而这一历史时期也是《史记》记载中时间跨度相对最长的时期，其间，发生的许多重大历史事件在《史记》中均有详细而精彩的记载，且占据了《史记》篇幅相当大的比重，因此从概率论的角度而言，秦腔史记戏在选材时自然更倾向于这一时期发生的重大历史事件了。

  其次，秦腔史记戏在选材过程中呈现上述特点的主观因素仍然在于秦腔剧作家注重对奇人奇事的追求。尽管春秋战国时期的动乱局面，给人民生活带来了诸多不幸，但是这一时期却成为中国历史上的重大历史变革期，并且是乱世中的变革，前后持续时间长达五百五十多年——时间跨度极广。正如俗语"时势

---

① 司马迁著，裴骃集解，司马贞索隐，张守节正义：《史记》，中华书局2014年版，第4003页。
② 司马迁著，裴骃集解，司马贞索隐，张守节正义：《史记》，中华书局2014年版，第835页。

造英雄"所云，这近五百五十多年的乱世却造就了许多形形色色、经历奇异、个性不一的乱世英雄和独特而丰富的传奇故事。如春秋时期齐桓公、晋文公、楚庄王、越王勾践等先后称霸诸侯，成为中国历史上著名的春秋霸主；而战国时期，各诸侯国为富国强兵，更是大力延揽人才，推行改革，各国人才也频繁流动。在这一时期的历史舞台上，没有身份地位的歧视，只要深怀大志，才华横溢，就会有用武之地，即可成就功名，如候嬴、苏秦、张仪、范雎等人，他们的故事充满了传奇色彩和戏剧性，极具诱惑力，遂为中国文学留下了丰富的历史典故和文学素材。而司马迁通过精心剪裁，用其如花妙笔以人物传记的形式将这些故事写入《史记》，从而使得这些故事既具有史学层面的内在权威性，同时又具有文学层面的故事生动性，并且使得这些故事中原有的戏剧性更加丰富和明显，矛盾冲突也更加尖锐，加之明代《列国志传》《春秋列国志传》《东周列国志》《孙庞斗智演义》等列国类历史演义小说的改编、补充和极力渲染，使得这一时期的故事更加细腻、完整，传奇性更加强烈，也更加通俗化，从而为秦腔艺人的取材和创作提供了诸多方便，自然成为秦腔史记戏创作时选材的主要目标。因此，秦腔史记戏的取材在时间范围上更倾向于春秋战国时期的故事，而其实质显然仍然是追求奇人奇事。故而像齐桓公、晋文公、越王勾践、苏秦、张仪、豫让、荆轲、范雎、孙武、庞涓等春秋战国时期的奇人奇事便大量地出现在秦腔史记戏中，被以秦腔这种独特的艺术形式搬上舞台演绎，供观众娱乐。

（三）秦腔史记戏取材的选择性特点

秦腔剧作家在从《史记》中取材，进行秦腔史记戏创作的另外一个特点便是具有鲜明的选择性特色。通过对秦腔史记戏剧目的分析，我们发现秦腔剧作家在从《史记》中取材时更加钟情于撷取《史记》中与西周、秦国、秦朝、汉朝有直接或间接关系的故事作为秦腔史记戏创作的基本素材，如秦腔史记戏剧目《百里奚拜相》《铁兽图》《崤山战》《完璧归赵》《秦襄公》等剧目就与秦国有着直接的关系，《荆轲刺秦王》《千古一帝》《大郑宫》《张良刺秦》等剧目则与秦朝有着直接的关系，《哭秦庭》《义乳母》《汨罗江》等剧目则与秦国、秦朝有着间接的关系，再如《萧何月下追韩信》《鸿门宴》《未央宫》等剧目更是与汉朝有着直接的关系。而在秦腔史记戏剧目中，这类剧目的数量并不在少数。据笔者统计，在86部秦腔史记戏中，共有52部剧目的内容与西周、秦国、秦朝或汉朝有着直接或间接的关系，占秦腔史记戏剧目总数的60.47%，超过了总剧目数量的一半以上，因此便形成了秦腔史记戏剧目中的独特现象——鲜明的选择性特色。

造成秦腔史记戏在取材时呈现出以上鲜明特点的原因是多方面的，除了上文提到的秦腔剧作家在创作时追求新奇的因素外，主要还与陕西西安的特殊性有着密切的关系。众所周知，秦腔这一独特的艺术起源并形成于陕西西安这片广袤的土地，而就在这片广袤的土地上，西周、秦国、秦朝、西汉先后都建都于此，许多影响长久的政令曾由这里发出，许多重大历史事件也都发生于此，长久生活在这里的先民们都会有浓郁的古都情节。因此秦腔剧作家在从《史记》中取材时，自然更加钟情于与这些王朝有关的故事内容，于是本能地、自觉地撷取与这些王朝有关的故事作为创作素材便在情理之中了，这是秦腔史记戏选材呈现出上述特点的客观因素；此外，"城市有呼吸，有记忆。忽视一个地区的历史文化，整个城市将会伤感，市民也将丢失历史认同，丢失人生和感情的归属"①，因此秦腔剧作家在选材时之所以会如此，似乎是潜意识地以秦腔这一为秦地，乃至整个西北人民所喜闻乐见的独特而通俗的艺术形式，借助《史记》的文本记载重新唤起、构建古城西安被历史尘埃湮没已久的独特民族历史记忆，以期增强秦腔观众的历史认同感，并给其以心灵的慰藉。如范紫东先生在《秦襄公·原序》中如是说：

> 所谓民族英雄者，是耶非耶？至是西周八百里之地成为秦国统一四海之基，诗歌车辚驷铁，人咏甲兵戈矛，孔子固深许之。而后儒对嬴秦颇有拘墟之见，对绝大之功业，少所发扬。……本剧表彰襄公，实为尊重民族，其御寇攘夷之功，真有不可磨灭者在也。而襄公之兄秦世父誓雪大耻，逊位小弟，以礼让为国，尤属铁中铮铮、庸中佼佼者矣。剧中一并表扬，借做模范焉。②

---

① 肖云儒：《汉唐记忆与西安文化》，载陈平原、王德威、陈学超编：《都市想象与文化记忆》，北京大学出版社2009年版，第340页。

② 范紫东：《秦襄公》，西安曲江新区管理委员会、西安市政协文史资料委员会编：《西安秦腔剧本精编》，西安出版社2011年版，第271—272页。

由此可见，由于后世儒者的偏颇之见，遂致使秦襄公"尊重民族""御寇攘夷"的伟大功勋长期被历史的尘埃所湮没，不为普通人民和世俗观众所知，故而范紫东先生创作《秦襄公》一剧，正是为了重新唤起这一被历史尘埃长久湮没的民族历史记忆，并给以表扬，同时也对秦襄公之兄秦世父谦逊让国，誓死为民族复仇雪耻的高尚行为给以历史的肯定，借以增强秦腔观众的民族历史认同感。另外，如果我们把与西周有关的秦腔史记戏剧目《伐崇城》《武王革命》《周公征东》《姜后脱珥》《进褒姒》《如意钩》等剧目连起来，便可以粗略地看到西周王朝从兴盛至衰落的大致轨迹及其个中原因；而当我们把与秦国、秦朝有直接或间接关系的剧目《秦襄公》《百里奚拜相》《铁兽图》《韩元山》《崤山战》《哭秦庭》《苏秦拜相》《和氏璧》《范雎相秦》《完璧归赵》《千古一帝》《荆轲刺秦王》《张良刺秦》《九战章邯》等剧目连起来时，同样能够清晰地看到秦国立国—崛起—建立秦朝—覆灭的历史发展轨迹，这其中既有有为之君的礼贤下士，励精图治，也有暴虐之君的恃强凌弱、斩尽杀绝等；再如将与汉朝有关系的剧目《圯桥授书》《萧何月下追韩信》《鸿门宴》《困荥阳》《王陵归汉》《铁车阵》《乌江战》《太平宴》《未央宫》等剧目连起来，同样再现了秦末乱世中的楚汉相争、刘邦建立西汉王朝后对功臣的残酷无情以及西汉内部的权利之争等民族历史记忆。

综上所述，我们认为秦腔剧作家在取材《史记》进行史记戏创作时，呈现出鲜明的特点：就其取材体例而言，主要集中于《史记》中的本纪、世家、列传这三种体例中取材，尤以本纪和列传这两种体例中的篇目为主；就其取材时间而言，在《史记》的叙述时间范围内，主要集中取材于春秋战国这一时间段内，其次是秦汉时期；最后，剧作家们更钟情于与西周、秦国、秦朝、汉朝有直接或间接关系的故事内容作为创作素材，突显出鲜明的选择性特点。秦腔史记戏如是选材，正显现出他们对《史记》文化精神的接受，对司马迁历史观的认同。

（高益荣，陕西师范大学文学院教授；师浩龙，陕西师范大学文学院硕士研究生。）

清代女作家笔下的司马相如与卓文君①

张海燕　陈政彤

"千古之绝唱，无韵之离骚。"司马迁的伟大史学著作《史记》，记述了黄帝到汉武帝太初年间三千余年的宏阔历史发展盛况，帝王将相，骚客墨人，游侠奇士，各具眉目，个性鲜明，栩栩如生，可谓一字值千金，美妙至极。有人曾说中国古代正史不过是帝王家书而已。《史记》在历史叙事的人物选择中，也以帝王君臣为主，并且置于较高地位。同时太史公也注意到了各类人才在历史发展中的重大贡献，因而一百三十篇列传，洋洋洒洒，刻画出各类极具特色人物的生活情状，但是记述女性的篇章为数极少，一篇《吕太后本纪》已经很是出格。据史可查的女性人物，只有虞姬、戚夫人、卓文君等寥寥数人而已。她们似乎也是得益于夫君之名，而被太史公记录下来。吕雉之阴鸷暴戾，戚夫人之悲惨不幸，虞姬之柔弱忠贞，卓文君之大胆豪放，各具风神，而以卓文君最为生动。在此数对夫妇之中，项羽功败垂成的英雄形象，使后人为之扼腕叹息，进而倾赞项羽虞姬夫妇的相随不离，同死共终。刘邦、吕太后与戚夫人三人间的宫廷悲剧，也搏得了世人的几多眼泪。在后世所附加的各种故事中，以司马相如卓文君夫妇最具平民色彩，且具有才子佳人式的喜剧特点，而赢得了世人喜爱，尤其是卓文君可谓神采飞扬。清代女作家也写了许多吟咏相如文君的诗歌，在此列举一些，以得斑窥豹，展现清代女作家的生活情状，她们的人生理想，她们的内在心声，她们的生活追求，她们的历史评判，她们的独特眼光。

文君爱上相如，是因为看中了相如的才华，尽管在守寡，却大胆突破了礼教的束缚，敢于和司马相如夜里私奔；相如爱上了文君的相知情义，可谓遇上了

---

① 本文是 2021 年山西省一流课程项目"明代社会与四大奇书文化文本阐释"（项目编号：k2021307）的阶段性成果。

不在乎贫穷的红颜知己，因而也不在乎文君是富侯之女，还是守寡之妇。他们是"有情人终成眷属"，是只羡鸳鸯不羡仙的典范，因而历来为人所称赏。江峰青《和吴梅邨十美图录》（其四）《当垆》："眉黛春山画不如，文园醉后共看书。当时锦里繁华地，谁道携琴学钓鱼。"①夫妻间琴瑟和谐，诗酒人生，甚是得意，颇有赵明诚、李清照夫妇相得甚乐的高雅生活情趣。而吴伟业原诗《戏题士女图十二首》（其五）《当垆》则是："四壁萧条酒数升，锦江新酿玉壶冰。莫教词赋逢人卖，愁把黄金聘茂陵。"②极力来写文君的哀怨之情，相如家先前贫穷的家徒四壁，害得自己当垆卖酒，后得到皇帝赏识，飞黄腾达之后，却欲娶小妾，颇是让人恼怒啊！对比二人的同题之作，两人的思想情感上的差异是极其明显的，当然诗词要创新，别出心裁，后仿之作自然要另起炉灶，别具一格。尽管如此。我们还是能够看出来女诗人对生活的积极追求，渴望在生活中能有一个相亲相爱的知心爱人，共度一生，岂不幸哉！

　　司马相如在得到皇帝赏识，发迹之后，就欲娶茂陵的一个女子作为小妾，卓文君在得知此事后，于是就写了《白头吟》诗，来表达自己的哀怨之情，从而打消了司马相如娶妾的念头。但是这种男人得势就变坏，进而忘记本分的行为，历来为人所不齿，因而遭到大家的一致批评。席佩兰《长真阁集》中《卓文君》一诗写道："一曲琴心宛转求，千秋佳话凤皇俦。如何解作《长门赋》，却遣闺中咏白头。"③首先高度称赏司马相如与卓文君能通过琴声传情，心意相通，结成百年秦晋之好，遂传作千秋佳话。但是作者进而反思反问：司马相如你既然能够赋作《长门赋》，使武帝回心转意，重爱陈皇后，为何却使自己的妻子写出哀怨的《白头吟》呢？实际上是在指责司马相如你既然知道武帝移情别恋，就会伤害到陈皇后的心，为什么还要纳妾来伤害文君的心呢？致使文君苦吟白头，来唤回你迷失的灵魂。潘素心在《咏古》一诗中写道："一曲琴声两意投，当垆贳酒不知愁。相如空有《长门赋》，却使文君叹《白头》。"④相如与文君通过琴

---

① 黄秩摸编辑，付瓊校补：《国朝闺秀诗柳絮集》，人民文学出版社 2011 年版，第 33 页。
② 吴伟业著，李学颖集评标校：《吴梅村全集》卷二〇，上海古籍出版社 1990 年版，第 521 页。
③ 胡晓明、彭国忠：《江南女性别集初编》，黄山书社 2008 年版，第 466 页。
④ 徐世昌：《晚晴簃诗汇》，中国书店影印本 1989 年版，第 626 页。

声喜结良缘，可谓"身无彩凤双飞翼，心有灵犀一点通"，能够相知相爱，即使家徒四壁，生活贫穷，当垆卖酒，只要有知心爱人相陪相伴，生活也是充满了甜蜜，也是无限幸福的。为何在富贵发达之后，却不懂得珍惜发妻的情感呢？因而即使写出能使武帝回心转意的《长门赋》，也是枉然。女作家的这两首诗可谓有异曲同工之妙。清人朱鹤龄《咏古十首》（其五）《卓文君》："眉黛轻描远翠侵，恩情早定七弦琴。如何白首犹移爱，羞杀长门卖赋金。"①也与此心灵相通。戴珊《咏史》其三："临邛一曲凤凰琴，赋就长门值万金。女子怜才竟何事，茂陵犹作白头吟。"②也在叙说文君与相如的奇世姻缘，但是更重要的是表达出后悔之意，女子怜才，本应得到男子的珍惜，为什么却让文君愁心百结，闺中苦吟白头呢？

黄琼兰《文君怨》："绿绮情深下镜台，临邛曾订百年来。知君此日常忘旧，恨妾当时苦爱才。春去碧兰新渐淡，乌啼红树老相催。茂陵书在归何日，怀抱于今尚未开。"③则是由爱而恨，早知道司马相如以后会变心，自己当初就不该爱慕他的才华而与他私奔，遗恨啊，真是难以消解！时光催人老，但是你伤害我的心太深太重，直到今天，愁怨都没有消除！足见女诗人对此类忘恩负义之人的深恶痛绝。

方毓昭的《怀古》："《长门赋》与《白头吟》，怨悱凄凉变雅音。毕竟古人恩义重，挽回犹可借文心。"④则变得相对柔和了许多，二人所作《长门赋》和《白头吟》虽然要表达的对象不同，但都是哀怨凄凉之作，它们内在的情感是相通的，毕竟一日夫妻百日恩，情深义重，文君凭借一首《白头吟》也就能使浪子回头，可见相如还是真心喜欢文君的。吴伟业在《读史有感八首》（其四）写道："茂陵芳草惜罗裙，青鸟殷勤入暮云。从此相如羞薄幸，锦衾长守卓文君。"⑤其极力描写出相如知错就改的情形，这一点恰恰就是诗人的自身写照。诗人迫

---

① 朱鹤龄：《愚庵小集》卷六，华东师范大学出版社2010年版，第122页。
② 黄秩摸编辑，付琼校补：《国朝闺秀诗柳絮集》，人民文学出版社2011年版，第2059页。
③ 黄秩摸编辑，付琼校补：《国朝闺秀诗柳絮集》，人民文学出版社2011年版，第1277页。
④ 徐世昌：《晚晴簃诗汇》，中国书店影印本1989年版，第789页。
⑤ 吴伟业著，李学颖集评标校：《吴梅村全集》卷二〇，上海古籍出版社1990年版，第515页。

不得已接受清廷官职降清而终生后悔不已,后半生是生活在自责自悔而又无处话凄凉的痛苦之中,这些谁又能够懂得理解呢?自己若是能像司马相如那样,得到别人给自己一个改过自新的机会,此生无憾已!

俞绣孙在《惠福楼幸草》集《题仕女图》其二"当垆"①中写道:"一曲琴心寡鹤愁,相携同上酒家楼。黄金莫买长门赋,但向君王叹白头。"通过前后对比,揭示出司马相如与卓文君在患难之时能相濡以沫,夫唱妇随,在富贵之后,感情走向破裂,而文君的一首《白头吟》就唤回了相如的心。由此看来,文君的《白头吟》的情感力量远远超过了《长门赋》,在此,作者高度赞扬文君的过人才华。同时也在告诫世人做人不可三心二意,情感应该专一。

张芬《咏卓文君》:"锦江山色敛眉痕,弃掷由人早断恩。何必白头吟寄怨,夫君自解赋长门。"②颇有现代意味,爱就在一起,没有了爱,缘分已尽,就当断立断,何必作诗赋文,寄托哀怨,以便挽回旧爱呢?因为相如自己也深深知道此种情感,所以才能写出《长门赋》这样的作品。

"好风凭借力,送我上青云。"人生的机遇发展,需要有伯乐赏识提携,才能发挥自己的才华,为世人所认识。《史记》中记载:"蜀人杨得意为狗监侍上。上读子虚赋而善之,曰:'朕独不得与此人同时哉!'得意曰:'臣邑人司马相如自言为此赋。'上惊,乃召问相如。"③由是而得到皇帝的赏识,步步高升,此前司马相如也是沉落市井,很不得意。因而清代诗人赵翼就从此一角度立论,颇有新意。其《咏古》(其二)写道:"涤器空羁作赋才,凌云一荐入蓬莱。遭逢莫怪临邛幸,犬子原须狗监推。"④清代的女作家王端淑《读司马长卿传》写道:"鹔鹴裘典剩琴书,每为寒风薄敝庐。濯锦江吹轻粉浪,临邛花远落灵居。渥洼太乙歌神马,传舍无聊弹铗鱼。抱负若非逢狗监,(狗监出奉扬何涛妄自下笔)上林谁识汉相如。"⑤——叙写司马相如此前的败落处境,借用冯谖弹铗历史典故来说明相如无人赏识时的落魄情怀。进而鲜明指出"抱负若非逢狗监,上林

---

① 胡晓明、彭国忠:《江南女性别集三编》,黄山书社2012年版,第1446页。
② 黄秩摸编辑,付瓊校补:《国朝闺秀诗柳絮集》,人民文学出版社2011年版,第3002页。
③ 司马迁:《史记》卷一一七《司马相如列传》,中华书局1959年版。
④ 赵翼著,李学颖、曹光甫校点:《瓯北集》卷二一,上海古籍出版社1997年版,第710页。
⑤《清代诗文集汇编》第82册,上海古籍出版社2010年版,第35页。

谁识汉相如。"人生有时候就是飘忽不定,黄金被掩埋于地下,不被人所知,千里马拉盐车的悲剧不知道发生在多少有才华的人身上!作者一方面感慨司马相如的幸运际遇,另一方面,实际上就是在自伤自悼。作为清代极有才华的女子,却只能在闺阁之中,无所事事,消磨时日,如此苦闷的内在情感,恰借此而抒发。这也是清代一大批觉醒女性的共同心声,她们渴望能得到赏识,能出人头地,能建立一番事业,能在青史扬名,流芳百代!

季兰韵《偶阅司马相如蔡邕传各得二绝》:"长卿不遇临邛令,未必文君肯听琴。但看鹔鹴裘换酒,美人终有厌贫心。"其二:"赋手凌云帝纵怜,知而不遇也徒然。爱才谁似王杨好,作合君臣伉俪缘。"[1]这两首诗颇具特色。司马相如若不是遇到这样的识才爱才之人,怎能与卓文君相识相爱呢?据《史记》所载:"临邛中多富人,而卓王孙家僮八百人,程郑亦数百人,二人乃相谓曰:'令有贵客,为具召之。'并召令。令既至,卓氏客以百数。至日中,谒司马长卿,长卿谢病不能往,临邛令不敢尝食,自往迎相如。相如不得已,强往,一坐尽倾。酒酣,临邛令前奏琴曰:'窃闻长卿好之,原以自娱。'相如辞谢,为鼓一再行。"[2]在女诗人看来若不是临邛令王吉对司马相如的敬重,卓文君怎能会去听司马相如弹琴呢?女诗人进而认为"但看鹔鹴裘换酒,美人终有厌贫心。"卓文君始终是一个艳羡富贵的女子。当然,女诗人处于对世态炎凉的深刻体会,大胆突破以往的成规定见,借此来抒发心中块垒,也是无可厚非的。但是此诗为我们提供了一个全新的视角,来探讨文君的形象。文君当垆,夫唱妇随,虽然是历来传赏的佳话,但是也揭示出卓文君不甘贫穷的内心世界。其二更是注重伯乐的重要性,司马相如一生的两大伯乐帮助他成就了两段佳话人生,在临邛令王吉的推重下,结识了知心爱人卓文君,而在乡人杨得意的提携中,受到皇帝的重用而飞黄腾达,难怪作者会如此感慨:"赋手凌云帝纵怜,知而不遇也徒然。"这种知而不遇的人生憾事实在是太多了,恰如韩愈《马说》所谓:"世有伯乐,然后有千里马,千里马常有,而伯乐不常有。"作者发出如此感慨也就是作者生活境遇的一种表露。

---

[1] 胡晓明、彭国忠:《江南女性别集三编》,黄山书社2012年版,第1015页。
[2] 司马迁:《史记》卷一一七《司马相如列传》,中华书局1959年版。

当然，封建礼教的文化教育，禁锢了众多女性的思想，遵循妇德，谨守妇言，三从四德更是女性不可逾越的鸿沟，"饿死事小，失节事大"的教条使她们视名节为生命，不能越雷池一步。袁希谢的《卓文君》写道："才美从来易误人，文君有色自轻身。如何私造长卿室，甘自当垆辱二亲。"[1]女诗人坚决维护封建礼教，认为才子佳人的故事最容易误导人生，更是认为卓文君作为女性应该自尊自重，不应该凭着自身美色，而自轻自贱，同时极力贬斥文君与司马相如的私奔行为，认为这深深的侮辱了父母。由此不难发现，封建礼教的教育对广大女性思想意识的毒害是多么的深重，竟然连一向被称赏而流传的历史佳话也指责不已。这也使我们对古代下层女性的爱情生活观有一个更为生动形象而深刻的理解。

归懋仪《戏集古来美人韵事偶得三十二题》其二十二"文君酒"[2]："黛色争如山色青，当垆涤器任飘零。芳心自逐琴心醉，不假金驼泛绿醅。"则是通过对文君酒的描写，来赞美司马相如和卓文君的美好爱情生活。所谓酒不醉人人自醉，醉翁之意不在酒，在乎能与知心爱人相守相伴，厮守一生足以！

总之，清代女诗人咏司马相如与卓文君之歌，表达出她们对美好爱情生活的向往和追求，对背情弃义行为的深恶痛绝，以及对炎凉世态的独特体会，同时她们也渴望得到伯乐的赏识，希望能在青史留名。她们当中既有思想保守，恪遵纲常的守旧者，又有思想激进、颇具现代思想意识的激进者，所有这些，都显示出了时代的症候，处在封建社会崩溃边缘的女诗人们用自己的才华和智慧，唱就了一曲曲不休的华丽乐章，至今仍具有极高的思想认识价值，这便是她们在这个世界上曾经生活过的最大意义和价值！

（张海燕，山西师范大学文学院副教授，硕士生导师；陈政彤，山西师范大学文学院2020级古代文学研究生。）

---

[1] 胡晓明、彭国忠主编：《江南女性别集初编》，黄山书社2008年版，第1005页。
[2] 胡晓明、彭国忠主编：《江南女性别集二编》，黄山书社2010年版，第805页。

"田横五百士"精神形象在中国文化史上的书写与接受研究

任若嘉

田横及其门客之事源出《史记·田儋列传》,传中称其门客为"徒属"("田横惧诛,而与其徒属五百余人入海"①)或"田横之客"("田横之客皆贤"②)。在后世诗文中,常称田横门客作"田横客",如杜甫《八哀诗》云"永系五湖舟,悲甚田横客"③。后世亦有诗文将田横门客称为"田横五百士",最早见于明代赵南星《咏史》诗,诗云"田横五百士,至今难等期"④。徐悲鸿于1930年将其大型历史题材油画命名为《田横五百士》。在其画面布景中,俨然是田横及其宾客同在的场景,故"田横五百士"就不再是田横门客的专称,而是田横与其门客的并称,这也是本论题中"田横五百士"的含义所指。

"田横五百士"向来是中国历史上崇尚节义的典型,他们以其伟岸不屈的精神形象为中华民族精神铸造了阳刚、勇武的一面。"田横五百士"的精神形象在《史记》中得到最初的塑形,在《史记》之后的中国文化史上又有过较长的接受历史。这一接受史肇端于东汉蔡邕的《述行赋》,在唐宋元明清各代以田横及其宾客为吟咏对象的咏史诗作中得到绍续。在近现代,"田横五百士"精神形象被赋予新的价值内涵,其接受史得到进一步丰富,影响所及延绵至今。

---

① 《史记》,中华书局点校修订本,中华书局2013年版,第8册,第3211页。
② 《史记》,中华书局点校修订本,中华书局2013年版,第8册,第3213页。
③ 《杜诗详注》,中华书局1979年版,第3册,第1378页。
④ 赵南星《赵忠毅公诗文集》诗集卷二,明崇祯十一年范景文刻本,爱如生中国基本古籍库影像资料。

一、《史记·田儋列传》：高节田横与慕义宾客

《史记·田儋列传》，以秦末汉初齐国田儋、儋子市，从弟荣，荣子广，荣弟横，各递为王为叙事脉络，主要叙述自秦末陈涉起义、群雄逐鹿至楚汉相争、汉初定鼎，齐国田氏兄弟的军事、政治作为。在此兄弟三人中，司马迁写出了田儋缚奴杀令的智谋和响应陈涉、自立为齐王的政治胆略，写出了田荣囿于私怨、不顾大局的偏狭。然而全传最摄人心魄者，在于写出了田横义不受辱的刚毅人格及岛上五百人的义薄云天。

司马迁在传中是将田横作为一位拥有高尚节操的义士加以刻画的，司马迁所着眼倾心的是田横的人格精神上。但同时也应看到，司马迁笔下的田横形象，首先是齐国杰出的军事、政治领袖。秦末天下初分，田儋即以计谋缚奴杀吏，响应陈涉而自立为齐王，但随后兵败被杀。田荣乃"立田儋子市为齐王，荣相之，田横为将，平齐地"。田荣败后，田横在"齐人相聚畔之"的严峻情形下，"收齐散兵，得数万人，反击项羽于城阳"，可见其杰出的"军事"领导才能。项羽初霸天下，以田荣负于项梁、攻三齐自立为王二事伐齐，荣败死。此时田横遂担负起挽救齐国田氏政治集团的重任，立田荣之子田广为王，自任齐相，"专国政，政无巨细皆断于相"[①]，平齐三年，足见其政治才能。

司马迁看到了作为政治军事领袖的田横卓越的一面，但同时也看到了他轻率的一面。汉王刘邦派遣郦生出使齐国作说客，田横作为实际的领导人，在与汉使定约之后旋即放松警惕，以至历下军"罢守战备，纵酒"，这直接导致了韩信军来袭时齐国一方的措手不及，"纵酒"二字并非泛笔。面对汉方军队的进攻，田横在不明真相的情况下，竟直接烹杀了作为汉方使臣的郦生，成为田横在刘邦称帝后封彭越为王时"惧诛"的缘由。田横在谋事上的轻率，正是在这两件事上集中展现了出来。

在政治军事上，田横最终沦为失败者。出于对失败英雄的同情，在叙述了田横自立为齐王、败于韩信、亡归彭越、入海居岛之后，司马迁以全传最为生动

---

① 《史记》，中华书局点校修订本，中华书局 2013 年版，第 8 册，第 3208、3210 页。

的笔墨刻画出了田横作为一位高节之士"威武不能屈"的伟岸形象。这一形象的塑造则是通过田横之死加以完成的。

田横在汉帝许诺郦生之弟郦商不伤其应召赴朝的行人车马之后，面对"大者王，小者乃侯"的权位利益以及"不来，且举兵加诛焉"的淫威压力，选择了朝见洛阳。在离洛阳三十里的尸乡厩置，田横向汉使托辞云："人臣见天子当洗沐。"田横在回避了使者后，向随从二客说明了其停留、自杀的原因，遂自刎而死。

田横应召之行的原因颇耐人寻味。贪图利位之人必然惜命，但田横不惜以死明志，可见其并不受"大者王，小者侯"的诱惑。而面对"不来，且举兵加诛"的淫威呢？后人认为，田横此行乃在于保全岛上诸人，颇有见地。田横自述其自戕原因有二，一是耻于向刘邦称臣，二是愧于面对郦商。刘邦在得知田横已死之后说，"起自布衣，兄弟三人更王，岂不贤乎哉！"①田横之"耻于向刘邦称臣"即在于，1. 田横与刘邦皆以布衣起家逐鹿中原，自己也曾是一方诸侯，2. 如今自己沦为"亡虏"，3. 将对刘邦"北面事之"。这三个方面单独看来并不足以让田横羞耻不已，但叠加在一起却让他自觉是极大的侮辱。郦生说降齐国时，田横尚未自立为王"南面称孤"，当时降汉则将来必然会向刘邦称臣。郦生之烹，汉帝之胜，使得作为齐王的田横沦为"亡虏"，此时再向刘邦称臣，与当初降汉后将要面对的境况，已不可同日而语。只有理解了司马迁所叙写的作为齐国政治军事领袖的田横，才能理解这位失败英雄宁死而不愿向刘邦称臣的气节所在。至于愧对郦商，正显示出田横的坦荡磊落。田横对郦商的愧疚是自觉的，是一份道德的重压，从而这份愧疚也就成为他在洛阳此行中自认非死不可的又一原因。

田横之死并非意气用事，而是在苟且偷安与义不受辱之间做出的主动选择，是一种为之坚持一生的人生价值一朝破灭后的悲壮的自我毁灭。在司马迁的叙事中，田横在面对汉使与门客时说出托辞、决绝之词时的动作神情本可加以增饰，然而作者却惜墨如金；史笔并非小说，故而在叙事中田横在从岛上到尸乡一路上的心理动态与自杀时内心的心理活动更是隐而不见。但这些不写之处、空

---

① 《史记》，中华书局点校修订本，中华书局 2013 年版，第 8 册，第 3212 页。

白之处，与田横的决绝之词一道，形成有与无的互用。所谓"当其无，所以有有之用"，正是因为对田横神情和心理描写的缺失，将整个田横之死放置在了一个寂静无声的叙事场中，叙事的简洁正突出了田横之死的义无反顾、刚烈决绝。司马迁用极为从容的笔法写出了田横极为平静而刚烈的死亡，形成了一种静穆之美。

太史公曰："田横之高节，宾客慕义而从横死，岂非至贤。"[①]田横之死是出于自我操守的"节"，而其门客之死则是出于对知己的"义"。在《史记》的叙事中，田横门客之死与田横之死相比，更加悄无声息。从叙述门客接受田横嘱托以其首级呈示汉帝开始，直至其余门客闻知田横死讯后自杀，司马迁对田横门客之言语始终不着一词，对被拜为都尉的两位门客在埋葬田横后"穿其冢旁孔，皆自刭，下从之"，其余门客"闻田横死，亦皆自杀"的壮烈殉节也仅以数语交代，在悄无声息中极力显示出了田横宾客在赴死时的心照不宣、义不容辞。《战国策·赵策一》记豫让语云"士为知己者死"，田横五百宾客之死，正受此遗风所激荡。

总之，在《史记·田儋列传》中，司马迁以其生动简练的笔墨塑造出了高节田横与慕义宾客的鲜明形象，使田横及其五百宾客以其刚烈的精神品格彪炳于史册之中，从而创造了"田横五百士"这一历史原型，成为后世"田横五百士"形象及精神书写的源头。

二、历代咏史诗对田横五百士精神形象的接受

中国古代"田横五百士"精神形象的接受史可追溯到蔡邕的《述行赋》。蔡邕应董卓之召，行次偃师，吊唁田横墓云"壮田横之奉首兮，义二士之侠坟"[②]，对田横及其宾客的节义赞美有加。

以《史记》人事为题材的咏史诗，将《史记》中鲜明生动的人物和故事写进

[①]《史记》，中华书局点校修订本，中华书局2013年版，第8册，第3213页。
[②] 蔡邕：《蔡中郎文集》附《袁中郎外传》，中华书局十万卷楼丛书排印本，中华书局1997年版，第3页。

经典的诗歌体裁之中，使得《史记》人事在更普遍的接受群体中产生广泛影响，故而在中国古代《史记》的接受史上扮演着重要角色。在"田横五百士"形象及精神的书写与接受中，自唐代至于明清皆有以田横及其宾客为对象的咏史诗存世流传。这些咏史诗或为正体，以史为诗，或为变体，以咏史发为议论、抒发怀抱。

咏史正体可以晚唐咏史三家之一的胡曾所作《田横墓》、宋代陈普所作《田横》、明代谢榛《田横墓》为例。胡曾《田横墓》云："古墓崔嵬约路歧，歌传薤露到如今。也知不去朝黄屋，祇为曾烹郦食其。"①全诗叙述史实，从田横故事的古今流传、田横之死的原因两方面加以书写，多于感慨而不着议论，透露出惋惜之意、悲凉之慨。谢榛《田横墓》云"一辞海上敢西行，壮士归心共死生。遗恨至今烹醉客，乱山风雨作悲声"②，为拟唐之作，其基调与胡曾诗仿佛。《田横》诗则从田氏乱齐、孔子欲伐齐国叙起，将齐国田氏的历史用"宗族几为孔子焚，为秦末几又为尘"二句加以概括，继而写出秦末"田横更欲横河岳"③的英雄气概。全诗亦以叙写史事为主。除此三首偏重于叙述事实的咏史之作，尚有不主议论而偏多感慨之诗。明代刘嵩《田横砦》诗以田横砦在海上的风雨凄迷环境起兴，继而将田横及其宾客的精神形象以硬朗的笔调刻画出来："剩基沙门高屹屹，五百义魂海中泣。丈夫一死百世雄，至今海市神愤切，褰旗跃马行空中。"④在以上诸篇咏怀感慨之作外，其余诗歌则多以议论驾驭对田横及其宾客的精神形象书写。

首先，诗家对田横的洛阳之行或倾向于否定态度。田横洛阳之行并非出于贪图权位，而应是出于保全海上众人，在前文第一部分已有分析。但亦有诗家认为，田横之死虽则刚烈，但其洛阳之行却是对被赐权势抱有希望的体现，从而使得这份刚烈减少了光辉。如唐庚《过田横墓二首》其一即云"成则为王败则亡，英雄成败本寻常。沧溟无际何妨死，却死东郊未耿光"⑤，认为田横面对

---

① 转引自《史记与咏史诗》，三秦出版社2012年版，第518页。
② 转引自《史记与咏史诗》，三秦出版社2012年版，第519页。
③ 转引自《史记与咏史诗》，三秦出版社2012年版，第518页。
④ 转引自《史记与咏史诗》，三秦出版社2012年版，第519页。
⑤ 转引自《史记与咏史诗》，三秦出版社2012年版，第518页。

"不来，且举兵加诛"的威胁，就当于岛上誓死不屈，不必再费心力踏上洛阳之行。与唐庚此论相类，清代丘逢甲《咏史四绝句和晓沧·田横》诗云："有士五百人，岛中犹可国。何事奉头来？秋风洛阳陌。"①又如谢肃《田横固歌》认为田横"便应入海长不返，犹冀侯王斯可哂。"②

其次，诗家多采用与同时英雄相提并论的方式评价田横之死。这种书写策略以司马光七律诗《田横墓》为开端。其诗前半"昔时难免并称孤，今日还为绛灌徒。忍死祇能添屈辱，偷生不足爱须臾"，亦即列传所云"横始与汉王俱南面称孤，今汉王为天子，而横乃为亡虏而北面事之，其耻固已甚矣"，尚属事实的叙写，其后半云"一朝从殉倾群客，千古生风激懦夫"，并扬田横及门下宾客的慷慨节义，也仍属感叹之词，至"直使强颜臣汉帝，韩彭未必免同诛"③，乃将田横与韩信、彭越相提并论，认为即使田横能苟且偷生北面事汉，恐怕也难免落得和韩彭一样的下场。持此种看法的，还有宋代唐庚《过田横墓二首》其二及明代谢肃《田横固歌》。前诗云"九江梁楚竟诛夷，自古才高必见疑。脱使郦生犹未死，将军来此亦何为"④，后诗云"隆准功成百战余，酂侯系狱淮阴诛。子房不托赤松去，一落猜忌宁全躯。腹心爪牙今若此，敌国争衡定何似"⑤，皆从汉初功臣受到猜忌而不得善终立论，认为田横之死比起强颜称臣不失为明智之举。

再次，诗家对田横宾客的实际才能有所质疑。对田横宾客才能之怀疑，最初从韩愈《祭田横墓文》开始。韩文云："当秦氏之败乱，得一士而可王，何五百人之扰扰，而不能脱夫子之剑铓，抑所宝之非贤，亦天命之有常。"⑥《史记·田儋列传》叙，岛上宾客"闻田横死，亦皆自杀，于是乃知田横兄弟能得士也"⑦。

---

① 转引自《史记与咏史诗》，三秦出版社2012年版，第521页。
② 转引自《史记与咏史诗》，三秦出版社2012年版，第519页。
③ 转引自《史记与咏史诗》，三秦出版社2012年版，第518页。
④ 转引自《史记与咏史诗》，三秦出版社2012年版，第518页。
⑤ 转引自《史记与咏史诗》，三秦出版社2012年版，第519页。
⑥ 韩愈著，马其昶校记，马茂元整理：《韩昌黎文集校注》，上海古籍出版社2014年版，第335页。
⑦《史记》，中华书局点校修订本，中华书局2013年版，第8册，第3213页。

韩愈从"当秦氏之败乱，得一士而可王"立论，质疑田横所得之人是否能称为"士"。此论正如王安石《读孟尝君传》，从《史记》传记结论本身提出了自己的疑问，作翻案文章。在诗中持韩愈之说者，有明代谢肃《田横固歌》及清人罗惇衍之《田横》诗。前诗云"向来秦鹿走中原，挥戈共逐烟尘昏。汉家得之只三杰，五百贤士徒喧喧"，认为田横宾客才能属于平平之资，但又云"香风壁垒树参天，主客游魂俱可怜。虽乏奇勋立当世，且将高义垂千年"，肯定了其精神品格的不朽意义。后诗则称"千载昌黎增感慨，墓文一读一伤神"①，与韩愈之叹气息相通。

从次，诗家多将田横及其宾客与浇薄世风、贪生小人进行对比，充分肯定田横及其宾客的高尚节义。明初政治家刘基写有《咏史二十首》，其十云："田横不事汉，刎颈送咸阳。二客既穿冢，岛中亦自戕。虽非中庸道，要亦有耿光。英雄久沉没，世俗但炎凉。嗟嗟翟廷尉，慷慨令人伤。"②其诗后半感慨尤为深沉。所谓"嗟嗟翟廷尉，慷慨令人伤"者，见《史记·汲郑列传》太史公曰："始翟公为廷尉，宾客阗门；及废，门外可设雀罗。翟公复为廷尉，宾客欲往，翟公乃大署其门曰：'一死一生，乃知交情。一贫一富，乃知交态。一贵一贱，交情乃见。'汲、郑亦云，悲夫！"③刘基将田横宾客与炎凉世俗中的趋炎附势之人相比，正可见出田横宾客节义的难能可贵。清人赵执信《田横寨咏古》云"舍客三千两鸡狗，岛人五百一头颅"④，亦用此对比之法，将孟尝君所得"鸡鸣狗盗"之舍客与田横所得之五百死士相比较，以衬托出田横门客的高尚节义。

总之，历代咏史诗或偏重田横及其宾客事迹的叙写而以吟咏发之，或以议论的策略对田横及其宾客的精神形象加以书写。历代诗人用咏史诗这一表达形式对田横及其宾客的精神形象加以接受，使得以田横及其宾客为书写对象的咏史诗与《史记·田儋列传》一道，为"田横五百士"这一精神文化符号提供了深厚的历史认同的土壤。

---

① 转引自《史记与咏史诗》，三秦出版社 2012 年版，第 519、520 页。
② 转引自《史记与咏史诗》，三秦出版社 2012 年版，第 520 页。
③《史记》，中华书局点校修订本，中华书局 2013 年版，第 10 册，第 3782 页。
④ 转引自《史记与咏史诗》，三秦出版社 2012 年版，第 520 页。

三、"田横五百士"精神形象的近现代接受

在上文所述咏史诗之外,也有相当一部分并非对田横及其宾客进行专门吟咏而是将其作为自身重要象征意象完成诗意表达的诗歌作品。其著名者,可以清季龚自珍《咏史》为例。诗云:"金粉东南十五州,万重恩怨属名流。牢盆狎客操全算,团扇才人踞上游。避席畏闻文字狱,著书都为稻粱谋。田横五百人安在,难道归来尽列侯。"①诗名《咏史》,而实为感时之作,"金粉东南十五州"的糜烂浮华,"牢盆狎客操全算"的浇薄世风,"避席畏闻文字狱"的文化高压,皆指向一个亟待挽救的清季社会。而尾联所云"田横五百人安在,难道归来尽列侯",更是诗人有感于天下士人被朝廷所抛出的功名诱饵所左右,以田横及其宾客的气节反衬出士人的懦弱。

在龚自珍的《咏史》中,"田横五百人"不仅是传统"节义"的象征,更昭示着对个人独立人格精神的召唤。所谓"我劝天公重抖擞,不拘一格降人才",此一"人才"正应是冲决精神枷锁,拥有自由之精神、独立之人格的新生之人。龚自珍欲以"田横五百人"的不屈人格激发天下士人的志气,既是司马光"一朝从殉倾群客,千古生风激懦夫"之语的发扬,亦是近现代接受"田横五百士"精神形象之先声。

继龚自珍以"田横五百人"作为独立人格之象征后,梁启超于20世纪初著《中国之武士道》,选取春秋以至汉初的七十余位武人作为中国"武士道"的代表,以此唤醒国民"最初之天性"的尚武精神,以激发国人在激烈的国际竞争中的斗志,从而在"田横五百士"的精神形象接受上加入了新的时代内容。梁启超认为,齐国自周初封土建邦至田横亡国一直有尚武重军的传统,田横及五百士表现出的气节正是这一传统的继响,并引孟子之"奋乎百世之上,百世之下,闻者莫不兴起也",以此激励国民追继田横五百士之精神。②

至民国,面对内忧外患,国民对田横及其宾客之精神的接受更为突出。田横

---

① 《龚自珍全集》,上海古籍出版社1999年版,第471页。
② 梁启超:《中国之武士道》,中华书局1936年版,第53页。

及其宾客所展现出的"贫贱不能移，威武不能屈"的凛然气节，成为有识之士坚定价值追求、理想信念的精神向导，徐悲鸿《田横五百士》图既是此种接受的杰出代表。

在《史记·田儋列传》"太史公曰"中，司马迁叹惋于"田横之高节，宾客慕义而从横死，岂非至贤。余因而列焉。无不善画者，莫能图，何哉？"①，司马迁对田横及其宾客的崇拜之情由此可见。1930 年，徐悲鸿大型历史题材布面油画《田横五百士》图问世，成为千载之下对太史公之叹的呼应。

《田横五百士》直接取材于《史记·田儋列传》，但所受之影响则直接源于晚清蒋敦复《咏田横五百英雄》诗："五百英雄尽国殇，岛云树海郁苍茫。身无尺寸齐难霸，死有头颅汉不王。西楚天亡项羽纪，南蛮春老尉佗乡。韩彭地下羞相见，烹狗功名事不伤。"②徐悲鸿在其《历史画之困难》中称，"由于蒋剑人《咏田横五百英雄》一诗，尤在其'海云岛树郁苍苍（茫）'一句，国画中少此沉郁风格，故而有意作此画，题名为《田横五百士》。③

值得注意的是，蒋敦复将五百士之死归为"国殇"，这也就赋予了"田横五百士"形象爱国主义的精神内涵。以"田横五百士"为爱国形象，上可追溯到明末收复台湾的郑成功、下可与清末的抗日保台志士丘逢甲相比而论。郑成功收复台湾，写下了《复台》诗，诗云："开辟荆榛逐荷夷，十年始克复先基。田横尚有三千客，茹苦间关不忍离。"④郑成功以田横客自比，写出了披荆斩棘驱逐外来侵略的家国情怀。郑、蒋为"田横五百士"赋予的爱国主义精神，在徐悲鸿的作品中得到了传承。

徐悲鸿在《田横五百士》图的具体内容上对《田儋列传》多有改写。《列传》仅仅写出了田横前往洛阳时在途中驿站的自戕悲剧，徐悲鸿则从田横在离岛之前与诸门客告别的场景入手进行艺术构思。对于田横门客的情况，《列传》也只

---

① 《史记》，中华书局点校修订本，中华书局 2013 年版，第 8 册，第 3213 页。
② 蒋敦复：《啸古堂集》，《续修四库全书》第 1535 册，上海古籍出版社 2002 年版，第 111 页。
③ 《徐悲鸿文集》，上海画报出版社 2005 年版，第 104 页。
④ 《郑成功收复台湾史料选编》，福建人民出版社 1982 年版，第 1 页。

作了只言片语的简单交代:"田横惧诛,而与其徒属五百余人入海,居岛上";"'吾闻其余尚五百人在海中',使使召之。至则闻田横死,亦皆自杀",也未提及田横及其宾客在岛上的生活状况,徐悲鸿则将"徒属五百余人"的群体形象及其生活环境具体化了。

《田横五百士》图中的人物在画面靠右三分之一处分为两部分,右边一部分从右往左看,随田横前往洛阳的宾客二人站立于田横右侧,田横则腰悬佩剑、身穿绯红长衣、拱手向左上方作揖;左边一部分,从左往右看,诸位宾客或赤裸上身、伸手似作挽留状,或怒目前视、双手横握短剑,或拄杖欲前,皆表现出了愤切慷慨、挺拔磊落的精神面貌;有一宾客身穿黄衫而在画面中居中站立、目光斜下,黄衫宾客右边站立一位长须白发老者,右下方则蹲伏着一位年轻妇女、一位儿童、一位老妇,目光向左上方仰视田横,与众宾客的激切相比,显示出独特的沉静与温情。《田儋列传》只云"徒属五百余人",并未言及这五百余人是否挈带妻儿父母,故画面中的两位女性和儿童属于徐悲鸿的创造性添加。

除了田横与黄衫宾客,画面中的多数人物皆赤脚而立,所有人物皆形容清癯,这与亡命海上的田横及其徒属的贫困生存环境相适应。画面远处,牛马在草地上进食,表现出画面人物在岛上自食其力的生活状态。画面更远处则是深蓝的海水,其上方则是蔚蓝天空中勃勃郁蒸的白云,以暗示这里的海岛环境。

《田横五百士》以图像为语言,创造性地使《田儋列传》所略写的田横五百士形象以一种饱满而具体可感的形式呈现在观众面前。这幅杰作所传达出的"贫贱不能移,威武不能屈"的精神品格,不仅是艺术家自身坎坷落拓却又追求独立精神的人格写照,更是革命家在风雨飘摇的时代中不畏强暴、坚定理想信念的精神象征。

"田横五百士"的接受史并不止步于民族危亡的特殊时期。2013 年 1 月 24 日,大型新编历史京剧《齐王田横》于山东省青岛市京剧院首演。该剧在徐悲鸿《田横五百士》的基础上进行了更多的创造性发挥,如将本未曾谋面的田横与刘邦安排同台演出、增加了戚夫人率乐舞队前往田横岛招抚民心的情节、增加了田横之母这一角色、展现了岛上众人面对归顺与抗争时的内部矛盾。该剧以比《田儋列传》及《田横五百士》更为丰富的内容,将田横放置于尖锐的矛盾之中,接续郑成功、蒋敦复、徐悲鸿为"田横五百士"所赋予的爱国主义精神,将"田横五百士"塑造为守土爱民的爱国者形象,使其最终杀身成仁的抉择更加具有感奋人心的力量。京剧《齐王田横》的问世为"田横五百士"精神在新的历史时期的传播提供了重要的借鉴意义。

"田横五百士"最初作为高节与慕义的精神形象诞生于《史记·田儋列传》,又在历代咏史诗中被当作节义的典型加以吟咏流传。在近现代的中国文化史上,"田横五百士"被赋予了人格独立、爱国尚武、信念坚定的价值追求,以其"贫贱不能移,威武不能屈"的精神品格激励着国人。

田横及其宾客为后世留下的精神财富不在于其死之壮烈,而在于其精神之不屈。中华民族精神史上不乏舍生取义、杀身成仁的义士英雄,虽则所取之义有所不同,但在精神气质上则多与"田横五百士"气息相通。在注重精神文明建设的当代中国,"田横五百士"所传达的伟岸精神对构建国人阳刚、独立的精神品格依旧有着重要意义。

(任若嘉,宝鸡文理学院文学与新闻传播学院2020级中国古代文学硕士研究生。)

《史记》综合研究及其他

北方民族与中原及南方各民族属于同源同种，在漫长的历史演变中，又最终合流为中华民族。中原与北疆的互动，属于中华民族共同体的形成过程中的重要组成部分。

至今思项羽
——霸王祠诗词的当代思考

徐 斌　徐 漫

霸王祠位于安徽省和县乌江镇凤凰山上。两千多年前,项羽垓下突围,渡过淮河,越阴陵山,"乃欲东渡乌江。乌江亭长舣船待……乃自刎而死"[①],楚汉战争硝烟消弭,尘埃落定。乌江百姓敬其勇气,怜其殒命,收其衣冠,建庙祭祀。唐时建祠,李阳冰为之题匾额曰"西楚霸王灵祠",李德裕作《项王亭赋》。据说鼎盛时期,厅厢殿室达九十九间半之盛。上世纪文革时期,山上建有乌江农业中学。1978—1981年,笔者就读此处,仅余四合院式庙宇一座,院门紧闭。每逢初一十五,门前时有香灰随风起落,似有阴魂逗留盘桓。

1982年,中央领导来安徽视察时,得知霸王祠荒凉衰败,建议重修。和县人民政府随即将学校迁出,并且筹集资金,于1984年、1992年、1999年分三期对霸王祠进行修复和扩建,同步对外开放。今霸王祠分为祠内和祠外两大部分,各有多个景点,占地面积108亩。享殿及碑廊留有100多首历代名人咏项羽、霸王祠等诗词,皆为当代书法家书写,引得众多参观者、旅游者驻足观赏、思考。可谓项羽虽死,影响未止。

霸王祠诗词主要关注三个问题:一是项羽为什么失败;二是项羽该不该过江;三是为什么纪念项羽。由于作者所处时代不同,身份不同,见识不同,结论则见仁见智,莫衷一是。下面依次梳理分析,略谈浅见。

---

① 司马迁:《史记·项羽本纪》,中华书局1982年版,第336页。

一、项羽为什么失败?

(一)胸无大志说

项羽虽然说过"彼可取而代也",他也有可能实现这个目标,但是他的真实心理,只是割据一方做小霸王。诸葛亮《诫外甥书》曰"夫志当存高远",项羽的志向只是眼前。项羽攻占咸阳后,有人劝他于此定都,可是他说:"富贵不归故乡,如衣绣夜行,谁知之者!"①随后东归,定都彭城。

对此,很多诗人予以批评。宋人李新《项羽庙》:"空使秦人笑沐猴,锦衣东去更何求。可怜了了重瞳子,不见山河红雍州。"②宋人徐钧《项羽》:"猴冠不肯王关中,衣锦思归意气雄。一曲虞歌数行泪,悬知无面见江东。"金人李俊民《读项羽传》:"鸿沟时暂割山河,楚国山河一半多。欲去故乡夸富贵,不知沛有大风歌。"清人汪绎《项羽》:"一炬咸阳火未残,楚人真是沐猴冠。英雄岂学书生算,也作还乡昼锦看。"清人周绍祖《项羽》:"每望还乡著锦衣,楚人早被沐猴讥。沛公不杀降王杀,残暴优柔已两非。"清人郑板桥《咏史》:"云里关门六扇开,天边太华鸟飞回。汉家安受秦家业,项羽东归只废才。已背齐盟强自雄,便应割据守关中。如何宴罢鸿门去,却觅彭城小附庸。"

这些诗词都批评项羽只想衣锦荣归,爱慕虚荣,无大理想。有此想法,怎么可能打败刘邦,取代秦始皇而一统天下?况且,秦朝实现郡县制是种进步,他却分封诸侯,开历史倒车,妄想割据称王,更难成功。

(二)刚愎自用说

持这种观点的人极多,几乎没有异议。

唐人孟郊《和令狐侍郎、郭郎中题项羽庙》:"碧草凌古庙,清尘锁秋窗。当时独宰割,猛志谁能降。"唐人胡曾《鸿门》:"项籍鹰扬六合晨,鸿门开宴贺亡秦。樽前若取谋臣计,岂作阴陵失路人。"宋人陈洎《过项羽庙》:"八千子弟已

---

① 司马迁:《史记·项羽本纪》,中华书局1982年版,第315页。
② 本文多处引文系节选,不一一注明。

投戈，夜帐犹闻怨楚歌。学敌万人成底事，不思一个范增多。"宋人钱舜选《项羽》："项羽天资自不仁，那堪亚父作谋臣。鸿门若遂樽前计，又一商君又一秦。"宋人陆游《项羽》："八尺将军千里骓，拔山扛鼎不妨奇。范增力尽无施处，路到乌江君自知。"宋人林景熙《项羽里》："计疏白璧孤臣去，泪落乌江后骑追。遗庙荒林人酹酒，至今春草舞虞姬。"宋人朱淑真《项羽二首》其二："盖世英雄力拔山，岂知天意主西关。范增可用非能用，徒叹身亡顷刻间。"元人艾性夫《项羽庙》："容心绝少忌心多，背楚疑增自倒戈。羞渡乌江依故老，竟乘乌骓泣娇娥。"清人严遂成《乌江项羽庙》诗云："范增一去无谋主，韩信原来是逐臣。江上楚歌最哀怨，招魂不独为灵均。"

这些诗歌都说明项羽独断专行，刚愎自用。"独宰割"，去范增，失韩信、陈平，留着项伯无异于包养内奸，焉能不败？

范增简直就是老天派来保佑项羽成事的贵人，他善于透过现象看清本质。初入军营，就出谋划策说："要干大事，当前必先立楚王。"项羽叔侄言听计从，因而所向披靡。刘邦入关以后，"约法三章"，以笼络天下人心。范增看出刘邦的心思，主张杀掉刘邦，消除祸患，未被采纳。他砸玉斗，发毒誓："竖子不足与谋。夺项王天下者必沛公也。"①一语成谶。最后居然因离间而被疏远，出走而死。他的死亡预示着项羽的最终失败。当然，他即使不走不死，也难以改变项羽失败的结局。

也有人认为他错用范增。宋人王安石《范增二首》："中原秦鹿待新羁，力战纷纷此一时。有道吊民天即助，不知何用牧羊儿。"意思是说，项羽不该听范增的话，尊楚国王室后裔、正在放羊的孩子熊心为楚怀王。刘邦西征入关之后，"牧羊儿"熊心又被楚霸王项羽立为义帝，这当然不是项羽的本意，没多久项羽就暗中派人杀了他。这义帝简直就是项羽成事的绊脚石。义帝偏袒刘邦，对项羽不公，让他打章邯，啃硬骨头，又拒绝项羽称王的意图，坚持让刘邦做关中王。其被杀又使项羽授人以柄。这义帝还是项羽与范增分道扬镳的导火索。从项羽杀义帝任命的宋义时起，项、范之间已生隔阂。

---

① 司马迁：《史记·项羽本纪》，中华书局 1982 年版，第 315 页。

（三）放虎归山说

有人说，项羽最大的失误，就是在鸿门宴上未听从谋士范增之言，以至放虎归山，招致最后的失败。

唐人胡曾《鸿沟》："虎倦龙疲白刃秋，两分天下指鸿沟。项王不觉英雄挫，欲向彭门醉玉楼。"宋人王禹偁《过鸿沟》："侯公缓颊太公归，项籍何曾会战机？只见鸿沟分两处，不知垓下有重围。"宋人徐竞《项亭》："图秦争汉两无成，霸势先随玉斗倾。惟有乌江夜深浪，至今犹作楚歌声。"元人黄庚《项羽台》："失计鸿门根未消，一生霸业亦徒劳。当时漫筑台千尺，争似歌风地步高。"明人曾棨《项羽庙》："百战休论盖世功，鸿门宴罢霸图空。虞歌慷慨孤灯下，楚业消沉一炬中。"清人潘果《项王庙》："威望居然压沛公，指挥一误霸图空。纵留子弟八千在，早失关河百二雄。"清人蒋项城《项王》："江东亦是龙兴地，一跌归来霸业荒。虚遣郎中留戏下，岂知王气在咸阳。孤军不令收全楚，衣绣何曾到故乡。地下英雄应一笑，偶然成败诟天亡。"

平心而论，鸿门宴项羽不杀刘邦，从政治军事上言，无疑是不成熟和幼稚的，"项籍何曾会战机"明确指出他不能把握良机。刘邦逃回霸上，才有以后的楚河汉界、垓下被围、乌江自刎。但是杀了刘邦，项羽就能胜出？未必。他真正的失误不在于没杀刘邦，而是失误在自身性格弱点上。他杀了一个刘邦，以后定会涌出更多的刘邦式人物。

（四）不修仁德说

古代强调实施仁政，爱民如子。陈胜、吴广之所以振臂一呼而天下云集响应，秦朝之所以"一人作难而七庙隳"，是因为秦始皇实行暴政，"天下苦秦久矣"。

项羽失败也是因为不施仁政。唐人汪遵《项亭》："不修仁德合文明，天道如何拟力争。隔岸故乡归不得，十年空负拔山名。"宋人佚名《项羽庙灾》："嬴秦久矣酷斯民，羽入关中又火秦。父老莫嗟遗庙毁，咸阳三月是何人。"宋人张耒《项羽》："沛公百万保咸阳，自古柔仁伏暴强。慷慨悲歌君勿恨，拔山盖世故应亡。"元人卢琦《题项羽庙》："将军手提三尺剑，长呼渡江天地坼。""新安坑平士卒怨，咸阳火烈宫殿厄。"清人郑板桥《项羽》："已破章邯势莫当，八千子弟赴咸阳。新安何苦坑秦卒,灞上焉能杀汉王!"

不修仁德而暴强的事例在《史记》中俯拾即是。在新安,章邯率部归降,项羽竟因害怕降卒不服而"夜击坑秦卒二十余万人新安城南"。张大可先生认为:"项羽在反秦斗争中的这种复仇主义,虽是痛快一时,却大失人心,这是导致他成为悲剧英雄的一个重大原因。"[1]入关后,项羽"引兵西屠咸阳,杀秦降王子婴,烧秦宫室,火三月不灭,收其货宝妇女而东",令秦人大失望。有人因劝说项羽留守关中以霸天下而不被采纳,抱怨说:"人言楚人'沐猴而冠耳',果然。"项羽闻之大怒,"烹说者"。汉二年冬,因封侯不当,田荣起兵反叛。项羽平叛后,"皆坑田荣降卒,系虏其老弱妇女,徇齐至北海,多所残灭"。至于"外黄不下。数日,已降,项王怒,悉令男子年十五已上诣城东,欲坑之",后听"外黄令舍人儿"之言,"乃赦外黄当坑者",并非仁慈,只是怕引来更多怨恨而已。

(五)天命难违说

项羽最终饮剑乌江,为自己的生命画上不完美的句号。"力拔山兮气盖世,时不利兮骓不逝。骓不逝兮可奈何,虞兮虞兮奈若何!"项羽至死都将失败的原因归之为时运不济。很多人竟也认同这个观点。

唐人孟迟《乌江》:"中分岂是无遗策,百战空劳不逝骓。大业固非人事及,乌江亭长又何知。"元人周权《鸿门宴》:"岂知天命非人谋,玉玦三提事何益。兴亡楚汉两干将,开辟乾坤双白璧。喑呜漫说万人敌,隆准天人竟谁识。玉斗声中霸业空,乌江江水还流东。"明人庄昶《题项羽庙》:"一从天命舍歌讴,龙战中原苦未休。天地我能悲楚汉,古今谁敢罪商周。英雄可庙人千古,赤子何辜血九州。惟有长江知我意,对人无语只东流。"清人张玉书《谒项王庙》:"英雄坎壈识天意,失路东归亦何济?万户轻身赠故人,一死何颜见义帝?"

然而,真的只是时运不济使然吗?时运之说自古就有,当下似有抬头之势,其意就是命该如此。在笔者看来,此说不过是某些人的故弄玄虚或者自我开脱

---

[1] 安平秋,朱爱民:《乌江论坛·论项羽》,陕西人民教育出版社2009年版,第298页。

而已。陈胜、吴广都不相信命,谓"王侯将相宁有种乎"。当下人的智慧是倒退,还是无力?我认同欧阳修的话:"呜呼!盛衰之理,虽曰天命,岂非人事哉!"关键在于"人事"。所谓天时、地利、人和,很多时候是"人事"的结果。

(六)贪恋女色说

试图以"色"为线索寻找项羽失败原因者,唐诗里头就有。不管作者本意如何,文字半吐半掩也罢,但都给人或多或少的"色祸"暗示。[①]

唐人张碧《鸿沟》:"项籍骨轻迷精魂,沛公仰面争乾坤。须臾垓下贼星起,歌声缭绕凄人耳。吴娃捧酒横秋波,霜天月照空城垒。力拔山兮忽到此,雅嘶懒渡乌江水。"宋人潘柽《过虞美人墓》:"樽前一曲奈何歌,千古英雄恨不磨。女子在军今莫问,君王愎谏向来多。"宋人王安石《虞美人》:"虞美人,态浓意远淑且真。同辇随君侍君侧,六宫粉黛无颜色。楚歌四面起,形势反苍黄。"清人曾逢辰《项羽》:"如貙如虎出江东,救赵先收第一功。亚父谋成秦失鹿,陈平计入楚生虫。迸雅垓下阵云黑,戏马台前落日红。结局终同虞一死,美人薄命累英雄。"

将英雄的失败归咎于"汉皇重色思倾城",古已有之。然而,项羽、虞姬非属此类。元人王恽《虞美人》:"重瞳鲜情人,钟爱独虞美。五年有天下,宠幸想无比。"所谓项羽"好色",实是对于虞姬"专情"。刘邦才是真正的"色魔",而且敢于抛弃妻子,喜新厌旧,最不能"专情"。试问论者何以"色祸"论成败?

(七)有勇无谋说

也有一些诗人认为项羽实为武夫,缺乏谋略。

唐人栖一《垓下怀古》:"弓断阵前争日月,血流垓下定龙蛇。拔山力尽乌江水,今古悠悠空浪花。"宋人吴龙翰《乌江项羽庙》:"盖世英雄只恁休,千年遗恨大江流。汉提义帝作张本,当日君输第一筹。"宋人胡宏《项王》:"快战马知霸术疏,乌江亭上独欷歔。万人三尺俱无用,可惜当年不读书。"宋人袁说友《霸王庙》:"志大无遗策,天亡有愧心。威棱空炯炯,祠殿独阴阴。"宋人陈普

[①] 参见宁业高《剑血帐:大爱无界——四论政治家项羽》。

《项羽》:"倚强恃力却诬天,一样人心万万年。广武十条逃得过,乌江政自不须船。"明人陆光祖《彭城》:"铁骑八千冰乍合,咸阳三月火犹红。英雄转斗无完策,四面悲歌入帐中。"

无遗策、无完策,即失策。而失策原因就是项羽不爱读书。这大概是读书人强调读书的重要性吧。不过,历史上每次改朝换代的人物,有几个是读了多少书的人呢?

二、项羽该不该过江?

项羽该不该过江,历来就有两种意见,各以唐代杜牧与宋代王安石为代表。

杜牧一派认为应该过江,可以卷土重来。

唐人杜牧《题乌江亭》:"胜败兵家事不期,包羞忍辱是男儿。江东弟子多才俊,卷土重来未可知。"唐人周昙《秦门项籍》:"九垓垂定弃谋臣,一阵无功便杀身。壮士诚知轻性命,不思辜负八千人。"唐人李山甫《项羽庙》:"为虏为王尽偶然,有何羞见汉江船。停分天下犹嫌少,可要行人赠纸钱。"

宋人李清照《绝句》:"霸气震神州,凌云志未酬。乌江夜若渡,两汉不姓刘。"宋人贺铸《题项羽庙》:"楚都陈迹久灰埃,一曲虞兮尚寄哀。不作偷生渡江计,可须千里更西来。"宋人李新《项羽庙》:"一夕楚歌四面起,霸图未就人怀邦。自古功业有再举,何不隐忍过乌江。"宋人林景熙《项羽庙》:"夜半追兵入楚营,鸿门玉碎卯金兴。江东父老犹羞见,地下如何见范增。"

明人林弼《虞姬怨》:"江东地虽小,星火亦可燃。愿身化孤燕,随渡乌江船。"清人吴伟业《项王庙》诗云:"战马台前拜鲁公,兴亡何必定关中。故人子弟多豪杰,弗及封侯吕马童。"清人龚鼎孳《乌江怀古》诗云:"萧萧碧树隐红墙,古庙春沙客断肠。真霸假王谁胜负?淮阴高冢亦斜阳。"清人阎尔梅《乌江浦》:"阴陵道左困英雄,骓马长嘶万里风。成败何妨争面目,不随亭长渡江东。"清人何士颙《项羽》:"忍辱从来事可成,英雄盖世枉伤神。但知父老羞重见,不记淮阴胯下人。"清人王苏《乌江》:"事功不成死未晚,仆者复起诚难量。鸿门一误乌江再,杜默何缘涕泗滂。"

在后来不少人看来,越王勾践能卧薪尝胆十年,终于灭吴雪恨;项王如果能够回到江东，谁能说不会东山再起？于是，谒西楚霸王灵祠，奉"大丈夫能伸能屈"，"君子忍胯下之辱"为信条者，每每惋惜几声或摇头而去。

然而，王安石一派认为，项羽不应该过江。

唐人胡曾《乌江》："争帝图王势已倾，八千兵散楚歌声。乌江不是无船渡，耻向东吴再起兵。"唐人窦常《项亭怀古》："力取诚多难，天亡路亦穷。有心裁帐下，无面到江东。命厄留骓处，年销逐鹿中。汉家神器在，须废拔山功。"唐人于季子《咏项羽》："北伐虽全赵，东归不王秦。空歌拔山力，羞作渡江人。"唐人汪遵《乌江》："兵散弓残挫虎威，单枪匹马突重围。英雄去尽羞容在，看却江东不得归。"唐人冯待征《虞姬怨》："拔山意气都已无，渡江面目今何在。终天隔地与君辞，恨似流波无息时。"唐人释归仁《题楚庙》："羞容难更返江东，谁问从来百战功。天地有心归道德，山河无力为英雄。芦花尚认霜戈白，海日犹思火阵红。也是男儿成败事，不须惆怅对西风。"

宋人王安石《题乌江项王庙》："百战疲劳壮士哀，中原一败势难回。江东弟子今虽在，肯为君王卷土来。"宋人陆游《湖山》："逐鹿心虽壮，乘骓势已穷。终全盖世气，绝意走江东。"其《秋晚杂兴》："江东谁复识重瞳，遗庙欹斜草棘中。若比咿嘤念如意，乌江战死尚英雄。"元人尹廷高《项羽》："多疑难逞拔山雄，失道阴陵计已穷。更恐舣舟人见绐，不缘无面见江东。"①

战争的胜负关键在于人心向背。百姓思定，宁作太平犬，不作乱世人。况且项羽有过全军覆没的惨痛教训。即使过了江，也不会招到兵马。陆游认为形势发生了变化，英雄在"势已穷"时选择自刎，不仅是豪迈气概之壮举，也是他面对现实理性之思考，可使"盖世气"得以"善终"，得以"保全"，得以使人生更壮烈、更完美，永世长存，万古流芳。

范文澜《中国通史》评曰："刘邦屡战屡败，身受重伤十二次，最后垓下一战，取得全胜。……项籍战败，不敢回彭城，也不敢渡江回会稽，因为他知道没有民心可靠的根据地。"王子今补编《细说秦汉》记曰："项羽带了这二十六骑，又继续向东南奔逃，来到长江的江岸，和县东北的乌江镇渡口。……他感伤，感伤转成惭愧，惭愧转成了恐怖，由恐怖而灰心，由灰心而自杀。"也都认

---

① 赵望秦等编著：《〈史记〉与咏史诗（上）》，三秦出版社2012年版，第91页。

为项羽大势已去,渡江无益。

三、为什么纪念项羽?

霸王祠庙自项羽自刎即已存在,至今两千多年,游人不绝。人们来此,自然是纪念项羽。那么,纪念项羽什么呢?

唐人李贺《马诗二十三首》:"催榜渡乌江,神骓泣向风。君王今解剑,何处逐英雄?"在马的心目中,项羽就是英雄;在李贺心目中,当然也是。

宋人李冠《六州歌头·项羽庙》:"念花无主,凝愁苦,挥雪刃,掩泉扃。时不利,骓不逝,困阴陵,叱追兵。呜咽摧天地,望归路,忍偷生!功盖世,何处见遗灵?江静水寒烟冷,波纹细、古木凋零。遣行人到此,追念益伤情。胜负难凭。"宋人辛弃疾《浪淘沙·赋虞美人草》:"儿女此情同。往事朦胧。湘娥竹上泪痕浓。舜盖重瞳堪痛恨,羽又重瞳。"宋人陈淳《西楚霸王庙二绝》:"气压关河力拔山,绝人武勇更无前。若于今代当戎寄,子弟何须用八千。""辙乱旗靡绕旧畿,烽烟起处羽书驰。思君一剑为平荡,盖世英魂知不知。"

明人徐渭《过项羽故宫》:"独破秦师无一人,亲将隆准放鸿门,英雄绝世无等伦。牧羊之子一竖耳,谁遣黄袍拥在身,一为放弑蒙恶名。"清人黄景仁《东阿项羽墓》:"可怜即以鲁公瘗,想见重瞳炯难闭。至今燐火光青荧,犹是将军不平气。"清人汪绍焻《项王》:"骓马虞兮可奈何,汉军四面楚人歌。乌江耻学鸿门遁,亭长无劳劝渡河。"清人蒋士铨《乌江项王庙》:"暗呜独灭虎狼秦,绝世英雄自有真。俎上肯贻天下笑,座中维觉沛公亲。等闲割地分强敌,慷慨将头赠故人。如此杀身犹洒落,怜他功狗与功臣。"

清人郑板桥《巨鹿之战》:"项王何必为天子,只此快战千古无。千奸万黠藏凶戾,曹操朱温尽称帝。"有识之士不当以是否"为天子"来衡量人生之成败。

项羽故事妇孺皆知,项羽精神影响深远。王增文先生把这种精神归纳为五个方面:一是拔山盖世的英雄气概,二是光明磊落的率真品格,三是重情重义的侠义精神,四是生死与共的凄美爱情,五是悲壮豪迈的刚烈性格。[1]这些从以上

---

[1] 安平秋,朱爱民:《乌江论坛·西楚霸王项羽的人格魅力》,陕西人民教育出版社2009年版,第334页。

诗词中均可看出。霸王祠享殿中的两幅对联,"漫云天竟兴刘,四百载江河而今安在?到处人多说项,数千年香火振古如斯","彼可取而代也,白眼视秦皇,一时气盖人间世;汉皆已得楚乎?乌骓嗟不逝,千古悲风垓下歌"也能表达出人们对项羽的敬重。

四、结论

(一)项羽的失败是多种因素综合作用的结果

项羽没有一统天下的理想,时常表现出"见好就收"的心理。他缺乏政治远见,缺少文韬武略,不懂得"一招不慎满盘皆输"的道理,所以时常表现出被动,他是战场上的拼命三郎,以勇气冠于诸侯。有论者认为,鸿门宴会,项羽不杀刘邦,是因为当时的主要任务是保住自己的霸主地位,再利用霸主地位去谋求自己最大政治利益。项羽说出曹无伤名字,不是天真无邪,而是为了推卸责任。鸿门宴实际上是项羽兵不血刃,不废吹灰之力夺得关中,既降伏刘邦,又维护自己反秦盟主的地位的杰作。这实在是高看项羽了。

项羽的性格悲剧还表现在他的刚愎自用,唯我独尊。韩信始在他麾下,"言不听,画不用,故倍楚而归汉";陈平效力于项王,"累谏不受,乃封其金与印,仗剑亡,归汉于武"。此二人均有经国济世之才,然而却不为项羽所用。亚父范增,尽心尽力,鞠躬尽瘁,亦未免被猜忌。最后,明修栈道,暗渡陈仓的是韩信;出奇计困项王于垓下的是陈平。他很残暴,杀人如麻,使人害怕,也因此失去民心,他在和县阴陵山红草湖圩问路被骗,就是一个很好的例子。

至于说到命运不济、重色误事,笔者并不认同。张大可先生认为,《项羽本纪》深透地揭示了项羽失败的原因,主要有四个方面,一是兵法不精,以力斗智;二是用人唯亲,贤才遭忌;三是残暴不仁,失去民心;四是政治幼稚,封王失计。[1]这种说法非常准确。至于上文言及的项羽该不该过江问题,在笔者看来,项羽放弃过江也是无奈之举,否则很可能自取其辱。他已失去人心,未必

---

[1] 安平秋,朱爱民:《乌江论坛·论项羽》,陕西人民教育出版社2009年版,第305页。

能够招到人马，即便招到人马，最后也是失败。

（二）对项羽的纪念问题

项羽毕竟是员猛将，打阵地战往前冲，而不知后退为何物。他还算光明磊落。在鸿门宴上，项羽因为道义和信守诺言，没有杀死他以后最大的敌人刘邦。他有一点爱民之心，他悲悯百姓所受战争之苦，所以想要早点结束战争还天下一个朗朗乾坤，在鸿沟要与刘邦决战。

在笔者看来，项羽被人纪念，最大的原因是他有一颗勇于认错的羞耻之心。他不像现在有些人明明犯错犯罪，还百般隐瞒、狡辩。他有一种"不成功便成仁"的英雄气概，绝不苟且偷生。李清照等人对项羽的"不过江东"表示极大的赞颂，就是因为有感而发。南渡之后，建炎三年，赵明诚罢守江宁，上溯芜湖。经过和县乌江时，有此诗作。这是对南宋统治者苟且偷安的有力讽刺。

戴瑞先生认为，对于项羽的评价，可以从人格和历史政治两个层面展开，前者羞愧之心、感恩之心、嫉恶如仇、刚愎自用、凶残敌视，后者推翻暴秦，功不可没；推行分封制度，让历史倒退。[1]此评价比较公正。有至于有论者认为他的种种不成熟行为，源自他高贵的贵族身份，似有宣扬血统论嫌疑，这是一种理论上的倒退，不值得一驳。

（三）对于刘邦的重新认识

清人史恩培《楚霸王墓》："休将神圣例英雄，抔土残碑已不同。埋伏拌当韩十面，宽仁宜似舜重瞳。何伤刓印封诸将，不悔分羹释太公。迁固汉臣多曲笔，岂真纪录尽由衷。"应该关注刘邦的变化，不能重唱门第论的老调。刘邦出生卑微，有很多缺点，狡黠、油滑、爱吹牛皮，酷似流氓；但是不能因此把人看死，而要看到他的成长。

沛公自比"信陵君"，给自己定出了人生的高度。他常不自觉地模仿信陵君的处世、行为方式，不断提高和完善自己。他善于根据情势揣摸人的心理，润滑人际关系，有较强的凝聚力，不仅多次化险为夷，还能吸引他人为己所用。鸿

---

[1] 薛从军：《和县文化研究·历史名人专辑》，文汇出版社2018年版，第5页。

门宴便是他的杰作。

从表面看,刘邦似乎无甚特殊才能,但其麾下人才济济,萧何、韩信、陈平……皆忠诚效命,连自视甚高的张良也敬佩的对人说:"沛公殆天授也"。以一个平民出身的"浪子",团结着一大批才高气傲的谋士、将军为之效力,岂一般的手段所能致?他宽容、仁慈、有大量。项羽兵败死后,刘邦以鲁公礼葬项羽于谷城。"汉王为发哀,泣之而去。诸项氏枝属,汉王皆不诛。"

他遇事冷静,发挥所长。楚汉久相持未决,项羽曾对刘邦说:"天下匈匈数岁者,徒以吾两人耳,愿与汉王挑战,决雌雄。"汉王笑谢曰:"吾宁斗智不斗力。"以己之短敌彼之长,这样的傻事,刘邦自然不会做。刘邦坚忍克己。刘邦入关后,从樊哙、张良谏,封秦财物于府库,不取分文。并当众宣布:"父老苦秦苛法久矣……凡吾所以来,为父老除害,非有所侵暴,无恐!"同时派人到各县乡村广而告之。秦人大喜,献上牛羊酒食犒劳军士。沛公又推辞不受,曰:"仓粟多,非乏,不欲费人。"这样秦人更加高兴了,唯恐沛公不为王。这一点,聪明的范增看得清楚,所以主张杀死刘邦,以绝后患。为了做成大事,刘邦常能忍受相当的痛苦,做出惊人之举。楚汉荥阳对峙时,项羽欲烹刘邦之父以迫其退兵,刘邦竟说:我们已约为兄弟,我父亲即你父亲,如果要烹你父亲,"则幸分我一杯羹"。项羽惊怒,要胁计划因之破产。

在诗词中,我们看到一个成长的刘邦,虽然起初表现平平,但他善于在追求目标的过程中,不断以高标准来完善和要求自己,弥补先天不足,培植优秀品质。他的成功不是偶然的,绝不只是靠运气得来的。人们纪念项羽,也从项羽对手刘邦身上看到人的发展的可能性。

(徐斌,和县文化研究会副会长;徐漫,和县二中教师。)

中西古典时代传记史学观念之比较
——以司马迁和普鲁塔克为例

王成军　惠　肖

从中西史学发展的历程来看,西方是从自然崇拜和英雄崇拜并立的早期文化结构中开始了其历史的探索过程,后成为其史学的主流,而中国早期则是在祖先崇拜的文化源流下进行的历史创作,遂形成两种不同风格的史学类型:一个是认识论的探讨因果关系的叙事史学,一个是侧重于人的具有明显的伦理色彩的人性史学。因此,对于中国史学发展史来说,如果不将历史同人相结合,进行伦理评价的话,那是不合中华文化的内在逻辑的;对于西方而言,如果要将人物及伦理学的内容纳入历史学的范畴中进行探讨,则是不可思议的。所以,尽管在西方史学发展的过程中,人们也发现了人在历史发展进程中所具有的重要性,认为应该对其进行探讨,使历史中的伟大人物成为人们的楷模,以提高公民的素养,从而更好地创造人类历史的事业,但显而易见的是,与具有明显伦理色彩的人性史学相比较,对人性的探讨以及对人的评价,是有着明显的不同,是一个比较崭新且难以解决的重大课题。显然,中西传记在观念上自然表现出了诸多不同的特点,并形成了不同的发展趋向。本文以传记史学的角度,用中西比较的方法对此问题加以探讨,对其中的三个突出的不同点并加以分析,以求进一步了解中西传记在古典时代的不同表现和各自发展的内在趋向、对现代传记和传记史学的发展所给予的启示,正是基于此形成了三个悖论。

一、从内容上看,表现为人与事的对立

中国的传记史学的突出特点在于叙人与叙事紧密结合,而西方传记史学则是以叙人与叙史——传记与叙事史两者间相分离、相对立为特征。

对于西方而言，基于早已创立且已相当成熟的哲学认识论，人们已经娴熟地使用历史的因果律和逻辑学的原理去归纳、论证历史事实的真伪，以获得历史的真知和本质，但对于不同于自然哲学的这一新的关于人的研究领域，基于逻辑学基础上的历史认识方法显然是难以胜任的。因为人性的复杂性、多样性和变异性是难以用逻辑学（形式逻辑）的知识对其进行论证的。那么西方人是如何解决这一难题的呢？当时著名的学者亚里士多德则在苏格拉底学说的基础上开辟了一个新的对人的研究领域，而不是对事的研究领域，这就是伦理学。伦理学出现后的突出成绩之一就是为希腊罗马人在解决历史研究中所碰到的"两律背反"这一难题——由于对历史中人与事相分离所造成的对历史现象和本质方面无法深入了解的局限性——提供了一条新的思路。需要强调的是，亚里士多德的伦理学不仅指出了伦理学的主要任务和内容，而且还指出了伦理学在人的历史发展中的作用和表现，这主要是从人的性格养成角度，来进行人的行为分析，从而为了解人的内心世界及行为方式提供了一个基本方法，从理论上满足了对人的研究和了解的需求。

由于亚里士多德创立了伦理学，对人的研究就有了可以依据的理论和重要的方法论，其结果必然极大地促进了对人的全面深入的研究，由此人们进一步从伦理学的角度研究具体的传记史学与他们传统的历史学之间的区别，并形成了基本共识：其一，历史学是叙事，传记史学是叙人；其二，历史学叙述的是大事，其中的内在关系是因果律，而传记史学则叙述的是琐事，反映性格，探讨人物性格的形成过程及其表现，中间的内在关联为心理学原则。在这一背景下，学术界认识到，对人的评价主要应该从伦理和道德角度进行评价，而那并不是历史学的任务，而只能是非历史的任务，这也导致西方走上了和中国既相同，但又不同的史学发展道路。相同的是中西都重视历史的作用，不同的是，中国将历史中的人和事从一开始就结合在一起，呈现出统一的现象和发展趋向。而西方在其历史学刚刚产生之后，即开始努力将两者分开为两种不同的历史体裁，一个是叙事史，一个是人物传记。尽管从理论上讲，人物传记的独立性问题和传记史学的定位问题一直是希腊罗马学界大伤脑筋的难题，但中西两者都认为对历史的事件和对人物的叙述都必须建立在真实的基础上。

现在的问题是如何理解"真实"这一重要观念。一般而言，中西对于真实的理解有其相同之点,也有其不同之点。相同的一面,主要表现在对叙事的求真方面,而不同之处则主要表现在对人的研究方面。一般而言,中国传记是以情与理和社会的价值导引为依据进行人物的创作,更重视人性的社会化方面的内容,而希腊罗马则是因历史事件与人性之间的尖锐矛盾而产生了迫切的需要,并由此建立了关于人性的伦理学理论,因此更注意人性本身的内在内容和构成,并以其作为传记史学研究的基础和依据,从而为人性的更为全面细致的叙写开辟了广阔的道路,但也造成了另外一个结果,那就是希腊罗马的传记同历史学的距离越拉越大。

由此,西方的传记内容非常丰富,传记的篇幅也很长。尽管内容多,趣事多,但他们的人物传记的叙述都是建立在人性理论的基础上,都努力地从历史中汲取营养,力求人物和心灵的真实性,以复原人物本真。事实上,这些传记家们对于求真的努力,不仅仅像他们一再在其著作中表明的那样以求传记人物的真实可信性,现在的研究也一再表明,古代的传记,如本课题重点关注的普鲁塔克的《名人传》,其基本事实都是以传主的真实和性格表现为撰写传记的依据,从而满足希腊罗马历史学发展的需要,弥补了希腊罗马历史学在其发展进程中的一个明显不足。正因为如此,从现代历史学的角度来看,这些传记的叙述又包括史学的事实、史学的特征和史学的作用三个方面内容,尽管从古至今,希腊罗马的传记存在着巨大的争议,但从现代史学的角度而言,也就自然地被纳入到史学的范畴之中,从而被冠之以传记史学的称号。因此,我们称普鲁塔克的《名人传》是传记史学是有依据的,不管是从现代历史学科的发展状况来看,还是从历史的发展史来看,都是一致的。从历史来看,我们判断其是不是历史,并不会仅仅看传记作家自己所说的是什么,就偏听偏信,其实,这只是我们判断其性质的一个方面,而我们更重视其作品所反映的内容及其作用;相较于作者所一再表白的那些内容,其客观所起的作用和展现的内容才是我们判断其著作性质的根本依据。正由于这些原因,我们对传记作品的评价有所不同,有些是传记史学,有些则是传记文学,或者是传奇。一句话,判断作品属性的最根本的依据就是其作品所反映的内容,而不仅仅是著者本人口头所表明的性质。

中西传记史学产生后,不言而喻,其发展趋向也是人们关注的重要问题。对于西方传记史学而言，其突出特点之一就是，希腊罗马的传记史学在叙事史学的基础上产生后，自成一家，同叙事史学分庭抗礼，并行不悖。如早在"古典时代"的罗马时期，普鲁塔克的《名人传》，就成为传记史学最著名的代表作品。由于普鲁塔克为希腊裔的罗马人，其思想深受传统的古希腊思想和具有世界主义的斯多葛学派思想的影响，他所撰写的《名人传》是借传记的形式来宣传他的伦理思想，因此所侧重表现的主题和希腊传统史学的主题并不一样，他要揭示的是传统史学所不屑一顾的传记人物的"灵魂"。

比如在《亚历山大传》（Alexander）中普鲁塔克对他撰写传记的目的说得更为清楚。他说："在这一卷里，我将叙述马其顿王亚历山大和击败庞培（Pompey）的凯撒（Caesar）两人的生平，这两个人值得记述的伟大事迹为数太多，我不能不首先说明，我只能把他们一生当中的最为人称道的事迹简单地加以叙述，而不能对他们的每项伟业都做详尽的记载。我现在所撰写的不是历史，而是传记，从那些最辉煌的事迹之中，我们并不一定能够极其清楚地看出人们的美恶品德，但一件不太重要的事情，一句笑话，或者片言只语，往往会比最著名的围城，最伟大的军备和死亡数以千计的战役更能使我们了解人们的性格。"紧接着，他又强调说："同样，请读者们也容许我对于人们的灵魂的迹象多加注意，借此来描写他们的生平，而把他们的辉煌战绩留给其他作家们去叙述。"①对于人的最为隐秘的灵魂的揭示，需要大量的主观感受和人生体验去加以叙述、描绘，更需要坚实的人性和心理学的知识作基础，这样才能探讨人性格发展的内在原因和机制，从而给传主的行为一个合乎情理的解释。当然，对于古希腊和罗马而言，其传记史学发展的重要动力之一就是其发达的伦理学和心理学，苏格拉底的道德哲学和亚里士多德的伦理学、心理学已经为传记史学的产生和发展提供了理论基础。但在此需要说明的是，这些哲人的道德理论和人的伦理学理论所针对的都是一般的普通人，因而其理论具有普遍性的原理特点，如果具体于个人，具体于历史的人，具体于从历史上复杂艰难的环境中最终扶摇而上的传奇人物而言，这种心理学和伦理学的理论只能作为指导，而不能简单地加以套用，否则

---

① Plutarch's lives With an English Translation By Bernadotte Perrin. The Loeb Classical Library, VII, Alexander, p. 225.

的话，则必然浮于人物心理的表面，而失之于泛泛而论，难以让人获得真实而符合人物个性的深刻感受。对此，亚里士多德和贺拉斯在《诗学》和《诗艺》中一再强调了艺术表现所应体现的人物性格的个别性和具体性，否则就不会成为受到人们欢迎的艺术，这不仅是诗歌方面的一个重要原理，对于传记史学的人物叙述而言，也具有重要的指导意义。事实上，不管是奈波斯或者普鲁塔克，他们在传记中之所以一直被学界所指责，就是认为他们对历史人物性格的叙述有雷同性和固定化的一些倾向。

二、从传记的属性来看，表现为文与史的对立

中国的传记出现后，长期归属于历史学的范围之内，而西方则是将传记与历史学相分离，向文学方面发展，具有明显的独立性。

如前所述，传记产生的最早的文化源头是与对传主的祭祀有关的，这一点中西有其明显的相同之处，但不同之处在于，中国对死者的歌颂是基于中国传统的文化特质，这种特质相较于西方文化特质而言，具有更便于历史发展的文化土壤，一开始就含有较多的历史基因，因而无疑具有更多的历史真实性，并由此出发，先产生了叙事史学，在叙事史学的基础上，进一步出现了传记史学。因而中国传记史学的一个突出特点就是其与历史所产生的长期而紧密的关联，并由此而深深打上了叙事史学的印记，以致在长期的历史进程中，叙事史学和传记史学两者虽为不同体例，有其相对立的一面，但另一方面还存在着两者又融为一体，密不可分的特性。

相较而言，西方的传记虽然是从祭祀中的葬礼赞美诗转化过来的，比如伊索克拉底对埃瓦哥拉斯所表达的内容都是讴歌的内容和形式，但这种原创的文学形式显然不是传记，因为它没有可能将人物的真实内容表现出来。因为只要是一个真实的人物就必然在有其让人讴歌的优点的同时，还有令人遗憾的缺点或不足之处。由于希腊人对传记理解的特殊性，他们在对名人作传时没有也不可能对有关于传主的历史事件做出历史性的解释或进行具有历史性的叙述；但另一方面，如果不涉及与个体人物相关的历史事件的话，那么怎样去表现历史人物其人性的内容呢？显然，赞美诗不能算做是传记的原初形态，更不是史学

传记的特征。

在此还要指出的是，其后的色诺芬也没有跳出葬礼赞美诗的传统。色诺芬的关于《阿格西劳斯传》的贡献就在于他用了大量的事例来证明传主的高尚品格，从而使传记增加了许多关于传主的丰富内容。尽管如此，色诺芬所作的传记与我们所理解的真正的人物传记还有较大的距离，究其原因之一就在于历史传记的第一要务是真实性，在这一基本点上，伊索克拉底和色诺芬都没有能够明显地体现出这一特点，正是因为这一点，两人在西方传记史学史上的定位问题长期是传记史学中的一个突出的难题。但是，对于处在今天的传记史学研究而言，苛责两位传记家的不足似乎没有太大的意义，倒是需要关注他们的成功之处和重要贡献——色诺芬和伊索克拉底一起将赞美诗的形式加以改造，由诗歌转变为散文。尽管在精神的层面上没有大的变化，但形式的确发生了变化，这就在客观上为传记的进一步发展提供了前提。这种前提具体表现在它为更为丰富的人性的全面表达提供了文体上的可能性，从而对叙述的内容也提出了新要求。因此，笔者认为还是应该将他们俩人纳入历史传记的殿堂之中，应该将他们的传记视作人类的史学成果，而不应该将其仅仅局限于西方最早的人物传记之一。这样一来，我们也许对他们的成果就有了一个较为合理的看法。因为传记毕竟有一个从萌芽到产生，由产生再到一步一步发展的过程，但这绝不意味着我们只看重他们在这一历史进程中的成就，而无视他们暴露于其中的弱点，而是在肯定他们成就和贡献的同时，也应该将其所具有的传记原始性指出来。

事实上，西方的传记史学是经过奈波斯到了普鲁塔克，才达到了一个较高的阶段，其标志就是在他们经历了长期的对人物的性格和品质的探讨后，特别是在道德哲学、文学的不断丰富的过程中，终于开始步入了传记史学的范畴之中，使文学、哲学和历史三者结合起来了，当然是在历史的基础上结合起来了。

这样看来，西方传记史学发展的一个明显的特点就是由文学进入了史学的领域，在奈波斯、普鲁塔克那里和历史产生了一定程度的结合，具体于普鲁塔克而言，这种结合的最主要的表现就是《名人传》在叙述历史人物的时候还是能够和历史人物所生活的时代相联系，努力地将人与事关联起来，以体现人的性格和品格。但不可否认的是，西方的传记史学发展轨迹与中国传记史学发展的轨迹有着明显的不同，这种不同就在于西方在其文学传记向史学传记转化的长期过程中，已经适应了其文化环境对传记的需要，产生了专门探讨人的心灵世界和性格的理论，这种专门叙写人的文学和专门探讨人性的哲学理论成为西方传记史学上的不可磨掉的烙印，犹如中国传记史学上不可磨掉的叙事史学的烙印一样。

如此一来，不管是从中国传记史学的产生和发展来看，还是从西方传记史学的发展来看，传记史学的一个突出的特征就在于对人的刻画，而这种刻画的最主要的方面则在于对人的道德性的描写或评价。但在传记史学中，人的性格是什么？为什么要探讨人的性格？如何分析探讨人的性格？这些都是传记史学所要面对的重大问题。

通过对中西传记史学的产生和发展途径的分析，可以明显地看到二者的明显不同。这种不同性表现在，不但中西传记史学的产生途径不一样，而且中西传记史学的发展道路也不一样。这种发展道路的差异具体表现在，对于中国传记史学而言，其在历史的土壤中产生后，尽管也经历了较大的发展，但在这一过程中，它并没有将叙事史学加以抛弃，而是将叙事史学同传记史学结合起来，定为一尊，形成了中国的正统史学，并长期称霸史坛。在此以司马迁的《史记》为例加以说明。司马迁的《史记》在中国古代记事、编年（《左传春秋》）史学的基础上，又创立了记人的史学体例，关键是在记人的体例中又将记事和记年统一起来，这在"列传"中表现得尤为突出。钱穆先生认为："中国历史分成三种体裁：一是记事，二是编年，三是传人。在记事中又兼带着记言，《尚书》是第一种体裁，以记事记言为主。《春秋左传》是第二种体裁，以编年为主，但是在编年中又包括了记事和记言，即在记言记事之上再添上了编年。太史公《史记》以人为主，把人物作中心，但在传人的体裁之内，同样包括着记事和编年。即是说：记事和编年这两体，已在太史公《史记》以人物为中心的列传体之内包融了。"①显然，钱穆先生在此是称赞司马迁对中国史学的贡献。在钱穆先生看来，编年体和记事体虽前已有之，但司马迁对此进行了改造，虽来源于前者，但已高出于前者，记事、编年、传人三者的结合，并不是简单地将三者相加，而是三者之间的有机的结合，是以人物为中心，以时间和叙事为辅助，从而产生

---

① 钱穆：《中国史学名著》，生活·读书·新知三联书店2000年版，第69页。

了一个新的史学体裁——纪传体。其实,早在中国古代,已有许多学者指出了《史记》在体裁上的承继关系,如刘知几云:"夫纪传之兴,肇子《史》、《汉》。盖纪者,编年也;传者,列事也;编年者,历帝王之岁月,犹《春秋》之传;列事者,录人臣之行状,犹《春秋》之传。《春秋》则传以解经,《史》、《汉》则传以释纪。"[1]章学诚《亳州志·人物表例议》亦云:"史之有列传也,犹《春秋》之有《左氏》也。《左氏》依经而次年月,列传分人而著标题。其体稍异,而其为用,则皆取足以备经、纪之本末而已矣。"[2]

显然,刘知几、章学诚二人的上述议论是把纪传体史书中本纪与列传的关系,简单地理解为《春秋》的经与传之关系,这是中国传统史家中的一个非常流行的看法。这一观点的合理性在于它所侧重指出的是《史记》这一纪传体史书在体裁上的承继关系。但其明显的不足之处,乃在于他们对司马迁在其中所做出的创造性成就的认识不足,这一创造性成就的内容就是汪荣祖先生所指出的:"史传合一,既为定体,吾华史学传统,遂以人为史之重心矣。"[3]因而这种纪传体结构确实是司马迁的伟大创造,从而形成了和普鲁塔克及其希腊罗马传记史学发展方向不同的传记史学类型,并在中国延续了两千多年,成为中国传统史学的"范式",直到今天还具有重要的影响。

当然,中西传记史学经过两千多年的发展,其特征都显露无遗。对于中国传记史学而言,在《史记》和《汉书》后,出现了一个令人尴尬的现象:即所谓中国的传记史学"绝少创新,确殊乏长篇巨制,类不过千百字为一传"[4],传记的篇幅很短,传记史著对传主一生的叙述长期停留于素描式的勾勒,而缺乏丰满而细致的人生描述。究其成因,追根究底乃在于华夏执著且深厚的历史观念,传记被严格界定在历史学的领域中,不敢逾雷池一步,无法同其它学科产生一些较广泛和较有深度的融通,以充实和进一步发展自己。章学诚认为,直到明

---

[1] 郭孔延等著:《史通评释·训故·训故补》,上海古籍出版社2006年版,第26页。
[2] 章学诚著,叶瑛校注:《文史通义校注》,中华书局1985年版,第393页。
[3] 汪荣祖:《史传通说》,中华书局2003年版,第78页。
[4] 汪荣祖:《史传通说》,中华书局2003年版,第79页。

朝时，尚"辄言传乃史职，身非史官，岂可为人作传"①（《文史通义·卷三·传记》），这在表达了人们对传记深刻而深沉敬意的同时，也表达了传记本身所承载的历史重负。由此，汪荣祖先生对中西传记的不同点发表了自己的看法。他认为："中国的纪传体原是史书体裁的一种，目的就是借人观事，借传述史。列传所要达到的目的，显然与西方所谓的个人传记大异其趣。"②因此，汪荣祖先生认为，中国传记史学的突出特点其成因盖因史官作传，体例所限，只能摄其要点，而难以铺陈展开，使人颇为遗憾；而对于西方传记史学而言，其"史传若即若离、和而不合，传可以辅史，而不必即史，传卒能脱颖而出，自辟蹊径，蔚为巨观矣"③。"西人不分纪传，而其传之丰，动辄数十万言，巨细靡遗，如见其人，亦非吾华固有。"④卡莱尔的名言："历史是无数传记的结晶。"爱默生的警句："确切地说，没有历史，只有传记。"都表达了这一历史趋向。

但对于传记史学而言，所叙述的都是一个人的生平与事迹，对此，西方的传记家也是如此。从传记史学的核心观点来看，西方自希腊罗马始，传记"辄以传记资料琐碎填塞，无关宏旨"⑤。其结果西方的传记史学的一个重要特点同样表现在，往往煌煌长篇，大幅巨著，但与叙事史学不同的是，传记往往将真假事件、复杂多样的素材集于一体，难以分辨，轶事与真相汇于其中，有聊以自娱之嫌。因此，西方的早期传记长期在史与文之间犹豫，在历史的求真与辨假中持续徘徊。当然，一种新的史学体裁的产生和发展，不仅仅需要传记史家个人的才、学、识作为必备条件，还同中西双方不尽相同的史学发展轨迹相联系，更重要的是与上述中西双方所产生的不同原始文化相联系。正因为如此，中西传记史学的比较研究才具有重要的现实意义，只有通过这种中西的传记史学的比较研究，取精用宏，推陈出新，最终才可达到促进传记史学的健康发展这一学术目的。

---

① 章学诚著，叶瑛校注：《文史通义校注》，中华书局1985年版，第248页。
② 康乐、彭明辉：《史学方法与历史解释》，中国大百科全书出版社2005年版，第409页。
③ 汪荣祖：《史传通说》，中华书局2003年版，第79页。
④ 汪荣祖：《史传通说》，中华书局2003年版，第175页。
⑤ 汪荣祖：《史传通说》，中华书局2003年版，第78-79页。

所以，对于中西双方古典传记史学而言，其史学观念的产生和发展历程有其明显的共同之点和不同之点。其共同之处在于，它们传记史学观念的产生和发展并没有脱离其历史观念产生和发展的轨道，都是在其叙事的历史观念的基础上，又产生了一种新史学体裁——传记史学。两者不同的是，希腊罗马的传记史学在叙事的基础上产生后，自成一家，同叙事史学分庭抗礼，并行不悖，而且在传记史学体裁中还呈现出继续分化的趋势；中国的传记史学虽然经过了叙事史学这一阶段，但并没有将叙事史学加以抛弃，而是将叙事史学同传记史学结合起来，定为一尊，形成了中国的正统史学，并长期称霸史坛。之所以形成这一历史的结局，究其原因不仅同中西双方不尽相同的史学发展轨迹相联系，更重要的是与上述中西双方所产生的不同的原始文化相联系。

三、从传记的目的论来看，表现为价值判断和因果判断的对立

中国的传记史学出现后，对人物的品评体现了朴素的辩证评价观；而西方则长期侧重于从个性和道德品格的单维视角来品评传记人物。

对于传记史学而言，其最重要的内容和作用就是将历史人物的所作所为展现到人们面前，从而启发、感动人们见贤而思齐，提高社会整体的道德水平。为了能够真实生动地展现人们的真善美的品质，就自然会同时展示人们的一些假丑恶的行为，在强烈的对比之中和对原因的反思过程中，以达到对人们进行潜移默化的道德教育的效果，最终达到提升人的道德境界和知识水平这一终极目的。

由此出发，对于传记史学而言，有其自身的特点。比如，对于哲学而言，其也要求真，但哲学上的求真是需要从理论理性这个层面上进行论证，以达到求真的目的。但对于传记史学而言，其突出的要求在于首先要判断什么是真、而什么又是不真的内容。当然，如果将这一问题局限于历史学中已经过去的历史事件中的话，判断相对容易一些，但现在的问题是将这一问题置于过去的历史人物的心灵世界之中，判断真与假就有难度了，因为人的心灵是一个极其复杂的统一体。当然更难的是要判断过去的历史人物哪些是善的品质，哪些是丑恶的品质，哪些是应该效仿的，哪些是应该斥责的。因为传记史学家本人也是一个充满了个人价值观念的主体，在对传主进行叙述时，他必然要带上自己的价

值观，当然，这些还不是最难的，最难的是要将对传记人物的真与假的判断与其品质的善与恶的判断结合起来，从而给予一个全面而合理的历史判断。换言之，这还要求传记史学家的价值观与历史发展的内在规律性有机地结合起来，因此，对传主的评价和描述是否正确和全面，关系的不仅是传主的一生历程，从中也体现的是传记史学家的才、学、识。

因此，如果真的试图展示人性的善恶和其行为的真与假内容的话，就需要一个较为严密的程序：其一，确定真和善的标准与内容；其二，在此基础上应该进一步揭示出其不善不真的另一面；第三，在揭示出真与假、好与坏之间或之外，还有一些难以明确用善或恶进行判断的复杂内容；第四，必须将这些复杂的内容背后的变化过程展现出来。只有这样，才能从理论上对这一问题有一个较为深刻的认知。尽管如此艰难，但这毕竟是传记历史学的崇高使命。因为人作为一个社会的成员，其是一个具有社会道德品质的、有思想的人，因此，对人物的判断就必须也应该从这两个方面——真与假和丑与恶两个方面加以探讨。

以此来看，中西传记史学在历史的效用上是各有特点的，对于中国传记史学而言，其长期将人与事、真与善结合起来，因而其所反映的历史上的人都是特别具有历史感的人，其身上都具有特别坚实的历史支点，传记对人的评价都具有全面性、历史性和变化性，因而也具有辩证性，当然，这种辩证性还带有明显的朴素性。但对于西方的传记史学而言，由于其自身发展的独特性，其对历史人物的研究更重视人的性格和人的道德价值特性，因而体现出了人性的特殊性、理论性。西方传记史学的这一发展过程，其源远流长，由来有自。因此，为了充分说明中西传记史学对人物的评判及其各自的方法论和侧重点，就必须对西方的关于人性的理论和科学进行更为深入的探讨，只有这样，才能够真切感受西方传记史学的根本特点及其社会历史效用。这样一来，我们不得不又回到了西方早期学术发展的基本特点上来。

对于西方学术而言，苏格拉底是一个重要的转折点，因为从苏格拉底开始西方的自然哲学开始向道德哲学转型，而亚里士多德则在这一领域里做出了突出的贡献。众所周知，在百科全书式学者亚里士多德那里，伦理学是"实践科学"的重要组成部分。亚里士多德对于伦理学的重大贡献在于他重点探讨了"幸福是什么"这一关于人的根本性问题，由此涉及对人类道德行为和社会道德关系的各种规定，最终建立起一个以幸福论为中心的伦理学说体系。在亚里士多德看来，幸福并非那些只能给人带来暂时满足的如金钱、荣誉、地位之类的外在的东西，幸福应当是人类活动的最终目的。而一切事物都应以求善为其最终目的。所以，人类的幸福就是"善"或"至善"。当然，亚里士多德不同意柏拉图所说的那种脱离人的具体社会环境的所作所为的善，或者只存在于人们思想层面的形而上的理念的"善"，他认为，作为人生活动最终目的的"善"是存在于人们的行为之中的。当然，亚里士多德的"善"及其善的行为并不具有真实的社会历史性，仍然更多地停留在哲学的思辨之中。

亚里士多德所说的"善"是指人的自身完善。他从"灵魂说"的角度对此作了阐释：人的灵魂分为理性和非理性两部分。人的感官能力所产生的欲望和情感，都是属于非理性的。而理性则具有控制和调节欲望及情感的功能。道德的关键问题就在于使非理性的欲望服从于理性，这样人的行为便能达到完善，也就是从人的行为实践上体现出美德，即德性。

因此，从亚里士多德的伦理学出发，传记史学的意义在于揭示人的非理性的欲望最终如何被人的理性意志所控制所克服，并最终走向完善。这样看来，亚里士多德的伦理学理论不仅为人们求善提供了奋斗的方向，更重要的是为传记史学揭示人的缺陷和不足提供了理论支撑。在这种理论的支撑下，传记中的人物自然应该呈现出人的最基本的多样性特征，并在多样性特征中以求善，由此之后，在传记史学中，人性的内容就表现出多样性——最起码就是两面性，而人们的最重要的道德目标和善的标志就是消除不高尚的部分，进而达到高尚的境界。其结果，人物的性格和品质开始具有了较多的真实性，而且我们也知道，传记史学和历史学一样，其最基本的特征就在于探求真实这一基点上。但需强调的是，亚里士多德的伦理学的思想观念牢牢地将人的行为局限于人性之中，其和历史仍然有相当大的距离，尽管如此，但毕竟他为历史学的传记观念提供了求真的理论和方法。对此，我们应该给予充分的肯定和评价，否则，我们就无法理解西方传记史学的发生及其特征，更谈不到对其本质性的认识了。

显然，中西传记史学都在其各自的历史和理论的基础之上，对个体人物的研究都做出了自己的突出贡献。之所以这样讲，是因为在传记的发展过程中，传记史学的内容应该是也确实是广泛而具体的人，同时还要强调的是，它研究的是真实的个体的人和真实的历史经历,只要达到这两点,它就是传记史学的内容了。而中西传记史学最突出的特点是,它们在对历史上真实的传主的人生经历和思想活动进行探讨的基础上,获得了突出的各具特色的成果:一个是努力求真,一个是努力求善。显然,人们对真与善的不懈探求在漫长的中西历史发展过程中一直发挥着重要的社会历史作用。

现在的问题是如何看待中西古代传记史学的突出成就及各自的特点。事实上这一问题与中西传记史学的效用和精神有着直接而重要的关联。从中西古代的传记发展进程来看,古典时代文学的朴素性和原始性,使其天然地与历史发生着联系,并同历史趋于一体,这是我们在研究早期传记时所应注意的重要问题,也是中西历史和传记史学在发展过程中所呈现的突出特征。由此特性出发,中西两者传记发展的内在要求都是力图将文学和历史结合起来,并在结合的过程中,显示了两者的不同特点。从苏格拉底的"知识就是美德"这一名言中就可以看出西方的文化和其传记叙述的发展意图,但众所周知,苏氏的这一重要的学术意图并没有获得大的成功,因为希腊人长期以来形成的传统致使历史即是叙事,写人的则难以成为历史,尽管写人也必须以真为基本要素,但在对人的求真方面长期没有系统的理论和可靠的方法,因而还不能被人们所接纳,只能被纳入另一个范畴——文学。西方的学术和传记史学仍然沿着自身的逻辑在向前迈进,历史和传记仍然被视为两个不同的学术领域,事实上,历史这个学科在希腊罗马时代,仍处在文学的范畴之中,言其独立性,尚为时过早。更极端一点讲,如果说西方古典时代的传记不是历史的话,那么被大家所公认的古典时代的史学著作也同样不是真正意义上的历史,还是在文学的范畴之中。按照西方现代的历史哲学理论,历史作为一门独立的学科开始于维科,因为从维科开始,人们才开始从人的历史运动中探讨其内在的动力,而不是从外部或宗教。如果从历史唯物主义的观点来看,直到19世中叶马克思主义出现后,历史才有了真正的自律性和独立性,历史才真正成为一门自足的科学。因此,中西传记史学的各自特性和作用都是中西历史进程中的历史现象,都有其历史的必然性和合理性的。

再从现代传记史学发展的现实来看,中西传记的研究仍存在着许多争议和需要加以解决的重要问题。比如说,古代传记史学的很多内容也可以纳入文学的范畴,如司马迁的《史记》也被称为文学作品,这应该如何理解?如果上升到理论高度的话,还有许多疑难问题。比如说,文学传记与历史传记的疆界问题,历史的真相与文学的真相之相同性和不同性在什么地方,文史传记是否可以共通,等等。其实,像上述的这些重要问题,只要将其置于中西史学发展的历史文化的环境中,在其历史发展的轨道中加以考察的话,通过不懈的努力,还是可求其解的。

结 语

毫无疑问,历史是人的历史,其所展示的自然应该是人的历史,而且人还是历史发展的主体,正是由于人的作用,历史才能不断地得以进行。显然,人具有整体性和个体性两个重要属性,但作为历史事件中的主体,人的整体作用的发挥却是由具体的个人来逐步呈现的,但历史进程、历史事件中个人的性情、个人的所思所想,这些不仅仅是体现个体人的真实之所在,同时也恰恰是体现整体人活动的根本要素。在哲学家亚里士多德的观念中,"个别原理具有更大的真理性,因为实践是关于个别事物的"①,亚里士多德在此是以古希腊人的道德为对象阐发的,尽管如此,他的这一观念对于我们而言仍有重要的启示:即传记史学中的传主都是真实而具体的人,因而叙述其个别性,就是叙述整体人性的真理性,这就是历史之真的根基之所在。

当然,之所以在先秦的史学著作中会出现这一重要的史学现象,一个根本性的原因就在于上述的著作都是叙事性的史学著作,作者所重点考察的当然是历史事件之间的因果关系,而其中的人物只是决定历史事件进程的众多因素之一,或重要因素罢了。同时,还要看到,在中国早期的史学观念中,也存在着一个重要的史学研究现象,即认为历史研究的使命乃在于叙事,而非叙人,因为叙人以评人乃为文学之旨趣,而非史学之要旨。例如唐朝著名的历史理论家刘知几就是这样认为的。他在其名著《史通》中对历史的叙事功能极尽讴歌之辞:

---

① 亚里士多德著,苗力田译:《尼各马科伦理学》,中国社会科学出版社1990年版,第34—35页。

"夫史之称美者,以叙事为先。至若书功过,记善恶,文而不丽,质而非野,使人味其滋旨,怀其德音,三复忘疲,百遍无斁,自非作者曰圣,其孰能与于此乎?"①(《史通·叙事》)此文是说,如果是一部好的史书,叙事则为其首要的职责。至于在其中还要写出历史人物的功过,记下历史人物的善恶品行,有文采而又不艳丽,质朴而又不粗野,使人品味其所蕴含的意义和旨趣,怀想其中的圣德言论,反复捧读而不知疲倦,甚至读之百遍也不觉厌烦,如果作者不是圣人的话,那又有谁能做到这一点呢。显然,在刘知几看来,叙事的完美和叙人的精美两者属于完全不同的研究领域,两者有明显的对立意义,如果试图在史书中要将叙事的完美和叙人的精美两者结合起来,除非是"圣人",否则是难以完成的。由此,在刘知几看来,对于一般的历史学家而言,还是将叙事作为第一要务吧。这一观点虽不尽然,但也集中表明了中国古代史学界一些重要的史学家对叙事史和传记史学的观念,从这些观念中不仅感受到史学的重要使命和历史作用,同时感受到的是刘知几对传记史学的一些责难,更重要的是也使我们感受到了传记研究中文史之争和传记史学特点之所在以及著述难度之大,尽管如此,对这古典时代传记史学观念异同的探讨是丰富现代传记史学的必然途径,并必将推动现代传记史学的深入发展。

(王成军,陕西师范大学历史文化学院教授;惠肖,陕西师范大学历史文化学院研究生。)

---

① 刘知几著,浦起龙注:《史通通释》,上海古籍出版社 1978 年版,第 165 页。

《史记》文本释读

王宏波

一、《史记·封禅书》"成山斗入海"

（一）斗，斗杓，曲折。

1.《后汉书·舆服志上》："后世圣人观于天，视斗周旋，魁方杓曲，以携龙角为帝车，于是翩曲其辀，乘牛驾马，登险赴难，周览八极"。①

"魁方杓曲"，斗魁，形状近方，斗杓，曲折如辀。比如，柳宗元《永州八记·小石潭记》："潭西南而望，斗折蛇行，明灭可见"。斗折，像斗杓一般曲折。

2.《史记·封禅书》：齐祀八神，"七曰日主，祠成山。成山斗入海，最居齐东北隅，以迎日出"。

集解：韦昭曰："成山在东莱不夜，斗入海。不夜，古县名"。索隐：……斗入海，谓斗绝曲入海也。②

我们认为，司马贞的解释，基本符合实际。"斗入海"，指成山头像北斗星的斗杓一样，曲折地伸进大海。

3.《康熙字典》斗，"《史记·封禅书》成山斗入海。注：谓斗绝曲入海。"③引用了司马贞的注释。

4.《汉书·郊祀志》："七曰日主，祠盛山。盛山斗入海，最居齐东北阳，以

---

① 范晔：《后汉书·舆服志上》，中华书局1965年版，第3641页。
② 司马迁：《史记·封禅书》，中华书局1959年版，第1368页。
③ 《康熙字典》（标点整理本），上海辞书出版社2007年版，第426页。

迎日出云。"①韦昭曰："盛山在东莱不夜县，斗入海也"。师古曰："斗，绝也。盛音成"。②

5.《后汉书·窦融传》："今天下扰乱，未知所归，河西斗绝羌胡中，不同心勠力，则不能自守，权均力齐，复无以相率。当推一人为大将军，共全五郡，观时变动。"

李贤：斗，峻绝也，《前书》曰："成山斗入海。"③

李贤以"斗，峻绝也"，一并解读"斗绝羌胡中"和"成山斗如海"，可能是接受了颜师古的影响，这种理解有商榷的余地。

6. 蔡世勇、张桂芬：《〈史记〉注中有关"成山斗"的误释》：在荣成当地方言语音中，把"头（tou）"读为"斗（dou）"……在古注中，由于对"成山头"地名的不熟悉。而望文生义，出现"斗入海，谓斗绝曲入海也"的误释。所以，"成山斗入海"的正确标点应是"成山斗入海"，正确解释应是"成山斗伸进海中。"④ 这种看法，并不具有说服力。

7. 冯时《中国天文考古学》："大约距今万年左右，北斗七星大概已经被先民奉为尊贵的天神了。"⑤"天枢就是天之枢纽，显然，北斗第一星天枢名称的由来一定反映了北斗星曾经作为极星的久远历史。"⑥"准确地说，当年的极星应该就是北斗星官中的一颗星——天枢。"⑦"太一神的这种形象化的演进表明，北斗作为最早的极星和最重要的时间指示星，确曾在相当长的时间里充当着天神太一。"⑧

《中国天文考古学》:《史记·天官书》："平旦建者衡。魁，海岱以东北也。"

---

① 班固：《汉书·郊祀志》，中华书局 1962 年版，第 1202 页。
② 班固：《汉书·郊祀志》，中华书局 1962 年版，第 1203 页。
③ 范晔：《后汉书·窦融传》，中华书局 1965 年版，第 799 页。
④ 蔡世勇、张桂芬：《〈史记〉注中有关"成山斗"的误释》，《贵州文史丛刊》1996 年第 5 期，第 67 页。
⑤ 冯时：《中国天文考古学》，中国社会科学出版社 2017 年版，第 138 页。
⑥ 冯时：《中国天文考古学》，中国社会科学出版社 2017 年版，第 131 页。
⑦ 冯时：《中国天文考古学》，中国社会科学出版社 2017 年版，第 152 页。
⑧ 冯时：《中国天文考古学》，中国社会科学出版社 2017 年版，第 172—173 页。

裴骃《集解》引孟康曰："《传》曰：'斗第一星法于日，主齐也'。魁，斗之首；首，阳也，又其用在明阳与明德，在东方，故主东北齐分。"张守节《正义》："言魁星主海岱之东北也。"据此可证，海岱地区流行的以斗魁作为天神太一的现象与古之分野观念吻合无间。①

在成山头祠日，白天迎日出。成山头与海中的四块大礁石，像天上北斗七星的斗杓，曲折伸入海中。晚上置身北斗，遥望北斗枢星、天神太一；"斗第一星法于日，主齐也"。地理天文，海天之际，昼夜循环，日出与北斗，构成了一种神秘的意象。

8. 成山角（也叫成山头），山东半岛最东端，为自陆上直插黄海中的岬角。由花岗岩构成，长 200 多米，高出海面 70 米。临海山体壁如削，崖下海涛翻腾，水流湍急经受大风、大浪和风暴潮的冲击，海域最大浪高达 7 米以上，成山头具有中国少有海蚀柱、海蚀洞等海蚀地貌以及受到国内外地质学家高度重视。

成山头东南峭壁下的急流中，有四块巨大礁石，忽断忽续排向东南，随潮汐涨落出没，宛若桥梁，人称秦人桥。

成山头，再加上东南海浪急流中的四块巨大礁石，近似于北斗星的斗杓。秦人桥遗迹，相传海神一夜之间造桥四十余里，后来又毁桥而去，只留下四个桥墩，这四个桥墩就是海里的四块海礁。成山头距南北国际主航道仅 5 海里（9.26 公里）。主观粗略猜测，最远处的海礁距离成山头约为 5 公里。

根据《山东荣成成山角至石岛海岸地貌和沉积特征》："侵蚀海岸"，"侵蚀强度成山角居首，海蚀崖高达 20—30m，且有巨大的海蚀柱"。"这种强烈的侵蚀现象的原因，第一是沿岸陡，10m 等深线直逼海岸，侵蚀物直落崖下海底，波浪无力再搬运；其次，成山角南、东、北三面的风浪皆可冲击海岸，风速较大；第三，海湾宽缓，风浪时仍然受到侵蚀，石岛仅受南向波浪作用，故海岸侵蚀强度逊于成山角，小海湾内发育有袋状海滩。"②

根据"海平面上升"介绍，"过去 100 年中世界海平面平均升高了 12 厘米左

---

① 冯时：《中国天文考古学》，中国社会科学出版社 2017 年版，第 529 页。

② 李从先，陈刚，高曼娜，庄振业：《山东荣成成山角至石岛海岸地貌和沉积特征》，《海洋与湖沼》1987 年第 2 期，第 165 页。

右。100年后，大约到2100年，海平面将上升1米"。"1980年至2011年，中国沿海海平面总体上升了约85毫米。其中，渤海西南部、黄海南部和海南东部沿海上升较快，均超过100毫米；辽东湾西部、东海南部和北部湾沿海上升较缓，均低于80毫米。"

成山角虽然是花岗岩，经过秦汉以来2000多年高强度的海水侵蚀，风浪冲击，相比历史时期的体积应该有所塌损，再加海平面上升的影响，使其与黄海东南方的四块巨礁呈现分离、隐现状态，原来明显的斗枓形状，已经不再明显了。

（二）斗，斗魁，峻绝，壁立。

颜师古注《汉书·郊祀志》："斗，绝也。"李贤注《后汉书·窦融传》"斗，峻绝也"，用在这里，恰切妥当。

文献出处	仇池山	华山	内涵
《后汉书·白马氏传》	四面斗绝		斗，斗魁，峻绝也。
《宋书·氐胡传》	四面斗绝		斗，斗魁，峻绝也。
《南齐书·氐杨氏传》	四方壁立		斗魁，四面壁立。
《后汉书·白马氏传》注释引《仇池记》	天形四方，壁立千仞		斗魁，四面壁立。
《后汉书·白马氏传》注释引《三秦记》	下石而上土，形似覆壶		斗魁，侈口敛底，上大下小，形似覆壶。
《水经注·河水》		华山峻坂，斗上斗下	斗，斗魁，壁立、峻绝。

（三）斗杓，小岁，不可迎也，而可背也。

《后汉书·窦融传》："独谓兄弟曰：'天下安危未可知，河西殷富，带河为固，张掖属国精兵万骑，一旦缓急，杜绝河津，足以自守，此遗种处也。'……乃得为张掖属国都尉。"

河西走廊，位于甘肃省西北部祁连山和北山之间，东西长约1200千米，南北宽约10—200千米，为西北至东南走向的狭长平地，形如走廊，地势平坦，一般海拔 1500 米左右。在河西走廊山地的周围，由山区河流搬运下来的物质堆积于山前，形成相互毗连的山前倾斜平原。在较大的河流下游，还分布着冲积平原。这些地区地势平坦、土质肥沃、引水灌溉条件好，便于开发利用，是河西走廊绿洲主要的分布地区。

河西走廊的地理面貌不符合"峻绝"的特征。《说文》："绝，断丝也"。绝，应作隔绝、断绝的意思解释。"斗"的含义应是像斗杓一样"曲折"。

《后汉书·班彪传》："河西大将军窦融以为从事，深敬待之，接以师友之道。彪乃为融画策事汉，总西河以拒隗嚣。"①

僧海霞指出：窦融"认为河西是以黄河为屏障，并由此推论居有河西即可'带河为固'或'杜绝河津'而自守。窦融的河西地理认知，亦暗含着窦融认为河西的主要威胁来自陇右，因此其构建自保体系所防御的自是陇右集团和中原王朝。这样，金城郡的前沿阵地和过渡地带的作用就至关重要"。②

从地图上看，敦煌、酒泉、张掖、武威、金城五郡的分布，类似曲折的斗柄。处在羌胡之中，隔绝在黄河以西。按照兵阴阳家的理解，斗杓所指，是一种非常不利的态势。

《石门颂》："奉魁承杓"；"上顺斗极，下答坤皇"。《淮南子·天文训》："北斗所击，不可与敌。"《淮南子·天文训》："斗杓为小岁"；"太岁迎者辱，背者强；左者衰，右者昌。小岁东南则生，西北则杀，不可迎也，而可背也；不可左也，而可右也，其此之谓也"。《汉书·艺文志》兵阴阳，"阴阳者，顺时而发，推刑德，随斗击，因五胜"。西鄙人《哥舒歌》："北斗七星高，哥舒夜带刀。至今窥牧马，不敢过临洮。"

北宋张宪《次韵赠张省史从军南征》："震天金鼓紫驼骄，皂纛连珠画斗杓。"张洵佳《秋斋杂感·西风卷起起洪潮》："胡笳四起闻宫禁，荧惑连宵犯斗杓。"传世的北斗七星剑，也是斗杓与剑锋保持同一个指向。

河西五郡地处西北，敦煌、酒泉、张掖，正是斗杓所在，处于"犯斗杓""迎

---

① 范晔：《后汉书·班彪传》，中华书局 1965 年版，第 1324 页。
② 僧海霞：《两汉之际"河西五郡"共同体的建构与解体——兼论金城郡的地缘关系》，《中国历史地理论丛》2022 年第 1 期，第 99 页。

小岁"的不利位置。所以,张掖属国都尉窦融提议推选一人为大将军,"总西河","全五郡",统一意志、立场、力量、行动,自保自存。

《汉书·王莽传》王莽始建国四年八月"莽亲之南郊,铸作威斗。威斗者,以五石铜为之,若北斗,长二尺五寸,欲以厌胜众兵"。"天文郎按栻于前,日时加某,莽旋席随斗柄而坐,曰:天生德于予,汉兵其如予何!""莽就车,之渐台,欲阻池水,犹抱持符命、威斗。"

王莽以黄帝为始祖,黄帝又被认为是北斗之神。《竹书纪年》:"黄帝轩辕氏,母曰附宝。见大电绕北斗枢星,光照郊野,感而孕,二十五月而生帝。"《史记·五帝本纪》"黄帝者,少典之子。"唐张守节正义:"母曰附宝,之祁野,见大电绕北斗枢星,感而怀孕,二十四月而生黄帝於寿丘。"《史记·五帝本纪》唐张守节正义:"《尚书帝命验》云:'帝者承天立五府,以尊天重象也。五府者,黄曰神斗'。注云:……神斗者,黄帝含枢纽之府,名曰神斗。斗,主也。土精澄静,四行之主,故谓之神斗。……"

所谓"随斗柄而座",意思是王莽随时面向斗柄所指的方向而坐,以期达到随斗击、厌胜众兵的效果。

《汉书·郊祀志》:"其秋,为伐南越,告祷泰一,以牡荆画幡日月北斗登龙,以象太一三星,为泰一锋(旗),命曰灵旗。为兵祷,则太史奉以指所伐国。"

《汉书·郊祀志》李奇曰:"牡荆作幡柄也"。如淳曰:"牡荆,荆之无子者,皆洁斋之道"。晋灼曰:"牡,节间不相当也,月晕刻之为券以畏病者"。《天文志》:"天极星,其一明者,太一也;旁三星,三公也。画一星在后,三星在前,为泰一锋(旗)也"。师古曰:"李、晋二说是也。以牡荆为幡竿,而画幡为日月登龙及星。"

灵旗"太史奉以指所伐国",斗杓"不可迎也",是助力战争胜利的神秘仪式。

张宪《次韵赠张省史从军南征》:"皁纛连珠画斗杓"。在战国铜器纹样攻战对阵场面上,四星、五星、七星的黑色条状旗,[①]应当就是战国的灵旗模样。与旗杆相连的弯曲部分,应当是模拟斗杓的曲折形状。

---

① 吴山编著:《中国纹样全集·战国秦汉卷》,山东美术出版社 2009 年版,第 46—47 页。

《中国纹样全集·战国秦汉卷》

二、《史记·周本纪》"间原"

1.《史记·匈奴列传》:"东胡王愈益骄,西侵。与匈奴间,中有弃地,莫居,千余里,各居其边为瓯脱。"东胡使使谓冒顿曰:"匈奴所与我界瓯脱外弃地,匈奴非能至也,吾欲有之。"冒顿问群臣,群臣或曰:"此弃地也,予之亦可,勿予亦可。"

集解云:"界上屯守处"。《索隐》引服虔曰:"作土室以伺汉人"。正义:"境上斥候之室为瓯脱也。"

2.《史记·周本纪·正义》:……《括地志》又云:"閒原在河北县西六十五里。……乃相与让所争之地以为閒原。至今尚在。"①閒原,即两国之间作为缓冲的弃地。

---

① 司马迁:《史记·周本纪》,中华书局 1959 年版,第 117 页。

虞芮两国所争的"閒原",本义应是"间原",是把两国所争之地,作为中间地带和搁置区,不开发、不耕种,着重点在于两国之间。今人多有释读理解作"闲原"者。

潘岳《西征赋》:"子嬴锄以借父,训秦法而著色;耕让畔以闲田,沾姬化而生棘。苏张喜而诈骋,虞芮愧而息讼"

互联网上有一篇文章《虞芮让畔》:"他们不好意思在西伯面前提起争执一事,于是便乘辇而归,以所争之田,弃为闲田。虞芮相让的那块闲田,在现今平陆县洪池乡南后沟西,仪家沟东"。"历代统治者,一直把这巧夺天工的'闲田春色'列为平陆县的古八景之一。"

3.《史记·货殖列传》:"隙陇蜀之货物而多贾。"集解:徐广曰:隙者,閒孔也。地居陇蜀之閒要路故曰隙。索隐:徐氏云隙,閒孔也。隙者,陇雍之閒闲隙之地,故云"雍隙"也。①

《史记·货殖列传》:"游闲公子,饰冠剑,连车骑,亦为富贵容也"。②

《史记·货殖列传》:"有游闲公子之赐与名。"集解韦昭曰:优游闲暇也。索隐谓通赐与于游閒公子,得其名。③

《史记·货殖列传》正义:……乃得游闲公子交名。④

在《史记》文本当中,"閒""闲"的用法区分是明确的。在司马贞《史记·货殖列传·索隐》之中,已经出现了沟通合并闲、閒的倾向,比如,把徐广"陇蜀之间要路"解释作"陇雍之间闲隙之地";把"优游闲暇"理解为"游閒。"

4.《汉书·蔡义传》:"愿赐清閒之燕,得尽精思于前"。

"师古曰:燕,安息也。閒读曰闲。"⑤

《汉书·赵充国传》:"以閒暇时下所伐材,缮治邮亭"。

"师古曰:閒读曰闲。"⑥

---

① 司马迁:《史记·货殖列传》,中华书局1959年版,第3262页。
② 司马迁:《史记·货殖列传》,中华书局1959年版,第3271页。
③ 司马迁:《史记·货殖列传》,中华书局1959年版,第3278页。
④ 司马迁:《史记·货殖列传》,中华书局1959年版,第3279页。
⑤ 司马迁:《汉书·蔡义传》,中华书局1962年版,第2899页。
⑥ 司马迁:《汉书·赵充国》,中华书局1962年版,第2988页。

颜师古、司马贞，已经有了沟通闲、闲的理解。

5.《旧唐书·吐蕃传》："其黄河以北，从故新泉军，直北到大碛，直南至贺兰山骆驼岭为界，中间悉为閒田"。①这里的閒田，仍为间田。是两国划定疆界之閒的田地。与閒原是相同的意思。

6. 颜真卿《郭家庙碑》郭敬之"进退闲雅，望之若神"，"用情不閒于疏远，泛爱莫遗于贱贫"。闲、閒区别明确。欧阳询《九成宫醴泉铭》"杂丹墀以沙砾，閒粉壁以涂泥"，"上及中宫，历览台观，闲步西城之阴"。闲、閒区别明确。传世柳公权《蒙诏帖》："出守翰林，职在闲冷。""闲冷"，不作"閒冷"。

7.《旧唐书·安禄山朱泚黄巢传》："又李忠臣、张光晟继至，咸以官閒积愤，乐于祸乱。"②这里的"官閒积愤"，应释作"官闲"。

8. 蠡测原因，同音假借。

《荀子·儒效》："武王之诛纣也，行之日以兵忌，东面而迎太岁，至汜而泛，至怀而坏，至共头而山隧。"《荀子·劝学》："强自取柱，柔自取束。"《荀子·天论》："墨子有见于齐，无见于畸。"

《吕氏春秋·士容论·辨土》："慎其种，勿使数，亦无使疏。""苗，其弱也欲孤，其长也欲与居，其熟也欲相扶。""望之似有余，就之则虚。"

《史记·龟策列传》："物有所拘，亦有所据。罔有所数，亦有所疏。"

追求末字押韵，构造谐声整饬，明显成为一种叙述习惯和表达方式，再加上相沿成习，相互影响，就有可能导致声近音同的两个字，逐渐成为假借字、通假字。《诗经·周南·桃夭》"桃之夭夭，灼灼其华"，到成语"逃之夭夭"，是一个例子。《荀子·赋篇》蚕，"名号不美，与暴为邻。"蚕，借"残暴"敷衍成文。《史记·秦楚之际月表》司马贞《索隐述赞》："秦失其鹿，群雄竞逐。……真人霸上，卒享天禄。"秦人所失之鹿，即是"天禄"。鹿、禄假借，安史之乱，安禄山不入钜鹿（拒禄）。

《庄子·盗跖》："神农之世，卧则居居，起则于于。民知其母，不知其父。"《庄子·齐物论》"大智闲闲，小知閒閒。大言炎炎，小言詹詹。"

---

① 刘昫：《旧唐书·吐蕃传》，中华书局1975年版，第5247页。
② 刘昫：《旧唐书·安禄山朱泚黄巢传》，中华书局1975年版，第5387页。

从庄子、荀子的行文来看，可能有追求尾韵同音、谐音、整饬的习尚，比如，闲闲间间、炎炎詹詹、居居于于、氾泛怀坏等等，积习既久，可能使"闲间"因为音同、音近，在一定条件之下，形成假借、通假。

三、《史记·李斯列传》"李斯叹鼠"

《史记·李斯列传》："于是李斯乃叹曰：'人之贤不肖譬如鼠矣，在所自处耳！'"

《汉书·谷永传》："将动心翼为后者，残贼不仁，若广陵、昌邑之类？臣愚不能处也。"师古曰："处谓断决也。"①《史记·李斯列传》司马贞《索隐述赞》："鼠在所居，人固择地。"

王子今译作：人的境遇高显或者卑下，人的事业成功或者失败，就像"鼠"一样，全在自己选择位置。

李斯"慨然""粲然"的"壮士怀"，竟然因为"慕仓中鼠"得以激发，确实是古来人才史、人才思想史、个人奋斗史中的非常有意思的情节。《史记》保留了这样难得的心理记录，是我们应当感谢司马迁的。②

李斯的心理记录，源于何处？关系到对司马迁和《史记》的评价。

陈曦在文章中写道："吴汝煜质问道：'李斯厕鼠之叹，有谁当场笔录？'""此外，李斯、赵高二人在密室中的长谈，他人何由知晓？……同样，我们也可以据此怀疑司马迁描摹的那一大段李斯与赵高的密谈乃出自于太史公的杜撰。"③

我们认为，"叹鼠"如果可信可靠，只能出自李斯本人。一是出自李斯的自书自供，见于对秦二世的上书，虽然自称有罪，实则正话反说，自我辩解，曲尽其情致。赵高阻挠，虽然未能上呈秦二世，但是作为秦帝国丞相的狱案材料，应当是留存档案的。二是出自李斯的自我陈述，赵高派假御史入狱覆查案情，李

---

① 班固：《汉书·谷永传》，中华书局1962年版，第3459页。
② 王子今：《太史公笔下"鼠"的故事》，见氏著《上林繁叶——秦汉生态史丛说》，上海人民出版社2021年版，第257页。
③ 陈曦：《摇曳于"儒"、"法"冲突下的"恶之花"——〈史记·李斯列传〉探微》，《解放军艺术学院学报》2009年第2期，第46页。

斯辩白冤屈，陈述原委，并揭出赵高在密室中的谋逆言论。三是亲友、僚属的转述。人是社会关系的总和。人是有过往、会思考的芦苇。李斯由楚入秦，一路升迁，位极人臣。人之常情，必然会回忆、感慨关键处的抉择，年轻时的经历，仕宦中的凶险。李斯经历大会宾客，梁山宫事件之时，有可能面对同事、亲友，感慨今昔，倾吐心曲。《史记·屈原贾生列传》："孝文皇帝初立，闻河南守吴公治平为天下第一，故与李斯同邑而常学事焉，乃徵为廷尉。"吴公与李斯同邑，曾经学事李斯，后入汉为廷尉。李斯"叹鼠"，他可能是知悉者之一，也可能是司马迁辗转寻访印证的来源之一。

　　质疑《史记》的观点，基于没有证据的生活逻辑推理。这里的辨析，同样是没有直接证据的生活逻辑推理，存着对司马迁"史圣"的崇信，对《史记》"实录"的敬仰。

（王宏波，宝鸡市社会科学院副研究员，《宝鸡社会科学》执行编辑。）

论两汉文人的北疆书写[1]

张建伟

边疆，是一个地理概念，"中外文献中，都把边疆解释为一个国家比较边远的靠近国境的地区或地带"，"边疆又是一个历史概念，它是随着统一多民族国家的形成和发展而逐渐形成和固定下来的"[2]。北疆也是如此，从地理上看，"清朝及清朝以前，中国的北疆大体上东至大兴安岭，西至阿尔泰山，南至河北、山西北部和河套南部，北至外兴安岭以西，循漠北向西延伸至阿尔泰山一带"；从历史发展看，"北疆的概念实际包含两个层次，既指各族生活或从事经营、发展的北部边疆地区，也指中原统一王朝辖区内的北部沿边地带"[3]。由于历代王朝的疆域不同，北疆的界定会存在一些差异，汉代的北疆"由阴山至辽东，发展到贝加尔湖、阿尔泰山及其以南地区"[4]。我们以此为据探讨两汉文人的北疆书写。

目前史学界对北疆的研究较多，出版了赵云田主编《北疆通史》等著作，卢云《汉晋文化地理》也涉及边疆地区的教育、学术、习俗等情况。文学方面对北疆关注不够，就汉代文学而言，刘跃进《秦汉文学地理与文人分布》探讨了全国各地的文学地理与文学活动，其中河西走廊就属于北疆地区；石观海主编《中国文学编年史·汉魏卷》、刘跃进《秦汉文学编年史》等书对文人游历北疆进行了编年，但限于体例，未能详细论述。

---

[1] 本文为国家社科基金重大项目"历代北疆纪行文学文献的整理与研究"（19ZDA281）阶段性成果。

[2] 马大正："中国边疆通史"丛书总序，赵云田主编《北疆通史》，中州古籍出版社2003年版，第1—2页。

[3] 赵云田主编：《北疆通史·前言》第1页。

[4] 赵云田主编：《北疆通史·前言》第2页。

总体而言，目前尚无从北疆视角进行的文学研究，文人对北疆的认识与书写是汉代文学研究的重要问题，还关系到中华民族共同体的形成过程，值得深入研究。那么，两汉文人对北疆有何书写？其基本印象是什么？具有什么意义呢？

一、两汉文人北疆书写的内容与形式

汉代文人与北疆的文人的书写记录本来就不多，又存在散佚的情况，导致北疆的书写记录很少。当事人的书写往往是只言片语，比如李陵离别苏武所作歌、远嫁乌孙的公主细君的诗歌、班固的《封燕然山铭》等，纪实内容少而抒情成分多。

《后汉书》卷四《孝和帝纪》记载："（永元元年）夏六月，车骑将军窦宪出鸡鹿塞，度辽将军邓鸿出稒阳塞，南单于出满夷谷，与北匈奴战于稽落山，大破之，追至私渠北鞮海。窦宪遂登燕然山，刻石勒功而还。"[1]燕然山，在今蒙古国境内杭爱山。燕然山刻石勒功，就是这次北疆出征的胜利记录。班固《封燕然山铭》序曰：

> 惟永元元年秋七月，有汉元舅曰车骑将军窦宪，寅亮圣明，登翼王室，纳于大麓，惟清缉熙。乃与执金吾耿秉，述职巡御，理兵于朔方。鹰扬之校，螭虎之士，爰该六师，暨南单于、东胡乌桓、西戎氐羌侯王君长之群，骁骑三万。元戎轻武，长毂四分，云辎蔽路，万有三千余乘。勒以八阵，莅以威神，玄甲耀日，朱旗绛天。遂陵高阙，下鸡鹿，经碛卤，绝大漠，斩温禺以衅鼓，血尸逐以染锷。然后四校横徂，星流彗扫，萧条万里，野无遗寇。于是域灭区殚，反旆而旋，考传验图，穷览其山川。遂逾涿邪，跨安侯，乘燕然，蹑冒顿之区落，焚老上之龙庭。上以摅高、文之宿愤，光祖宗之玄灵；下以安固后嗣，恢拓境宇，振大汉之天声。兹所谓一劳而久逸，暂费而永宁者也。乃遂封山刊石，昭铭盛德。其辞曰：铄王师兮征荒裔，剿凶虐兮截海外，

---

[1] 范晔撰，李贤等注：《后汉书》，中华书局1965年版，第168页。

敻其邈兮亘地界，封神丘兮建隆碣，熙帝载兮振万世。①

该序记载了窦宪出征及与匈奴作战的简要经过，多赞颂大汉声威之语，"上以摅高、文之宿愤，光祖宗之玄灵；下以安固后嗣，恢拓境宇，振大汉之天声"。铭文也是如此。班固、傅毅、崔骃等人还作有《北征颂》，称颂的重点落到了这次北征的主将窦宪。②

耿恭守疏勒城也是当时的重大事件，班固曾作《耿恭守疏勒城赋》，当有很多叙事纪实内容，然而全文已佚，仅在《文选》卷二十潘岳《关中诗》李善注中保留了一句"日兮月兮厄重围"③。

然而，《史记》《汉书》对北疆有很详细的间接记录，司马迁并未去过北疆，班固曾跟随窦宪出征匈奴，但是对西域各国也不会有详细的了解。他们转述了他人的记录，主要是张骞、班超等出使西域的使臣。比如，《史记》卷一二三《大宛列传》记载："（张）骞身所至者大宛、大月氏、大夏、康居，而传闻其旁大国五六，具为天子言之。"下面详细记述了张骞所说的内容："大宛在匈奴西南，在汉正西，去汉可万里。其俗土著，耕田，田稻麦。有蒲陶酒。多善马，马汗血，其先天马子也。有城郭屋室。其属邑大小七十余城，众可数十万。其兵弓矛骑射。"④后面介绍了乌孙、康居、奄蔡、大月氏、安息等国的情况。

《史记·大宛列传》这段文字虽然说的是匈奴的基本情况，实际上也反映了北疆的物产与风俗。叙述了大宛和汉朝的距离，当地有农业生产，也盛产良马与葡萄酒，其军队长于骑射。《史记》卷一百一十《匈奴列传》追述了匈奴的历史，描述了匈奴部族的生活状况。匈奴生活的区域以畜牧业为主，不仅有常见的马、牛、羊，还有奇异的动物橐驼、驴、骡、駃騠、騊駼、驒騱等。匈奴部族迁徙不定，长于射猎，食用畜肉，穿戴皮革毛裘。在中原人看来，崇尚利益，推崇强壮，"不知礼义"⑤，还存在收继婚这种落后的习俗。

---

① 范晔撰，李贤等注：《后汉书》卷二三《窦宪传》，中华书局1965年版，第815—817页。
② 参见《艺文类聚》卷五九等。
③ 萧统编，李善注：《文选》卷二〇，中华书局1977年版，第282页。
④ 司马迁：《史记》，中华书局1959年版，第3160页。
⑤ 司马迁：《史记》，中华书局1959年版，第2879页。

班固《汉书》卷九六《西域传上》同样来自使者的叙述，再加上前代的资料。该书先总述西域的地理，下面分述各个王国的情况。比如，且末国"有蒲陶诸果"；西夜国"随畜逐水草往来。而子合土地出玉石"，"罽宾地平，温和，有目宿，杂草奇木，檀、櫰、梓、竹、漆。种五谷、蒲陶诸果，粪治园田。地下湿，生稻，冬食生菜。其民巧，雕文刻镂，治宫室，织罽，刺文绣，好酒食。有金银铜锡，以为器。市列"①。班固记载了这些且末国等地的地理、物产、风俗等内容。

汉代的北疆地区多为游牧区域，也有从事农业的地区。班固《汉书·西域传》记载，搜粟都尉桑弘羊与丞相御史奏言："故轮台东捷枝、渠犁皆故国，地广，饶水草，有溉田五千顷以上，处温和，田美，可益通沟渠，种五谷，与中国同时孰。其旁国少锥刀，贵黄金采缯，可以易谷食，宜给足不乏。"②说明当地有良田可以耕种。

去过北疆的人自然有真切的感受，但是，他们或者没有记录，或者所记佚失，因此，保留下来的一手资料稀少。比如，《后汉书》卷四十七《班超传》记载他上书肃宗曰："臣见莎车、疏勒田地肥广，草牧饶衍，不比敦煌、鄯善间也，兵可不费中国而粮食自足。"③多次出使西域的班超自然熟悉北疆的情况，但是，如今我们已经看不到他的记载，只能从史传中了解北疆。《后汉书》卷八十七《西羌传》、卷八十八《西域传》、卷八十九《南匈奴传》对西北区域的诸王国部族有详细的记载。卷八十五《东夷传》记载了夫余、挹娄、高句骊、东沃沮、濊、三韩等王国部族的情况，卷九十《乌桓传》记载了乌桓和鲜卑的情况。这些记载多数是根据使者的描述，结合前代资料写成的，其中有很多内容属于东汉王朝的北疆。尽管作者范晔生活于南朝刘宋时期，但《后汉书》的史源来自东汉人的记载。这些记载在《史记》《汉书》的基础上有所增补，说明东汉人对北疆的认识有所提升。

各族生活的北部边疆地区是北疆的第一层次，北疆还包括中原统一王朝辖区内的北部沿边地带。汉武帝设立河西四郡，包括酒泉郡、武威郡、敦煌郡、张

---

① 班固撰，颜师古注：《汉书》，中华书局 1962 年版，第 3879、3883、3884 页。
② 班固撰，颜师古注：《汉书》，中华书局 1962 年版，第 3912 页。
③ 范晔撰，李贤等注：《后汉书》卷二三《窦宪传》，中华书局 1965 年版，第 1576 页。

掖郡,加强了西汉王朝对西北地区的控制,也象征着汉人对西北地区的深入了解。因为河西的匈奴人内徙之后,必然由内地徙民实边①。《汉书》卷二十八《地理志》叙述了这些地区的基本情况,包括陇西、金城、天水、武威、敦煌、张掖等西北各郡,北地、西河、朔方、云中等北部诸郡,上谷、渔阳、右北平、辽东、辽西等东北各郡,还记载了各地风俗,"天水、陇西,山多林木,民以板为室屋。及安定、北地、上郡、西河,皆迫近戎狄,修习战备,高上气力,以射猎为先"②,天水和陇西郡由于迫近北方游牧部族,因此多修战备,长于射猎。"自武威以西,本匈奴昆邪王、休屠王地,武帝时攘之,初置四郡,以通西域,鬲绝南羌、匈奴。其民或以关东下贫,或以报怨过当,或以悖逆亡道,家属徙焉。习俗颇殊,地广民稀,水草宜畜牧,故凉州之畜为天下饶。"③武威等四郡为汉武帝所置,居民为中原人迁徙而来,当地应该还有北方游牧部族居住,"地广民稀,水草宜畜牧",呈现出不同于中原的特色。

北部的情况略有不同,"钟、代、石、北,迫近胡寇,民俗懻忮,好气为奸,不事农商,自全晋时,已患其剽悍,而武灵王又益厉之。故冀州之部,盗贼常为它州剧。定襄、云中、五原,本戎狄地,颇有赵、齐、卫、楚之徙。其民鄙朴,少礼文,好射猎。雁门亦同俗,于天文别属燕"④,代郡、定襄、云中等郡同样靠近北方游牧部族,当地的汉族民风彪悍,喜好射猎,礼仪不足。东北各郡的风俗与代郡等地类似,"上谷至辽东,地广民希,数被胡寇,俗与赵、代相类,有渔盐枣栗之饶。北隙乌丸、夫馀,东贾真番之利"⑤,该地区不同于西北与北部之处在于物产丰富。"东汉时期封建文化向周边推进,辽东一带也有了一定的发展。至东汉末,出现了不少文人名士,"⑥但是这种繁荣持续的时间并不长。

尽管汉代文人对于北部边疆的直接记录较少,但是通过间接记录,证明他们

---

① 史念海著:《历史地理学十讲》第九讲《河西与敦煌》,长江文艺出版社 2020 年版,第 204 页。

② 班固撰,颜师古注:《汉书》,中华书局 1962 年版,第 1644 页。

③ 班固撰,颜师古注:《汉书》,中华书局 1962 年版,第 1644—1645 页。

④ 班固撰,颜师古注:《汉书》,中华书局 1962 年版,第 1656 页。

⑤ 班固撰,颜师古注:《汉书》,中华书局 1962 年版,第 1657 页。

⑥ 卢云:《汉晋文化地理》,陕西省人民教育出版社 1991 年版,第 8 页。

对北疆的了解已经非常深入。那么，汉代文人，尤其是那些来到北疆的文人对北疆又是什么印象呢？

二、两汉文人的北疆印象

两汉时期，北疆主要是游牧部族的活动区域，风俗与中原不同。在中原文人看来，该地区气候寒冷、生活艰苦、文化落后。奔赴北疆的文人多数都是不情愿的，除了随军出征的文人充满胜利的喜悦外，来到北疆的文人的感情是淡漠的、凄苦的，甚至有一些反感。

例如，战败投降匈奴的李陵，《答苏武书》曰：

> 自从初降，以至今日，身之穷困，独坐愁苦。终日无睹，但见异类，韦韛毳幕，以御风雨。膻肉酪浆，以充饥渴。举目言笑，谁与为欢。胡地玄冰，边土惨裂，但闻悲风萧条之声。凉秋九月，塞外草衰，夜不能寐。侧耳远听，胡笳互动。牧马悲鸣，吟啸成群。边声四起，晨坐听之，不觉泪下。嗟乎子卿，陵独何心，能不悲哉！[①]

李陵生活在北方草原，景象与中原不同，"韦韛毳幕，以御风雨。膻肉酪浆，以充饥渴"。更可怕的是孤独之感，家乡的亲人因自己降敌而被杀。在北方寒冷的环境下，听到的是"悲风萧条之声""胡笳互动""牧马悲鸣"，无论早晚，都沉浸于悲凉凄苦之中。"胡笳"是匈奴具有代表性的乐器，不过由于李陵的心情苦闷悲愁，无暇享受北方民族的音乐之美。

再如，远嫁乌孙的公主江都王刘建女细君同样面临环境的不适。元封中（公元前110—105），武帝将她嫁给乌孙王昆莫为妻，昆莫死，又嫁其孙岑陬，这是北方各族普遍流行的收继婚[②]。"公主至其国，自治宫室居，岁时一再与昆莫会，置酒饮食，以币帛赐王左右贵人。昆莫年老，言语不通。公主悲愁，自为作歌

[①] 萧统编，李善注：《文选》卷四一，中华书局1977年版，第573页。
[②] 参见卢云《汉晋文化地理》第三章《汉晋时期婚姻形态的地理研究》第三节《汉晋时期周边民族的婚姻形态与习俗》第351页。

曰：吾家嫁我兮天一方，远托异国兮乌孙王。穹庐为室兮旃为墙，以肉为食兮酪为浆。居常土思兮心内伤，愿为黄鹄兮归故乡。"①乌孙国"地莽平。多雨，寒。山多松樠。不田作种树，随畜逐水草，与匈奴同俗。国多马，富人至四五千匹。民刚恶，贪狼无信，多寇盗，最为强国"②。乌孙的风俗类似匈奴，公主和亲来到乌孙，远嫁异乡，面临各种不适，饮食起居与中原不同，与丈夫言语不通，交流不便。该诗以楚歌的形式，抒发了公主凄苦、无奈和思乡之情。

东汉末年被匈奴掳到北疆地区的蔡琰有着类似的感受，其五言《悲愤诗》曰："边荒与华异，人俗少义理。"楚辞体曰："惟彼方兮远阳精，阴气凝兮雪夏零。沙漠壅兮尘冥冥，有草木兮春不荣。……玄云合兮翳月星，北风厉兮肃泠泠。胡笳动兮边马鸣，孤雁归兮声嘤嘤。"③在中原人看来，北疆地区近阴而远阳，因此气候寒冷。多沙而少草，不论是饮食还是语言，都与中原不同。蔡琰的故事成为文人歌咏的主题，丁廙《蔡伯喈女赋》曰："何大愿之不遂，飘微躯于逆边？行悠悠于日远，入穹谷之寒山。"④丁廙认为蔡琰十二年羁留匈奴，被迫成亲，不能与亲人团聚，为之感慨叹息。曹丕也有同题之作，可见蔡琰的悲惨遭遇得到了众多文人的关注。

晁错在上疏言守边备塞、务农力本这两件当世急务时说："夫胡貉之地，积阴之处也，木皮三寸，冰厚六尺，食肉而饮酪，其人密理，鸟兽氄毛，其性能寒。"在晁错看来，北疆地区气候寒冷，为"积阴之处"，只有当地的游牧部族才能生存，中原人无法适应这样的环境，"秦之戍卒不能其水土，戍者死于边，输者偾于道"。生活在北疆地区的游牧部族经常迁徙，不同于中原人的农业生活，"胡人食肉饮酪，衣皮毛，非有城郭田宅之归居，如飞鸟走兽于广野，美草甘水则止，草尽水竭则移。以是观之，往来转徙，时至时去，此胡人之生业，而中国之所以离南亩也。"⑤虽然晁错没有到过北疆，但他的这种看法具有代表性。

---

① 班固撰，颜师古注：《汉书·西域传》，中华书局1962年版，第3903页。

② 班固撰，颜师古注：《汉书·西域传》，中华书局1962年版，第3901页。

③ 范晔撰，李贤等注：《后汉书》卷八四《列女传·董祀妻传》，中华书局1965年版，第2801—2803页。

④ 欧阳询：《艺文类聚》三十《人部·怨》，上海古籍出版社1982年版，第542页。

⑤ 班固撰，颜师古注：《汉书》卷四九《晁错传》，第2284—2285页。

实际上，无论是到达北疆的公主细君等人，还是未至北疆的晁错等人，他们对北疆的认知都属于地理感知。张伟然先生认为，"对于历史文化区域的研究，感觉文化区比形式文化区更有意义。因为前者是通过古人的认同而复原出来的，它本身就是当时文化的一部分。而且是结构性的一部分。曾经用于指导古人的日常生活，而且深刻影响其对世界的认知"①。在苏武、细君、晁错等人的意识中，北疆是遥远的区域，生活着与中原人不同的游牧部族，他们迁徙不定，住帐篷毡房，耐寒能力强，"食肉而饮酪"，他们感觉这是一片陌生的区域。

汉代文人对北疆的印象，与他们奔赴北疆的原因密切相关。

三、两汉文人奔赴北疆的原因

汉代文人奔赴北疆的原因主要有出使、随军出征、和亲、避难、逃亡、谪戍等几个方面，下面分别论述。

（一）出使

张骞、班超等使者都是秉着建功立业的豪情奔赴北疆，汉代除了出使西域各国，还包括朝鲜②。《后汉书》卷四十七《班超传》记载：

> （班超）家贫，常为官佣书以供养。久劳苦，尝辍业投笔叹曰："大丈夫无它志略，犹当效傅介子、张骞立功异域，以取封侯，安能久事笔研间乎？"③

班超不甘于做抄写之事，想要效仿傅介子、张骞"立功异域"，封侯成名。当时汉朝与匈奴各国经常处于敌对状态，使者常被扣留，《史记·匈奴列传》记载："单于怒而尽留汉使。汉使留匈奴者前后十余辈，而匈奴使来，汉亦辄留相当。"④苏武就是被扣留十九年而不忘使命，因此名垂史册。

---

① 张伟然：《中古文学的地理意象·前言》，中华书局 2014 年版，第 14 页。
② 参见《史记》卷一一五《朝鲜列传》："元封二年，汉使涉何谯谕右渠，终不肯奉诏。"
③ 范晔撰，李贤等注：《后汉书》，中华书局 1965 年版，第 1571 页。
④ 司马迁：《史记》，中华书局 1959 年版，第 2915 页。

（二）随军出征

跟随军队出征也是文人前往北疆的重要原因，班固从窦宪征匈奴（《窦宪传》），《后汉书》卷四十《班固传》："永元初，大将军窦宪出征匈奴，以固为中护军，与参议。"①其间，班固作《燕然山铭》《北征颂》《涿邪山祝文》等文。傅毅（《后汉书》卷八十上）、崔骃（《后汉书》卷五二）、班超等人也有从军经历。

既有立功而还的喜悦，如燕山勒铭的班固。也有被俘者的悲惨，比如因战败投降而长久羁留北方李陵。还有很多士卒战死边疆，《汉书》卷九四《匈奴列传下》记载侯应反对罢边备塞吏卒时曾说："往者从军多没不还者，子孙贫困，一旦亡出，从其亲戚，六也。"②可见，许多从军出征者结局不佳。

（三）和亲

和亲是一种特殊的原因，也是汉王朝对待西域各国的一种政治手段③。和亲的主角是带有特殊政治使命的女子，其中最著名的是王昭君④。除了细君，公主解忧也前往乌孙和亲，她为楚王刘戊的孙女，公主细君死后，解忧被派往乌孙，嫁给岑陬，曾上疏朝廷请兵。助乌孙抵御匈奴入侵。岑陬死后，她从俗再嫁翁归靡、狂王。甘露三年（前51）归京师，年且七十，后二年卒。作为解忧的侍者，冯嫽也留名史册，她做了乌孙右大将妻，号曰冯夫人。甘露三年跟随解忧回京师，元帝时又被遣往乌孙，为汉朝与乌孙的利益奔忙⑤。

（四）避难逃亡

文人因为避难而前往北疆，主要是两汉动乱之际。比如，更始二年（24），王隆避难河西。建武元年（25），为躲避战乱，班彪由长安（今陕西西安），逃

---

① 范晔撰，李贤等注：《后汉书》，中华书局1965年版，第1385页。
② 班固撰，颜师古注：《汉书》，中华书局1962年版，第3804页。
③ 参见刘宇辰《西汉前期汉匈间和亲政治的衰落——对文帝十四年前后汉匈关系阶段性变化的分析》，《西域研究》2020年第4期。
④ 参见《后汉书》卷八九《南匈奴传》，第2941页。
⑤ 参见《汉书·西域传》。

往凉州安定郡的高平（今宁夏固原），作《北征赋》。赋作描绘了西北边疆的风貌，"隮高平而周览，望山谷之嵯峨。野萧条以莽荡，迥千里而无家。风猋发以漂遥兮，谷水灌以扬波。飞云雾之杳杳，涉积雪之皑皑。雁邕邕以群翔兮，鹍鸡鸣以哜哜"①，描写了西北萧条空旷的景象，表达了自己孤独忧思的情感。

还有汉族人越过北疆逃亡，进入匈奴领地。《汉书》卷九四《匈奴列传下》记载侯应曰："又边人奴婢愁苦，欲亡者多，曰'闻匈奴中乐，无奈候望急何！'然时有亡出塞者，七也。"②

（五）谪戍

除了以上几个因素，谪戍也是文人前往北疆的原因。《后汉书》卷四十七《班超传》记载，班超说："塞外吏士，本非孝子顺孙，皆以罪过徙补边屯。"③不过，这些谪戍之人没有留下什么作品。

余 论

从历史的发展进程看，人们对北疆的认识不断加强。先秦处于萌芽状态，中原与北疆已经有了人员来往与文化交流。《诗经·小雅·出车》"王命南仲，往城于方。""天子命我，城彼朔方。"毛传："方，朔方，近猃狁之国也。""朔方，北方也。"④《小雅·六月》曰："侵镐及方，至于泾阳。""薄伐猃狁，至于大原。"朱熹《诗集传》卷十注曰，大原"今在太原府阳曲县"⑤，王应麟《诗地理考》卷三意见相同。顾炎武《日知录》卷三认为，泾阳属汉代之安定郡，"大原当即今之平凉"⑥，就是今天的甘肃省平凉市。尽管对朔方、泾阳、大原等地

---

① 萧统编，李善注：《文选》卷九，中华书局1977年版，第144页。
② 班固撰，颜师古注：《汉书》，中华书局1962年版，第3804页。
③ 范晔撰，李贤等注：《后汉书》，中华书局1965年版，第1586页。
④ 《毛诗正义》卷九，阮元校刻：《十三经注疏》，中华书局1980年版，第416页。
⑤ 朱熹：《诗集传》，岳麓书社1994年版（与《楚辞章句》合刊），第132页。
⑥ 顾炎武著，陈垣校注：《日知录校注》，安徽大学出版社2007年版，第136页。

的确切位置存在争议①，但这些地方无疑属于当时的北疆。《穆天子传》记载周穆王驾八骏前往西北，与西王母相会，故事情节虽然有传说性质，应该是在历史真实的基础上有所渲染。《山海经》所记各地奇异的景象也是如此。这些记载尽管有着神话色彩，却代表着中原与北疆的初步交流。

汉人对北疆的探索还处于初期，他们对北疆的认识有限，例如，汉人对来自西域的骆驼重视不够。葛承雍先生根据敦煌悬泉汉简的记载和河西出土文物，发现汉代重视天马而轻视骆驼。"汉代张骞通西域后，骆驼被逐步引进汉地，其作为外来'奇畜'不为人知与熟悉，也缺少相应精湛造型的艺术品，与唐代出现的大量骆驼文物相比，汉代骆驼文物寥寥无几。"②尽管中原也有马，由于汉武帝的重视，汉人对天马的描绘充满了热情与想象力，"对天马的追求和神化体现了武帝对国力强盛、四夷宾服的渴望"③。

汉代是中原与北疆交往的重要时期，范围从西北到东北，格局初备，文人对北疆的书写也涉及这些地区，拓展了中国文学的地理版图。随着出使、出征、和亲、避难、逃亡、谪戍等原因，中原人频繁前往北疆。其中贡献最大的当属张骞通西域，不但丰富了人们对西北边疆的认识，还开拓了丝绸之路。由于和亲的出现，女性也加入前往北疆的队伍，并留下了诗篇，这是汉代特有的现象。同时，北方部族也有人进入中原，匈奴有金日磾等投降汉朝者。

与汉代相比，后代前往北疆的原因略有不同。唐代文人以游幕、出征边塞著称，宋代疆域缩小，以出使居多。元代既有随军出征，还有扈从皇帝④、自愿观光等情形。由于奔赴北疆的原因不同，因此文人的感情色彩也发生变化，元代文人多带着自豪、兴奋、惊异等情感。

汉朝与北方各部族经常发生战争，尤其是与匈奴。中原人对北方各民族存在

---

① 诸家学说参见刘毓庆先生等编撰《诗义辑考》，学苑出版社2006年版。

② 葛承雍：《天马与骆驼——汉代丝绸之路标识符号的新释》，《故宫博物院院刊》2018年第1期，第55页。

③ 张建伟：《天马西来与元代天马歌咏》，《中原文化研究》2021年第2期，第109页。

④ 据《后汉书》卷三《章帝纪》，汉章帝曾北巡狩，崔骃、曹鲍等随驾，还写有作品，但是章帝巡狩的范围包括中山、北岳、元氏，出了长城，大概在今山西、河北北部。因是偶然为之，不像元朝皇帝前往上都为每年例行之事，未列入汉代文人前往北疆的原因之中。

偏见①，但是，中原与北方各族也存在互相影响、融合的一面。史念海先生认为，河西地区多是各族混居，游牧与农耕并存的。②这种局面有利于文化交流与民族融合。为了方便交流，各个民族还学习对方的语言，下面就是一个典型的例子。汉宣帝元康二年（前64），"昆弥及太子、左右大将、都尉皆遣使，凡三百余人，入汉迎取少主。上乃以乌孙主解忧弟子相夫为公主，置官属侍御百余人，舍上林中，学乌孙言"③。为了和乌孙保持良好的关系，汉武帝连续派遣公主和亲，乌孙组织三百多人来汉朝迎娶公主，为了加强交流，汉朝准备和亲的公主等人百余人学习乌孙语言。尽管后来由于变故未能成行，但是，和亲还是加强了双方的了解与交流。汉武帝求天马，想利用西域的马加强骑兵的战斗力。张骞通西域，开拓了丝绸之路，促进了东西方的物质交流与文化交流。昭君出塞，促进了民族交流与融合。

从人类学的角度来看，北方民族与中原及南方各民族属于同源同种，在漫长的历史演变中，又最终合流为中华民族。中原与北疆的互动，属于中华民族共同体的形成过程中的重要组成部分。文人对北疆的书写，是这一历史进程的记录，这就是北疆书写最重要的价值。

（张建伟，山西大学文学院教授，博士生导师，文学博士。）

---

① 例如应劭《驳韩卓募兵鲜卑议》曰："鲜卑隔在漠北，犬羊为群，无君长之帅。庐落之居，而天性贪暴，不拘信义。"（《后汉书》卷四八《应劭传》）

② 史念海：《历史地理学十讲》第九讲"河西与敦煌"，长江文艺出版社2020年版，第216页。

③ 班固撰，颜师古注：《汉书·西域传》，中华书局1962年版，第3905页。

再论古公亶父的创新精神

刘宏伟

西周王朝是中国历史上具有承前启后、继往开来意义的关键时代。在周武王伐纣灭商、建立周朝之前,还有一个漫长的时期,史学界称之为先周时期。先周时期的文化内涵十分丰富,特别是对于探讨周民族的起源和周族灭商以前的社会面貌很有意义,而且近年来专家学者对这一问题的研究愈来愈深入,已经取得了很大的收获。

在研究先周文化时,需要重点关注的是周祖后稷、不窋、公刘、泰伯和仲雍之父古公亶父的活动;尤其是古公亶父,在周人发展史上是一个上承后稷公刘之伟业,下启文王武王之盛世的关键人物,对于周王朝的建立起到了奠基的作用。正是由于古公亶父具有卓越的组织才能、领导才能、创造才能、军事才能,是一位远见卓识、英明果敢的改革家、军事家、政治家,才有了西周王朝的诞生和繁荣兴盛。可以说,古公亶父是周王朝的奠基人、缔造者之先驱。

一、周族的起源与发展

从考古学上讲,先周文化就是周人在灭商以前形成的考古学文化。许倬云先生在《西周史》中指出,"'先周'的定义,应有四个层次:由近及远,最晚的一段,文武建国以前,可说是先于周朝,其地区当是岐山周原;早些,古公亶父迁来岐山以前,是先于周人之为周人的时期;更早一段,是脱离戎狄的时期;最早一段,则是周人集体记忆中的远源。"并特别通过泾水、渭水流域出土的高足鬲、联裆鬲等典型器物,详细考察了武功郑家坡遗址、岐周诸遗址的文化与长武碾子坡先周文化之间的密切关系。这一学术观点已被众多考古发掘所证明,是基本符合历史事实的。

周族是兴起于渭水中游黄土高原上的一个古老部落。相传周的始祖后稷，名弃，其母姜嫄，有邰氏女，出野，践巨人迹，感而生弃。后来弃就留在他母亲的氏族中，安家立业，这就是《诗经》中所说的"即有邰家室"。后稷诞生的传说，反映出周人在后稷以前，尚未脱离母系氏族社会的历史阶段。从后稷起，古文献上便记载着周人父系祖先的名字，这些名字，显然是周人进入父系氏族社会的标志。《诗经》中说，后稷长于种植，他种植的稷、黍、麦、豆、瓜、麻等农作物都长得很茂盛。古书上又说，帝尧曾举弃为农师，在舜时还曾帮助大禹一起治理过水患，由于弃管理农业、治水有功，被封于邰地（今陕西省武功县）。这些传说反映了在遥远的古代，周人在耕作技术方面是颇为擅长的。当然这也与渭水中游气候温和、河流密布、土壤肥沃、物产丰饶的优越自然条件有直接关系。

据《史记》记载，后稷之子不窋，在夏后氏政治衰微时，去稷不务，失去官职，奔于戎狄之间。意思是说不窋领导下的周人放弃了原来的农业，改为放牧牛羊的游牧生活方式，给周族的历史进程打上了草原文化的烙印。

自后稷经不窋、鞠传至公刘。公刘虽然身处戎狄，但对畜牧业不感兴趣，一心想恢复本部落重视农业的好传统。公刘经过"复修后稷之业，务耕织"，部落的实力不断壮大，他便率领族人武装占领了适宜农作物生长的富庶之地——豳，在这依山傍水的平坦地区定居下来，开拓田畴，划分疆场，分配土地，"取厉取锻，彻田为粮"，回归了原来的农业生活方式。

《诗经》中的《大雅·公刘》就叙述了公刘率领族人武装移民的情形：带了武器，备了干粮，跋山涉水，登陟高冈，往胥及豳地定居。在胥与豳，周人举行了宗教仪式，"君之宗之"，建立了族长的权威。军事上，"其军三单"，周人组织了三个作战单位；经济上，实行"彻田为粮"，整治田地，发展农业，《豳风·七月》等篇章就对公刘带领族人日夜在田野上忙碌种植庄稼、发展农业的活动有着细致生动的描写。

二、古公亶父的创新精神

前文指出，古公亶父对于周王朝的建立起到了奠基的作用。在通过《史记》《诗经》等历史文献爬梳古公亶父的生平事迹时，从中可以深刻地感受到他作为一代杰出政治家的博大胸襟和可贵的创新精神。

（一）仁爱族人，去豳迁岐

自公刘九传至古公亶父。古公当了姬姓部落的君主后，继续实行后稷、公刘以来治理部落的好办法，尤其重视农业发展，古豳国日渐富庶兴旺。古公不仅善于处理政事，而且为人心地善良，推行仁义，在部落中有很高的威望，豳国人都很爱戴他。这时专以打仗和掠夺临近部落财富为荣的西北边地游牧部落——戎狄，也向泾渭流域移动。豳人的富裕生活，引起了戎狄部落的贪欲。据《史记·周本纪》记载："……熏育戎狄攻之，欲得财物，予之。已复攻，欲得地与民。民皆怒，欲战。"戎狄开始侵扰时，古公亶父给了他们许多财物。但是戎狄贪得无厌，再次向豳地进攻，还想掠夺土地与人民。族人愤怒地要求自卫反击，古公亶父苦口婆心陈述利害。他不忍心老百姓因为自己而流血伤亡，便"与私属遂去豳，度漆、沮，逾梁山，止于岐下"。岐下就指的是今陕西省岐山县东北一带的周原地区。

在与戎狄的战争中，古公亶父开始是顺从屈服，想息事宁人，后来的形势逼迫他做出了迁徙的大胆决策。面对戎狄强劲的进攻，古公亶父没有一味地固守，而是主动放弃了以前开垦的土地和收获的劳动果实，迁居外地寻求新的发展。这次迁徙，其目的与公刘去邰居豳是相同的，都是为了部族的生存和发展，受到了本国和旁国民众的热烈拥护，不仅原来豳地民众扶老携幼跟从他，而且"旁国"民众也有很多人归附。

古公亶父审时度势、去豳迁岐，体现了一代政治家的卓越胆识和创造精神，是英明的政治决策和重大的军事决策。古公亶父开创了周族和诸侯国"周"，后来被周武王尊为太王，尊奉为周王朝的奠基人。

（二）营建岐邑，建立周国

如果说古公亶父率周人去豳迁岐是他的创新精神的第一次体现，那么，迁居岐山后，他革旧布新、"贬戎狄之俗"，带领族人开始营城郭，建室屋，设官司，"以邑别居之"，继续发展农业，则是第二个创新。

岐山南面是一片平原，自古以来人们都称为"周原"。古公亶父率族人自豳国来到岐山脚下，看到这里水源丰富，气候宜人，土肥地美，连长出来的苦菜都是甜的，很适合耕种与狩猎，且又有岐山这座天然屏障，既可挡住大风、大水等自然灾害，也可阻挡戎狄的侵扰，觉得是个很有发展前途的地方，于是与妻子太姜商量，并向上天和祖先进行了一番卜问，得到的也是好兆头，便决定在此定居。《帝王世纪》说他"邑于周地，故始改国曰周"。意思是，他在周原建立了诸侯国。从此，姬姓部落的人被称为"周人"，国号也因之定为"周"。

古公亶父在豳地时，人们居住于窑洞内，过着半穴居的生活，尚没有建造房屋。率众到达周原后，他发动族人，疏沟整地，划地建房，营筑城郭，建造房屋，并把各部落的人民分别组织在很多被称为"邑"的地域性组织之中，防御戎狄等游牧部落的侵袭。他在神秘而广阔的黄土地上大力发展农业，开疆拓土，营建岐邑，建造宗庙，设置司徒、司马、司空、司士、司寇等五官有司，创立了粗具规模的周国。从古公亶父始建岐邑，经过季历、文王的苦心经营，直到文王迁丰以前，周原地区一直是西周早期的政治、经济、文化活动的中心，是西周王朝的发祥地。自西汉以来的两千年间，这里出土了大批西周的重要青铜器和甲骨文，并以此而闻名于世，因而岐山被誉为"青铜器之乡"。

为了探索西周早期的历史和文化，我国考古学家对司马迁《史记》中记载的西周岐邑、丰镐京城、东都洛邑和部分诸侯城邑进行了发掘，特别从20世纪六七十年代开始，考古工作者在今岐山县京当乡和扶风县法门镇、黄堆乡一带进行了多年的田野调查和大面积钻探、试掘，1976年在岐山县凤雏村、扶风县召陈村发现了西周早期大型宗庙建筑基址和中期的大型宫殿建筑群遗址，印证了《诗经·大雅·绵》记载的真实性。《诗经·大雅·绵》是这样描写的：

绵绵瓜瓞。民之初生，自土沮漆。古公亶父，陶复陶穴，未有家室。古公亶父，来朝走马。率西水浒，至于岐下。爰及姜女，聿来胥宇。周原膴膴，堇荼如饴。爰始爰谋，爰契我龟。曰止曰时，筑室于兹。乃慰乃止，乃左乃右。乃疆乃理，乃宣乃亩。自西徂东，周爰执事。乃召司空，乃召司徒，俾立室家。其绳则直，缩版以载，作庙翼翼。捄之陾陾，度之薨薨。筑之登登，削屡冯冯。百堵皆兴，鼛鼓弗胜。乃立皋门，皋门有伉。乃立应门，应门将将。乃立冢土，戎丑攸行……

由此可知，古公在营建岐邑过程中，进行过详细的勘测和周密的规划，修筑了高大雄伟的皋门和庄重严整的应门，在城内建有宗庙、冢土和宫室等大型建筑群。20世纪90年代，考古工作者采用航空遥感技术，在凤雏宫殿周围探测出西周早期的内、外城墙。经试掘解剖验证，其外城南北边长1200多米，东西宽700—800米，城郭范围计1200多亩；其内城四道，是周人所布局的"周"字形。在城南还发现护城壕长800多米，宽8—12米，深6米多。由此可见，宫殿正好位于城的中心部位。据考证，这座城郭就是史载的"周太王城"，俗名"西岐城"。

除此而外，在周原地区，还发掘出西周早期和中期大型宫室建筑基址、齐家村西周平民居址、云塘村西周制骨作坊遗址和当时冶铜、制陶的手工业作坊遗址以及上百座西周墓葬、数十座车马坑，出土了大量的珍贵文物。

古公亶父定居岐邑，进行了大规模的建设工作，《诗经》中赞颂周太王的诗篇《周颂·天作》《大雅·绵》《大雅·皇矣》就记述了古公率族人开荒辟土、画线版筑、运土筑墙的热烈场面。营建宫室、修建宗庙、修筑城墙、设立五官，说明周族已由"军事性移民集团"发展成为以农耕为主、有宫室宗庙及比较制度化的政治组织。从中国建筑史的角度讲，周原凤雏宗庙和召陈宫殿群的发现，对研究我国古代的宫室制度和古代建筑艺术的发展有很高的学术价值。"王有五门"之制就是古公创立皋门、应门的延续和发展，"三朝五门"的门堂分离制度对于后世的宫殿建筑产生了重大影响；凤雏村基址的四合院式建筑群布局完整，结构严谨，展现了3000年前中国宫殿或宗庙建筑的独特风格，开后世中国建筑最正统的布局。这些政治、经济、文化、建筑艺术的实证，充分体现了古公亶父的伟大创造精神。

(三）不惟古制，泰伯奔吴

古公亶父的第三个创新是不惟古制，以天下为重，传位于三子季历，从而保证了周文王姬昌能顺利地登上王位。据《史记·周本纪》载："古公有长子曰泰伯，次曰虞仲。太姜生少子季历，季历娶太任，皆贤妇人，生昌，有圣瑞。古公曰：'我世当有兴者，其在昌乎？'长子泰伯、虞仲知古公欲立季历以传昌，乃二人亡如荆蛮，文身断发，以让季历……古公卒，季历立，是为公季。公季修古公遗道，笃于行义，诸侯顺之。"

在《史记·吴泰伯世家》中，司马迁这样写道："吴泰伯，泰伯弟仲雍，皆周太王之子，而王季历之兄也。季历贤，而有圣子昌，太王欲立季历以及昌，于是泰伯、仲雍二人乃奔荆蛮，文身断发，示不可用，以避季历。季历果立，是为王季，而昌为文王。泰伯之奔荆蛮，自号句吴。荆蛮义之，从而归之千余家，立为吴泰伯。"

关于"泰伯奔吴"，除过太史公的亲笔记述，其他历史文献资料中也多有提及，虽然学术界对泰伯、仲雍所奔之"吴"看法不一，但并否认这一历史事件的真实存在。

古公亶父生活的时代大约相当于商朝末年。商王朝统治的500多年，一直采用的是兄终弟及、无弟然后传子的王位继统法。但从第十位天子仲丁开始，商王室出现混乱。其后五代九王，多次发生废除嫡子而另立弟弟或庶子，以及弟弟、儿子争夺王位的权力斗争，并且多次迁都。九世之乱后，国力衰败，危机四伏。盘庚迁殷，励精图治，一度使商朝中兴，达到鼎盛。但自二十四代王祖甲以后，社会矛盾日益加剧，殷王朝逐渐出现衰乱的景象。第二十七代王武乙抛弃商代统治者一贯的"尚鬼""尊神"政治信仰；第三十代王纣，更是淫虐无比，奢侈无度，滥施酷刑，加重聚敛，在危机日益加深时还大规模用兵，耗费大量的人力物力，更加速了商王朝的灭亡。

古公亶父不愧为古代杰出的政治家、军事家。他委曲求全，去豳迁岐，苦心经营，并非只是为了创造一个经济兴旺、生活安定的蕞尔小邦，而是胸怀远大的志向。他以政治家的敏锐眼光，看到了殷商王朝日益衰败和走向灭亡的历史趋势，决心实施灭商兴周的大计，并立即开始了战略性的准备工作。《诗经·鲁颂·閟宫》就说："后稷之孙，实维大王。居岐之阳，实始翦商。"古公的战略准备有以下几点：一是发展农业，建立稳定的经济基础；二是创立政治制度，设立五官有司，修筑宗庙和城墙；三是经营西土，巩固周人在渭水中游一带的统治；四是在王位继承问题上，以兴周灭商大业为前提，改变了所谓的"父死子继"的传承制度，这正是我们要讨论的"泰伯奔吴"的真正缘由。

《史记·周本纪》载："太姜生少子季历，季历娶太任，皆贤妇人，生昌，有圣瑞。古公曰：'我世当有兴者，其在昌乎？'"姬昌从小就聪明异常，相貌奇伟，颇有王者风范，深得古公宠爱，并且有意要将周家的天下传给姬昌；但族规如山，不能随意逾越。古公亶父因此终日忧愁，郁郁寡欢。泰伯、仲雍知道了父亲的心事后，顺从了古公的意愿，在父亲生病的时候假托到衡山采药而从岐山出走，来到了当时被称为荆蛮的西吴一带，即今天宝鸡市、陇县交界的吴山。泰伯、仲雍一去不返，这样，季历就被改立为太子。不久，"古公卒，泰伯、仲雍归。赴丧毕，还荆蛮。古公病，将卒，令季历让国于泰伯，而三让不受，故云'泰伯三以天下让'。于是季历莅政"。（赵晔《吴越春秋》）泰伯也带着弟弟仲雍和西吴的族人从吴山出发，举族南迁，一路跋山涉水，披荆斩棘，辗转迁徙，最后到达长江入海处的梅里（今江苏无锡市梅村镇）一带。泰伯深明大义，谦和礼让，不为一己之私而争权夺利，使周王室免去了一场权力斗争，顺利地将王位传给了文王姬昌、武王姬发，最后得以完成古公亶父兴周灭商、一统天下的宏愿。"泰伯三以天下让"，深深感动了孔子，于是他发出了"泰伯可谓至德也已矣"的慨叹。

仔细研读司马迁的记述，可以看出，泰伯奔吴的前提是古公亶父出于兴周灭商的目的而部署的一着棋子，其中不乏周部落与文王之母太任所在的古挚国的强强联合，结成统一联盟。尽管泰伯、仲雍远走他乡，成全了父亲的意愿，也为周王朝的兴盛奠定了基础，但直至今天，我们仍然十分佩服其父古公亶父不拘旧制、勇于创新的精神。

近代著名学者王国维在《殷商制度论》中说得好，殷、周之际的社会变革实质上是一场"旧制度废而新制度兴，旧文化废而新文化兴"的历史巨变，古公亶父在传位问题上的大胆突破，正顺应了朝代更替的历史潮流。

三、泰伯、仲雍对古公亶父创新精神的继承和发扬

　　泰伯、仲雍从岐山的周原地区出走，来到西吴后凭借自己的才干成为当地吴族的首领。他们按照周族的做法，在这里建立起吴氏国家，国号"句吴"。后来，泰伯、仲雍远走他乡，来到江南地区。当时，那里的人们仍然以游牧、渔猎为生。他们为了和当地人融为一体，一改过去的生活习惯，断发文身，表示决不继承周族君位的决心。在这里，泰伯把北方先进的农耕技术传授给当地人民，并和土著居民一道开发了江南，使得原先人烟稀少、土地肥沃的江南地区逐渐成为人丁兴旺、经济发展的富庶之地。泰伯、仲雍也因之被当地人民推举为部族领袖。后来，泰伯在东吴之地重建国家，国号仍然叫作"句吴"。"句吴"国逐渐发展壮大，终于在东南沿海站稳了脚跟，在春秋、战国时代成为强大的吴国。

　　作为古公亶父的儿子，泰伯、仲雍的出奔西吴、梅里，就像父亲当年的去豳迁岐一样，不是消极的逃避、一味的退让，而是另一种意义上的进取和创新，是在开创新的事业。他们与江南人民融合的过程，本身就是一种南北文化的交汇融合，是黄河文明与长江文明的冲突与融合。父亲在岐山之阳建立了日渐强大的周王国，两个儿子在江南的土地上断发文身，站稳了脚跟，也建立了一个新兴的国家——勾吴国，并以自身的作为"化荆蛮之方，与华夏同风"，成了勾吴国以及吴地文明社会的真正创始人。泰伯的谦让和开拓，其实是辩证的统一，是至德精神的本质所在，构成了吴文化"尚德、人本、和谐、进取"的内核。

　　在"泰伯奔吴"发生后不久，又发生了"周公奔楚"的事件。《史记·蒙恬列传》《史记·鲁周公世家》《论衡·感类》等古代文献对此均有记载。在东周，仍有像泰伯一样三让王位的例子。据《史记·宋微子世家》载："宣公有太子与夷。十九年，宣公病，让其弟和，曰：'父死子继，兄死弟及，天下通义也。我其立和。'和亦三让而受之。宣公卒，弟和立，是为穆公。"另据《史记·燕召公世家》："鹿毛寿谓燕王：'不如以国让相子之。人之谓尧贤者，以其让天下于许由，许由不受，有让天下之名而实不失天下。今王以国让于子之，子之必不敢受，是王与尧同行也。'燕王因属国于子之，子之大重……子之南面行王事，而哙老不听政，顾为臣，国事皆决于子之。"尤为典型的是，泰伯的二十世孙、

吴国十九世国君寿梦的第四个儿子季札,被先祖之遗风,先坚辞父亲的传位,继之又一次次地推辞长兄诸樊、二哥馀祭、三哥馀昧的让位,就是吴国百姓坚决要求他为吴王,他也不接受,最后竟效法子臧,放弃了宫廷生活,到乡下种田去了。季札三以天下让,同样赢得了后世的崇敬和礼赞。孔子就赞颂说:"延陵季子之仁心,慕意无穷,见微而知清浊。呜呼,又何其闳览博物君子也!"

这一连串让王位之事,正是尧舜的禅让,公刘、古公的避居以及泰伯的三让良好风气使然的结果,这种识大体、顾大局、明大义,以国家为重、以民生为重,摒弃个人私欲,维护社会和谐的高尚精神,正是当今建设社会主义和谐社会需要大力弘扬的。

四、应重视对周太王古公亶父陵墓、庙宇的保护和开发

古公亶父的历史功绩前已述及,如果从谱牒学的角度研究,他的历史影响也是巨大的。第一,古公虽然属姬姓,却是周姓事实上的得姓始祖。第二,古公又是古姓的得姓始祖,泰伯、仲雍奔吴后,仲雍遗留在岐的次子旻以祖父字号为姓,称古氏,曾辅佐西伯侯姬昌,任上士,以功加大夫。第三,因为泰伯奔吴,成为吴姓始祖,而古公又是泰伯的父亲,所以也受到吴姓子孙的尊敬和祭祀。

近年来,不少海外游子以及国内古氏、吴氏、周氏家族时常有人来陕西岐山县岐阳村的周太王陵、三王庙前寻根祭祖,通过追寻祖迹加强与当地经济、文化的合作。北京联合大学台湾研究院客家研究中心客座研究员、全球客家崇正会联合总会副执行长兼副秘书长古小彬先生致力于古姓研究,亲往岐山祖地实际考察,先后编著或主编了《周都寻根》《古姓史话》《新安堂古氏大宗谱》《古氏历代人物采访录》《古氏渊源暨分支》《古氏史志(第一卷)》《古氏文选(古代卷)》等著作,影响较大。

2008年10月18日,中华周氏宗亲祭祖典礼在周公故里——岐山县周公庙隆重举行,近200名周氏宗亲代表聚首周人的发祥地岐山,在先贤圣祠隆重举行了盛大的寻根祭祖活动,虔诚地向先祖周太王古公亶父行鞠躬礼,敬献祭品、上香、祭拜,并敬献花篮,表达了来自四面八方的中华周氏宗亲对先祖的由衷缅怀之情。

近几年来，笔者致力于吴文化研究，结合司马迁与《史记》研究，借助自己家乡岐山县的文物遗存、方志及民间传说等乡土资料，写出了《吴泰伯研究》《泰伯遗风山高水长》《江南士子的吴山诗》《西府与无锡的不解之缘》等多篇学术论文，也与江南地区的不少专家、学者建立了深厚的友谊。2002年初，与江南大学吕锡生教授合编《古吴源流胜迹》一书并由社会科学文献出版社出版。该书是一本对泰伯奔吴历史事件整个始末溯源探流的拓荒之作，向广大读者展示了泰伯故里陕西岐山和江苏无锡两地的古吴遗迹、人文景观、民情风俗以及经济文化发展的风貌，具有重要的学术价值。为推动无锡市与泰伯故里岐山县的沟通与合作，笔者与无锡的张永初、顾罡灵、毛建平等一起热心奔走，牵线搭桥。经过不懈努力，江南的文化学者，无锡新区和梅村镇的吴氏宗亲、政府官员和企业家已几次来到岐山祖地实地考察、寻根探源。目前，泰伯奔吴、肇启江南的定居地无锡新区、梅村镇与泰伯故里岐山县、祝家庄镇之间，已经建立起了文化经贸关系，相信随着交往的日益密切，一定会谱写出苏陕文化经济往来史上的新篇章。

如今，岐山县作为古公亶父建立周国的发祥地，泰伯、仲雍的故里，首要的就是保护好周太王祠和墓。2008年10月9日，陕西省政府公布第五批省级文物保护单位名单，位于祝家庄镇岐阳村的周太王陵位列其中。这说明，古公亶父的历史地位和杰出贡献正日渐为人们所认识。我们应该抓住这一机遇，在保护、开发、宣传周太王祠和墓方面继续多做工作，充分发挥周文化底蕴深厚和姓氏祖地的优势，做大做强周文化品牌，吸引更多的人来到岐山寻根祭祖，游览观光，推动青铜器之乡宝鸡和周原故地岐山县的文化旅游事业向更高的层次迈进。

（刘宏伟，中国史记研究会理事，陕西省司马迁研究会理事，韩城市司马迁学会副会长。）

《今文尚书·周书》所见周公的治国思想

姚　军

《尚书》原称《书》，五经之一，汉朝改称《尚书》，是上古流传下来的，受到儒家尊崇的贤君明王之书。[①]它是一部历史典籍，同时也是一部体例比较完备的公文总集，保存了商、周两朝特别是西周初期的一些重要史料。《尚书》有《今文尚书》、《古文尚书》和伪《古文尚书》。《今文尚书》有 28 篇，本文所探讨的周公治国思想主要依据的是《今文尚书·周书》，《周书》部分与周公的言论事迹相关者有 12 篇，分别为《洛诰》《无逸》《立政》《大诰》《多士》《多方》《康诰》《酒诰》《梓材》《君奭》《召诰》《金縢》。

周公，也称周公旦，姬姓，周文王之子，周武王胞弟，西周初期杰出的政治家、军事家、思想家。周公辅佐武王和成王，经历了殷周王朝的更迭，经历了三监之乱和东征平叛，稳定了摇摇欲坠的周朝江山。他还分封诸侯、迁都制礼，奠定了周朝礼乐文明的基础，巩固了周朝的统治。[②]他是政治家的典范，也是道德的楷模，被尊为圣人，被后世贤臣争相效仿，他对中国文化产生了巨大影响。

从《今文尚书·周书》记载的周公言论事迹当中，我们可以窥见它所承载的周公治国思想。

一、天命转移的宗教思想

夏、商、周三代，占统治地位的社会意识形态是宗教。五帝以前的原始宗

[①] 李明，王健：《尚书译注》前言，上海古籍出版社 2000 年版，第 14 页。
[②] 杨朝明：《〈逸周书〉所见灭商之前的周公》，《河南科技大学学报（社会科学版）》2008 年第 1 期。

教，盛行自然崇拜，人们认为万物有灵，无物不神；同时还有图腾崇拜，各氏族、部落都有自己的图腾；各氏族、部落的领袖死后为子孙后代怀念，于是又有了祖先崇拜。五帝时代，颛顼帝"绝地天通"，这是原始宗教向人为宗教演变过程中的一次重大变革。这次变革导致氏族贵族垄断宗教，表明天命神学宗教的形成已经为期不远了。

夏代进入了早期国家时期，天命神学宗教产生了。夏人继承了原始宗教中的祖先崇拜，把它与上帝崇拜相结合，成为天命神学宗教的组成部分。到了商代，上帝崇拜比夏代更甚。他们以为，先祖死后可以配于帝，就好像说配于天。这个至上神被称为"帝"或"上帝"，先祖在上帝左右，被称为"王帝"。先祖成了上帝与殷王之间的中介，殷王成了上帝意志（天命）的贯彻者。①

周人也有祖先崇拜和上帝崇拜。周人继承了殷人崇拜祖先神的观念，认为他们的祖先是上帝的儿子，被派到下界来做最高的统治者——王，死后灵魂回到天上，仍然是上帝的下属。周人的祖先神从不降祸给周族的子孙后代。周人的至上神是上帝，它是主宰人类祸福的全能神，能赐福也能降祸。

"小邦周"消灭了"大邦殷"，周王朝取代了商王朝。要解释自己政权的合法性问题，仅用周人祖先神的名义显然是不行的，仅用"恭行天罚"的口号显然也是不行的，因为商纣王也坚称自己"有命在天"。既然纣王受命于天，凭什么一句"恭行天罚"就可以伐灭商王朝。以周公为代表的周初统治者认为，王能够取得政权是"受命于天"，但是天命是可以转移的。夏王朝的建立是"受命于天"，后来"既坠厥命"，丧失了天命，夏命转移至商，所以夏亡商兴。现在，殷商又"既坠厥命"，再一次丧失了天命，商命转移至周，所以商亡周兴。根据历史发展演变的这种规律，周公等人认为天命无常，天命可以转移，上帝不会把下界的统治权永远赐予一姓王朝。

天命可以转移，但这种转移又是有所选择的。周初统治者认为"天惟时求民主"，上帝也在寻找适合做百姓君王的人。"皇天无亲，惟德是辅"，上帝只辅助有德之人。夏朝的统治者不肯慰勉百姓，只知道残暴地搜刮民财，大肆荼毒百姓。所以，天命转移，选择成汤"代夏作民主"。而"商后王逸厥逸，图厥政，

---

① 张岂之：《中国历史》（先秦卷），高等教育出版社 2001 年版，第 118 页。

不蠲烝",只知纵情享乐,政治黑暗闭塞,祭祀不洁,商纣王臭名远扬,被上帝听到了,所以上帝降下亡国大祸,将天命转移给周。因此,要想"祈天永命",就必须"疾敬德",加紧推行德政。

这种认识,理论上是从天命转移的宗教思想出发的,但实际上是把现实的下界的政治当作天命转移的根据,强调的还是人事,多少肯定了人的能动作用。

二、重视农业的统治思想

周人的祖先弃,相传是虞舜时代的后稷(农官),《周书》中的周公言论反映了周人重农的传统思想。《梓材》言,"若稽田,既勤敷菑,惟其陈修,为厥疆畎"。意思是就像耕作治理土地,已经辛勤开垦播种了土地,就要考虑整治土地,开挖沟渠。《无逸》强调要"先知稼穑(泛指农事)之艰难","相小人,厥父母勤劳稼穑,厥子乃不知稼穑之艰难,乃逸"。批评一些农人,他们的父母辛勤劳苦地耕种收获,儿子们却不懂得耕种收获的艰难,贪图安逸,只知享乐。这说明以周公为代表的周人,已经把周部族时重视农业生产的实践经验上升为一种统治思想,农业生产受到周王朝上下普遍的重视。

三、立政唯贤的用人思想

"立政"就是建立官长,建立官长一定要选用贤人,选用那些正直贤明的官员辅佐君主,从而有效地治理国家。

贤明君主的为政素养对于治理国家固然重要,但是以一人之力去处理庞大繁杂的国家事务,肯定需要德才兼备的大臣来鼎力襄助。历代都有圣君贤臣相得的事例,在《君奭》篇中,周公就说,成汤有伊尹辅佐,太甲有保衡辅佐,太戊有伊陟、臣扈分别辅佐,祖乙有巫贤辅佐,武丁有甘盘辅佐。就是这些有道的贤臣安定治理殷国,殷王朝才经历了许多代。周公还说,文王"亦惟有若虢叔,有若闳夭,有若散宜生,有若泰颠,有若南宫括"。正是这些贤臣奔走效劳,努力宣扬教化,文王才能够把美德降给国人。

周公认为,君王最主要的任务就是选拔和任用官员。在《立政》篇中,周公说：" 宅乃事，宅乃牧，宅乃准，兹惟后矣。谋面用丕训德，则乃宅人，兹乃三宅无义民。"就是说考虑并任用好常任、常伯、准人之官，这样才称得上君王。以貌取人，不依据道德标准，这样考虑并任用官员，那么，你的常任、常伯、准人之官就没有贤人在位了。他以文王为例，"文王惟克厥宅心，乃克立兹常事司牧人，以克俊有德"。这是说文王能够考察官员们的行为是否符合九德，所以能够任用有德才的人掌管政务、法律，管理臣民等方面的事务。他告诫成王说："立事、准人、牧夫。我其克灼知厥若，丕乃俾乱，相我受民，和我庶狱庶慎。时则勿有间之，自一话一言，我则末惟成德之彦，以乂我受民。"从今以后，君王设立官员，明白他们的长处，使之在适合的官位去处理政务，帮助我们管理那些受于上帝的民众，谨慎小心地处理司法案件。对于这些事务不要包办代替，甚至一句话一个字也不要代替。这样，我们周国始终就有才德超群的人，来治理那些受于上帝的民众。

周公儿子伯禽去封地鲁国任职时，《史记·鲁周公世家》记载周公这样告诫伯禽："我文王之子，武王之弟，成王之叔父，我于天下亦不贱矣。然我一沐三捉发，一饭三吐哺，起以待士，犹恐失天下之贤人。子之鲁，慎无以国骄人。"[1] 周公这种立政唯贤的用人思想对于治理国家来说相当关键，君王应该学习周公"一沐三捉发，一饭三吐哺，起以待士"的谦逊态度，不以国之老大自居，不傲慢对待贤人，求贤若渴，才会赢得贤人的诚心拥戴和奔走效劳。

四、以史为鉴的忧患意识

周公从自己践祚摄政、东征平叛、治理殷遗民等艰苦备尝的经历中，深深体会到创业不易、守业更难，如何能让新造之周尽可能地延续久远，从而泽被子孙，这是他时时刻刻在思索的问题。这种忧患意识主要体现在重视总结历史的经验教训，强调以史为鉴。在《召诰》篇中，召公曾说："我不可不监于有夏，亦不可不监于有殷。"在《酒诰》篇中，周公指出："古人有言曰：人，无于水监，当于民监。今惟殷坠厥命，我其可不大监，抚于时？"在《无逸》篇中，周

---

[1] 司马迁：《史记·鲁周公世家》，中华书局 2013 年版，第 1836 页。

公用大量的事例说明，凡是帝王小心谨慎、能够做到"无逸"的，享国年代就长：殷王中宗"严恭寅畏，天命自度，治民祗惧，不敢荒宁"，享国七十五年；高宗"时旧劳于外，爰暨小人。作其即位，乃或亮阴，三年不言。其惟不言，言乃雍。不敢荒宁，嘉靖殷邦。至于小大，无时或怨"，享国五十九年；祖甲"不义惟王，旧为小人。作其即位，爰知小人之依，能保惠于庶民，不敢侮鳏寡"，享国三十三年。到了后代的殷王，"惟耽乐之从"，享国年代就短："或十年，或七八年，或五六年，或四三年。"这是以殷为鉴，讲出了正反两方面的经验和教训。对于周代的先公先王，周公说，"我周太王、王季，克自抑畏"，文王"怀保小民，惠鲜鳏寡"，"自朝至于日中昃，不遑暇食，用咸和万民"。虽然是在中年时才接受了上帝赐予的大命，却享国五十年。这是以周为鉴，太王、王季能够谨慎小心，文王"不敢盘于游田"，一心勤勉治国，讲出了周代老一辈统治者的经验。他还告诫成王，不要像殷纣王那样迷惑淫乱，以酗酒为德。

周公认为，夏、殷两朝之所以亡国，主要是背离了他们先代那些通达明智的君主们所恪守的治国思想，丢弃了敬天保民的光荣传统。以史为鉴，可以知兴替，这是在提醒守成之主一定要居安思危。只有有了这种忧患意识，才会敬畏天命，做好君主自己当下应该做的事情。

五、提倡孝亲的伦理思想

孝的概念至迟在传说时代的五帝时期就已经有了。《尚书·尧典》记载四岳推荐虞舜担任帝尧的接班人，说他是一个瞎子的儿子，父亲固执，母亲放肆，弟弟象傲慢，舜却能以孝道使得家庭安定和睦，不至于出乱子。据说帝尧任命虞舜协调人伦关系，引导民间父义、母慈、兄友、弟恭、子孝。

周初，不仅继续提倡孝亲的伦理思想，而且使孝成为一种正式的人伦规范和礼仪制度。在《尚书》的《康诰》篇中，周公告诫康叔封说：

> 元恶大憝，矧惟不孝不友。子弗祗服厥父事，大伤厥考心；于父不能字厥子，乃疾厥子。于弟弗念天显，乃弗克恭厥兄；兄亦不念鞠子哀，大不友于弟。惟吊兹，不于我政人得罪，天惟与我民彝大泯乱。

曰：乃其速由文王作罚，刑兹无赦。①

这是说，罪大恶极之人，就是那些不孝不友的人。做儿子的不恭敬地服事自己的父亲，深深伤害自己父亲的心；做父亲的不爱自己的儿子，反而厌恶自己的儿子。做弟弟的不顾念上帝的天命，便不尊敬自己的兄长；做兄长的不顾念弟弟的痛苦，对自己的弟弟极不友善。如果发生这种情况，不为我们的执政者捕获而惩罚，上帝赋予我们统治人民的法律就会破坏殆尽。你要赶快采用文王制定的刑法，惩罚罪人，不要赦免。②

父慈、子孝、兄友、弟恭被奉为天神规定的人间关系，神圣不可侵犯，违背它被看成是极大的罪恶，要处以刑罚。

六、宽猛相济的统治策略

周公平息了武庚和"三监"的叛乱，征服了东方的商奄、蒲姑、淮夷、徐戎及熊、盈之族十七国。为了巩固新建的周王朝，他完善了分封制度，建立鲁、齐、卫、唐、燕等一些据点，用来镇抚远方的异族，同时也作为周王朝的藩屏；又制礼作乐，制定嫡长子继承制，解决贵族之间、上下阶级之间的矛盾；对征服的诸族采取了宽猛相济的统治策略，减轻他们的敌对情绪。

周公对商遗民就采取的是宽猛相济的统治策略。比如《多士》篇，作于还政成王之后，周公代替成王向殷商旧臣宣布迁徙的诰令。为了彻底治理殷商遗民，周公把一部分顽固的旧殷商贵族迁徙到洛邑，向他们宣布说，过去你们发动叛乱是有罪的，不再治你们的罪是为了表示宽大。

他以成王的命令告诫殷商旧臣："王曰：多士，昔朕来自奄，予大降尔四国民命。我乃明致天罚，移尔遐逖，比事臣我宗多逊。"这是说把你们从遥远的地方迁来，使你们亲近我们，更加顺从地服务并臣服于我周朝。周公又说：

---

① 李明，王健：《尚书译注》，上海古籍出版社2000年版，第264页。
② 张岂之：《中国思想史》，西北大学出版社1993年版，第8页。

> 告尔殷多士，今予惟不尔杀，予惟时命有申。今朕作大邑于兹洛，予惟四方罔攸宾，亦惟尔多士攸服奔走，臣我多逊。
>
> 尔乃尚有尔土，尔用尚宁干止。尔克敬，天惟畀矜尔；尔不克敬，尔不啻不有尔土，予亦致天之罚于尔躬。
>
> 今尔惟时宅尔邑，继尔居，尔厥有干有年于兹洛。尔小子乃兴，从尔迁。①

周公以成王之命说，现在我不想杀掉你们，我要向你们重申上述命令。现在我在洛地营建了一座大都邑，是为了方便四方诸侯朝贡，也是为了方便你们服务王事，奔走效劳。你们要臣服顺从我周国。你们仍然可以保有你们的土地，也可以安定地劳作和休息；如若不恭敬我周国，我就会把上帝的惩罚加到你们身上。在洛邑劳作吧，在洛邑安居吧，继续过你们的日子吧。这样，你们的子孙后代也将在洛邑发达起来。

从这样的训话当中，我们可以感受到，周公对商遗民采取的是镇压、恫吓和怜悯、安抚的策略，做到了宽猛相济。

《康诰》篇是周公训诫康叔治卫。周公提出，对商遗民要实行"德政"，这样才能治理好商遗民，才能巩固周王朝这个新建立的政权。叮嘱康叔要广泛地访求殷商圣明先王的治国之道，思念殷商圣明先王的德政，大大地奖赏年长的圣贤者，师法殷商人的法律，给予适宜合理的刑杀判决。商朝亡国，原因之一就是酗酒恶习。所以，周公在《酒诰》篇告诫康叔在卫国要宣布禁酒令。周公这样说：

> 予惟曰：汝劼毖殷献臣，侯、甸、男、卫，矧太史友，内史友，越献臣百宗工。矧惟尔事，服休服采，矧惟若畴，圻父薄违，农父若保，宏父定辟，矧汝，刚制于酒。
>
> 厥或诰曰："群饮。"汝勿佚，尽执拘以归于周，予其杀。又惟殷之迪、诸臣惟工乃湎于酒，勿庸杀之，姑惟教之。有斯明享，乃不用

---

① 李明，王健：《尚书译注》，上海古籍出版社2000年版，第310—311页。

我教辞，惟我一人弗恤，弗蠲乃事，时同于杀。①

你要慎重地告诫卫地叛乱后又归附的殷商遗民，参加叛乱后又归附的侯、甸、男、卫东方诸侯国君与左右太史、左右内史，以及殷商遗民中的百官、贵族，还有你们的治事官员，管理游宴休息和朝祭的近臣，圻父、农父、宏父，要对他们强行戒酒。如果他们中有人聚众饮酒，你不要放纵他们，全部捉拿拘押到周朝的都城，我将把他们杀掉。如果是归附的殷商遗民中的诸臣百官仍然酗酒，不用杀掉他们，暂且劝告教导他们。

可以看出，虽然禁酒令非常严厉，违犯之人要被杀掉。但是，对于殷商遗民也可以给予教育的机会；如若还不遵从禁酒的教令，才可以杀掉他们。

之所以采取宽猛相济的这种统治策略，是因为通过武庚叛乱，周公汲取以往的经验教训，知道一味地使用大棒打杀、猛药去疴的施政方法是危险的，是不能持久的，压力越大，反抗力就越强。这种大棒和胡萝卜交相为用的策略，宽猛相济，减轻了被征服者的敌对情绪，奠定了周王朝安定的基础。

周公是西周初期杰出的政治家、思想家，透过《今文尚书·周书》所载录的周公言论事迹，我们可以探讨周公的治国思想。他的天命可以转移的宗教思想为周王朝统治的合法性提供了理论依据，他的天命选择性转移的宗教思想又多少反映了下界的人的主观能动性；他的重视农业的统治思想反映了以农立国的周王朝的传统经验；他的立政唯贤的用人思想对于官员的选拔和任用有着恒久的借鉴价值；他的以史为鉴的忧患意识对于国家、家庭以及个人有着巨大的启示作用；他的提倡孝亲的伦理思想成了正式的人伦规范和礼仪制度，与血缘宗法制度相互为用，伸展到了古代中国社会生活的各个层面，批判性地继承中华传统孝文化，仍然是一个明智的选择；他的宽猛相济之统治策略，对于解决国内的突出矛盾来说，依然是政治家可资借鉴的适宜的治国方略。

（姚军，宝鸡文理学院文学与新闻传播学院副教授、硕士生导师，文学博士。）

---

① 李明，王健：《尚书译注》，上海古籍出版社2000年版，第277页。

秦晋韩原大战浅析

秦忠明

周平王东迁，王室衰微，诸侯之间互相兼并，处在黄河西岸的陕西关中东部地区，在晋献公时期已并入晋国版图，被称为河西之地，或西河之地。这与从在西垂犬丘（在甘肃礼县的永兴附近）兴起的秦部落秦人的东扩就产生了很深的矛盾，双方不断争夺，韩原大战、秦灭梁芮、彭衙之战等等，秦晋在这里进行了长期的拉锯战，直至公元前330年西河归秦。

一、夷吾背秦毁前约

1. 晋君惠公失道义。这场历史大戏，还需从秦穆公送还晋惠公夷吾回国继位说起。司马迁的《史记·秦本纪、晋世家》及《左传·僖公》都详细记载了这件事。

公元前651年秋，一代晋国政治强人献公诡诸带着无限遗憾辞世，临终他不甘，无奈把幼子奚齐托孤于荀息，但他深知母姚子幼，大臣不服，晋国这挂飞速奔驰的战车，绝不是幼子奚齐、宠妃骊姬能够安享的。他要荀息做出承诺，荀息于是发誓说："即使您死而复生，活着的我也不会感到惭愧，就用这个做证。"献公于是任用荀息为相，主持晋国朝政。

但献公刚一辞世，中大夫里克、丕郑便想迎接重耳回国继位。献公原来有九个儿子，太子申生、重耳、夷吾最为贤能。讨伐骊戎，得到骊姬、骊姬的妹妹，骊姬生子奚齐后，献公就疏远了三个儿子。派遣太子申生驻守曲沃，公子重耳驻守蒲邑，夷吾驻守屈邑，献公和骊姬的儿子奚齐驻守晋都绛城。太子申生还有个同母的妹妹，是秦穆公的夫人穆姬，他们的母亲齐姜是齐桓公的女儿，死得早。晋文公重耳的母亲是狄狐氏的女子，夷吾的母亲是重耳母亲的妹妹。骊姬受到献公宠信，口齿遗祸谗陷太子申生，申生自杀，重耳逃到翟国，夷吾得到秦国的资助逃到韩城芝川一带的梁国。骊姬的妹妹生了儿子卓子。

里克杀死奚齐，荀息另立骊姬妹妹生的卓子，里克又杀了卓子，荀息也死了。里克派人到翟国迎接重耳，重耳害怕被杀，谢绝说："我辜负父命逃奔在外，父亲死了不能尽孝守丧，怎敢回国即位，你们还是改立别的公子吧。"里克于是到梁国迎接夷吾。夷吾想回去，这时他的身边出现两个自认为聪明的臣子：吕省、郤芮，此二人为他出了一个馊主意，说："国中还有公子可以即位，却到国外找寻，实难让人相信。如果不借助西边强秦的威力，恐怕回去后危险。"

此一番鼓动游说，夷吾牙一咬，就下了他不该下的赌注。派郤芮以厚礼贿赂秦国，说："若果能送我回国即位，就把晋国黄河西岸的土地割给秦国。"又致书里克说："倘若我能即位，愿意把汾阳的城邑封给您。"这个本钱够大，他算豁出去了。这是《史记》的说法，按照《左传》，他下的赌注更大，"贿赂秦穆公黄河以西和以南的五座城，东边到了今河南灵宝的虢略镇，南边到达华山，还有黄河腹心之内的山西永济解梁城"。

果然秦穆公派百里奚发兵护送夷吾回国，我想原因不说已经自明。而且齐桓公听说晋国内乱，也率诸侯前往，派隰朋会合秦军扶立夷吾回国即位。

但权力真正到手，夷吾马上变卦，派丕郑辞谢秦穆公说："我夷吾把河西的土地许诺给您，侥幸能够回国。但大臣们说：'土地是先君一寸一寸得到的，你流亡在外，怎能擅自许给秦国？'我夷吾虽然力争，却没能说服他们，所以向您道歉。"借了众大臣之口，把前约毁得一干二净！也不给里克汾阳的城邑，反而夺了他的权。文公重耳这时流亡在外，惠公害怕里克再次发动政变，赐他自杀，说："没有你中大夫里克，我不能即位。但你也杀了两个国君和一个大夫，做你的国君不很为难吗？"惹笑了里克，怒怼他："没有我的废奚齐、卓子，你怎能如愿以偿？想杀我，难道找不到其他借口？竟说出这般没道理的话，我知道你的宿命了。"于是拔剑自刎！字字诛心，揭了夷吾老底。

这时丕郑出使秦国没有回来，所以躲过一劫，他对秦穆公说："吕省、郤芮、郤冀之徒教唆，夷吾不肯予秦国河西。如果重金收买，赶走夷吾，另立重耳，一定会得到土地。"秦穆公答应丕郑，派人和他一块回国，重金收买三人。说来穆公还是对晋国河西之地非分太久，否则他不会出此下策。三人深感蹊跷，说："馈赠丰厚，甜言蜜语，一定是丕郑那小子把我们出卖给了秦国。"于是杀死丕郑以及里克、丕郑的党徒七舆大夫等。里克的族人逃到韩城东原黄河岸边，建立了一个叫相里堡的村庄。丕郑的儿子丕豹投奔秦国，请求伐晋，穆公认为时机不到，但却暗中重用丕豹。

国之邦畿岂能随便予人！但夷吾却利令智昏，出尔反尔，在道义上先失一着，国人也不附他。

2. 泛舟运粮解晋荒。惠公四年（前647）冬，晋国闹饥荒。说来晋惠公夷吾脸皮确实够厚，他前边刚得罪了穆公，后脚厚着脸皮又向人家借粮。丕豹劝说秦穆公不要借，您这小舅子说话没准，还不算数，可以趁着饥荒去攻打他。秦穆公又向公孙支和百里奚两位重臣询问。公孙支说："饥馑和丰稔是交替出现的事，不能不借。"百里奚也说："您的小舅子夷吾得罪了秦国，晋国百姓有什么错。"于是秦穆公采纳了他们的建议，十分大度地把粮食卖给晋国。秦国的运粮船队从秦都雍城出发，经过渭水、黄河、汾河，络绎不绝把粮食运到晋国绛都，史称"泛舟之役"。《左传·僖公十三年》："秦于是输粟于晋，自雍及绛相继，命之曰'泛舟之役'。"秦穆公作为一代春秋霸主、政治大家，眼光确实够远。

到了第二年，秦国发生饥荒，去晋国借粮。晋惠公召集群臣商议，庆郑说："君王你是依靠秦国姻亲关系支持即位的，不久背弃了割地的约定。晋国发生饥荒，秦国卖给我们粮食，如今秦国发生饥荒，请求借粮，卖给就是，还商量什么？"虢射却说："往年上天把晋国赐给秦国，秦国不知道夺取，反而售给我们粮食。如今上天把秦国赐给晋国，难道可以违背天意吗？不如趁机兴兵攻伐它。"可恨的是，惠公竟然采纳了虢射出的损招，不卖给秦国粮食，反而发兵攻打秦国。

庆郑实在看不下去，感叹道："忘记施予是无亲；幸灾乐祸是不仁；吝啬钱财是不祥；以怨报德是不义。四德皆失，何以守国？"跟着这样的君王干事迟早要倒霉！晋惠公背天理，为政又失一着。

二、岐甲三百救穆公

1. 晋国君臣不和。惠公六年（前645），秦穆公任命邳豹做将军，亲自统兵反击晋军。秦军东渡洛水，三次作战后，深入到晋国的西河韩原。韩原在今韩城西南塬一带，西周曾为韩侯国。公元前1039年，周公第二次分封诸侯时，封周武王的小儿子、周成王的小弟弟于韩。前757年，晋文侯灭韩。前678年韩武子被晋国封到韩，采邑地在韩。晋献公（前676—651）时晋国强大，西有河西，与秦国接壤。所以晋惠公对庆郑说道："秦国军队已经深入我国腹地，怎么办？"

庆郑说："秦国送君王回国，您违背了割地的诺言；晋国闹饥荒，秦国运粮救助，秦国闹饥荒而晋国却反过来趁着饥荒进攻秦。秦军深入不是应该吗！"这话逆耳却忠心，可惜夷吾不省，还是一意孤行。

开战前，晋国组织了一次占卜活动。战前预测吉凶，《左传》记载颇多，有些预测还很灵验。从记载看，这次占卜晋国可谓细之又细，连晋惠公的戎车派谁赶车、担任护卫这样的事都占卜到了，结果卜得用庆郑则都吉利。惠公很不高兴，说："庆郑这个人不恭顺。"不任用他，改由步阳赶车，家仆徒担任护卫，并且用郑国赠送的"小驷"（马名）驾车。

庆郑劝谏惠公，说："自古以来，但凡有战事，一定要用本国出产的马匹驾车，因为这些马生长在熟悉的环境里，能够领会主人的意图，服从调遣，熟悉作战地域环境，使用起来得心应手。您现在用国外出产的马匹，恐怕它们因地理不熟心生恐惧而生变故，不听从指挥。到那时，这些马气息混乱，血液循环加快，血管随之暴胀，外强中干，您想进不能进，想退不能退，无法顺利调遣，后悔都来不及。"

庆郑这个人虽然说话啰唆，但说的都是大实话。可惜惠公因为讨厌，再一次弃之没有听他的。

2. 晋军士气低落。这一年九月，晋惠公率领的大军与秦穆公的军队在韩原（在今陕西韩城南）展开大战。

关于韩原大战到底发生在黄河东还是黄河西，《史记·晋世家》中华书局三家注本张守节【正义】："《括地志》云：'韩原在同州韩城县西南十八里'。《十六国春秋》云：魏颗梦父结草抗秦将杜回，亦在韩原。"

那么韩原之战的发生地，不论是司马迁在《晋世家》中说的"韩地"，还是左丘明在《左传》中所说的"韩原"，都指的是故韩侯国封地今陕西韩城。古往今来，众多的文人墨客或长途跋涉，考察寻觅韩原古战场的旧址遗迹；或考究诸史、引经据典，纷纷表述自己的见解。据最新考古资料，确定韩侯城具体所在，即芝阳城。韩侯国于公元前757年为晋文侯所灭，曲沃武公统一晋国时，封功臣韩万于故韩侯国旧地，武子之韩后来发展成战国七雄之一，这里是它的初封地。三家分晋时的韩康子，是韩原大战晋军将领韩简之孙。主战场摆在自家门口，韩简因而显得非常卖力。

开战之前，晋惠公令韩简（即韩简子，春秋时晋大夫，韩武子韩万之孙）去侦察秦军。韩简回复："师少于我，斗士倍我。"晋惠公很吃惊，问："何故？"韩简说："出因其资，入用其宠，饥食其粟，三施而无报，是以来也。今又击之，我怠，秦奋，倍犹未也。"

大意是说，您出逃梁国，受到了秦国的照顾；回到晋国，也是因为秦国的帮助；遇到饥荒，吃的是秦国的粮食。秦国三次有恩于您，却没有收到任何回报，所以前来讨伐。现在双方交战，我军将士也觉得理亏，士气低落；而秦军正处于亢奋状态，斗志昂扬，恐怕还不止高出我军一倍。

晋惠公对于韩简的劝谏再一次弃置不听，说："一个人还不能轻侮，何况一个国家？"于是派韩简去下战书，说："我夷吾不才，能集合自己的部下，不让他们离散（挑战你们秦军）。君王您如果不退却，我们将没有地方躲避（拼死一战）。"秦穆公派公孙支回答说："晋君（我的小舅子）没有回国时，我为他忧惧；回国后没有安定好，还是我所担心的。如果他君位已定，寡人敢不接受（他）挑战吗？"韩简退下去，说："如果我能被（秦穆公）俘虏囚禁就算幸运了。"

晋军上下笼罩在一种沉闷的氛围里，但晋惠公夷吾却视而不见。此刻他完全沉醉在权力癫狂里。他回忆起受骊姬谗害，父子反目，自己流离于大河之西梁伯国都，过着秦国接济的日子。热忱厚道的梁伯嫁女儿给他，生下一双儿女，梁伯取男名为圉，女名为妾。这是因为占卜，男将为人臣，女为人妾。那时自己的人生简直致暗致黑，但夷吾却不愿意逆来顺受，他要奋起。此刻自己即带领大军回到熟悉的土地，卷起的猎猎河风，已催起了他沉睡的雄心，人生的转折已经到来。挺起剑！带领虎贲们勇敢向秦国敌寇进攻，此刻他相信命运之神会眷顾自己……

3. 战场形势瞬变。公元前 645 年九月十三日清晨，秦晋两军的战车拉开了大战的序幕。这一战打得相当惨烈，双方都投入了最大限度的兵力，秦穆公和晋惠公两位国君亲自操戈上阵。韩原之上，马萧萧车辚辚，双方军队犬牙交错，一时难分胜负。混战之中，晋君的戎车脱离了主力部队，和秦军争夺，在归途中他的小驷马果然陷入泥泞沼泽慌乱而行动迟缓。向庆郑呼喊求救，庆郑却说："不听劝谏，违背占卜，失败本来是自取的，为什么要逃走？"说完就离开了。遇到这样的大夫，惠公简直气得半死。

这时惠公已成攻击重点。秦穆公率领麾下急追惠公，没有追上，反而被晋军围困。韩简用梁由靡驾车，虢射作为车右，迎战穆公。在自己封邑熟悉地形作战，韩简终于摆脱低迷情绪，爆发出超前的潜能，不断突入秦军的防御圈，有好几次几乎都冲到秦穆公的戎车跟前。附近的晋军也看出了名堂，很快形成了对秦穆公的包围圈，战争的天平似乎朝着晋惠公这方倾斜。但庆郑其时却喊叫韩简救援惠公，穆公于是走脱。原来秦军远远看到晋惠公戎车上的旗帜飘扬，不需要指挥，也自发逼近，等庆郑带着韩简赶到，晋惠公已被秦将公孙支掳去。

韩简懊恼至极，若不是突生变故，说不定秦穆公也被自己俘获了。司马迁在《史记·晋世家》记载了韩原之战的一段花絮。当韩简救援惠公时，秦穆公也受伤处境危险，这时不知从哪里跳出来三百余名壮汉，将晋军士兵一阵乱砍，替秦穆公解了围。原来这些人是秦国岐下的山野之人。有一年秦穆公到岐山下打猎，丢失了良马，住在岐下的三百名乡里人捕获偷吃了秦穆公的良马。官吏们捕得他们后本应按律惩治他们，秦穆公却说："君子不因畜牲而伤害人。我听说，吃了好马的肉不喝酒，会伤人。"于是赐给他们酒喝。这三百人听说秦国反击晋军，都要求从军，因而在穆公处境艰难时，不避刀枪来报答食马不被治罪之恩。秦穆公嬴任好以仁治国，终获百姓爱戴保护。

三、"饮马于河"吞梁芮

1. 劫后余生思己过。晋国战败，晋君夷吾被带回秦国。晋国的大夫们披头散发,拔营跟随。秦穆公派使者辞谢,说:"你们为什么忧愁!寡人带着夷吾西去,只不过实现他的妖梦罢了,难道敢做得太过分吗?"晋国的大夫们叩头再三,说:"君王踩着后土,顶着皇天,皇天后土都听到了您的话,下臣们谨听吩咐。"将了穆公一军,看他如何处置。

秦穆公的夫人穆姬是晋惠公的异母姐姐。当初惠公夷吾回国即位时,穆姬把庶母贾君嘱托给他,说:"把晋国流亡的公子们接回国。"夷吾和庶母贾君通奸,又不接纳公子们回国,由此穆姬怨恨他。但听说惠公被捉,穆姬还是毅然不顾领着太子䓨、儿子弘和女儿简璧登上高台,踩着柴草,派使者捧着丧服前去迎接穆公,说:"上天降祸,让我们两国国君兴动甲兵。如果(我弟弟)夷吾早晨进入国都,那么我就晚上自焚;晚上进入,我就第二天早晨自焚。请君王裁夺。"

秦穆公把晋惠公拘留在灵台。大夫们请求把晋惠公带回国都。秦穆公说:"俘获晋侯,本来带回了丰厚的收获,但一回来就要发生丧事,何况晋国的大夫也用天责约束我,违背天意不吉利,还是放晋君回国吧。"于是允许晋国讲和。

晋惠公派吕省告诉晋国人说:"我虽然能够回国,但没有脸面重建社稷,还是占卜一个吉日,让子圉即位吧。"晋国人一齐号哭。

2. 城下之盟丢西河。十月,吕省与秦穆公在王城订立盟约。秦穆公问:"晋国和睦吗?"吕省回答:"不和睦。百姓们害怕失掉国君产生内乱,牺牲双亲,说:'一定报仇,宁可事奉戎狄也不服秦。'君子们等待惠公回国,说:'一定要报答秦国的恩德',因此不和睦。"秦穆公于是改变对惠公的待遇,让他住在好的馆舍,馈送了牛、羊、猪等食物。十一月,晋惠公回国。二十九日,杀了庆郑,重修晋国政治。

晋国将河西地割让给秦国,晋太子圉入质于秦,秦穆公把女儿嫁给晋太子圉。于是,秦国开始在晋国黄河东征收赋税,设置官员。公元前641年秦穆公灭掉梁芮,终于实现了"子孙饮马于河"的夙愿。

作为韩城人,对于发生在家乡的这场韩原大战,也许已经没有太多的人知道,但却说明了一个道理:"得道多助,失道寡助"。它的胜负,直接影响了春秋早期的秦晋乃至诸侯列国的政治走向。

(秦忠明,陕西司马迁史记博物馆馆长。)

后　记

2021年12月10日至11日，"陕西省司马迁研究会2021年学术年会暨中国史传文学与文化研究"高端论坛在宝鸡文理学院举办。论坛由宝鸡文理学院与陕西省司马迁研究会主办，文学与新闻传播学院承办，西安盘能动力技术研究院有限公司大力支持。

11日上午，大会开幕式在宝鸡文理学院高新校区木铎厅举行。开幕式由文学与新闻传播学院院长、关陇方言与民俗研究中心主任兰拉成教授主持。首先，副校长杨子元致辞。杨校长重点介绍了宝鸡文理学院的历史沿革及近年来取得的成绩，并代表学校祝贺这次高端论坛的顺利举办。接着，陕西省司马迁研究会会长张新科教授致辞。张会长指出，《史记》与周秦文化课题是一个很好的切入点，可以为弘扬地方优秀传统文化贡献学者智慧，更好地讲好史记故事，讲好中国故事。大会采用了线上线下的形式，来自陕西师范大学、延安大学、陕西理工大学、渭南师范学院等院校及司马迁故乡韩城市的专家学者和宝鸡文理学院师生代表80余人到场参会。线上参会学者有香港中文大学潘铭基教授、四川大学孙尚勇教授、山西大学张建伟教授等。

开幕式后，会议进入主题发言阶段。第一场先后由高益荣教授、梁中效教授和李小成教授做了《秦腔〈史记〉戏取材对〈史记〉的接受》《前四史"汉家"称谓的内涵及意义》及《〈史记〉中西汉的边疆防务》的发言，主持人为梁建邦教授，点评人是田大宪教授和李红岩教授。第二场发言采用线上与线下相结合的方式进行。在腾讯会议上潘铭基教授、孙尚勇教授和张建伟教授依次做了《论司马迁对孔子生平之考证》《是非颇缪于圣人与〈史记〉的一家之言》《论两汉文人的北疆书写》的发言，宝鸡文理学院王晓玲副教授则在会场作了《二十世纪八九十年代〈史记〉文学研究述论》的发言。主持人为刘宏伟先生，点评人是李宜蓬教授和刘向斌教授。

11 日下午，第一阶段是分组讨论。大会分为三个小组，提交论文的学者在主持人的引导下分别报告了论文的主要内容，每组的两名点评人又对论文做了集中点评。第二阶段是闭幕式。三个小组的代表孙振田教授、朱正平教授和刘彦青副研究员分别汇报了本组的讨论情况，兰拉成教授、王晓鹃教授为获本届年会优秀论文奖的学生颁发了荣誉证书，凌朝栋副会长做了此次年会的学术总结，秘书长王晓鹃教授汇报了研究会 2021 年度的主要工作，下届年会主办单位代表、陕西理工大学人文学院院长李宜蓬教授做了表态发言，张会长安排了今后的工作，他提出要以"六个一纪念工程"来庆祝研究会成立 30 周年，号召研究会今后要扩大队伍，延展空间，小目标与远目标相衔接，拿出成果与人交流。最后，主持人高益荣教授以一首《中吕·普天乐》："礼堂中，欢声动。群贤毕至，讨论轻松。太史文，千秋颂，新锐才堪称雏凤，老黄忠跃马仍雄。宝鸡会成，更期明载，再聚汉中"，祝贺陕西省司马迁学会 2021 年年会在宝鸡隆重召开，将闭幕式的气氛推向了高潮。

会议期间，西北大学出版社在木铎厅展出了他们新出的精品图书，其中《史记研究集成·十二本纪》和"秦史与秦文化研究丛书"最受与会老师青睐。《渭南师范学院学报》编辑部团队给参会同仁赠送了《司马迁与〈史记〉研究》纪念册。这些活动为 2021 年年会增添了光彩。

本次年会学术成果丰硕，点评意见中肯，小组讨论热烈，与会人员收获颇多。学者提交的论文汇编为《司马迁与史记论集（第十五辑）——陕西省司马迁研究会 2021 年年会论文集》，主要围绕《史记》文学研究、《史记》《汉书》文献研究、《史记》思想文化研究、《史记》人物研究、《史记》接受研究、《史记》综合研究及其他等六个方面选编。

本辑由陕西省司马迁研究会选编，主编是张新科教授、兰拉成教授和姚军副教授，姚军同志做了编辑和校对工作。

编者
2022 年 4 月 24 日